Esmeralda
Nova Edição

© 1985, 2013 por Zibia Gasparetto
© iStockphoto.com/VikaValter

Coordenação de criação: Priscila Noberto
Coordenação de comunicação: Marcio Lipari
Capa e projeto gráfico: Priscila Noberto e Marcela Badolatto
Diagramação: Priscilla Andrade
Preparação do texto: Melina Marin

1ª edição — 36 impressões
2ª edição — 12ª impressão
5.000 exemplares — agosto 2025
Tiragem total: 472.000 exemplares

Dados Internacionais de Catalogação na Publicação (CIP)
(Câmara Brasileira do Livro, SP, Brasil)

Lucius (Espírito).
Esmeralda / pelo espírito Lucius ;
[psicografado por] Zibia Gasparetto. — 2. ed. — São Paulo :
Centro de Estudos Vida & Consciência Editora, 2011.

ISBN 978-85-7722-189-9

1. Espiritismo 2. Psicografia 3. Romance espírita
I. Gasparetto, Zibia. II. Título.

11-08357   CDD-133.93

Índices para catálogo sistemático:
1. Romances espíritas psicografados: Espiritismo 133.93

Todos os direitos reservados. Nenhuma parte desta edição pode ser utilizada ou reproduzida, por qualquer forma ou meio, seja ele mecânico ou eletrônico, fotocópia, gravação etc., tampouco apropriada ou estocada em sistema de banco de dados, sem a expressa autorização da editora (Lei nº 5.988, de 14/12/1973).

Este livro adota as regras do novo acordo ortográfico (2009).

Vida & Consciência Editora e Distribuidora Ltda.
Rua das Oiticicas, 75 – Parque Jabaquara – São Paulo – SP – Brasil
CEP 04346-090
editora@vidaeconsciencia.com.br
www.vidaeconsciencia.com.br

ZIBIA GASPARETTO
pelo espírito Lucius

Esmeralda
Nova Edição

Prólogo

Todos nós escolhemos livremente nossos caminhos. Pressionados pelas emoções, baseados em nossos sentimentos, envolvidos em nossas ilusões. Escolhemos ao preferir esta ou aquela oportunidade, ao fazer este ou aquele conceito, ao colocar em nossos próprios olhos as lentes com as quais preferimos enxergar a vida, as pessoas, as coisas.

Tudo é escolha nossa. Apesar disso, muitas vezes, revoltamo-nos quando, ao toque da realidade — que sempre toma o nome de desilusão —, o reflexo de nossas escolhas nos atinge o coração, com resposta diferente da que esperávamos, porém a única possível como reação de nossos atos.

Enganar-se na escolha é fato tão comum a nós todos quanto a presença do sofrimento e da dor, instrumentos de reajuste a que, por isso, fizemos jus. Revoltar-se diante das consequências de nossos próprios atos é tão ingênuo e inadequado quanto nossa teimosia em conduzir a vida como se ela pudesse obedecer-nos, servindo às nossas fantasias e infantilidades.

A vida é perfeita, porquanto é criação de Deus. Assim sendo, suas respostas guardam a sabedoria divina. Nenhum homem poderá controlá-la. Ao contrário, há necessidade de compreender-lhe a essência e procurar harmonizar-se a seu movimento, que é a garantia de nossa felicidade, pois sua meta única e objetiva é a de nos tornar espíritos mais conscientes das verdades eternas que guarda em seu seio, e felizes participantes da alegria divina que tudo movimenta e harmoniza no belíssimo concerto universal.

Ao trazermos, neste livro, pedaços de nossa memória, relembrando acontecimentos de outros tempos, temos o objetivo de mostrar, por meio dos fatos reais, onde cada um dos protagonistas escolheu seu rumo, as respostas que tiveram da vida.

É claro que, tanto eles quanto nós próprios continuamos em nossa trajetória, escolhendo novos rumos e recebendo as respostas e estímulos da vida, porém, neste *flash* que relatamos de suas vidas, podemos, quem sabe, encontrar em suas emoções e lutas reflexos de nossos anseios mais íntimos e, desta forma, perceber por antecipação as respostas que a vida nos daria neste ou naquele roteiro, e poder assim nortear nossas escolhas para colocar em nossos caminhos mais alegria, mais felicidade e mais paz.

Esses são meus votos.

Lucius
São Paulo, 13 de julho de 1983.

Capítulo 1

Espanha! Terra do sonho! Sol, flores, músicas, colorido. Valença! Cidade do sol, das mulheres, dos amores e da música. Suas ruas estão cobertas pelas lembranças dos tempos e pela poeira dos séculos.

Agosto, 1812. A cidade em festa e o ruído alegre dos romeiros que demandavam à Praça para o Dia de Graças.

Carlos caminhava alegre, tinha asas nos pés, música nos lábios, flores no chapéu e alegria no coração.

Mocidade: tudo muda a seu toque mágico, todas as coisas se embelezam!

Agosto, 1812. Festa em Valença, vinte anos, juventude, força e beleza. Como não sorrir? Como não brincar com o amor das mulheres ardentes da Andaluzia, como não tanger a guitarra em ritmos loucos? Como?

Agosto, 1812. Espanha. Valença. Festa. Luz. Praça regurgitando. Cheiro gostoso das castanhas na brasa, dos biscoitos rosqueados e das brincadeiras ingênuas. O moço galgou a praça sentindo na boca o gosto de viver. O mundo era seu. Ele era o dono de tudo. No meio, as barracas coloridas de San Agustin, no pregão dos leilões o alarido alegre e a fumaça das fogueiras, onde as carnes eram assadas. No centro, as pipas de vinho e os bebedores inveterados contando suas chasqueadas e mitos.

Carlos queria dançar. O som da guitarra e da música cigana o animava. Vestira a roupa colorida dos moços da rua, longe do palácio escuro dos seus e da disciplina dos parentes. Seus muros pesavam, sua severidade o esmagava. Era verão e havia festa entre o povo. Ele queria estar entre eles. Vestira roupa plebeia. Ninguém o vira sair. Caminhou contente. Dançar! Era isso.

De passagem, pegou uma caneca de vinho e bebeu deliciado. Até o vinho comum pareceu-lhe infinitamente melhor do que o de sua adega.

Uma cigana rodopiava entre os pares que dançavam na rua. Mergulhou na música e nos braços dela. Seu corpo jovem e belo parecia ter asas e em seu rosto corado havia satisfação e êxtase. Parecia irreal e distante.

Carlos a enlaçou, dançaram juntos. Quanto tempo? Uma, duas, três, quatro horas? Até que a noite desceu e se atiraram rindo, exaustos e felizes, ao chão.

A festa prosseguia, e os lábios da cigana tinham a cor e a frescura dos botões de rosa. A certa altura ele não se conteve, levou-a para um local deserto e, no campo ermo, à luz das estrelas, amaram-se loucamente.

Depois, olhando-a nos olhos, Carlos indagou:

— Como se chama?

— Esmeralda.

— Esmeralda! Joia preciosa.

— E você, como se chama?

— Ricardo — mentiu ele, por força do hábito.

Ela alisou o rosto dele com suavidade.

— Não é cigano. Quem é?

— Ninguém. Um pobre-diabo. Mas eu a amo.

Ela riu deliciada.

— Não nos deixaremos mais — sentenciou decidida. — Virá conosco. Se não é ninguém, pode ser cigano.

Ele sorriu enlevado. Se ele pudesse! Por que não? Talvez fosse possível ficar uns tempos com eles. Seria fascinante.

Afagou a cabeça morena da cigana, cujos cabelos sedosos e ondulados levantavam delicados caracóis que a dança liberara.

— Posso ir com você?

— Claro. Miro não vai se importar. Quanto ao resto, deixe comigo. Ficaremos juntos para sempre. Amanhã, depois da festa, seguiremos para Madri. Você vem comigo?

— Vou. Mas antes preciso pegar minhas roupas e algum dinheiro. Tenho pouco, não me demoro.

— Não se vá ainda — pediu ela.

Abraçaram-se de novo. Só de madrugada, o dia amanhecendo, ele pôde deixá-la com a promessa de que voltaria quando o sol saísse e juntos partiriam para sempre.

Cansado e feliz, Carlos regressou. A abertura secreta por onde ele entrava e saía do castelo cheirava a mofo e provocou-lhe náuseas. Não bebera muito vinho, mas estava embriagado pelo amor de Esmeralda. Entrou no quarto onde seu valete dormia largado. Pobre-diabo. Uma caneca de vinho e pronto, não incomodava mais.

Abriu as cortinas, pegou umas roupas e colocou-as num saco. Seu pai já se levantara, por certo. Tinha que lhe falar. O sol já ia alto quando entrou no salão e o viu ocupado no exame de uma caixa com armas de caça que estava aberta a sua frente.

— Carlos!

— Deus o salve, meu pai.

— Deus o abençoe, meu filho.

— Pai, preciso de sua ajuda.

O rico senhor, alto, moreno, caprichosa barba descendo-lhe sobre o peito e alcançando o elegante gibão de veludo, um olhar frio e meticuloso examinando as armas com atenção, respondeu:

— Fale.

— Preciso dos seus préstimos.

— Para quê?

— Preciso de sua licença para ir a Madri.
— Que quer de lá? Por acaso a corte o chama?
Conhecendo-lhe o fraco, o moço aduziu:
— Meu amigo Álvaro está em casa de dom Hernandez. Vão às festas de verão e por certo dona Maria estará lá.
O velho pareceu agradavelmente surpreso.
— Quer ir lá?
— Sim. Com sua permissão. Serei hóspede de dom Hernandez, pai de dona Maria. Tenho sua permissão?
— Com gosto. Leve este saco de ouro para suas necessidades.
Era com alegria que recebia a decisão do filho. Há tempos sonhava com a união de sua casa com a de dom Antônio Hernandez, nobre e conceituado senhor, rico e poderoso. Carlos sempre se mostrara indiferente e agora estava disposto a cooperar.
— Leve seu valete. Não pode ir sem ginete[1].
Carlos coçou a cabeça, contrariado. Aquela mula poderia estragar tudo. Mas não podia contrariar o pai. Não desejava ter problemas. Queria gozar a vida, mas não pretendia deixar de lado seu patrimônio familiar.
— Quando vai partir?
— Agora, se o senhor permitir...
— Tanta pressa?
— Sim. Estão me esperando lá para abrir as danças.
— Certo. Pode ir com meus préstimos a dom Antônio. Não pode partir sem mimos para a família. Seria imperdoável. Como hóspede, tem a obrigação de ser delicado.
Carlos disfarçou o enfado. Tinha pressa em rever Esmeralda.
— Acha necessário?
— Por certo. Aqui tem esta pistola cravejada, leve-a para dom Antônio. Quanto a dona Engrácia e dona Maria, sua mãe lhe dará algumas joias delicadas. Vai ter com ela, que vai servi-lo.

---
1 Cavaleiro armado de lança e adaga.

Carlos apanhou a caixa com a pistola e apressou-se em procurar seu valete. Sacudiu-o com força.

— Acorde, diabo. Vamos, arrume suas coisas que vamos para Madri. Ande rápido.

O criado acordou assustado e, sem perguntar nada, apressou-se a obedecer.

— Prepare os cavalos, tenho pressa.

Em seguida, dirigiu-se aos aposentos de sua mãe. Seu rosto se encheu de ternura fixando a figura robusta e agradável de Encarnação.

Era jovem ainda, cabelos castanho-escuros caprichosamente penteados, presos em coque na nuca, tez clara e delicada, olhos castanhos e alegres, vivos e expressivos; porte ereto que o vestido severo afinava, dando-lhe gracioso aprumo.

— Deus a salve, mãe querida.

Encarnação voltou-se surpresa. Um brilho malicioso apareceu-lhe no olhar, tornando-a incrivelmente jovem.

— Que forças benditas arrancaram você da cama tão cedo? Ou será que não se deitou?

Carlos tentou dissimular:

— Nada, preciosa. Vou viajar. Acordei cedo. Vou a Madri.

— A Madri? Vai por quê?

— Às festas de verão. Vou me hospedar em casa de dom Antônio Hernandez.

A mãe abanou a cabeça, pensativa.

— Por que quer lá ir? Por acaso seu pai exigiu?

— Não. Mas me cansei daqui e resolvi ir às festas. Meu pai deseja ofertar mimos às damas na casa de dom Hernandez. Vim despedir-me e buscar algumas joias de sua coleção.

A mãe abraçou-o com carinho.

— Certamente, meu filho. Mas veja lá o que vai fazer em Madri. Tem muita gana de divertimentos e a corte traz muitos perigos a um jovem como você. Lá se mata à espada por qualquer querela.

— Levo meu valete. Ele vai me proteger. Depois, sabe que sou brincalhão. Não gosto de confusão. Quero dançar e brincar. Não entro em disputas ou brigas.

— É — suspirou ela —, isso me acalma. Quanto tempo ficará por lá?

— Dois ou três meses. Se não gostar, volto antes. Agora preciso ir.

Encarnação, resignada, apanhou uma caixa e dela escolheu dois presentes que acondicionou e entregou ao filho.

— Aí estão. O broche para dona Engrácia e os brincos com o colar para dona Maria.

— Deus a abençoe, mãe querida. Sentirei sua falta.

Carlos era sincero. Sua afinidade com a mãe era pronunciada. Apanhou o saco com as joias e, beijando-lhe a face com carinho, saiu apressado. Pediu a bênção ao pai e deu-se pressa em alcançar o pátio onde o ginete o esperava com os cavalos e os sacos de cada um presos à sela do animal. Montaram e saíram. Assim que o castelo ficou para trás, Carlos parou e chamou seu valete:

— Inácio.

— Pronto, dom Carlos!

— Quero que entenda. Não me chame mais de dom Carlos.

— Não?!

— Vai me chamar de Ricardo. Meu nome agora é Ricardo.

— Como pode ser? É dom Carlos!

— Escute. Se me chamar de dom Carlos, mais uma vez que seja, parto seu pescoço e arranco a sua língua. Entendeu agora?

— Sim, senhor. Sim, senhor.

— Vamos ao acampamento dos ciganos.

— Ciganos? Valha-nos Deus! Vão nos assaltar. Não podemos ir...

— Cale-se, homem. Se abrir a boca para contar a dom Fernando, arranco a sua língua.

— Patrão, é perigoso. Dom Fernando quer que eu cuide do menino.

— Pois de mim cuido eu. Vai comigo e não vai abrir a boca. Nem para os ciganos. Eu agora sou Ricardo Alvarez, moço aventureiro e sem família.

— Mas não é. É mentira.

— Agora estou sendo e, se me desmentir, se alguém souber meu nome correto, sua vida não valerá mais nada.

— Ai, Deus meu! Que triste sorte! Se dom Fernando souber, me mata; se eu falar a verdade, o menino me mata. Estou morto de todo jeito...

— Pare de se lamentar. Se me servir com devotamento, se me obedecer, só tem a ganhar. Estará comigo e teremos muitas alegrias.

— Vivo para servi-lo. Minha vida por meu amo e senhor. Mas ir aos ciganos é loucura! Levam vida devassa. Assaltam, roubam, meu amo não os conhece.

— Bobagens. Eu os conheço muito bem. Sei o que faço, e não me chame de amo. Sou Ricardo e pronto. Vigie-se para não me trair. À primeira travessura que fizer, não o levo comigo.

Inácio baixou a cabeça, magoado.

— Não pode fazer isso comigo. Eu o vi nascer.

— Não me venha com essa história. Se me obedecer, tudo irá bem, ficaremos algum tempo e voltaremos para casa. Agora vamos, tenho pressa.

Carlos esporeou o animal, que partiu a galope obrigando Inácio a correr para alcançá-lo.

O sol já ia alto quando chegaram ao acampamento cigano, que se localizava em um belo bosque, onde tinham espalhado suas carroças, cada família fazendo sua própria comida. Os cavalos pastavam sossegados, e as carroças sob as árvores estavam silenciosas, demonstrando que a maioria dormia. Pelo chão, vestígios da festa, garrafas vazias, objetos, fitas coloridas, canecas, restos de fogueira e pedaços de carne ainda nos espetos, mostrando que tinham continuado a festa no acampamento. Algumas crianças brincavam descuidadas.

"Acho que dormem", pensou Carlos, aspirando com delícia o cheiro de mato misturado ao odor particularmente excitante da aventura e do lugar.

Inácio olhava temeroso e aflito para o amo. Carlos desceu do cavalo e dirigiu-se às crianças.

— Menino, pode me dizer onde é a carroça de Esmeralda?

— Posso. Vá por ali e no fim encontrará três carroças: a do meio é a dela.

— Vamos embora, dom Carlos... digo, dom Ricardo...

— Cale-se, homem. Não é dom, é só Ricardo. E não facilite ou arranco a sua língua, assim fica mudo e nunca mais dirá o que não deve. Fique aqui e espere.

— Sim, senhor — disse Inácio, amargurado.

Dom Carlos, segurando o animal pelas rédeas, adiantou-se rumo à carroça de Esmeralda. Ao lado, uma velha acendia uma fogueira, colocando um tacho sobre ela.

A carroça de Esmeralda estava fechada. Era de bom tamanho, em comparação com as demais, seus varais descansavam no chão, mas, apesar disso, ela continuava em posição reta, pois havia um encaixe onde os varais se movimentavam, tinha uns dois metros e meio de comprimento por um e oitenta de largura e estava coberta por uma espécie de lona de cor indefinida. Mas, tanto na parte dianteira como na traseira, cortinas de panos coloridos davam uma nota alegre ao acanhado veículo. Aproximando-se, Carlos chamou:

— Esmeralda, Esmeralda! — Não obteve resposta. — Esmeralda! — continuou, elevando a voz.

A velha continuava ao pé do fogo indo e vindo na carroça contígua. Depois de chamar algumas vezes, Carlos dirigiu-se a ela.

— Mulher, pode me dizer onde está Esmeralda?
— Para que a quer?
— Ela me espera. Combinamos ontem em San Agustin. Ela não está?

A velha sacudiu os ombros.

— Deve estar. Mas está cansada e dorme. Melhor não chamar. Ela não vai acordar. É capaz de dormir o dia todo.
— Disse que ia me esperar — retrucou ele, um pouco contrariado.
— Disse? É, pode ser. Mas quando dorme, ninguém se arrisca a acordá-la. Fica contrariada e perde a alegria. E quando Esmeralda perde a alegria, tudo pode acontecer.
— Quer dizer que devo esperar?
— É. Deve. Se quer mesmo falar com ela, espere que ela mesma o chame quando acordar.

Apesar de contrariado, Carlos resolveu esperar. Não era de seu feitio ceder, mas Esmeralda dançara muito e bebera muito vinho também, certamente não possuía sua resistência e não conseguia acordar. Chamou Inácio:

— Vamos dormir um pouco.
— Mas eu não tenho sono. Dormi muito bem esta noite.
— Eu vou dormir. Se quer ficar acordado, não fale com ninguém, nem saia daqui. Quando Esmeralda acordar, venha me chamar.

Apesar de não saber quem era Esmeralda, Inácio concordou. Já suspeitava que devia ter rabo de saia na aventura. Apanhou a manta.

— Onde deseja repousar?
— Deixe que eu me arrumo.
— E se esses homens acordarem?
— O que tem?
— Não vão nos expulsar?

Vários ciganos dormiam a sono solto espalhados pelas moitas, alguns ainda conservavam entre os dedos a caneca vazia.

— Não tem perigo. Deixe-me dormir. Estou cansado.

Escolhendo uma moita de capim macio, estendeu a manta e estirou-se com gosto. Afinal, estava mesmo cansado. Um bom sono lhe faria muito bem. Olhou as nesgas de céu azul que apareciam por entre as copas das árvores. Era feliz. Vinte anos, alegria, aventura, amor!

O rosto de Esmeralda, corado e brilhante, surgiu-lhe na mente entre volteios de dança, e o gosto de seus beijos ardentes aqueceu-lhe o coração. Embalado por doce amolecimento, adormeceu.

Despertou horas depois com um retinir de ferros e um alarido. Esfregou os olhos tentando lembrar onde se encontrava. Avistou Inácio encolhido atrás da árvore.

— Que diabo faz aí? — indagou, ainda sonolento.

— Nada. Estava esperando que acordasse. Tive medo deles.

— Falaram com você?

— Não. Parece que nem nos notaram, mas tive medo. Falam aos berros. Soltam pragas, dão altas risadas, não agem como gentis-homens.

— Claro que não. Viu Esmeralda?

Inácio sacudiu a cabeça.

— Não saiu da carroça?

— Não saiu ninguém.

Carlos perpassou o olhar pelo acampamento. Os homens tinham acordado e movimentavam-se de um lado a outro. As mulheres e as crianças circulavam ao redor das fogueiras comendo batatas e milho verde assados e restos de carne da noite anterior. Alguns bebiam borra de milho. Os homens cuidavam dos animais e dos arreios. Pelo jeito preparavam-se para levantar acampamento.

— Preciso achar Esmeralda — falou Carlos.

Sentiu fome. Tinha provisões que trouxera para a viagem. Pedaços de carneiro e pão. Inácio trouxera vinho, mas

Carlos estava um pouco enjoado. Comeu e impacientou-se. Dirigiu-se à carroça de Esmeralda.

— Esmeralda! Esmeralda!

Não obteve resposta. Não ia esperar mais. Colocou a mão na cortina para abri-la. Violenta chicotada atingiu-lhe a mão crispada.

Carlos deu um grito de dor e de susto, e furioso procurou a mão que o chicoteara. Um cigano alto e muito forte estava de pé ao lado da carroça tendo ainda na mão o chicote que o castigara.

— Esmeralda dorme. Não pode ser perturbada. E não deve tentar entrar. Se puser a mão de novo aí, vou usar a espada e garanto que nunca mais terá mão para pôr em lugar algum.

O cigano falava sem altear a voz, mas seus olhos brilhavam como aço. Carlos percebeu que ele não brincava. Resolveu contemporizar.

— Ela combinou comigo. Mandou que eu viesse e quer me ver. Somos amigos. Não vou lhe fazer nenhum mal.

O cigano riu sonoramente.

— Fazer mal a Esmeralda? Tem graça. Mas se continuar amigo dela e ficar por aqui, tem que fazer o que ela quer. Quando Esmeralda dorme, eu vigio e só quando ela acorda e quer é que se levanta. Agora saia daí e espere, se quiser.

A contragosto, Carlos afastou-se da carroça, indo deitar-se novamente em sua manta. Inácio estava pálido.

— Vamos embora, amo, enquanto é tempo. Isto não é lugar para nós. Esses ciganos vão nos matar.

— Não vou embora sem falar com Esmeralda. Se ela não me quiser, voltaremos. Mas por enquanto vou esperar.

— Por que não vamos à vila e voltamos mais tarde?

— Não adianta. Não saio daqui. Vamos aguardar.

Resignado, Inácio sentou-se. Mas apesar de fingir descansar, observava os ciganos entre preocupado e temeroso.

As horas foram passando e Carlos cada vez se impacientava mais. Sentado sob uma árvore, cerrava os olhos fingindo dormir, mas as cortinas da carroça da cigana o atraíam e não conseguia desviar dali sua atenção. A atividade do acampamento prosseguia e algumas carroças já atrelavam os cavalos, preparando-se para viajar.

Carlos irritava-se que ninguém se preocupasse com a cigana. Ela podia até estar doente. Será que ela não pretendia partir?

A tarde já começava a declinar quando finalmente uma mão nervosa correu a cortina da carroça. A figura graciosa da cigana surgiu fresca como uma flor de manhã. Carlos levantou-se de um salto.

— Finalmente.

Ela saltou da carroça com agilidade. E passou por Carlos parecendo não vê-lo. Dirigiu-se aos ciganos com alegria, apanhou uma espiga de milho e a trincou com gosto.

Carlos mal se continha. Será que Esmeralda não mais se lembrava dele? Irritado, acompanhou-a com o olhar. Ela pareceu ignorá-lo. Brincava com as crianças, chasqueava com os homens, abraçava as mulheres.

Aquela mulher parecia-lhe distante. Não era a mesma que suspirara de amor em seus braços. Certamente já o tinha esquecido. Profundamente decepcionado, Carlos, vendo-a abraçada ao moço cigano que o chicoteara, decidiu:

— Acho que tem razão, Inácio. Vamos embora.

O ginete suspirou aliviado. Graças a Deus! Apanhou os cavalos, Carlos juntou seus pertences e, desanimado, começou a preparar-se para partir. Afinal, sua aventura durara pouco. Puxando o animal pelas rédeas, foi se afastando vagaroso, lançando um último olhar para os ciganos. Não viu Esmeralda. Cabisbaixo, começou a andar pelo bosque puxando o animal e seguido por Inácio, aliviado.

— Vamos montar para ir mais depressa. Chegaremos antes que escureça.

— Não podemos voltar para casa. Melhor seguirmos para Madri.

— Procurar dom Hernandez? Está louco? Quero liberdade. Deixe-me pensar.
— Melhor era voltar ao castelo...
— Cale-se. Quem decide sou eu.
Caminharam mais um pouco até que Carlos decidiu:
— Sim. Vamos para Madri.
— Vamos viajar à noite?
— O que tem?
— É perigoso, amo.
— Vamos seguir.

Montaram os animais e rumaram para a estrada que os levaria a Madri. Pelo caminho, Carlos ia pensativo. Sua aventura começara mal. Estava exasperado. Esperar por uma cigana como se fosse um criado! Se não estivesse no meio de sua gente, ela não teria sido tão petulante. Haveria de dar-lhe uma lição. Iria a Madri e certamente lá teria oportunidade de vê-la. Talvez tivesse sido um pouco precipitado. Já que tinha esperado tanto, podia ter ficado um pouco mais para ver o que acontecia. Claro que ela o tinha visto, e era ainda mais claro que o tinha reconhecido. Apesar de ter bebido, ela não se embriagara. Estivera lúcida todo o tempo. Mas, então, como entender? Seria mulher daquele brutamontes?

A figura do cigano com o chicote na mão o enraiveceu. Não podia ser. Se fosse assim, ela não teria se envolvido abertamente e se exibido com ele. Então como entender? Ela o tinha convidado com insistência para seguir com eles no acampamento. Por que fingira não vê-lo?

Apesar de tudo, a figura da moça cigana não lhe saía da mente. Que mulher! Jamais conhecera alguém como ela! Apesar de muito jovem, Carlos tivera incontáveis aventuras amorosas. Desde menino demonstrara acentuada vocação para o amor, possuindo aquele encanto que fazia as mulheres se tornarem submissas e apaixonadas, e não se lembrava de nenhuma que tivesse durante muito tempo resistido a suas investidas. O inconstante era ele. Espírito sonhador e apaixonado, mas adulto e mimado, acabava por cansar-se, e o que de início fora uma paixão irresistível e avassaladora se transformava em tédio e insatisfação.

"Ela acha que sou um pobre-diabo", pensou Carlos com raiva. "Se soubesse quem sou na realidade, cairia a meus pés. Aquela interesseira!"

Mas ao mesmo tempo sentiu-se derrotado. Se Esmeralda o amasse por seu dinheiro, certamente ele se sentiria um incapaz de conquistar-lhe a preferência, e seu orgulho se feriria ainda mais.

Mas seu romance com a cigana não estava encerrado. Ela ainda havia de ser dele. Ainda a teria submissa e apaixonada nos braços e teria o prazer de ser seu amo e senhor. "Esmeralda acorda à hora que quer", pensou irritado. Parecia uma rainha. Ninguém ousava perturbar-lhe o sono ou desobedecer-lhe a vontade.

Teria o gosto de acordá-la quando bem quisesse e determinar o que ela iria fazer. A esse pensamento, sentiu-se mais calmo.

Foi quando, de repente, ao dobrar uma curva da estrada, viu um vulto e sentiu violenta dor na cabeça, tombando sobre o animal, sem sentidos.

Inácio berrava por socorro, quando violenta pancada também o prostrou. Três homens montados e vestindo trajes escuros procuraram prender os animais de suas vítimas. Desceram e jogaram os dois cavaleiros brutalmente no chão. Ávidos, procuraram os haveres que pretendiam roubar. Encontraram as joias e o saco com o ouro. Levaram tudo, inclusive os animais.

Carlos, ainda tonto, abriu os olhos no exato momento em que um deles lhe vasculhava as algibeiras e, percebendo a situação, reagiu agarrando-o pelo pescoço. Sentindo-se sufocar, o assaltante começou a golpeá-lo com ambas as mãos enquanto os outros dois, em socorro ao companheiro, aplicavam-lhe pontapés. Um deles deu-lhe violenta pancada na cabeça. Carlos estrebuchou e perdeu os sentidos.

Capítulo 2

Era uma noite estrelada e agradável quando os ciganos começaram a deixar a cidade. Iam alegres e bem-dispostos. Os bolsos cheios e o estômago farto. Tinham se divertido nas festas, mas tinham também amealhado recursos para o futuro.

Pode parecer que eles tivessem vida livre e descontraída, o que até certo ponto era verdade. Seus preconceitos, porém, eram outros, bem diferentes das outras raças.

Apesar de nômades, não eram imprevidentes e aproveitavam a primavera e o verão para angariar os recursos para o inverno e os tempos difíceis.

Sergei era um cigano forte e decidido. Príncipe da raça, possuía o mesmo rigor de seus antepassados na liderança de seu povo. Sua palavra era lei. Seu clã contava com mais de cem componentes, e ele exercia a função de chefe, juiz e autoridade suprema. Era muito respeitado por seu povo e tido como homem astuto e capaz. Alguns o consideravam sábio. Sabia ler, e isso exercia incrível fascínio em seus subalternos. Cantava bem como poucos e tocava a guitarra como ninguém antes o soubera fazer. Dançava com leveza e elegância, apesar de seus cinquenta anos, e ninguém jamais se atrevera a desobedecer-lhe uma determinação. Era tido por homem justo e sem protecionismo a qualquer deles. Cuidava zelosamente dos interesses do grupo. Talvez por tudo isso eles fossem menos belicosos entre si, e embora se tratassem grosseiramente por serem homens rudes, estimavam-se e conviviam pacificamente.

Suas brigas tinham o sabor de uma disputa esportiva, eram assistidas e festejadas pelo bando todo, que tinha suas preferências, cada um torcia por seu favorito. Mas muitos problemas da vida comunitária deles eram resolvidos assim, no murro e na lei do mais forte, de frente e sem favoritismo. Quando alguém incorria em falta que se reputava grave, muitas vezes Sergei reunia os chefes de família, os mais velhos, e faziam um verdadeiro julgamento do culpado, sendo-lhe aplicada a pena que deliberavam necessária.

Durante a chefia de Sergei, tinham aplicado apenas duas penas de morte, e isso em trinta anos de autoridade. Isso representava nada em uma época em que se matava com muita facilidade, principalmente nas cortes e no mundo tido por civilizado.

Foram casos de traição violenta, e embora tivessem sido executados os dois ciganos, suas famílias não foram responsabilizadas. Continuaram vivendo na comunidade e ninguém jamais mencionou sua vergonha nem se referiu aos dois traidores. Ordens de Sergei.

Mas nem sempre o grupo era tão pacato. Ficavam furiosos e perigosos quando alguém ameaçava a segurança do grupo ou feria um de seus membros. Eram muito unidos. A vingança de um era de todos. O sofrimento de um era de todos. Embora levassem vida livre, misturando-se ao povo e dele arrancando seus meios de subsistência, intimamente não gostavam dessa convivência.

Votavam aos homens de outras raças um desprezo enorme que levantava grandes barreiras e preconceitos. Verdade seja dita, tinham seus motivos. Olhados como seres inferiores, raros se aproximavam para entreter laços de amizade sincera. Suas mulheres, preparadas desde a infância para exercerem a arte de agradar, dançando, mascateando tachos de cobre, lendo a "buena dicha", eram motivo de grande atração para os homens de todas as classes. E muitos queriam corrompê-las ou usá-las ao capricho de suas paixões sórdidas. Muitos deles perderam a vida por esse motivo. Apareciam mortos em locais ermos e se supunha que houvessem sido vítimas de assaltantes, coisa muito comum naqueles tempos.

Contudo, eram afáveis com todos, desde que não transpusessem o limiar de seus preconceitos ou de sua intimidade. Não admitiam casamentos com homens de outra raça. Nas poucas vezes em que aquilo tinha acontecido, as ciganas tinham fugido e nunca mais voltado. Eram tidas por mortas e o caso estava encerrado. Nunca mais poderiam voltar ao clã.

Uma a uma as carroças se puseram, em fila indiana, em movimento. E ganharam a estrada. Alguns cantavam, outros tocavam e o cortejo seguia tranquilamente.

Dois homens de confiança iam à frente, ao lado da carroça de Sergei, que puxava a caravana.

Esmeralda, sentada na boleia, tagarelava alegre. A seu lado, conduzindo as rédeas, o cigano cujo chicote castigara a impaciência de Carlos.

— Você o feriu?

— Um pouco na mão. Ia perturbar seu sono. Fiz mal?

— Por certo que não. Fazia tempo que tinha chegado?

— Logo que clareou o dia. Fiquei de olho. Não tirava os olhos de sua porta.

— Não falou com ninguém?

— Só com Zilma. Mas ela o mandou esperar. Parecia impaciente. Gosta dele?

Esmeralda deu de ombros.

— É um belo homem. Pode ser que ainda fique com ele algumas vezes.

— Cuidado. Pareceu-me arrogante e impetuoso.

— Sei cuidar deles muito bem. Não queira agora me dar conselhos.

O outro riu gostosamente.

— Nunca precisou deles. É livre como um pássaro.

— É. Não gosto de nada que me aprisione. Posso gostar, mas amar, nunca!

O cigano riu e zombou:

— Cuidado, pode cair.

— Não, jamais. Esmeralda vai viver! Vai arrancar tudo da vida, mas vai ser protegida sempre. Amar, nunca!

— Ele me pareceu de linhagem. É nobre?

— Diz que não. Mas não acredito. Se é rico, não sei. Tem mãos finas e pele delicada. É homem de trato. Uma coisa posso lhe afirmar: nunca trabalhou.

— Então só pode ser gentil-homem.

— Quanto a ser rico, não sei, mas descobrirei. Ele me agrada por agora. Se tiver dinheiro, será ainda melhor.

O cigano de repente tornou-se sério.

— Deixe-o de lado.

— Por quê? Nunca se intrometeu em minha vida!

— Sou seu amigo, amo você como filha. Quando ficou órfã, eu a aceitei como se fosse seu pai.

— Sim. Eu o amo mais que a um pai, embora seja ainda moço. Mas nunca me pediu nada assim antes. Por que agora?

O cigano abanou a cabeça, indeciso:

— Não sei, Esmeralda. Alguma coisa me diz que deve deixá-lo em paz. Há tantos moços ricos e belos que seriam felizes por verem seu sorriso.

Esmeralda riu sonoramente.

— Está falando como um velho pai. É muito supersticioso. Acho...

As carroças pararam uma após a outra e Miro puxou as rédeas.

— Por que paramos?

Um dos cavaleiros percorria as carroças avisando:

— Dois homens no chão. Quase mortos. Foram assaltados.

Miro desceu rápido e Esmeralda foi atrás. Chegou ao local onde já um grupo cercava os dois infelizes. Sergei, curvado sobre um deles, ajuntou:

— Está mal. Se o deixarmos, morre; se o levarmos, não sei se aguenta a viagem. O que acham?

Esmeralda aproximou-se abrindo caminho.

— Sergei. Quero cuidar desse moço. Devemos levá-lo.
— Acaso o conhece?
— Sim. É um moço gentil e alegre que conheci nas festas.
— Acha que pode ajudá-lo?
— Acho. Se me autorizar, agradeço muito.

Falava com doçura e sinceridade. Nem parecia a mesma de momentos antes.

— Está bem. Como queira. Os ladrões levaram tudo. Levem-no à carroça de Esmeralda. O outro não está tão ruim, Zilma pode cuidar dele.

Em poucos minutos, colocaram Carlos nas almofadas coloridas da cigana. Ela tinha alguma água e começou logo a limpar-lhe o ferimento da testa enquanto o moço gemia, apesar de desacordado.

Miro, conduzindo a carroça, ia absorto nos próprios pensamentos. A uma ordem de Sergei, as carroças puseram-se a caminho.

Na carroça, Esmeralda limpava os ferimentos e, percebendo que o moço gemia, derramou-lhe nos lábios uma bebida forte. Em seguida, com cuidado, tirou-lhe a roupa empoeirada e salpicada de sangue, vestindo-o com algumas peças de Miro que estavam ali. Tinha grande estima pelo cigano, e sua carroça era como uma continuidade da dele.

A cigana olhou bem o jovem e arrepiou-se toda. Rápida, correu as cortinas que protegiam a boleia e sentou-se ao lado de Miro.

— Miro, precisa olhar para ele.
— Por quê?
— Acho que tem espíritos morando com ele.

— Acha que tem feitiço?

— Não sei. Talvez não. Mas ele não está sozinho lá dentro. Tem alguém com ele.

Miro não se perturbou.

— Acho que tem mesmo. Caiu em poder dos ladrões.

— Acha que foi por essa razão?

— Sim. Os espíritos do mal prepararam as ciladas, já que eles não têm corpo para atacar alguém. Se estivesse bem guardado, não teria acontecido.

— Você tem poderes. Pode dar um jeito. Se não expulsar os maus espíritos, ele pode morrer.

— Isso faria Esmeralda triste?

Ela deu de ombros.

— Acho que sim. Ele é muito moço e alegre. Muito cheio de vida para morrer. Depois, sabe que não gosto de perder.

— Às vezes é perdendo que se ganha — concluiu Miro, pensativo.

— Não gosta dele?

— Não se trata disso. Deixemos de lado o mau agouro, o que tem de ser tem força. Ninguém pode vencer o destino. Se você se sente feliz, posso afirmar que ele vai ficar bom. Não precisa temer.

— Vai vê-lo?

— Sim. Pode tomar as rédeas e deixar comigo.

Esmeralda assumiu a direção e Miro entrou na carroça. Olhou a fisionomia inchada do moço e seus olhos anuviaram-se. Mas apesar do que sentia, aproximou-se de Carlos colocando uma das mãos em sua testa.

Sua fisionomia enrijeceu e ligeiro tremor o sacudiu.

— Eu ordeno que o abandone — tornou o cigano com firmeza.

Carlos estremeceu e contorceu-se como se estivesse sofrendo um ataque. Tentava, mesmo inconsciente, libertar-se da mão do cigano, que por sua vez parecia pregada em sua testa.

— Eu ordeno que deixe o moço — tornou ele, enérgico.

Carlos empalideceu, estremeceu mais violentamente e depois ficou imóvel.

— Graças dou a nosso Deus.

Em seguida, benzeu o corpo do jovem murmurando palavras estranhas. Depois tirou uma corrente do próprio pescoço e a colocou no pescoço de Carlos. Feito isso, observou satisfeito que o moço dormia tranquilo. Tornou à boleia.

— E então? — quis saber Esmeralda. — Como está ele?

— Já disse que ficará bom. Tinha razão. Estava possuído. Agora está livre. Vamos ver até quando.

— Ele tem o corpo aberto?

— Tem. Se não se prevenir, pode entrar outro.

Esmeralda sorriu:

— Eles pensam que sabem tudo e não creem nos espíritos. Acham que nós somos ignorantes só porque não vivemos como eles. Mas quando estão mal, vêm buscar nossa ajuda. Você prestou serviços a muitos desses arrogantes. Se quisesse, podia ganhar fortuna.

Miro sorriu tranquilo.

— Tenho o que preciso e vivo muito bem. Se carregasse muito dinheiro, talvez os assaltantes me matassem em qualquer esquina.

— Nem parece cigano. Se não o conhecesse, duvidaria de você.

— Por quê? Não quero arrancar dinheiro dos outros.

— Sabe que, se eles pudessem, arrancavam não só nosso dinheiro, mas até nossa vida. Os homens não toleram os de nossa raça. Têm medo de nós e é por isso que nos respeitam. Pois eu, enquanto puder, hei de arrancar-lhes tudo que tiver chance.

— Apesar disso, não tem muito mais do que eu. Não é rica.

Ela deu de ombros.

— Ainda. Mas vou ser. Quero ser feliz!

Miro olhou-a com benevolência.

— Isso, Esmeralda. Aproveite enquanto pode. Ser feliz é bom.

Ela sorriu deliciada e confiante, e não viu o travo de amargura nas palavras do cigano.

Chegaram a Madri ao entardecer. Já tinham o local onde costumavam acampar e assim que o encontraram foram instalando-se, de preferência perto de um riacho que cortava o bosque. Enquanto as mulheres cuidavam das roupas e dos utensílios, os homens faziam o fogo e cuidavam da carne.

Durante o trajeto tinham parado para negociar com pequenos comerciantes e adquirir gêneros e carne em troca de suas panelas e tachos, canecas e colares que fabricavam durante os meses de inverno.

Era fora de dúvida que valorizavam ao máximo cada peça, conseguindo preços muito além de seu real valor. Durante os meses de inverno montavam acampamento em Toledo e lá compunham seu trabalho artesanal. Quando chegava a primavera, já se organizavam para sair pelas cidades, acompanhando as festas tradicionais e tornando-as mais pitorescas.

É claro que só se desfaziam de suas peças quando não tinham outros recursos, porque geralmente as mulheres, as ledoras de "buena dicha", os músicos, as danças, tudo lhes rendia dinheiro e gêneros que eles arrepanhavam com presteza. Alguns também surrupiavam o que podiam com astúcia e ligeireza.

Viviam assim na fartura, dentro das limitações de povo nômade. Cobriam-se de joias, de preferência ouro e prata, alguns mais caprichosos incrustando enfeites na madeira de suas carroças e nos arreios dos animais. Por tudo isso, o movimentar dos ciganos, dos animais e de suas carroças era sempre acompanhado de muito ruído, do tilintar dos metais, das correntes e das esporas. Adoravam esporas e havia alguns que as colecionavam com orgulho e capricho.

Depois de instalados, Esmeralda foi ver Carlos. O moço acordara, mas, ainda meio atordoado e vencido pela fraqueza, tinha dormido novamente. Seu rosto desinchara, mas sua fisionomia parecia pior. Estava pálido e com várias manchas arroxeadas, os lábios intumescidos e rachados. Perdera muito sangue.

A cigana tentou fazê-lo ingerir um pouco de caldo que pedira a Zilma quando, assustado e aflito, Inácio apareceu na carroça. Esmeralda olhou-o com um brilho alegre nos olhos.

— Pode entrar.

Inácio aproximou-se lívido.

— Ele está mal. Precisamos de um médico. Acha que posso levá-lo?

Esmeralda sacudiu a cabeça.

— Não pode ainda. Melhor é descansar. Não precisa de médico. Miro cuidou dele. Não vai morrer.

— Como sabe? — indagou Inácio, assustado.

— Miro sabe mais que médico. Se disse que ele vai sarar, é porque vai. Não precisa ficar com medo. Seu patrão não vai morrer — arriscou ela, astuta.

Inácio pareceu aliviado.

— Pobre moço! — suspirou a cigana com fingida tristeza. — Tão belo e tão rico, ser maltratado assim.

Inácio, sem perceber o jogo dela, tornou convicto:

— Nem diga! Se dom Fernando souber, vai me matar!

— Levaram muita coisa?

— Claro — respondeu Inácio, animado pela súbita atenção da cigana. — Tinha até joias para a família de dom Hernandez em Madri. Sacos de ouro. Levaram tudo, Deus meu! E quase nos mataram. Se dom Carlos tivesse me escutado, não se teria metido nessa estrada no escuro da noite.

— Pode ir agora que eu tomo conta dele. Vá, Zilma lhe dará o que comer.

— Tem certeza de que ele vai sarar?

— Tenho — ajuntou Esmeralda, e continuou com ar misterioso: — Miro é mago. Se ele disse que dom Carlos vai sarar, é porque vai. Pode acreditar.

Inácio pareceu menos aflito. O ar alegre e descontraído da moça, sua beleza, sua atenção para com ele, seus cuidados para com seu patrão o tranquilizaram em parte. Mas não via a hora de poder deixar aquele lugar estranho e aquela gente perigosa. Só se sentiria seguro quando voltassem para casa.

A azáfama no acampamento era grande. Água para os animais, lavar roupas no rio, panelas, e banhar-se. Eles podiam viajar vários dias sem se preocupar com a higiene, mas quando paravam perto de um rio, principalmente no verão, não resistiam ao prazer do banho.

Os homens eram terrivelmente ciumentos de suas mulheres e por isso convencionavam um lugar mais discreto para elas, onde nenhum cigano pudesse chegar, ao passo que eles podiam utilizar-se do rio à vontade.

Na verdade, muitos havia que não apreciavam o banho. Mas Sergei, com sua autoridade, os obrigava, alegando que o mau cheiro incomodava a comunidade. Alguns havia que eram a contragosto atirados na água, com roupa e tudo, a fim de se lavarem.

Esmeralda, contudo, adorava o banho. Para ela era verdadeiro ritual, onde permanecia horas inteiras, deliciando-se com a água. Mas ninguém no acampamento se atrevia a espiá-la. Sergei era enérgico e justo. Não tolerava a menor desobediência.

Assim, depois que acamparam, enquanto Miro cuidava dos cavalos, Esmeralda procurou um lugar sossegado e tranquilo, despiu-se e atirou-se no rio. Levara um sabão de banho que trocara por uma pulseira em Valença e carregara amarrado em um cordão em volta do pescoço.

Depois do mergulho, sentou-se à margem e o esfregou pelo corpo todo, inclusive nos cabelos. Depois, atirou-se novamente à água, onde nadou com prazer, deliciando-se com o aroma particularmente perfumado das flores das margens e com o alegre cantar dos pássaros.

Uma hora depois, a cigana deixou o rio descansada e feliz, vestiu-se e secou os cabelos, deixando o sol quente da tarde bater em seu rosto.

Estava com fome. Esmeralda não gostava de cozinhar. Quase sempre, servia-se da comida dos companheiros, que a mimavam oferecendo-lhe as coisas de que gostava. Esmeralda era muito querida pelos ciganos. Orgulhosa e bela, voluntariosa e altiva, astuciosa e inteligente, era bem um símbolo da raça que os homens admiravam e que as mulheres gostariam de ser. Órfã, era filha de todos. Sergei a estimava como filha. Ninguém dançava e cantava tão bem quanto ela.

Os homens morriam por ela e os ciganos tinham muito trabalho para protegê-la. Até tentativa de rapto já tinha sofrido. Mas ninguém a dominava. Livre e voluntariosa, tirava dos homens o que podia, sem se importar com eles quando não mais estivesse com vontade de vê-los.

Fora ameaçada de morte várias vezes por amantes desprezados, mas todo o bando a protegia. Principalmente Miro, que jamais a deixava.

Sempre que Esmeralda saía ou tinha contato com o povo, Miro ficava por perto. Quando ela dormia, vigiava seu sono. Às vezes chegava ao exagero, a ponto de os companheiros caçoarem dele. Mas Miro não se importava. Havia em seu olhar determinação e certo receio que procurava não demonstrar.

Esmeralda, andando de fogueira em fogueira, comeu carne, milho, bebeu chá. Depois, pegando com Zilma uma tigela de caldo, subiu na carroça.

Carlos, ouvindo-a entrar, abriu os olhos:

— É verdade! É você! — murmurou, enlevado.

— Sou. Agora beba. Esteve mal, mas vai ficar bem. Esmeralda cuidou de você.

Ele sorveu o caldo com prazer. Seu rosto cobriu-se de leve suor.

— Está enfraquecido. Perdeu muito sangue.
— O que aconteceu? — indagou ele.
— Foi assaltado. Roubaram-lhe tudo quanto levava.
— Eu me lembro deles surgindo de repente. Lutamos e desmaiei.
— Passamos pela estrada onde você estava semimorto e o recolhemos.
— E Inácio?
— Está muito bem.
Carlos suspirou aliviado.
— Onde estamos?
— Em Madri. Não fale muito, está fraco.
— Ao seu lado aqui me sinto muito bem! Ansiava por este momento, estar a seu lado tem sido meu maior desejo.
— Não parecia. Deixou o acampamento sem se importar comigo.
Ele tomou-lhe o pulso, segurando-a com força.
— Sabe que não é verdade. Vim a seu encontro conforme o combinado, mas você fingiu nem me conhecer. Pensei que não quisesse estar comigo.
Ela riu provocante.
— Não se emocione, ainda está fraco.
— Esta é sua carroça?
— É.
— Esteve aqui todo o tempo? Dormiu aqui?
— Sim... ao seu lado. Não o deixei um só momento.
Ele suspirou contente:
— E eu dormindo. Como pude?
— Delirava.
— Venha mais perto, me dê um beijo.
A cigana curvou-se sobre ele, beijando-lhe delicadamente os lábios ressequidos. Os braços de Carlos envolveram Esmeralda apertando-a de encontro ao peito.
— Esmeralda! Deu-me a vida! Renasci para você. Será minha, viverei tão somente para você.

Ela deixou-se ficar ali, abraçada, ouvindo as palavras loucas e amorosas que Carlos lhe sussurrava aos ouvidos. Naquele momento, estava submissa e tranquila, como uma gatinha no colo do dono.

Nos dias que se seguiram, Carlos foi melhorando rapidamente. A presença de Esmeralda era como um néctar que o chamava para a força da vida. Entretanto, as festas na cidade tiveram início e Carlos desesperado tentou dissuadir a cigana de participar. Seu amor por ela era imenso e exigia-lhe a presença todos os minutos. Juntos, na carroça dela, entregavam-se ao amor sem que ninguém do bando interferisse. Eram plenamente livres.

Mas a cigana explicou a Carlos que precisava trabalhar na festa. Sua presença era indispensável para o bando. Carlos tentou inutilmente dissuadi-la. Esmeralda tornou-se fria e indiferente.

— Carlos, vou dançar com os meus. Sem Esmeralda não tem festa. Esmeralda é livre. Não pode obrigar Esmeralda a nada. É bom que saiba. Se quiser me perder, tente me segurar. Ninguém diz o que Esmeralda deve fazer.

— Então não me ama. Vai dançar para outros homens, e eu não vou deixar. É minha. Se outro homem olhar para você, eu mato.

Irritado, Carlos levantou-se segurando-a pelos ombros. Apesar de fraco, suas mãos pareciam de ferro.

— Não gosto de homem ciumento. Se me atormentar, vou deixá-lo. Esmeralda é livre e é preciso que saiba. Vou dançar com os meus na festa hoje à noite. Se tentar me impedir, terá que se haver com nossos homens.

Carlos recordou-se do chicote de Miro. Sabia que Esmeralda não estava brincando. Por outro lado, não tolerava ficar ali, ainda enfraquecido, enquanto ela se exibia, toda tentação e beleza, aos outros homens.

Seus olhos expeliam chispas. Aproximou-se dela, abraçando-a com violência.

— Esmeralda! É minha! Se não posso obrigá-la pela força, fraco e indefeso, nem enfrentar a ira dos seus, posso dobrá-la com a força de meu amor. Sentirá o fogo que me consome, estarei tão dentro de você como está em mim, que nunca mais desejará outros homens, nem poderá me arrancar de seu coração. Verá como sei amar. Sei que me pertence, desde que a encontrei. Não poderá me esquecer. Verá.

Começou a beijá-la com doçura e ao mesmo tempo arrebatamento. A cigana, tensa, fria, toda concentrada na defesa de sua liberdade, sentiu-se estremecer. As palavras ardentes de Carlos penetravam-lhe o íntimo vibrantes e fortes. Esmeralda lutava resistindo, procurando repeli-lo, mas os braços de Carlos pareciam de ferro e fogo queimando-lhe o corpo e um calor brando e irresistível banhou o seu coração, derrubando o muro de sua resistência. Suas ideias se perderam nos beijos de Carlos e suas emoções, como uma avalanche irreprimível, desabaram sobre seu ser. Pela primeira vez em sua vida, perdeu o domínio da situação e entregou-se deslumbrada e sem pensar ao enlevo daquele instante.

Durante algumas horas, emocionados e trocando carícias, não conseguiram falar. Depois, deitados nas almofadas coloridas da carroça dela, Esmeralda, rosto encostado no peito moreno de Carlos, tornou submissa:

— Carlos. Estar ao seu lado é festa para Esmeralda. Se me amar sempre assim, fico com você.

Carlos olhou-a nos olhos sem poder falar. Jamais sentira tanta emoção por mulher alguma. Parecia-lhe vibrar a cada momento só com a proximidade dela. Olhou-a nos olhos, querendo devassar-lhe o íntimo:

— Esmeralda — disse num sussurro —, nenhuma mulher jamais me fez sentir tanto amor. Digo que nenhum outro homem poderá dar o que lhe dei. Somos um do outro, concorda?

    Um lampejo de luta perpassou pelos olhos da cigana. Ela fechou os olhos, sentiu o calor de seus beijos, suas carícias, sua força e cedeu. Por agora deixaria de lutar. Queria estar com ele. Desejava isso com todas as forças de sua alma voluntariosa e livre.

    — Enquanto morar dentro de mim com essa força, estarei com você.

    E os dois permaneceram abraçados, coração batendo descompassado frente à violência do sentimento impetuoso e forte que brotara neles.

    No acampamento, o movimento era grande. Os ciganos que iam à cidade participar das festas de rua aprontavam-se com suas roupas mais bonitas e adereços mais brilhantes.

    Duas carroças foram especialmente preparadas, cobertas de panos coloridos, com sua mercadoria pendurada para vender. As mulheres, alegres e falantes; e os homens, com seus cavalos enfeitados e bem cuidados.

    Levavam guitarras e pandeiros, e algumas pinhas secas e preparadas, pintadas com arte, que eles batiam umas nas outras no compasso do ritmo. Esse era um instrumento antigo que eles conservavam por tradição e sabiam preparar muito bem, ao qual davam o nome de "cascuri" ou "cascurra", como vulgarmente era conhecido entre eles.

    Miro estava pronto, com uma túnica bordada e as botas luzindo. Havia em seu olhar um brilho triste. Seus olhos não conseguiam distanciar-se da carroça de Esmeralda que, silenciosa, parecia estar vazia.

    Entre os ciganos havia um tácito acordo de liberdade. Ninguém obrigava ninguém a nada, porém certos deveres da raça eram exigidos. Ganhar a vida, para eles, era dever. Assim como cuidar dos doentes e incapacitados pela idade com carinho e dedicação.

Estavam diante de uma novidade. Esmeralda jamais se esquivara da participação no trabalho do bando. Era um ponto forte de atração. Fosse qual fosse a situação, a cigana sempre participara com entusiasmo e alegria.

Sergei passou uma vista de olhos no grupo preparado para sair.

— E Esmeralda? — perguntou a Miro.

— Não saiu ainda — respondeu ele, procurando aparentar naturalidade.

— Temos que ir. Vá saber o que há.

A passos lentos, Miro aproximou-se da cortina, chamando-a.

— Esmeralda! Esmeralda!

Sua voz era tímida. Não gostava de perturbá-la quando ela não desejava. O rosto corado da cigana apareceu entre os panos coloridos.

— Miro — tornou baixinho —, diga a Sergei que não estou bem para trabalhar hoje. Sinto náuseas e arrepios.

— Esmeralda! — exclamou o cigano com voz triste. — Cuidado! Não entregue seu coração assim. Não se deixe dominar! Você é livre!

Ela riu despreocupada:

— Não se preocupe. Não tem perigo. Hoje não quero ir, é só. Amanhã será outro dia.

Miro saiu procurando espantar os pensamentos sombrios que lhe ocorriam, e dentro em pouco o bando alegre e barulhento se afastava rumo à cidade.

Na carroça, Carlos, extasiado, não se cansava de cortejar a cigana, que, sem se dar conta, mais e mais se enlaçava nas chamas daquele sentimento de amor.

Nos dias que se seguiram, o falatório e o descontentamento alastraram-se pelo acampamento. Esmeralda, a flor da raça, a dançarina principal, o "mito" do grupo, recusava-se a trabalhar.

Não se importavam com sua vida amorosa, porém o trabalho era sagrado. A contribuição dos mais dotados era exigida como dever à comunidade.

Carlos exigia, Esmeralda se entregava às emoções novas e alguns passaram a hostilizá-la. Esmeralda procurou Sergei em sua carroça.

— Sergei, Esmeralda precisa falar.

— Entre, Esmeralda. Também quero falar com você. Faz muito tempo que não conversamos.

— É um pai para mim. É chefe de nosso povo. Esmeralda sofre, precisa de sua ajuda.

— O que aconteceu com Esmeralda?

— Sergei. Estou amando! Amo com todas as minhas forças. Vivo e respiro com ele. Nunca passei por isso antes! Pode me entender?

— Ele não é um dos nossos. Não vai lhe fazer feliz!

— Por que diz isso? Acha que não posso prendê-lo para sempre a meu lado?

Sergei a olhou com firmeza:

— Acho. Hoje ele está aqui, contente e bem-disposto. Mas, um dia, sentirá a força do sangue, vai desejar regressar aos seus. É nobre de estirpe. O que fará, então? Pretende impedi-lo? Quer nos abandonar? Eles a aceitarão? Será feliz, presa em um castelo sombrio, sem ver as belezas do céu ou viajar por nossos bosques?

O rosto de Esmeralda sombreou-se de tristeza, porém esforçou-se por afastar esses pensamentos. Sorriu e ajuntou, confiante:

— Sergei, Carlos ama Esmeralda com muita força. Não vai embora. Quem sabe um dia aprenda a ser um dos nossos. Quero que aprove nossa vida. É nosso chefe.

— Como chefe, tenho o dever de preveni-la. Ser cigano é carregar toda a força de nossa raça no sangue. Ele não é dos nossos. Se quiser ficar para sempre, podemos ensinar a ele nossos costumes, mas ele será feliz vivendo como nós? Pretende aprisioná-lo fora dos seus por toda a vida?

— Ele gosta daqui. É feliz ao meu lado. Os pais são severos e duros e Carlos ama a liberdade, a dança, o sol, a música. Será feliz aqui. Dançarei e ele estará também junto trabalhando pelos nossos nas festas. Se der sua aprovação e seu consentimento, ficaremos felizes aqui, e tudo estará bem.

Sergei olhou-a bem nos olhos.

— É o que quer?

— É. Hoje eu o quero. Amanhã, não sei. Mas é a primeira vez que quero um homem assim. Não posso perdê-lo. Você me compreende?

A voz da cigana era doce e suave.

— Se eu o perder agora, nunca mais poderei dançar, nem cantar, nem ser feliz.

— Você o ama tanto assim?

— Amo. Acho que amo.

— Pois seja, Esmeralda. Amo muito você. Quero que seja feliz enquanto pode. Viva sua vida com ele. Falarei a nosso povo para que o aceite. Mas lhe peço que participe do grupo, que dance para o povo, mesmo que viva para teu amor. Eles sentem muito sua falta e não gostam de trabalhar sozinhos. Acham que não foram muito felizes nesses dias porque não foi com eles. Precisa compreender.

— Querem me obrigar?

— Não. Eles sentem sua falta e mostram-se enciumados do amor que sente por Carlos. Se quiser que eles o aceitem, trate de fazer as pazes com eles, afinal tem o dever de trabalhar com o grupo. Sabe bem que isto é verdade. Nunca a obriguei a nada, apesar de seu chefe e senhor, mas sabe que tenho razão.

Sergei falava com calma e delicadeza. Esmeralda sentia por ele respeito e acatamento. O apoio que lhe dera, compreendendo seus sentimentos, deixava-a grata e solícita.

— Tem razão — concordou —, vou voltar ao trabalho. Não posso ficar parada para sempre. Esmeralda cumpre seu dever. Carlos tem que pensar como um dos nossos.

— Isso, minha filha. Se fizer isso, ele certamente será aceito por todos. Eles te amam. Não querem perdê-la. Sabe como adoram vê-la dançar e cantar. Não pode lhes tirar esse prazer.

— Vou trabalhar, prometo. E agradeço a sua bondade. É mesmo como um pai.

Beijou a mão do cigano, que procurou esconder um brilho emotivo no olhar. Sergei tivera mulheres, mas vivia só. Tinha um filho de quinze anos que procurava educar dentro dos padrões puros da raça e que era seu orgulho. Esmeralda tocava-lhe o coração de forma especial.

Amara profundamente a mãe dela, Tânia, a linda cigana que um dia saíra do acampamento apaixonada, em companhia de um jovem nobre e belo. Sergei sofrera rude golpe com a fuga da cigana e, durante vários dias, fechou-se em sua carroça desesperado, bebendo sem parar. Mas Tânia se fora, feliz e descuidada.

Cinco anos depois, foram encontrá-la no sul da Itália, sombra do que fora, doente e com a filha nos braços. Apareceu no acampamento ardendo em febre e desesperada.

— Sergei, peço-lhe perdão. Se puder me perdoar, não me escorrace. Sei que não mereço, mas sofri muito. Os outros não aceitam nossa raça e fui desprezada e infeliz. Não voltei de vergonha. Mas agora estou doente e lhe peço que aceite minha filha. Em suas veias corre nosso sangue! É cigana! Não tem lugar para ela no mundo. Só entre os nossos será feliz. Ah! Como me arrependo do que fiz...

Um acesso de tosse a acometeu, e o sangue colorindo sua boca mostrou a Sergei seu estado. Apesar de ter acariciado a vingança, de ter odiado, sofrido, chorado, não pôde ficar insensível à transformação daquela mulher. O espetáculo de sua desgraça feriu-lhe o coração e, recordando a beleza daquele rosto que amara tanto, o sorriso alegre e contagiante, a frescura daquela pele morena e bela, sentiu forte emoção. O amor que sempre sentira ressurgiu sofrido e forte. Ela voltara! Sofrida e triste. Quem sabe haveria tempo para salvá-la? Quem sabe poderia fazê-la reviver? Agora era experiente, quem sabe ela o pudesse amar?

Olhou-a curvada, com a criança nos braços e um pano comprimindo a boca contraída.

— Tânia! Eu a perdoo. Não vai mais sofrer. Eu ainda a amo!

Lágrimas grossas corriam pelas faces dela.

— Como fui injusta com você! Não mereço seu perdão! Mas posso afirmar que, quando a ilusão passou, seu rosto não saía de minha frente. Sei o quanto vale. Como é bom e justo. Quis vê-lo antes de morrer. Apesar de tudo, quero lhe confiar minha filha. Ela não tem culpa de nada. Quero que a eduque como os nossos para que ela seja feliz como eu era e poderia ter sido até hoje. Pegue, é sua.

Sergei segurou a criança nos braços com emoção.

— Veja como é linda. Esmeralda tem três meses. Peço que a adote. Preciso ir embora, não quero que ela apanhe minha doença!

Sergei, assustado, colocou a criança adormecida sobre o leito e segurou Tânia apertando-a nos braços. Em sua voz havia dor e angústia.

— Tânia, não a deixarei ir. Se voltou, não a quero perder mais. Se está arrependida de ter partido, fique. Seu lugar é aqui, entre os de seu povo, que a ama e que nunca a esqueceu!

Tânia soluçava.

— Não posso. Fui ingrata, não mereço. Sergei, estou muito doente. Vou morrer! Não quero contaminar ninguém. Deixe-me morrer como mereço.

— Não posso, Tânia. Quero que viva. Vamos curá-la. Seremos felizes. Ainda criará sua filha, que será nossa. Eu a amo, Tânia, com desespero. Não quero que morra.

— A felicidade não é para mim, Sergei. Não soube apreciá-la. Agora é tarde.

Sergei não quis ouvir. Entregou Esmeralda aos cuidados de Zilma e instalou Tânia em sua carroça, cuidando abnegadamente de sua saúde. Entretanto, a doença da cigana se adiantara muito e um mês depois ela veio a falecer. Mas os cuidados, o carinho, a dedicação do cigano estabeleceram no coração sofrido de Tânia um amor profundo, intenso, que ela procurou expressar de todas as formas e que deu a ele uma gratificação profunda.

Esmeralda lembrava muito a figura da mãe. Sergei amava-a como filha. Vendo-a envolver-se tal como Tânia nas tramas de um amor perigoso, sofria e preocupava-se por ela. Contudo, não queria ser intolerante como fora com Tânia, que por esse motivo fugira do acampamento. Queria proteger Esmeralda. Acreditava que, não sendo contrariada e podendo dar expansão a seus sentimentos, acabaria por compreender as diferenças da raça e, quando o ímpeto da paixão serenasse, acabaria por desinteressar-se pelo jovem aristocrata.

Conhecia bem a cigana, sabia-a exigente e indócil. Não toleraria durante muito tempo o domínio de Carlos. Era livre como o vento. Nunca suportara nenhuma cadeia que não fosse a que seus sentimentos estabelecessem.

O melhor mesmo era apoiar-lhe as resoluções para que ela se sentisse segura do afeto dos seus no acampamento. Só assim poderia evitar que ela, tal como Tânia, saísse rumo a uma vida tão diferente da sua e que lhe fecharia todas as portas.

Suspirou fundo e mais uma vez a imagem delicada de Tânia passou-lhe pela mente saudosa.

— Ah! Se estivesse comigo! Como eu seria feliz!

Um arrepio inesperado percorreu-lhe o corpo ao mesmo tempo que profunda emoção lhe sacudiu o espírito. Teve a nítida impressão de ver um vulto envolto por uma luz suave deslizar em sua direção. Assustou-se.

Tânia! Tânia! Parecia sentir sua presença. Estaria delirando? Teria seu desejo imenso de tê-la perto chamado seu espírito?

Súbito receio o envolveu. Teria ela vindo como um agouro? Estaria para acontecer alguma desgraça?

A tradição de sua raça rezava que os espíritos dos mortos só apareciam para avisar das desgraças ou para orientar os destinos do grupo quando houvesse necessidade urgente de mudar de rumo. Qual dos dois motivos teria trazido Tânia até ali?

Aterrado, o cigano ajoelhou-se, murmurando:

— Tânia, Tânia. Sinto que está aqui. Por que veio? O que quer?

Aragem suave envolveu o espírito ansioso de Sergei. Aos poucos ele foi se acalmando e o receio desvaneceu. Nada mais viu ou sentiu, talvez tudo tivesse sido fruto de sua mente apaixonada e ardente.

Levantou-se. Estava mais calmo e sereno. Fosse o que fosse, procuraria fazer o melhor. Sua vida era dedicada ao bando e ao filho. Deus faria o resto.

―⸺⋆⸺―

Esmeralda chegou à carroça pensativa. Precisava ter uma conversa séria com Carlos. Tudo quanto Sergei dissera tinha calado fundo no coração da cigana. Sabia da infelicidade de sua mãe. Não pretendia ser como ela. Além disso, adorava seu povo, sua vida, sua liberdade. Jamais poderia viver encerrada em um castelo enquanto o marido se consumia em viagens e em lutas a serviço de causas sem importância, até que a velhice o impedisse de combater ou a morte o impedisse de envelhecer. Essa era a vida triste das damas e dos nobres. Esmeralda detestava essas coisas. Queria amar, cantar, rir, dançar, viver a vida livremente, sem peias nem proibições.

Carlos, sentado em um tosco banco de madeira, olhava o céu azul por entre as copas das árvores que a brisa levemente balançava.

Aquela vida era boa, pensava, mas um pouco sem objetivos nem segurança. Não fosse pela presença fascinante da cigana, não teria se demorado tanto por ali. Sabia que precisava partir, mas ao mesmo tempo não queria deixar Esmeralda. Sentia pela cigana uma atração irresistível e, por mais que ponderasse voltar para casa, bastava Esmeralda aparecer para que ele se esquecesse de tudo.

— Em que pensa? — indagou a cigana de chofre, arrancando-o da meditação.

— Em você — respondeu Carlos, sem pestanejar.

— Mentiroso. Tinha o olhar perdido na distância e eu estou aqui bem perto.

Ela sentou-se a seu lado, graciosa.

— É verdade. Pensava em você. O quanto a amo.

— Carlos, precisamos conversar seriamente.

Ele a olhou preocupado. Sentia a animosidade dos ciganos e a vira conversando na barraca de Sergei. Temia que fosse obrigado a sair do acampamento.

— Seja qual for o problema, eu não a deixarei.

Ela sorriu.

— Sabe que os nossos estão magoados comigo. É meu povo. Minha família. Aqui trabalhamos todos pelo bando. Não somos aceitos pelas outras raças. Unidos, ficamos mais fortes. Trabalhando juntos, sobrevivemos. Entende?

— Acho que sim — resmungou ele, preocupado.

— Os fortes trabalham pelos fracos e cada um dá o que tem. Assim temos tudo. Esmeralda não está cooperando. Os meus estão revoltados e enciumados. Preciso voltar a trabalhar.

— Quer dizer que vai dançar para os homens?

— Vou dançar para o meu povo! — fez ela, irritada. — E, depois, é preciso, se quiser permanecer aqui comigo. Se me recuso, é bem capaz de exigirem seu afastamento.

— Você se diz livre! Não será isso uma imposição?
Ela sacudiu a cabeça.

— Os deveres da raça precisam ser respeitados para que possamos viver. Não entende porque não é um dos nossos. Por outro lado, se eu cumprir com meu dever, eles não vão interferir em nossa vida. Poderemos estar em paz e você será aceito por todos como um dos nossos.

— Não tolero que dance para os outros.

— Todos os nossos homens teriam orgulho de que sua mulher dançasse e fosse aplaudida. Para nós é uma honra! Nem todas podem fazer isso com sucesso. Eu posso! Deve ter orgulho de me possuir. Admirada por todos, mas vivendo só para você.

A voz da cigana era doce e meiga. Nem sequer parecia a Esmeralda fria e indiferente. Carlos sentiu que não podia recusar. Não desejava afastar-se dela. Concordaria, mas iria sempre vê-la e acompanhá-la.

— Está bem — concordou por fim —, se é assim que pensa, eu não posso recusar. Não quero perdê-la. Mas estarei por perto, e que nenhum homem ouse se aproximar! Não permitirei.

— Esmeralda não quer outros homens. Quem resolve isso é Esmeralda.

Carlos puxou-a para si e beijou-lhe os lábios tentadores.

— É minha, não se esqueça disso — murmurou, com voz rouca.

— Serei sua enquanto o amar — tornou ela, provocante. — Lembre-se sempre disso. O único laço que nos une é meu amor.

— Esmeralda — tornou ele, com veemência —, diz isso para me atormentar. Sabe que nosso amor não vai acabar.

Ela riu bem-humorada.

— Não quero pensar no amanhã. Hoje eu quero você e isso basta. Amanhã Esmeralda vai dançar.

Os olhos da cigana reluziam de satisfação.

Capítulo 3

A Plaza Mayor regurgitava de gente. Passava das nove e a noite descera calma e quente ao brilho delicado das primeiras estrelas.

Pelo ar, o cheiro agradável dos assados e o vozerio popular. Carrocinhas de saltimbancos exibiam seus números alegres aos apupos do populacho e aos aplausos das crianças aqui e ali. Músicos tocavam e o povo dançava em plena praça cantando e sapateando no desafio do ritmo, ao grito dos olés e dos aplausos. Por toda parte, pipas de vinho e rum que o povo comprava e consumia deliciado.

Os ciganos instalaram-se a um canto, as ledoras de "buena dicha" espalharam-se entre o povo e os músicos tocavam alegremente.

Esmeralda dançava! Descalça, os cabelos negros e sedosos soltos sobre os ombros, coberta de colares, os dedos cheios de anéis, parecia que nem pisava no chão. Lábios entreabertos, olhos semicerrados na volúpia da música, a cigana parecia irreal.

Suas saias rodopiavam descobrindo nesse volteio pernas ágeis e bem torneadas, e os gritos de entusiasmo do povo pareciam incentivá-la mais e mais aos caprichos improvisados e exóticos de sua dança.

Respiração presa, Carlos, fascinado, não podia desviar o olhar do vulto da cigana. Tinha ciúme, mas mesmo assim pôde compreender por que os ciganos se orgulhavam dela. Possuí-la o envaidecia. Na verdade, não devia ser fácil prender o amor de Esmeralda. Pelo que sabia, amada por muitos, era a primeira vez que Esmeralda amava. Sentia-se orgulhoso e feliz. Parecia hipnotizado.

— Carlos! Que surpresa!

Arrancado de seu mundo íntimo, Carlos sobressaltou-se:

— Álvaro!

Trocaram um abraço entre exclamações de alegria e cumprimentos. Álvaro era sobrinho de dom Antônio Hernandez e amigo de infância de Carlos. Seus pais e dom Hernandez eram amigos e nas temporadas da corte costumavam visitar-se, chegando mesmo a se hospedarem por longas temporadas.

— Está em Madri! Quando chegou? Por que não foi à minha casa?

— Tive alguns contratempos durante a viagem, mas agora estou bem.

— Esteve doente?

— Pior, fui assaltado e ferido, roubaram todos os haveres. Inclusive os mimos que trazia para a família de dom Hernandez.

— Que lástima! Não se pode andar sem escolta por essas estradas. Mas onde está hospedado? Naturalmente irá para minha casa.

Carlos abanou a cabeça.

— Não posso. Estou com alguns amigos a quem devo a vida.

— Não diga!

— Pretendo ficar com eles mais algum tempo. E você, o que conta de bom?

— Nada. A vida na corte é sempre a mesma. As mulheres, o vinho, as brigas, as intrigas. Os salões estão perdendo seu encanto.

Carlos sorriu malicioso.

— Logo você, a dizer isso. É por você que as damas suspiram quando canta.

— Não é bem assim... Em todo caso, faço o que posso. Mas, olhe, Carlos, que mulher! Jamais vi outra igual.

Carlos estremeceu. Álvaro, olhos brilhantes, lábios entreabertos, um sorriso alegre, fixara-se em Esmeralda, que sob os aplausos frenéticos encerrara sua dança. Afogueada, com os olhos brilhantes, a cigana sumira para dentro da carroça, enquanto o povo pedia sua volta e os músicos recomeçavam a tocar, concitando o povo a dançar. Mas eles exigiam a volta da cigana, e para isso dispunham-se a pagar. As moedas começaram a chover e os ciganos as recolhiam com presteza. Quando Miro julgou oportuno, anunciou que após um pouco de descanso a cigana retornaria.

Carlos sentiu-se preocupado. Não queria que Álvaro conhecesse a cigana. Queria despedir-se, mas o outro parecia muito à vontade.

— "Buena dicha", senhor? Passado, presente, futuro...

Uma cigana passava por eles e Álvaro, divertido, estendeu a mão para ela.

— Diga, o que tenho para o futuro?

A cigana parou, olhou-o bem como se quisesse penetrar-lhe o íntimo. Depois, séria, tomou-lhe a mão, apalpando delicadamente sua palma.

— Senhor, homem rico, será poderoso, terá fortuna e poder. Saúde boa, amores fáceis. Há uma mulher que pode elevá-lo ao poder ou atirá-lo no pó das estradas.

— Quer dizer que uma mulher pode fazer isso comigo? — gracejou Álvaro com ar incrédulo.

— Fará, senhor. Estou vendo. Cuidado, porque aqui há uma encruzilhada. Não posso ver mais. Só sei que haverá dois caminhos, mas serão decisivos. Não sei qual escolherá. Não consigo ver...

— Como não? Não prevê o futuro?

A cigana o olhou séria. Parecia pálida e um pouco trêmula.

— Sim, vejo. Um caminho o levará à glória e ao poder. O outro à destruição e à morte. Tudo por uma mulher! Deus!

— O que foi? — indagou Álvaro, meio agastado.

— Não posso, senhor. Não posso! Não sei qual irá escolher. Eu o vejo parado em uma encruzilhada e os dois caminhos se estendem à sua frente. Vejo os extremos onde eles o levarão. Cuidado! Não sei qual irá escolher. Se for um, será feliz; se for o outro, a tragédia virá.

— Ora, cigana! Quer me assustar. Tome estas moedas e vá embora.

— Mina não quer suas moedas. Guarde-as. Só quer que pense bem quando chegar a hora da decisão.

— Por que não quer meu dinheiro? — fez ele irritado. — Por acaso não o acha limpo?

— Não é isso. Só sei que não devo aceitar seu dinheiro. Não posso!

A cigana afastou-se de repente e, antes que Álvaro pudesse segurá-la, sumiu no meio da multidão.

— Maldita cigana! — fez ele irritado.

Parecia impressionado. Carlos assistia à cena intrigado. Sabia que os ciganos jamais recusavam o dinheiro, e o comportamento da cigana o deixara muito surpreso.

— Mulher estranha — murmurou Carlos, admirado.

— Conseguiu tirar o meu bom humor.

— Bobagem, homem! O que ela disse é fantasia. Mas mesmo que seja verdade, não é tão ruim. Lembre-se que poderá escolher e certamente escolherá o melhor.

Álvaro sorriu.

— Tem razão. Deixemos esses ciganos repelentes. Aonde vamos?

— Sinto, mas preciso ir. Meus amigos me esperam.

— Sabe o que eu acho? Que anda metido com alguma mulher. Nem sequer me convidou a conhecer seus amigos. Pela sua cara, que conheço bem, está aprontando...

— Se é meu amigo, deixe-me agir à vontade. Amanhã ou depois irei à sua casa.

— Não negou, hein, maroto? Bem, eu compreendo. Mas, pelo menos, conte-me alguma coisa a respeito dela. É bonita?

— Alguma vez tive mau gosto?

— Está bem. Está bem. Espero você em casa.

Abraçaram-se. Quando Álvaro desapareceu entre o povo, Carlos foi à procura de Esmeralda.

— Onde estava? — perguntou ela. — Não o vejo faz tempo. Quem era aquele fidalgo?

— Um amigo meu de infância. Mora aqui em Madri. Estranhou por eu não tê-lo procurado.

— E você?

— Não quis ofendê-lo. Não disse que estava em melhor companhia.

— Ou será que tem vergonha de nós? — fez ela, um pouco irritada.

— Por que diz isso? Por acaso não amo você e a prefiro a tudo e a todos?

— Pode ser.

Esmeralda olhou-o como se quisesse penetrar-lhe o íntimo:

— Faria isso publicamente? Seria capaz de dizer a seus amigos fidalgos que ama uma cigana, que vive em nossa carroça e que quer ser um dos nossos?

Carlos pareceu um pouco embaraçado.

— Que ideia, Esmeralda! Se estou aqui, é porque quero. Mas sabe que os outros não pensam como eu e enfrentá-los certamente nos traria aborrecimentos. Quero poupá-la.

— Ah! Quer me poupar! — fez ela irônica. — Pois se eu lhe disser que não quero ser poupada, se eu lhe disser que quero que grite que me ama a todos esses hipócritas decadentes que deitam com nossas mulheres, bebem nosso vinho e vão para casa fingindo respeito, escondendo a podridão e desprezando a nossa raça?

Os olhos dela faiscavam de raiva.

— Esmeralda — fez ele em tom conciliador —, acalme-se. Sabe que não sou como eles. Eu a amo!

— Diz isso, mas no fundo pensa como eles! Não se afina com os meus. Se pudesse, iria me levar para longe dos meus, para um lugar qualquer, mas nunca para a casa de seus pais ou de seus amigos. Deixe-me, Carlos. Talvez seja melhor. Enquanto é tempo, deixe-me. Esmeralda quer viver, ser livre e feliz. Vá embora de minha vida!

Carlos sobressaltou-se.

— Não pode dizer isso, Esmeralda. Está sendo injusta. Jamais a deixarei! É minha.

Agarrou-a, abraçando-a com força, beijando-lhe os lábios úmidos. O coração da cigana batia descompassado.

— Esmeralda — sussurrou Carlos em seu ouvido —, se não a apresentei a Álvaro, foi por ciúme. Ele é um belo homem e estava entusiasmado com sua dança. Estou certo que a desejou. Não quero que o conheça.

Esmeralda sorriu. Toda sua raiva desapareceu. Aquela linguagem ela podia entender.

— É um belo homem — disse provocante.

Carlos apertou-lhe o braço com força.

— Não me provoque. Se olhar para ele, vai se arrepender, eu juro!

Carlos estava pálido. Esmeralda olhou-o com doçura:

— Sabe que o amo. Agora me deixe. Vou dançar. O povo me chama.

Realmente, as vozes lá fora chamavam pela cigana e a música a convidava a dançar. Carlos saiu e recostou-se na carroça enquanto Esmeralda, espicaçada pela assistência, rodopiava envolvente. Mas o rapaz não estava tranquilo. Seu amor por Esmeralda era violento. Aonde iria levá-lo?

Lembrou-se de Álvaro e do comportamento da cigana. Se fosse com ele, compreenderia, porquanto ele sim estava numa encruzilhada por causa de uma mulher. Mas Álvaro, tão insensível às mulheres, usufruindo sem dar, despertando paixões sem corresponder, sempre senhor de si, era impossível. Fantasias da cigana, com certeza. Mas com que fim? Recusara o dinheiro dele. Por quê? Eles faziam tudo aquilo por dinheiro. Estava realmente intrigado.

Foi perdido em seus pensamentos que Carlos permaneceu o resto da noite. De madrugada, voltando ao acampamento, conduzindo a carroça de Esmeralda, vendo-a cansada e alegre sentar-se a seu lado, perguntou:

— O que pensa da "buena dicha"?
— "Buena dicha"?
— Sim. Das profecias que os seus fazem às pessoas.
— Por quê?
— É só para ganhar dinheiro, não é?
— Não crê nas predições? — perguntou ela, admirada.
— Ora, Esmeralda, você mesma já falou sobre alguns truques para arranjar dinheiro...
— É verdade. O povo gosta de saber o futuro.
— E os seus se aproveitam. Inventam histórias, mentiras.
— Nem sempre. Eu acredito nas visões e nas profecias. Por que pergunta? Nunca o vi interessado nisso.
— É que Mina teve um comportamento estranho com Álvaro que muito nos intrigou.
— Eu não duvidaria de Mina. Ela é iniciada nas forças do bem e do mal.

Carlos sentiu um arrepio pelo tom da cigana e relatou-lhe a estranha predição.

— E depois, o que é mais raro, recusou as moedas. Não é estranho?
— Não. Ela sabe que, quando tem uma visão real e prediz alguma coisa, não deve receber dinheiro por isso, para não perder o poder.
— Mas se ela tem esse poder, por que o dinheiro a faria perdê-lo?

— Não sei. Não entendo dessas coisas. Não sou iniciada. Mas sei que quando Mina recusa o dinheiro, é porque fala a verdade.

Carlos permaneceu pensativo.

— Seria bom que seu amigo fidalgo a escutasse. Mas deixemos essas coisas, Esmeralda está cansada.

— Estamos chegando.

Naquela noite, Carlos custou muito a conciliar o sono. A figura do amigo de infância vinha-lhe à mente de quando em vez e nesses momentos não podia evitar uma apreensão, como um sobressalto que a custo procurava vencer.

No dia imediato, o acampamento demorou a acordar. Apenas as crianças e algumas mulheres que não tinham participado da festa estavam em atividade.

Carlos despertou cansado e maldisposto. O sol ia alto e ele levantou-se. Procurou algo para comer. Mastigando um pedaço de pão, saiu da carroça e procurou algo para tomar. Miro estava perto de uma fogueira com uma caneca na mão.

— Pela sua cara, acho que não está bem — fez, bem-humorado. — Temos leite. Vi uma vaca e consegui um bom balde. Nada mau depois do vinho.

Carlos aceitou a caneca automaticamente.

— Mina já se levantou? — indagou Carlos, pensativo.

— Que quer com Mina? — perguntou Miro, curioso.

— Falar com ela. Ontem a vi prevendo o futuro e fiquei interessado.

— Quer ler a "buena dicha"? Eu mesmo posso fazer isso. Não sabe que também sou iniciado?

Miro falava em tom de brincadeira, mas Carlos sabia que dizia a verdade. Ele também fazia parte dos verdadeiros conhecedores desses poderes.

— Não é propriamente para mim. Mas ontem ela previu algo a um amigo meu. Fiquei preocupado.

— Se quiser, pode procurá-la naquela carroça, mas estou certo de que não vai lhe dizer nada.

— Acha que vai se recusar?

— Acho que já se esqueceu. Não sabe, mas as visões surgem sem esperar e se vão da mesma forma. Não creio que possa ajudá-lo.

— Ainda assim quero vê-la.

— É ali. Pode chamá-la.

Carlos engoliu o leite morno, depositou a caneca nas pedras da mesa improvisada e, decidido, foi à carroça de Mina.

— Mina, posso entrar?

A voz da cigana respondeu prontamente.

— Espere um pouco.

Segundos depois, sua mão morena arrepanhou as cortinas que serviam de porta à carroça, e ágil saltou ao chão ao lado de Carlos.

— Melhor conversar fora. Gilka dorme. Não quero despertá-la.

Carlos se esquecera da pequena filha de Mina.

— Precisamos conversar.

— O que quer? Nunca me procurou.

— Ontem, na praça, sua visão. Quero que me esclareça. Estou preocupado com meu amigo.

— Nada tem com ele. Deixe-o em paz. Não o procure.

O rosto da cigana era sério.

— Não posso evitar. É meu amigo de infância, nossas famílias se estimam e se visitam. O que viu para ele? Que visão fez você dizer tudo aquilo?

— Minha parte fiz. O recado já dei. A visão se apagou e não quero buscá-la de novo. Nem quero envolver-me com ela. Deve fazer o mesmo.

— Não pode me dizer nada? Vai me deixar tão intrigado?

— De que adiantaria você conhecer cenas do futuro, pedaços de um acontecimento que está por vir?

Carlos não se deu por satisfeito:

— Mina, não me deixe sem resposta. O que quer dizer com isso? Não entendo dessas coisas, mas gostaria de apaziguar meu espírito. Sempre que penso no que disse ontem, sinto um aperto no coração. Por acaso sua visão não se referia a mim? Não teria se equivocado atribuindo-a a ele?

Mina olhou fixamente para o rosto expressivo de Carlos. Depois disse com voz firme:

— Sei o que sente, e o que se passa em seu coração. O amor cigano tem seu preço. E não sei se estará disposto a pagar. Mas minha visão foi com ele. Isso posso afirmar. Jamais me engano nessas coisas. Não pense que conheço todo o futuro e que tenha entrevisto todos os acontecimentos. O poder da visão se manifesta de repente. Por um instante, sem que eu tenha pedido, sinto um frêmito, um tremor, e sei que ela vai acontecer. Todos os meus sentidos se aguçam na espera e então tenho diante dos olhos cenas rápidas de acontecimentos futuros. Elas desaparecem e eu as esqueço logo.

— É curioso. Pensei que soubesse tudo!

A cigana balançou a cabeça.

— Você se engana. Pelas cenas que vejo, posso pressentir os perigos ou sossegar os corações aflitos. Sei quando vão acontecer coisas boas ou más, mas por que, quando ou como vão acontecer, isso não sei.

— Estranho poder o seu. Mas de que lhe serve se não pode compreender tudo?

— Não sabe o que diz. Ele tem sido útil a minha gente. Consigo ver o essencial. E não quero saber demais. Como poderia viver conhecendo o futuro de todos e sem poder impedir que se consume? Já é difícil e doloroso, para mim, prever o futuro.

— Álvaro não acreditou muito no que disse. É desconfiado e descrente.

— Ele vai se lembrar de mim quando chegar a hora da decisão.
— E não pode prever o que ele vai escolher?
— Pude ver o fim dos dois caminhos. Um leva à felicidade, o outro à tragédia, mas a escolha é decisão dele.

Carlos suspirou um pouco decepcionado. Esperava maiores esclarecimentos.

— Se quiser um conselho: evite-o. Não o procure nem se ligue a ele.
— Não posso ajudar?
— Não terá condições para isso.
— E quanto a mim? Meu futuro e de Esmeralda? Não sabe de nada?
— Já disse a você que a visão ocorre sem que eu queira. Não tenho poder de produzi-la à vontade. Mas é muito invejado. Tome cuidado com isso. Não se descuide.
— Como assim?

A cigana sorriu:

— Não é cristão? Seu Deus não tem força para protegê-lo?
— Acha que devo ir à igreja?

Ela riu gostosamente. Seu rosto magro e ossudo tornava-se mais suave quando ria.

— Se acredita que Deus está encerrado entre as paredes tristes e frias de uma casa de pedra e que de lá pode ajudá-lo, realmente tenho pena de você.
— Por quê? — fez Carlos, picado.
— Porque seu Deus é muito pobre. Não poderá ajudá-lo muito. Nosso Deus é muito mais poderoso!
— Fala como herege. Deus é um só para todos.

O rosto da cigana distendeu-se. Seus olhos pareciam perdidos no horizonte infinito:

— Os brancos não sabem enxergar o verdadeiro Deus. Ele é grande e poderoso. Está em tudo. Podemos sentir sua presença no céu, nas estrelas, no sol, nas árvores, nas flores e nos rios. Ele é a força da vida.

A voz de Mina era firme e adquirira modelações suaves. Carlos a olhava admirado. Ela prosseguiu:

— Se quiser ajuda, converse com Ele em seu coração. Ele vai lhe dar proteção e força. Agora esqueça tudo. Deixe seu amigo em paz.

Carlos se afastou impressionado. Miro continuava assando carne no fogo, absorto em seus pensamentos. Carlos aproximou-se.

— Estranha essa mulher. Ela diz coisas que nunca ouvi. Acho que não é muito certa da cabeça.

Miro soltou uma risada.

— Mina o perturbou?

Carlos deu de ombros.

— A mim, não. Mas ela é diferente, sobrenatural. Diz coisas, muda a voz de repente, parece possuída. Se os inquisidores a virem, está perdida.

— Eles não se metem conosco. Nossos punhais são tão afiados quanto suas máquinas de tortura. Podemos sumir com eles antes que a malta de seus asseclas dê pela coisa. Por que os mencionou? Por acaso os conhece?

— Não me honraria conhecê-los. Não sou afeito às coisas da religião. Eu os tenho visto entrando e saindo na corte, ou na casa de meu pai. Levando nosso ouro, e sei até que têm imposto sua vontade a El-rei. Acho-os intrigantes e falsos. Usam batina, mas surpreendi alguns em trajes falsos nas tabernas onde as mulheres e as bebidas jorram em abundância. Se pudesse, desmascarava-os todos.

Miro estava sério.

— É prudente não se meter com eles. Nunca se sabe até onde chega sua maldade. Não teria poder para lhes fazer oposição. Parecem donos do mundo. Trazem as pessoas escravas a seus ardis, manietadas e subjugadas. Fazem isso porque houve os que se submeteram, mas nós somos livres. Eles nos temem.

— Nunca procuraram se aproximar?

— Várias vezes tentaram nos subjugar. Pela força, pela perseguição e até pelo ouro. Mas Sergei sabe como enfrentá-los. Não confia na hipocrisia. Fez sentir o peso do poder cigano. Até que eles resolveram nos deixar em paz, desde que não nos metamos com eles. Assim temos vivido já há algum tempo.

Carlos estava interessado. Enfrentar os inquisidores e vencê-los fora um dos sonhos heroicos de sua adolescência. Detestava aqueles vultos negros circulando pelo castelo de seu pai, delatando suas traquinices, levando o dinheiro paterno, interferindo nas decisões da família, revelando uma cupidez insaciável e um fanatismo que o irritava.

Por que seu pai, tão austero, tão senhor de si, tão honesto, submetia-se a eles? Sempre se revoltara quanto a isso, mas o assunto era intocável. E toda vez que o mencionava era punido severamente. Seu pai recusava-se a lhe dar alguma razão ou explicação para aquela subserviência, tão em desacordo com sua altivez e sua honra de fidalgo honesto e valente.

As histórias que circulavam entre os jovens de sua idade sobre os inquisidores eram de estarrecer. Sempre a injustiça vencendo, a mentira, o embuste, a maldade derrotando os bons, os humildes, os honestos.

Impossibilitado de fazer algo, de poder vencer essa força arrasadora, Carlos procurara omitir-se desses assuntos, evitando-os para que sua revolta não o fizesse tomar atitudes perigosas e inúteis.

Nunca conversara sobre isso com os ciganos. Saber que tiveram a coragem imensa de enfrentá-los era glorioso. Carlos vibrava só de pensar.

— Quer dizer que houve época em que se combateram?
— Houve. O sangue jorrou de parte a parte. Mas cigano não ataca ninguém. Cigano toma alimentos e dinheiro para poder viver. Não vivemos fincados na terra. Nossa casa muda com a estação, não plantamos a terra, não temos

como comer. Levamos ao povo nossa alegria, nossa música, nossos tachos e objetos de adorno; em troca, queremos alimentos, roupas, paz. Jamais agredimos alguém. Mas precisamos nos defender, não toleramos agressão.

Miro sentou-se no chão e Carlos sentou-se a seu lado. Permaneceu silencioso alguns instantes. Carlos perguntou:

— Miro, não seria melhor que seu povo fundasse uma vila ou cidade e procurasse cultivar a terra, criar animais para viver?

Miro o olhou pensativo.

— Impossível. A alma de nosso povo morreria em pouco tempo. Nossa natureza é livre e não suportaríamos a monotonia de um só lugar.

— Os nossos acham que tomar o que não lhes pertence é roubar. Você e os seus acham isso natural.

Miro riu despreocupado.

— Também pensa como eles?

— Bem... Eu não tomaria nada a ninguém.

— Pois morreria de fome. Posso lhe garantir. Nós, ciganos, temos vida simples. Queremos comida e bebida farta, alguns panos para cobrir o corpo, alguns enfeites para alegrar nossos animais, nossas carroças e tornar mais belas nossas mulheres. Vivemos com pouco. Todos somos iguais no bando. E até nosso chefe ouve nossas dificuldades e procura resolver nossos problemas. Somos fortes porque somos unidos. Mas os fidalgos, como você, viram escravos do ouro. Apodrecem nesses castelos cheios de mofo, cobertos das maldições de seus feudos que trabalham de sol a sol, plantando a terra para encher seus celeiros, levando vida miserável de fome, de doença, sem alegria de viver. O senhor de tudo, fidalgo do castelo, sacrifica a mulher, trancada em suas paredes de pedra como numa masmorra, prende seus filhos, dando as filhas em casamento a velhos ricos e desapiedados e os filhos às batalhas inglórias das guerras sem sentido. E ajuntam tudo para dividir com os padres, que usufruem, dominam e arrasam tudo. Quem é mais feliz: nós ou eles?

Carlos estava admirado. Por mais estranho que pudesse parecer, o cigano tinha razão. Entre a vida monótona e pesada de seu castelo, mil vezes o acampamento cigano. Pela mente de Carlos passaram cenas de sua infância: a resignação da mãe sempre cerrada em suas salas e sem acesso às decisões familiares. Uma onda de tristeza o acometeu. Amava a mãe. Certamente sua prolongada ausência iria preocupá-la.

Sacudiu a cabeça tentando afastar as ideias tristes.

— Acho que tem razão, Miro. Aqui se vive feliz e livremente. Eu prefiro esta vida à que levava na casa de meu pai.

— É. Prefere esta vida, mas não sei se com o tempo continuará pensando assim.

— Amo Esmeralda. Gosto daqui. Ficarei para sempre.

Miro o olhou com um brilho indefinível nos olhos.

— Vamos ver. O chamamento familiar é muito forte. E a ambição é traço marcante entre os fidalgos. Muitos crimes temos visto por causa de heranças e ouro. Conseguirá resistir?

A voz do cigano penetrou fundo o coração de Carlos. Essa pergunta ele se recusava a formular no próprio íntimo. Temia o conflito, receava a hora da opção definitiva e absoluta. Pressentia que a força das coisas a colocaria em seu caminho, recusava-se a pensar nisso. Queria retardar o mais possível.

— Estamos falando de assuntos muito sérios. Mas eu gosto de Esmeralda, gosto daqui, gosto muito. Gosto desta vida. Gostaria imensamente de ser um dos seus.

— Seria melhor para você e para Esmeralda. Mas você não tem sangue cigano. Não pensa como nós. E um dia o apelo de seu povo vai lhe chamar a outros caminhos. Então, não sei o que vai decidir. É a força das coisas. É a luta. Amar Esmeralda e ela amar você foi fatalidade. Desejo que ela não sofra. Se a ferir, pode ter certeza de que ferirá a mim também. Eu a defenderei contra tudo e todos.

O olhar de Miro fuzilava de emoção. Carlos sentiu um arrepio desagradável. Procurou sorrir.

— Pode estar tranquilo. Jamais magoarei Esmeralda. Eu a quero muito. Agora vou ter com ela. Apreciei nossa conversa. Gostaria de ser seu amigo. Falo com sinceridade. Sinto falta de alguém para trocar ideias, e como é amigo de Esmeralda, eu o admiro e respeito.

Miro sorriu descontraído. Carlos falava com sinceridade e Miro observou:

— Eu também o admiro. Conquistar o coração de Esmeralda foi sua maior vitória. É sincero e simples. Podemos ser amigos.

Apertaram as mãos.

— Talvez possa me ensinar alguns de seus truques de montaria.

Miro deu uma piscada maliciosa:

— Posso, desde que me ensine a conquistar as mulheres. Deve ser mestre nesses assuntos.

Carlos saiu alegre e bem-disposto. Conversar com o cigano o fizera esquecer um pouco os problemas de Álvaro. O mau presságio se esvaíra. Miro era um homem muito interessante. Poderia contar-lhe coisas e aspectos da vida daquele povo, que julgara tão atrasado, mas que se revelava mais feliz e sábio do que os pretensiosos fidalgos que tanto alarde faziam de seus poderes e não passavam de escravos, enfatuados e tristes, de uma sociedade corrompida e devassa.

Viver ali, livre e com o amor de Esmeralda, não era uma felicidade?

Entrou na carroça onde a cigana ainda dormia e a abraçou com carinho. Olhando seu rosto delicado e adormecido, aconchegando a seu peito, pensou comovido:

"Está decidido. Ficarei para sempre ao seu lado, Esmeralda. Nunca vou deixá-la."

E, cansado pela noite maldormida, sentindo o brando calor de Esmeralda junto a si, suavemente adormeceu.

Capítulo 4

A tarde morria no acampamento, mas o movimento ainda era grande. Preparavam-se para partir. O outono ia em meio e havia movimento na cidade, onde a maioria cuidava de se abastecer para o inverno.

As donas de casa cuidavam de suas conservas e de suas carnes, que deveriam sustentar suas famílias nos dias difíceis de inverno. Os ciganos não tinham celeiros nem gêneros para armazenar, mas tudo quanto puderam obter nas festas de verão, e ainda durante o outono, procuravam acomodar nas pitorescas carroças onde viviam.

Para eles o outono era mais curto, porquanto o verão se alongava ao máximo. Profundos conhecedores da natureza, com a qual viviam em constante contato, estabeleceram um roteiro que lhes permitia acompanhar a estação quente viajando com ela. Observavam atentamente as árvores e as aves, cuja migração e ciclo conheciam perfeitamente e, de acordo com seus sinais, resolviam também a viagem e o rumo.

Tinham saído de Madri rumo a Contrera, Córdoba e Cáceres. Seguiram pelo litoral parando em Santo Eleutério e El Príncipe. Barcelona e Alcântara. Agora rumavam para Toledo, onde deveriam permanecer mais tempo.

Sergei marcara a saída para a madrugada seguinte e as atividades eram muitas. Durante o verão, acondicionavam as roupas de inverno no fundo da carroça e colocavam as almofadas ou o colchão de penas de ganso por cima. Agora tinham que fazer o contrário. Tirar a roupa quente, os acolchoados e os agasalhos e guardar as roupas de verão. Deveriam ainda acomodar os objetos e víveres que tinham conseguido para consumir durante o inverno. Os tachos, os arreios e enfeites tinham sido vendidos e levavam dinheiro, com o qual pretendiam adquirir o que precisassem.

Carlos, curioso, observava o movimento, e seu criado aproximou-se. Durante todos aqueles meses, Inácio permanecera no acampamento com a vida que pedira a Deus. Fizera amizade com vários ciganos que a princípio riam-se dele, mas que depois, percebendo-lhe a humilde dedicação e a limitada inteligência, acostumaram-se com sua presença.

Perdendo o medo dos primeiros tempos, e sem coragem de ir-se embora abandonando o patrão, mostrou-se prestativo e útil, e acabou tornando-se aceito e até querido, principalmente pelas mulheres, cujos afazeres mais pesados aliviava, cooperando. Ia buscar água, acendia o fogo, cortava lenha, apanhava frutas, brincava com as crianças, cuidava dos doentes.

Com isso, conquistara a simpatia e era solicitado por elas, que lhe ofereciam guloseimas e até roupas. Ele se sentia livre e querido. Aproximou-se de Carlos, olhando-o com curiosidade.

— Senhor, vamos com eles?
— Certamente.
— Não vamos voltar ao castelo de dom Fernando?

Carlos franziu a testa, preocupado. A figura delicada da mãe surgiu-lhe na mente e sentiu funda saudade. Mas reagiu:

— Não penso em voltar por agora. Estamos bem aqui. Por acaso quer ir embora?

— Oh! Não. Gosto daqui.

— Então deixemos esse assunto. Vamos ajudar Esmeralda.

Mas Carlos não conseguia esquecer. As saudades do lar eram fortes e pungentes. Esmeralda observou pensativa:

— Está triste. Por quê?

— Não gosto do inverno. Sempre me põe triste. Amo o sol, a luz, o calor.

A cigana deu de ombros.

— Não se pode mudar a natureza.

— É. Se eu pudesse, mudaria.

Ela riu.

— Fala como criança.

Carlos procurou sorrir, mas sentiu o coração apertado. Tratou de reagir. Abraçou a cigana com força.

— Esmeralda, deixe isso e fique comigo.

Ela riu distraída.

— Espere. Deixe-me acabar.

Mas Carlos não podia esperar, estreitou-a ainda mais, mergulhando nas emoções que Esmeralda lhe provocava, e beijou-lhe os lábios com ardor. A cigana retribuiu e Carlos, naquele instante tendo a mulher amada entre os braços, esqueceu sua preocupação, sua saudade. Esmeralda era sua força, sua vida, seu alento. Ficaria a seu lado para sempre.

Os dias que se seguiram foram monótonos e tristes. Tinham partido de madrugada. Uma chuva persistente e fria caía sem cessar, dificultando a marcha pelas estradas transformadas em lodaçal, e um vento frio soprava prenunciando o inverno.

Carlos não conseguia dissimular o tédio. Presos na carroça pelo mau tempo, o rapaz se sentia abafado e inútil. Esmeralda, sentindo-lhe a má disposição, esforçava-se por tornar a habitação mais confortável. Tinham lenha seca e a cigana acendera branda fogueira no aquecedor. Chegara até a preparar milho para ele, assando-o com cuidado no curioso e primitivo aquecedor que, conforme a necessidade, também podia esquentar o chá ou assar o milho e até, se a chuva fosse muito demorada, assar um pedaço de carne. Era feito de ferro e consistia numa caixa com pequena abertura lateral e uma grelha por cima; atrás, um grosso cano de latão fazia as vezes de chaminé, conduzindo a fumaça para o alto da carroça e jogando-a para fora.

Esmeralda não gostava de cozinhar e sempre comia com os companheiros, mas agora cuidava de seu homem com amor. A viagem se arrastava, morosa, e as crianças em grande parte estavam doentes e irritadiças. Parecia que o humor dos ciganos mudara. A maioria adorava o sol, as flores, o verão. O inverno era-lhes penoso sacrifício que tinham aprendido a suportar com coragem, mas que lhes roubava a alegria de viver. O vinho era usado com insistência e muitos tornavam-se belicosos e irascíveis. Brigavam com as mulheres e disputavam com os amigos por questões insignificantes.

Os velhos viviam medrosos porque a cada inverno sempre os mais enfraquecidos morriam. Sergei precisava manter a vigilância a fim de conseguir preservar a paz e a saúde de todos. Com dificuldades e sacrifício, carroças quebradas e consertadas com paciência, chegaram a Toledo, onde se instalaram, perto da cidade.

Puseram as carroças em círculo para se protegerem do vento frio, e no centro armaram algumas barracas.

No dia seguinte os homens foram à cidade para adquirir o material que precisavam para trabalhar, porquanto em Toledo, embora extraíssem a matéria-prima e a ligassem preparando-a para uso, não se dedicavam a labor artesanal. Os trabalhos originais e pacientes dos ciganos eram muito bem recebidos pelos nobres e viajantes da cidade. Havia, nas montanhas, várias forjas onde se podia negociar o cobre, o estanho e o latão.

Tinham já os conhecidos dos quais obtinham a matéria-prima pagando ou negociando seus arreios e objetos artesanais, inclusive de metal. Os comerciantes dedicavam-se mais à ferração dos animais do que aos objetos de adorno ou utilidades domésticas.

Carregando sacos com os pedaços de metal, os ciganos, de volta ao acampamento, montavam um tripé na frente da barraca e, sobre ele, o fogareiro, o malho, a bigorna, todos os seus instrumentos de trabalho.

Enquanto as mulheres cuidavam de conseguir comida, lendo a "buena dicha" pelas vizinhanças, eles começavam a trabalhar. Eram tempos duros e difíceis. As ciganas faziam verdadeiros milagres conseguindo guloseimas nos castelos da redondeza, predizendo o futuro, vendendo amuletos e ervas para as doenças, e o que era mais importante: filtros do amor de várias graduações e para todos os casos.

Havia os que eram para se tornar atraente, para conquistar um jovem da nobreza ou velho fidalgo. Para manter a beleza e a mocidade, para o fidalgo conquistar o poder, o dinheiro, a mulher do outro ou a jovem amada. Para manter a saúde, contra a impotência e até ervas abortivas. Nada faltava nos bolsos ocultos e na roda das saias das ciganas.

O povo as temia não só pelos roubos e embustes que praticavam, mas principalmente pelas maldições que lançavam sem dó nem piedade sobre quem se furtasse a atendê-las ou dar-lhes algo.

Assim, fascinando alguns, atemorizando outros, agradando a muitos, pelas predições felizes e sugestões para o futuro, conseguiam arrecadar de tudo. Roupas, adereços, guloseimas, frutas, joias, tudo servia, tudo levavam. Chegavam ao acampamento e com Sergei dividiam o produto do dia. Podiam ficar com o que gostassem de enfeites ou roupas, mas tinham que dividir igualmente a comida.

As pessoas mais velhas e as crianças tinham que ser vestidas por elas. As que tinham família cuidavam dos seus; as que não tinham, davam uma parte para as outras. Estavam tão habituados a esse sistema que raramente discutiam pela posse das coisas. Tudo era de todos, mas se houvesse alguma dúvida, Sergei decidia. Como era o chefe, justo e estimado, a disputa cessava aí.

Esmeralda saía com as mulheres, o que irritava Carlos. Não gostava de vê-la esmolando nas cozinhas dos palácios ou ludibriando os outros. Sabia o desprezo que os fidalgos nutriam em relação aos ciganos e não desejava expô-la a tal vexame.

Havia também o receio de que alguns se interessassem por ela, tão linda e insinuante. Sabia da facilidade com que os homens vencem os preconceitos quando se trata do amor de uma bela mulher.

Socialmente consideravam os ciganos seres desprezíveis, mas não hesitavam em conquistar suas mulheres para satisfação de suas paixões e de seus vícios pessoais.

Carlos estava irritado e nervoso. Se durante aqueles tempos se sentira pouco aceito pelos ciganos, não o afetara muito porquanto tudo era alegria, sol, luz, música e festa.

A natureza perfumada, alegre, e o acampamento era um agrupamento fascinante, festivo, onde os sons das guitarras e o crepitar do fogo se misturavam ao luar safírico e à brisa perfumada. Tudo era beleza, cor, dança, luz, perfume, amor.

Agora, o que restava? Frio, céu cinzento, rostos vermelhos pelo vinho, crestados pelo vento e pelo calor do fogo. Irritados e praguejantes, meio bêbados e mal-humorados.

As mulheres ausentes o dia inteiro, como mendigas de porta em porta, suportando os maus-tratos e distribuindo mentiras, ilusões, por entre maldições e desregramentos.

Carlos estava deslocado e só. À noite, tinha o aconchego do corpo cheiroso de Esmeralda, mas ele queria mais, queria viver, sair daquela miséria, daquela sujeira e daquele mundo.

Dia a dia, tornava-se mais triste e irritadiço. Esmeralda vibrava de ódio, percebendo a modificação de Carlos. As discussões se repetiam, tornando a situação insustentável. Até que, um dia, Carlos explodiu. Tinha bebido e estava muito nervoso. Esmeralda se demorara na cidade e ele vira exasperado as outras regressarem sem que a cigana voltasse.

A noite já tinha caído quando ela chegou. Carlos olhou-a com raiva:

— Esmeralda, isto tem que acabar. Não pode fazer o que quer. Não vai mais sair por aí feito mendiga. Não vou permitir.

A cigana enrubesceu de raiva. Não entendia Carlos. Qualquer homem do bando estaria grato por seu esforço em conseguir o máximo, mas ele não, criticava-a e, o que era pior, queria mandar nela. Uma onda de rancor inundou o seu coração.

— Como se atreve a falar assim comigo? Esmeralda é livre. Não tem dono, a única coisa que prende é o amor.

— Ora, deixe de fita. Quer andar por aí, ver outros homens, enquanto eu fico aqui, nesta pocilga infecta, ouvindo o praguejar dos seus e o malho na bigorna. Não aguento mais. Ou deixa essa vida de mendiga ou vou embora.

De rubra, Esmeralda empalideceu. Seu orgulho estava ferido, mas apesar disso ainda considerou:

— Então é isso. Cedo se cansou de nosso amor e quer partir. Pois escolha agora, já: ou fica para sempre ou vai e, então, nunca mais volte a me procurar. Eu o amo, mas isso não importa. Não quero que fique contrariado. Não vou mudar minha vida. Eu sou cigana. Se me ama de verdade, fique comigo, mas se não, vá embora e que seja para sempre.

Havia tal expressão no olhar da cigana que Carlos teve medo. Abrandou e tentou conciliar as coisas.

— Esmeralda! Eu a amo. Sabe que é tudo para mim. Dói vê-la sair por aí, do jeito que vai.

— Sabe que tenho deveres com os de minha raça. Se eu não saísse, não teria como comer. É um ingrato. Tudo quanto faço é por você, para seu bem. Mas se não está feliz, vai embora. Ultimamente anda triste e inquieto. Não dorme tranquilo. Tem emagrecido e perdido a cor. É hora de saber o que tem. Fale! Esmeralda quer saber.

— Está bem — tornou Carlos, conciliador. — Tenho saudades dos meus.

— Agora já não lhe sou suficiente. Já não me ama mais.

— Não se trata disso, Esmeralda. Eu a amo como sempre. Mas minha mãe sempre foi muito boa e me quer muito.

Deve estar sofrendo sem saber de mim, pensando que eu morri, ou que estou doente em alguma parte. Deve estar desesperada. Tenho sonhado com ela e seu rosto apreensivo não me sai do pensamento.

— Não acredito. Antes meu amor era o bastante. Agora já não basta. Disse que ficaria comigo para sempre, agora já quer ir embora.

— Olha, Esmeralda. Tenho pensado muito. Acho que vou viajar. Vou até a casa de meu pai. Quero ver minha mãe, dizer que estou bem. Apanhar alguns haveres e voltar para cá. Até lá o inverno já terá ido e poderemos viajar novamente pelos campos em flor. Cantar e dançar como nos primeiros tempos.

A cigana o olhou com tristeza.

— Não me engane, Carlos. Se voltar para os seus, não mais nos veremos. Sei que, no conforto da casa de seu pai, Esmeralda será esquecida.

— Nunca a esquecerei. É minha vida!

— Não acredito em você. Quer Esmeralda com paixão, mas o amor exige muito mais, e não quer pagar o preço. Se for embora, nunca mais nos veremos!

— Engana-se. Vou viajar, mas voltarei breve. Não suporto ficar longe de você por muito tempo. Estou com remorso por causa de minha mãe. Acalmo o coração dela e volto para seus braços. Eu lhe trarei as joias mais lindas e os vestidos mais ricos. Compreenda o meu coração, eu lhe peço!

A cigana abanou a cabeça, desalentada.

— Não me ama. Não tanto quanto eu o amo. Não reparto você com nenhuma mulher, mesmo que seja sua mãe. Ou fica para sempre, ou nunca mais quero vê-lo.

Carlos tentou demovê-la dessas ideias sem conseguir. Esmeralda não aceitava a sua partida, ainda que fosse por pouco tempo.

Ele estava sendo sincero. As saudades do lar, da mãe e de seu ambiente lhe amarguravam as horas e ele sentia desejo incontrolável de ir até lá. Não pretendia abandonar a cigana. Amava-a muito. Tencionava voltar na primavera. Confiava que a viagem lhe fizesse espairecer e iria reforçar os laços de amor entre ambos. Pretendia trazer dinheiro para não depender dos ciganos. Pouparia Esmeralda, impedindo-a de exercer essas detestáveis atividades que eles chamavam de trabalho. Voltaria o mais breve possível.

Em vão tentou convencer a cigana de seus bons propósitos. Ela se recusava a aceitar. Entretanto, a cada momento mais e mais essa ideia tomava conta de Carlos.

Uma noite procurou Miro e, à luz do fogo, expôs a ele seus desejos.

— Tenho notado que não estão felizes. Miro não gosta disso. Esmeralda triste. Agora sei por quê. Deseja ir embora.

— Quero viajar. Voltarei logo. Preciso ver minha mãe.

O cigano olhou-o nos olhos procurando examinar o que lhe ia à alma.

— É sincero. Pretende voltar. Mas lá, longe de Esmeralda e no conforto dos seus, pensará assim?

— Claro, Miro. Não tenho dúvida. Amo Esmeralda e não posso ficar longe dela. Verá que voltarei em breve.

— Esmeralda vai sofrer. Sabe que não permitirei isso.

Carlos sorriu confiante:

— Sossegue seu coração. Eu seria muito infeliz sem ela. Voltarei na primavera. Eu juro. Quero que me ajude a convencê-la de que digo a verdade. É meu amigo. Sabe que a amo. Vai me ajudar?

Miro estava sério:

— Sei que irá de qualquer forma. Sinto que está determinado. Nada o fará mudar. Sei que ama Esmeralda, mas sei também que a voz do sangue e da raça é muito alta. Mas lembre-se de uma coisa: estou esperando você. Se não voltar e Esmeralda sofrer, hei de procurá-lo até os confins da Terra e juro que o farei pagar. Já tinha lhe avisado. Se Esmeralda sofrer por sua causa, por seu abandono, passe o tempo que passar, haja o que houver, ajustaremos contas.

Os olhos do cigano expeliam chispas, seus lábios comprimiam-se com força, dando ênfase a cada palavra. Carlos não se furtou a um arrepio de medo. Depois sorriu confiante:

— Não temo sua ameaça. A felicidade de Esmeralda é a minha. Voltarei para ela, para sempre. Enquanto eu estiver fora, não a deixe ficar triste, diga-lhe que eu jurei voltar e que me espere — hesitou um pouco e concluiu: — E, por favor, não a deixe sair com outros homens. Não suportaria uma traição.

Miro o olhou admirado:

— É ingênuo, rapaz. Esmeralda é muito bela. Se abandoná-la, não sei o que fará. Sabe que é livre e não aceita ordens de ninguém. É altiva e orgulhosa. Se me ouvisse, não teria se envolvido com você.

— Não me aprecia? — reclamou ele, agastado.

— Não é isso. Sabe quais são meus motivos. Sou seu amigo, mas não é um dos nossos. Seus apelos são outros. Não fará Esmeralda feliz. Ainda agora vai deixá-la. Fazê-la sofrer.

— Sabe que será apenas uma viagem. Voltarei cheio de presentes e amor para ela. Verá como seremos felizes!

Miro olhou-o sério.

— Assim espero para o seu bem. Se não cumprir o prometido, e ela não sofrer e deixar de amá-lo, poderá viver em paz; mas se ela for infeliz, pode esperar por minha vingança. Eu juro.

Carlos não se preocupou. Tratou de procurar Inácio e combinar a viagem. Estava eufórico. Ver sua mãe, sua casa, seus amigos. Levaria dois cavalos emprestados e alguns víveres. Quando voltasse, pagaria regiamente o empréstimo.

Naquela noite amou Esmeralda como nunca. Entre um beijo e outro, jurou amor para sempre, mas não mencionou a viagem que tencionava empreender no dia imediato. Queria evitar discussões inúteis.

Carlos levantou-se cedo e procurou Sergei para despedir-se. Recebido com atenção, expôs ao cigano seu desejo de afastar-se por algumas semanas levando dois animais e alguns víveres que devolveria em dobro no regresso.

O cigano ouviu-o em silêncio e respondeu calmo:

— Foi bom ter me informado. Esmeralda não vai gostar. Seria melhor que contasse a ela.

— Já tentei, mas ela não quer concordar. Acha que vou abandoná-la. Mas não é verdade. Voltarei logo. Diga isso a ela em meu nome. Preciso dar notícias a minha mãe, que sofre sem saber onde estou. Apanhar minhas roupas, meus haveres. Voltarei muito breve. Então, Esmeralda verá que não a enganei. Mas preciso ir.

Sergei abanou a cabeça:

— Não obrigamos ninguém a ficar aqui, é livre para fazer o que quiser. Mas lembre que os desejos de Esmeralda serão respeitados. Ela tem seus direitos; e nós, nossas leis. Se quando regressar ela não o quiser mais, não poderá ficar aqui. Dependerá dela, só dela.

— Eu sei. Agradeço sua tolerância permitindo que eu viva aqui com ela e seu povo. Pode crer que o respeito e admiro muito. Só quero que diga a Esmeralda que a amo e que voltarei na primavera.

O dia ia em meio quando Carlos, aproveitando a ausência de Esmeralda, acompanhado de seu criado, montados em dois cavalos a cuja sela amarraram um saco com algumas provisões, deixaram o acampamento.

Carlos seguia despreocupado e contente, pensando no rosto amoroso da mãe, a quem não via a hora de abraçar. Estivera ausente durante seis meses e certamente estariam apreensivos quanto a seu destino.

Realizaram a viagem sem incidentes e no dia imediato chegaram a Valença. Divisando o castelo de seu pai, Carlos não pôde furtar-se à emoção. Nunca lhe pareceu tão belo e suntuoso.

O guarda que se aproximara da entrada quando os viu chegar, reconhecendo-os, soltou uma exclamação alegre:

— Dom Carlos! Bendita seja a Virgem! Está de volta!

Carlos sorriu contente. Sim. Estava de volta e se sentia em casa. No pátio, foi um alvoroço. Os serviçais, reconhecendo-o, davam-lhe as boas-vindas. Carlos sempre fora estimado pelos servos de sua casa por sua simplicidade e também por sua bondade. A todos tratava com brandura, e muitas vezes durante sua infância e adolescência permanecera entre eles conversando, brincando com seus filhos, despreocupadamente.

Embora advertido pelo pai, Carlos continuava tratando a todos com certo carinho, e por esse motivo era estimado e querido. Seu belo rosto travesso, sua galanteria, suas conquistas eram comentadas com orgulho por todos quanto o viram crescer. Sua chegada consistiu em um acontecimento vibrante e feliz.

Ouvindo o alarido, dona Encarnação aproximou-se e vendo Carlos abraçou-o com arroubo.

— Filho meu, finalmente!

Carlos apertou-a com força:

— Mãe! Que saudade! Estou de volta. Não suportava mais ficar longe de você.

Passados os primeiros arroubos, ainda abraçados foram sentar-se no salão. O pai estava percorrendo a plantação, mas a mãe estava ansiosa por saber o que acontecera.

— Um mês depois que partiu, nós recebemos um portador da parte de dom Hernandez repetindo o convite que nos fizera e insistindo por sua presença nas festividades que já se estavam processando. Ficamos preocupados. Desde então em vão mandamos nossos emissários a sua procura e não conseguiram saber de nada. Seu pai temia pelo pior, mas eu pressentia que voltaria. Sabia que ainda o teria em meus braços, como agora. Conte-me tudo. O que aconteceu?

Naquele instante, observando o rosto emotivo de sua mãe se transtornando, olhos angustiados, suas mãos trêmulas, sentiu-se egoísta e mau. Pensara só nele mesmo, sem se importar com os sentimentos de sua querida mãe.

— Quando saí daqui, pretendia ir à casa de Álvaro, para irmos juntos à casa de dom Hernandez, mas fomos assaltados na estrada por alguns bandidos que nos roubaram tudo, deixando-nos meio mortos no chão.

— Valha-me Deus!

— E Deus valeu-me mesmo. Fomos recolhidos por um bando de ciganos que, apiedados de nossa infelicidade, trataram de minhas feridas.

— Virgem Santíssima! Ciganos! Que perigo! Não teve medo deles?

— Eu estava desacordado. Eles me trataram com muito cuidado. Cuidaram de mim com muito amor. Estava muito doente e fraco. Tinha perdido muito sangue. Demorei muito a recuperar a saúde.

— Durante todo este tempo ficou com eles?

— Sim. Foram muito bons para mim.

— Eu não confio. Vai ver que esperam explorá-lo mais tarde. Cigano é raça maldita!

Carlos se entristeceu:

— Não fale assim, mãe. Eles me salvaram a vida. Nem sabiam quem eu era. Encontraram-me atirado na estrada, ferido e despojado de todos os meus haveres. Jamais lhes paguei pelo benefício que prestaram.

Encarnação ficou muito aflita:

— Filho, prometa-me que se afastará deles! Que nunca mais irá vê-los! Por Deus!...

Carlos admirou-se.

— E esta agora! Por quê?

— São perigosos. Terríveis! Por favor, diga-me que não os verá nunca mais.

Vendo o rosto crispado de sua mãe, sentindo o tremor de suas mãos em seu braço apertando-o nervosamente, Carlos sentiu penosa impressão.

— Acalme-se. Vem. Sente-se aqui comigo. Quero lhe dizer que não posso ser ingrato. A roupa que me cobre, os cavalos que me trouxeram, os alimentos que me sustentam foram dados por eles. Está enganada. São gente como nós. Lutam, sofrem, amam, defendem-se.

Encarnação não se acalmava. Sentada ao lado do filho, estava trêmula e angustiada. Ele continuou:

— Há lendas sobre eles, fantasias, histórias. Tudo falso.

— Não penso assim. São poderosos e terríveis. Têm parte com o demônio. Pobre filho. Vejo que está fascinado por eles! Preciso pedir a Deus que o liberte.

Carlos entristeceu. Esperava encontrar na mãe a confidente, a aliada que o ajudaria a transformar Esmeralda na mulher que ele desejaria. Em seus sonhos, ele tinha imaginado transformá-la em dama misteriosa, tão ao gosto da época, casando-se com ela sem apresentá-la à corte a pretexto de ciúme. Pretendia que a cigana pudesse manter com ele uma vida dupla. No verão, ambos seriam ciganos, viajando com o bando, participando das festas e das alegrias, e no inverno viveriam em um castelo, que ele mandaria construir, ou, quem sabe, no castelo dos pais.

Sabia que dom Fernando era rigoroso, certamente nunca aceitaria seu casamento, mas talvez pudesse enganá-lo de alguma forma. Agora, a mãe, com sua superstição, parecia derrubar seus projetos de um só golpe.

É verdade que nunca falara a Esmeralda sobre esse assunto. Mas era justo que, se ele participasse da vida dela, com os seus, ela também deveria participar da dele pelo menos alguns meses por ano.

Depois, o inverno no acampamento era-lhe insuportável. Por que não viverem em um castelo durante esse tempo?

Se Esmeralda alegasse a necessidade de "trabalhar" para arranjar os víveres para os seus, ele poderia mandar-lhe uma quantidade de víveres que cobriria a irrisória parcela que Esmeralda arrecadava. Afinal, ele era rico. Devia sua vida àquela gente. Nada mais justo que retribuir sustentando-os durante a rudeza do inverno. Mas a atitude da mãe, inesperada, colocava-o de chofre em contato com a realidade, bem diferente daquilo que imaginara. Resolveu contemporizar:

— Bem, mãe, tenha calma. Depois falaremos a esse respeito.

Mas ela parecia frenética. Carlos nunca a vira tão aflita.

— Meu filho, prometa que nunca mais irá ter com eles!

— A que vem isso agora?

— Vamos, prometa.

Ele desconversou:

— Sabe que não desejo causar-lhe problemas. Mas deixemos esse assunto sem importância. Conte-me como vão as coisas por aqui! Estive tanto tempo fora, estou ansioso!

Procurando conter-se, ela começou a falar dos problemas da casa, dos familiares, e Carlos escutava procurando demonstrar um interesse que não sentia. Seu coração estava oprimido. Teria feito bem em regressar?

Procurou dissipar tais pensamentos desagradáveis. Mas, à noite, remexendo-se no leito, teve muita dificuldade em conciliar o sono. O rosto aflito da mãe sobrepunha-se à fisionomia crispada de Esmeralda, onde ódio e revolta estampavam-se. Pareceu-lhe até, a certa altura, ouvir a voz da cigana dizendo rancorosa:

— Se não voltar, eu me vingarei!

O dia já despontava quando Carlos, cansado e deprimido, adormeceu.

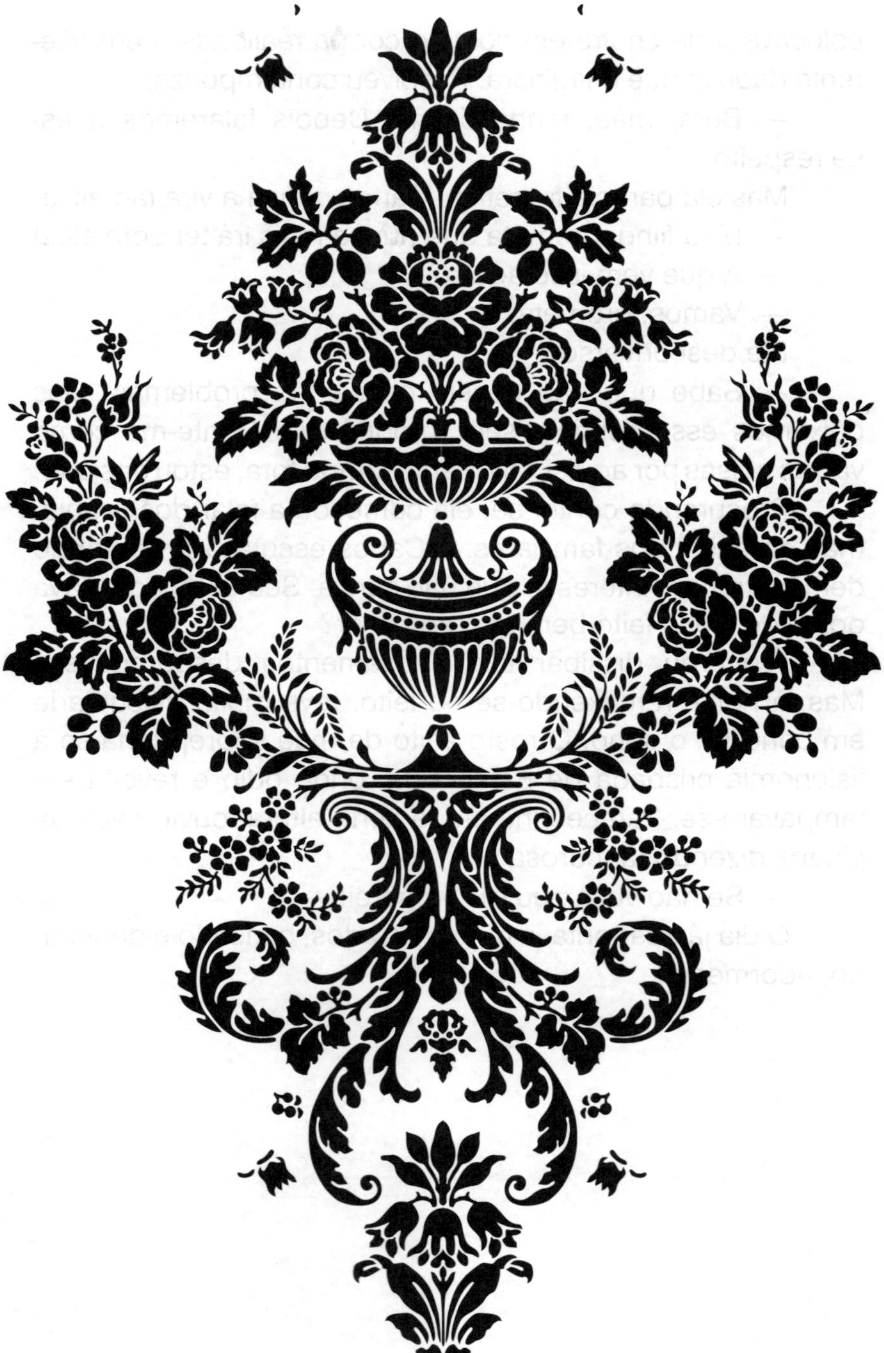

Capítulo 5

Era já dia alto quando Carlos foi despertado pela voz de Inácio.

— Dom Carlos, acorde. Já se faz tarde e dom Fernando o chama.

Mal-humorado, Carlos resmungou:

— Para quê? Nós nos falamos ontem, já esmiucei tudo quanto ele quis saber. Agora deixe-me em paz.

— Sabe que ele manda e exige. Foi categórico. Ele o espera em seu gabinete. Depois, o sol já está quase a pôr-se.

— Está bem. Está bem. Diga-lhe que já vou.

— Deixe-me ajudá-lo.

Carlos não teve remédio senão levantar-se. Seu pai o esperava com a fisionomia mais austera do que de costume.

— Deus o salve, meu pai.

— Amém. E a você que o bendiga. Agora sente-se. Precisamos conversar — vendo-o acomodado, continuou: — Já é homem feito. Acredito que essa viagem desastrosa o tenha amadurecido o bastante para que possa pensar com mais seriedade em suas responsabilidades como único herdeiro de nossa casa e de nosso nome de família. Sabe que o marido de minha irmã Leonor, homem sem caráter, dissoluto e irresponsável, deseja a todo custo tomar posse dos nossos bens. Sei até que, tendo dissipado a parte do dote de Leonor, pretende pôr as mãos em nossos haveres e já organiza um contingente de homens armados com os quais pretende tomar este castelo pela força. Meus informantes descobriram que ele conta com elementos dentro de nossa casa e não vai titubear em me destruir. Por tudo isso, tenho um servo que prova nossa comida, que pode estar envenenada.

Carlos ouvia assustado. Uma sensação desagradável o envolveu.

— Que audácia de dom Fabrício!

Indignado, ouvia ao pai esclarecer:

— Tenho procurado defender nossa casa. Temos homens bem armados e treinados em vigilância constante, mas, se algo me acontecer, quero que esteja a par de tudo para que se defenda e defenda os nossos desse patife. É meu único filho. Meu herdeiro. Quero que assuma já a posição que lhe compete. De amanhã em diante, sairá comigo para aprender tudo e estar preparado para enfrentar essa luta caso me aconteça algo. Até agora se recusou a assumir sua posição. Era um menino e eu queria que amadurecesse. Mas não posso mais esperar. Por tudo isso, agora mesmo, vou depositar em suas mãos nossos haveres e conhecerá nossos negócios.

Carlos estava emocionado. Pela primeira vez o pai o tratava como um adulto. Sua confiança o honrava e ele de repente começou a amar seu castelo, sua gente, seu nome, a dignidade de sua família honrada e laboriosa. Foi em tom solene e sincero que respondeu:

— Sou grato por sua confiança. Farei o possível para corresponder.

Pela fisionomia de dom Fernando passou um rasgo de emoção que ele tratou de controlar para não parecer fraco.

— Espero que seja assim. Lembre-se que o dever exige muito de nós às vezes, mas a honra deve vir em primeiro lugar. Antes morrer com honra do que viver desonrado! Esse é o lema de nossos antepassados.

Carlos não se deteve para pensar. Estava empolgado. Respondeu com entusiasmo:

— Pode contar comigo.

— Receei que não mais voltasse. Temi por sua vida. Julguei terem caído por terra meus planos mais caros. Se tivesse morrido, não seria difícil a Fabrício tramar nossa destruição e morte, porém, com você aqui, jovem e forte, ele não nos poderá destruir. Amanhã dom Gervásio rezará uma missa em nossa capela às seis horas. É em ação de graças por sua volta. Não pode faltar.

Carlos procurou encobrir a contrariedade. Que maçada! Logo às seis horas no inverno!

— Certamente, meu pai! Não quero contrariá-lo.

Pela primeira vez se aproximava dele, e tal atitude o lisonjeava muito. Talvez fosse melhor não irritá-lo. Assumindo os negócios de sua casa, poderia usufruir de maior liberdade e formular planos para seu futuro, com Esmeralda, naturalmente.

Carlos sequer cogitava separar-se da cigana, cujo amor continuava a aquecer-lhe o coração.

Nesse instante, o criado anunciou a presença de dom Gervásio. Carlos fez menção de retirar-se, mas o pai objetou:

— É preciso que fique. Se vai conhecer os negócios, não pode se afastar.

Procurando dominar a contrariedade, Carlos permaneceu na sala, levantando-se quando a figura do jesuíta apareceu no limiar.

Era um homem alto, forte, quarenta anos presumíveis, sorriso amável nos lábios, olhos penetrantes e ágeis. Carlos o vira algumas vezes circulando pelos salões de seu castelo, mas sempre se esquivara de sua proximidade.

— Louvado seja Deus — tornou o padre.

— Para sempre seja louvado. A sua bênção, senhor.

Dom Fernando tomou a mão do padre e a levou aos lábios.

— Deus o abençoe, meu filho.

Carlos estava profundamente irritado. Repugnava-o a proximidade daquele homem, cujo sorriso um tanto formal o incomodava, mas, sentindo o olhar imperativo do pai, por sua vez aproximou-se tomando com repugnância a mão do padre:

— A bênção, senhor.

— Deus o abençoe, meu filho.

Quando ele fosse o chefe da família, aquele homem não pisaria em sua casa, pensou ele. Não gostava de seu ar maneiroso, nem de seu sorriso que parecia falso. Mas, no momento, precisava contemporizar com o pai.

— Está a gosto, dom Gervásio. Deixe-me servi-lo de um excelente vinho que reservei para esta ocasião tão especial.

A fisionomia do padre distendeu-se enquanto se acomodava na poltrona. Enquanto saboreava o delicioso vinho com agrado, dom Fernando foi dizendo:

— Foi muita bondade de Vossa Reverendíssima ter vindo pessoalmente para este ofício. Desejo dizer-lhe que a volta de meu filho tem para mim um sentido especial. Não só a alegria de um pai, mas a própria segurança de nossa casa.

— Sabe, dom Fernando, que os interesses de sua família são nossos também. Ficamos felizes com a presença de seu filho.

— Sabe — continuou dom Fernando — o quanto preciso de um braço forte que cuide dos interesses de minha casa. Tem acompanhado nossos problemas e até nos oferecido sua ajuda prestimosa. Agora, preciso de seu apoio para o que pretendo fazer.

Carlos sentiu náuseas. Não confiava naquele homem. Por que seu pai, sempre tão seguro de si, precisava dele?

O padre sorriu, baixando o olhar.

— Pode contar com meus humildes préstimos.

— Vou dividir com Carlos a tarefa de dirigir nossos bens. Ele é jovem e se algo me acontecer precisa estar preparado.

O padre suspirou triste:

— Tem razão. Tenho tentado convencer dom Fabrício a desistir de sua ambição, mas até agora tem sido inútil. Está arruinado e pensa como única solução tomar a sua fortuna.

Estava certo da morte de dom Carlos. Tão certo que até fiquei desconfiado.

— Carlos foi vítima de salteadores na estrada. Acha que ele poderia...

— Deus nos livre de julgar o próximo — fez ele compungido. — Mas que ele está disposto a tudo, lá isso está.

Carlos interveio:

— Não creio que ele tivesse algo com isso. Fui assaltado por ladrões de estrada. Há muitos deles por aí nos dias de hoje.

— Não nego, meu filho, mas por acaso viu esses homens? — tornou o padre, insinuante.

— Não. Estava escuro e fui atacado de surpresa com golpes na cabeça. Não vi a fisionomia deles.

— Nesse caso, torna-se difícil saber... — continuou ele, reticencioso.

— Patife — fez dom Fernando, irritado. — Pode bem ter sido ele. Veja, dom Gervásio, como tenho razão. Dão-me ganas de ir atacá-lo com meus homens em seu reduto, antes que ele traiçoeiramente nos mate.

— Deus está do seu lado, dom Fernando. Sua luta será abençoada. É justo defender sua casa.

Carlos preocupou-se. Seu pai sempre fora justo e não gostava de disputas nem de desavenças. Sempre primara pela austeridade, pela justiça e nunca saíra de sua casa para atacar ninguém. Sempre fora muito respeitado pela lisura e honradez com que se atinha em seus negócios e pendências, de tal sorte que era chamado por vezes como mediador de disputas dos fidalgos e até de seus servos.

Carlos admirava-se ao perceber a paixão e o olhar de ódio que lhe surpreendera. Teria ele se modificado ou só agora se revelava?

O moço sentiu-se inquieto:

— Talvez estejamos nos precipitando — tornou conciliador. — Afinal, é só uma suposição. Ninguém sabia de minha viagem, que foi um tanto imprevista. Como ele poderia ter planejado isso?

— Quanto a isso, não lhe seria difícil. Sei de boa fonte que ele possui vários espiões por toda a parte.

— É... tem razão. Com Carlos morto, Fabrício teria mais facilidade em me destruir. Acho que precisamos resolver este assunto o quanto antes, tomar a iniciativa antes que ele nos mate pelas costas.

— É — tornou o padre. — Bem pensado. Vou rezar para que a solução apareça.

Carlos olhou-o com revolta, procurando dissimular seu mal-estar. Sentiu a animosidade do padre para com seu tio Fabrício. Por quê?

Algum interesse ele tem, pensou Carlos preocupado, e o pior é que seu pai parecia muito influenciado por ele. Haveria de investigar e descobrir. Já que seu pai o convocara para participar da direção dos negócios, estava disposto a dar o melhor de si em favor da família.

Durante o jantar, conversaram sobre vários assuntos e Carlos cada vez sentia mais antipatia pelo padre. Sua mãe pouco falou, mas, quando a sós com ela, Carlos perguntou sobre dom Gervásio. Ela esclareceu:

— Conheço-o muito pouco. Faz menos de dois anos que ele veio trazer seus ofícios. Seu pai o trata com deferência. Parece que ele é muito importante na ordem dos jesuítas. É muito considerado e todos acatam suas decisões. Há até quem diga que ele está para ser designado prior[2], e, embora ainda não o seja, já é considerado e havido como tal.

— E você, o que pensa dele? O que aprecia?

— Se seu pai o aprecia, eu acho que é homem justo.

Carlos não se deu por satisfeito. Pobre mãe, sem opinião ou vontade. Lembrou-se de Esmeralda. Que mulher! Certamente com um olhar teria percebido a tibieza daquele homem.

---

2 Superior de ordem religiosa.

A convivência com ela e com os seus desenvolvera muito seu senso de observação e o tornara arguto. Em outros tempos, a figura do padre talvez não lhe chamasse a atenção, mas agora, depois da vivência no acampamento, não se pudera furtar àquilo. Com habilidade, Carlos tornou:

— Mãe, que acha de dom Fabrício?

— Como sabe, ele não frequenta nossa casa. Mesmo Leonor, depois de casada, raramente veio por aqui. Seu pai nunca aprovou esse casamento e demonstrou desgosto de tal forma que eles, agastados, afastaram-se pouco depois do casamento.

— Que lhe parece ele?

Encarnação olhou-o admirada:

— Por que se interessa em saber?

Ele a abraçou com carinho:

— Porque dom Fernando quer que eu o ajude na direção da família e conheça tudo. São nossos parentes, quero conhecê-los.

— Sabe que seu pai não fala comigo sobre os negócios. Nem nunca me contou o porquê de sua antipatia por dom Fabrício.

— Mãe — objetou Carlos com seriedade —, não perguntei o que dom Fernando acha, mas o que a senhora acha. Não o conhece?

— Sim. Mas como sabe, nunca vivemos na corte. Ao que sei, dom Fabrício sempre foi homem galante com as damas, mas muito conhecido pelas festas que dava, onde havia sempre muito vinho e muito desperdício. É dado a beber e contam-se suas aventuras com mulheres, mesmo depois de casado.

Encarnação estava um pouco corada de emitir sua opinião e principalmente falar sobre esse assunto. Fingindo ignorar a timidez da mãe, Carlos riu com gosto.

— Sabe de alguma aventura dele?

— Dizem que certa vez subiu ao balcão de uma jovem dama cujo marido batalhava em defesa do rei e, sabendo que o guerreiro regressaria naquela noite, colocou-a em seu cavalo e a levou para seu próprio castelo. Quando chegou o marido traído, encontrou em sua cama dois homens disfarçados que o mataram.

Carlos ficou sério:

— Acredita nisso?

Ela deu de ombros.

— Pode ser. Os criados falam muito. Mas ele de fato foi achado morto na própria cama no dia de seu regresso, e sua linda mulher nunca mais foi encontrada.

— Ele era querido das damas?

— Não sei. Não o achava um homem bonito, mas era violento e, quando queria uma mulher, comprava-a com joias e dinheiro.

— Muito esperto o tio Fabrício!

— Acho que, por causa dessa fama, seu pai não o queria na família. Antes do casamento, por pouco não duelaram. Quase nos mataram de medo. Foi um mês depois de nosso casamento. Seu avô era vivo ainda. Acho que morreu de desgosto.

— Ele consentiu no casamento?

— A princípio não queria, mas os padres vieram e tudo fizeram para isso. Depois, o dote que ele oferecia em joias a esta casa, os presentes, as gentilezas que fazia convenceram o velho dom Augusto, que aos poucos chegou até a apreciar Fabrício. Jogavam partidas de xadrez e conversavam muito, pareciam amigos. Quando casei com dom Fernando e vim para cá, já encontrei as coisas assim. Leonor não parecia apreciar muito a dom Fabrício, mas, quando o pai decidiu, teve que aceitar. Algumas vezes a vi chorando. Pediu a dom Fernando que não deixasse o casamento realizar-se e ele tentou impedir. Uma noite, no salão, ouvi o ruído de uma discussão muito acalorada entre ele e o pai. Quando chegou dom Fabrício, dom Fernando quis desfazer o compromisso da irmã, mas dom Fabrício não aceitou e discutiram. Não fosse Leonor intervir, o duelo teria saído. Afinal, casaram-se. Só vieram a esta casa quando dom Augusto ficou doente e em sua morte. Depois, nunca mais.

Carlos ficou pensativo.

— Será que tia Leonor foi feliz?

Encarnação sorriu resignada:

— Felicidade é coisa que não existe. É ilusão. Afinal, estão juntos até hoje.

Carlos olhou a mãe, tão bonita, tão triste. Teria amado um dia? Nesse ponto as ciganas eram mais felizes. Escolhiam o homem que queriam e, embora suas leis fossem severas para os casos de infidelidade conjugal e rigorosamente observadas, gozavam de liberdade para fazer o que gostassem, e se não quisessem um homem para marido, sua decisão era respeitada. Uma vez escolhido, entretanto, deviam-lhe respeito e fidelidade. A traição era punida com o abandono e até com a morte. Se, porém, ele se revelasse mau companheiro, desrespeitando o lar e maltratando-a, era também repreendido severamente pelos chefes e muitas vezes punido com a separação, caso a mulher desejasse. Carlos achava isso justo. Era cruel impor-se aos sentimentos de uma mulher, como dono absoluto, sem que ela o escolhesse, amasse ou mesmo aceitasse.

Ele pretendia unir-se pelo casamento quando aceito pelo coração de sua companheira.

— Mãe, você amava dom Fernando ao se casar?

Encarnação surpreendeu-se:

— Que pergunta, Carlos. Seu pai é um homem bom e honesto. Fidalgo respeitado e temido. Casar com ele foi uma honra a que muitas damas aspirariam.

— Mas você o amava?

Ela sorriu:

— Está hoje muito curioso. Sempre o admirei e o estimo muito. Jamais o contrariei nas menores coisas. Tenho procurado ser boa esposa.

— Não respondeu à minha pergunta.
— Não gosto de falar sobre essas coisas — tornou ela, embaraçada. — Mudemos de assunto. Já que vai assumir os negócios, é bom conhecer os problemas e as necessidades de nossa casa, que são muitos. Nossos servidores estão velhos e cansados. Acho que não aguentam o trabalho duro. Pensava falar a dom Fernando, mas receava intervir indevidamente. Com você é diferente.

Carlos a abraçou com carinho:

— Seus desejos são ordens que sempre cumprirei. Vou averiguar as coisas para saber como atender o que deseja. Pode ficar descansada.

Ela sorriu alegre.

— Foi Deus quem o trouxe de volta — suspirou, e Carlos viu uma onda de profunda emoção brilhar em seus olhos castanhos.

Capítulo 6

Naquela manhã, Esmeralda acordou cedo. Apesar do frio que fazia, não conseguiu ficar deitada. Sobressaltada, olhou ao redor. Estava só. Aonde Carlos teria ido?

Levantou-se e, agasalhando-se o mais que pôde, saiu da carroça. A poucos metros de distância, Miro tomava sua primeira refeição. Vendo Esmeralda aproximar-se, ofereceu-lhe uma caneca de chá.

— Tome que está muito frio.

A cigana bebeu alguns goles e depois perguntou:

— Viu Carlos?

Ele serviu-se de pão, demorando a responder. Ela renovou a pergunta:

— E Carlos, onde está?

— Não sei — respondeu ele.

— Não o viu?

— Vi. Ele e seu valete. Estavam a cavalo.

Esmeralda empalideceu, agarrando o braço do cigano com força.

— O que sabe? Ele foi embora?

— Acalme-se, Esmeralda. Quem sabe ao certo é Sergei. Hoje ficaram conversando durante muito tempo. Melhor falar com ele.

— O que me oculta?

— Nada — tornou ele, sério. — Não sei ao certo, mas acho que foi fazer uma pequena viagem. Prometeu voltar em breve.

Os olhos da cigana expeliam chispas. Seu rosto estava contraído pela ansiedade. Saiu correndo até a carroça de Sergei.

O chefe cigano a fez entrar.

— Sente-se, Esmeralda, precisamos conversar.

— Ele foi embora! — tornou ela, com voz que a raiva abafava.

— Foi — tornou o cigano calmo. — Mas antes esteve comigo. Deu-me satisfações como se eu fosse o chefe dele também. Disse que a ama muito. Foi buscar roupas e haveres, ver a mãe. Pretende voltar na primavera. Pediu-me que lhe falasse porque não queria consentir nessa viagem.

— Ele foi embora, Sergei. Não volta mais. Trocou o amor de Esmeralda pela vida na corte.

Sergei olhou sério para o rosto contraído da cigana.

— Esmeralda! Sei o quanto quer a esse homem. É a primeira vez que ama! Avalio sua dor. Mas deve entender que ele não é um dos nossos. Sente-se humilhado em vê-la trabalhar para ele. Os fidalgos acham o trabalho desonroso. Muitas vezes eu o vi revoltado quando ia em busca de recursos.

— Ele odiava que eu trabalhasse.

— Precisa compreendê-lo, já que o ama. Ele pensa diferente dos nossos. Qualquer cigano ficaria feliz com sua dedicação ao trabalho, ele sente-se aviltado. Foi por isso que quis ir buscar seus haveres. Não gosta de ser sustentado pelos nossos, condena nossos costumes.

Esmeralda caiu em pranto.

— Sergei! Que sofrimento! Longe de mim, ele me esquecerá.

Sergei a abraçou com carinho:

— Se ele a esquecer, é porque não merece seu amor. É o tesouro mais caro de nossa raça. Sempre teve os homens a seus pés. Mas Carlos estava sendo sincero. Sabe que não sou capaz de enganá-la. Acho que a ama muito.

— É a primeira vez que choro por um homem e lhe garanto que será a última. Vou arrancá-lo de meu coração ainda que para isso tenha que mergulhar no inferno. Depois, ele me pagará. Ninguém despreza Esmeralda.

— Está sendo precipitada. Aconselho a esperar pela primavera. Ela o trará de volta para sempre!

Esmeralda permaneceu calada, olhos perdidos na distância. Sergei continuou:

— Se quer viver para sempre com ele, deve aprender a compreender como pensam os fidalgos. Mesmo que ele viva aqui, tem outros costumes. Seus pais o ensinaram de outra forma, e ele, apesar de querê-la, ainda não consegue mudar.

— Nos últimos tempos ele não era mais como antes, parecia infeliz e nervoso. Brigava quando eu ia para a vila trabalhar, o ingrato.

— Vê que tenho razão. Precisa entender o que ele sente. Se quer viver com ele, tem que conhecer suas ideias. Ninguém muda de repente. Ele, por ser fidalgo, até que viveu bem entre nós!

— Sergei — tornou ela, com voz triste —, acho que meu amor não foi o bastante para retê-lo aqui. A força do sangue foi mais forte. Nunca mais voltará!

— Apesar de tudo quanto diz, eu acho que ele a ama e há de voltar. Levou cavalos emprestados e garantiu que os devolverá na primavera. Sempre me pareceu homem de palavra.

A fisionomia de Esmeralda estava sombria quando disse:

— Seja. Esperarei até a primavera. Mas, se ele não voltar, é melhor que nunca mais cruze meu caminho, porque conhecerá toda a força de meu ódio.

Foi com o coração oprimido que Sergei abraçou a cigana, tentando confortá-la.

Carlos, entretanto, após comparecer à missa na capela, sonolento e contrariado, tratou de dissimular seus sentimentos. Não queria aborrecer o pai. Terminado o ofício, dom Fernando, após o desjejum, levou Carlos para percorrer a propriedade.

Vendo a fisionomia do pai transformada ao fixar os campos, o moinho de trigo, o pomar, Carlos ficou emocionado. Dom Fernando parecia outro homem. Sem perder seu aprumo e a sobriedade de fidalgo, revelava-se profundo conhecedor dos problemas agropecuários e o quanto era importante para ele aquela propriedade.

O moço sentiu-se orgulhoso, verificando o quanto eram belas suas terras. Quanta gente vivia nelas, tirando seu sustento e o de suas famílias. O carinho que todos tinham por dom Fernando, sempre tão enérgico, mas reconhecidamente um homem honesto e justo.

Interessou-se por tudo aquilo, que também lhe pertencia, mas que lhe parecia estar vendo pela primeira vez. Dom Fernando parara diante de uma pequena estrada ladeada por árvores e que conduzia ao lago.

Apesar do inverno, a paisagem era de rara beleza, as árvores, crestadas pelo frio, pareciam de prata e o lago tinha reflexos multicoloridos, que se modificavam conforme o vento balançava os galhos das árvores.

— Veja, Carlos, estas árvores foram plantadas por seu avô. Cada filho que nascia plantava uma. Continuei a plantar. No dia em que me casei foi plantada esta aqui. A outra ao lado, foi quando você nasceu; e aquela ali, no dia em que nasceu sua infeliz irmã.

Carlos estava comovido. Jamais soubera detalhes do temperamento paterno. Sua irmã nascera antes dele, mas morrera aos dois anos de idade. Olhou sua árvore. Sentiu-se tocado de viva alegria.

— Espero que continue nossa tradição. Ao casar, plantaremos outra a seu gosto, e a cada filho mandará plantar mais uma. Dizia meu avô que isso dá boa saúde e força às pessoas. Que todos deveriam ter uma árvore ao nascer, que cuidassem e a ela se ligassem durante toda a vida.

— Mas eu não cuidei da minha, nunca me falaram dela.

— Fiquei contrariado com a morte de Maria e achei tolice essa crença.

— Pode ser. Mas fez-me bem saber que ela existe e nasceu ao mesmo tempo que eu.

— Carlos, a força da terra é muito forte. É preciso amar o chão que é nosso. Alegra-me saber que se sente assim. Logo agora que precisamos lutar para conservá-la. Fabrício não conseguirá seus intentos.

— Pai, posso indagar algo?

— Fale.

— Por que não gosta de dom Fabrício? Ou melhor, por que começou a desentender-se com ele? Por acaso ele o ofendeu?

— Fabrício não presta. Isso é o suficiente.

— Já que vou entrar nessa luta, quero saber de tudo. Preciso preparar-me para poder defender nossos interesses.

Depois de pensar um pouco, Fernando concordou:

— Acho justo. Se me acontecer algo, quero que conheça tudo. Voltemos para casa. Lá conversaremos.

No calor agradável do gabinete, onde o fogo crepitava na enorme lareira, Carlos tomou assento e aguardou que seu pai falasse sobre o assunto:

— Já está homem feito. Por isso podemos falar livremente. Dom Fabrício, apesar de pertencer a família ilustre, sempre foi desmiolado. Desde muito moço nos jogos ou nas disputas sempre se revelava desonesto e leviano. Vivia na taberna, onde pagava vinho e mulheres, para ele e seus amigos, dando inúmeros desgostos a seu honrado e infeliz pai. Certa vez esteve desaparecido durante muito tempo. Um dia soube por um amigo que ele se tinha juntado a um grupo de saltimbancos e andava gazeteando por aí, feito cigano, cantando e dançando, tocando guitarra. Perdeu-se de amores por uma mulher que lhe gastou tudo quanto levava. Voltou para casa coberto de dívidas. O pai pensou logo em bem casá-lo para ver se o acomodava. E escolheu Leonor, moça prendada e bela, muito prendada. Fiquei revoltado. Preveni o meu pai do perigo de unir nossa família à daquele patife. Ele concordou, mas parece que dom Fabrício, vendo Leonor, por desgraça interessou-se.

Dom Fernando suspirou e prosseguiu:

— Então, fez o que pôde para conseguir casar-se com ela. Procurou mudar de vida, para agradar ao pai e a nós. Iniciou amizade com seu avô, que, lamento dizer, era muito condescendente. Tentei evitar o desastre. Mas o malvado vinha a nossa casa em minha ausência e envolvia meu pai, a quem conseguiu convencer que era outro homem. Demonstrava retidão e caráter. Conseguiu conquistar a confiança de meu pai. Até que pediu a mão de Leonor. Ela não queria, e eu também não. Fiz o que pude para evitar, mas não consegui. Hoje vejo como tinha razão. Assim que se viu casado, com o dote dela entre as mãos, tratou de voltar à vida antiga de devassidão. Apesar de gostar muito de Leonor, nada posso fazer. Ela é casada com ele. Pertence a ele por direito. Envolveu-se em vários escândalos, está arruinado. Agora, quer o que é nosso. No começo disse estar arrependido, querer nossa amizade. Mas a mim não consegue enganar. Não é digno de nossa confiança: padre Gervásio sabe tudo, conhece-o bem, é seu confessor e tem me aconselhado a fugir dele. Tem me prevenido de suas ideias vis.

Carlos ficou pensativo.

— Pai, conhece bem dom Gervásio?

— É homem poderoso na Igreja. Sua proteção nos tem ajudado e ele sempre se mostrou nosso amigo.

— Não lhe parece um homem perigoso?

— Perigoso? Por quê?

— A mim me pareceu hipócrita e interesseiro. Se me permite, gostaria de dizer mais…

— Fale.

— Pareceu-me muito interessado em fomentar as intrigas entre nossa casa e dom Fabrício.

— Exagera seu zelo. Dom Gervásio é astuto, um pouco vaidoso e amante do ouro, mas quanto a ser intrigante, acho que não. Que interesse teria?

— Isso é o que eu gostaria de saber. Quem não nos garante que em casa de dom Fabrício não faça o que faz aqui?

— É... Talvez. Um padre deve viver bem com todos, mesmo homens como dom Fabrício. Faz parte de seu ministério. Se tomar abertamente partido, não será recebido lá. Apesar disso, temos interesse em tratá-lo bem.

— Por quê?

— Ignora que todos pagamos dízimos de nossas terras à Igreja?

— Não sabia. Sei que eles levam nosso ouro, mas não sei como ou quando.

— Sempre. Já vi que é ainda muito ignorante, mas a culpa é minha, que nunca o coloquei a par dos negócios. Parecia tão indiferente — vendo-o atento, continuou: — A Igreja é dona espiritual do mundo. Logo, todos nós que temos terras e somos donos devemos a ela uma parte. Administradora dos bens de Deus, precisa viver na Terra, alimentar seus sacerdotes, vesti-los, e por isso cada proprietário deve-lhe uma parte de suas terras, que em última análise são deles porque são de Deus.

Carlos estava admirado:

— Todos os fidalgos aceitam isso?

— Certamente. Até o rei paga o dízimo à Igreja e seus príncipes. Eles são os donos do mundo.

— Por quê? São homens como nós e aproveitam-se de nossos bens.

Fernando assustou-se:

— Cale-se, Carlos! Se alguém o ouvir! Pode parecer heresia! Precisa aceitar essas condições. Sabe que eles detêm nas mãos poderes de vida e morte sobre todos nós. Que nunca mais sequer pense em pronunciar essas palavras. Se dom Gervásio souber, tem poderes para nos denunciar e prender, confiscar nossos bens e até tirar-nos a vida.

Carlos levantou-se irritado:

— Parece incrível que tenhamos chegado a esse ponto. Tantos fidalgos comandando tantos homens! Unidos, poderíamos acabar com eles de uma vez!

Fernando fez-se pálido e aproximou-se do filho, segurando-lhe os braços com força:

— Carlos! Prometa-me que jamais tentará pensar no assunto. Exijo que esqueça isso se não quiser nos destruir e pôr a perder tudo quanto temos!

Apesar de agastado, Carlos assustou-se ante a fisionomia alterada do pai.

— Tem tanto temor assim? — murmurou, desalentado.

— Promete o que lhe peço. Não se envolverá nesses assuntos e concordará com eles, sempre, mantendo nossas boas relações.

— Está bem. Prometo. Se é o que deseja. Mas me revoltam tantas injustiças. Sabe como eles têm sido cruéis e interesseiros. Como pactuar com eles?

— Meu filho, o povo fala muito e há muito exagero nessas histórias. Eles têm também ajudado muita gente. Depois, reagir seria loucura, são ministros de Deus, podem excomungar-nos. A maior parte dos fidalgos não teria essa coragem. Quanto a você, deve aprender desde já que, se pretende viver em paz e administrar nossa casa, deve fugir de desagradá-los, por mais difícil que isso lhe pareça. Enquanto os receber na qualidade de amigos, tudo nos será facilitado. A vontade deles está acima do próprio rei.

Carlos sentiu-se arrasado. Não era muito dado aos rituais da religião e a considerava injusta e opressiva. Tinha aversão profunda pelos padres, a quem considerava hipócritas e cruéis. Como aceitar a imposição deles?

Saiu do gabinete irritado, muito embora tivesse procurado tranquilizar o pai, prometendo atendê-lo em sua orientação. Mas, no íntimo, o moço sentia-se humilhado com o servilismo a que seu pai se submetia e não aceitava de forma alguma. Pensou nos ciganos que se tinham libertado de sua danosa influência. Como eram fortes! Haveria povo mais inteligente?

Sentiu saudades de Esmeralda. Como teria recebido a notícia de sua partida? Revoltara-se, certamente, mas confiava que seu amor a tornaria dócil e, quando regressasse, a encontraria submissa e amorosa como sempre.

Pensou em Gervásio. Se ele era astuto, hipócrita e interesseiro, Carlos também usaria os mesmos recursos para combatê-lo. Não podia medir forças com ele, francamente. Estava sozinho diante de um poder quase absoluto. Temia prejudicar sua família. Mas não ia desistir de lutar com todas as suas forças. Dissimularia, tramaria às ocultas e, quando pudesse ou tivesse condições de derrotá-lo, o faria com prazer. Quando voltasse ao acampamento, haveria de buscar ajuda entre eles. Sabia que conseguiria.

Nos dias que se seguiram, Carlos pareceu esquecer o delicado assunto e Fernando, preocupado com problemas da propriedade, deu-se por satisfeito. O súbito interesse do filho pelos problemas domésticos enchia Fernando de orgulho. Nunca pudera supor que ele se revelasse tão atento e decidido a seguir-lhe os conselhos e atender seus desejos.

Não queria desgostá-lo com assuntos desagradáveis. Precisava dele e queria mantê-lo interessado. Sempre temera seu caráter impulsivo. Receava que ele fosse correr mundo, desinteressando-se dos problemas familiares. Mas, mercê de Deus, ele estava mudado. Fernando sentia-se feliz. Seu maior sonho concretizava-se.

Assim, animava-se em melhorar a propriedade para que Carlos com sua mocidade e entusiasmo pudesse sentir-se orgulhoso e rico.

Foi com facilidade que Carlos atendeu ao pedido de sua mãe, melhorando o serviço do castelo, conseguindo novos servidores, mais jovens, e aliviando as tarefas dos velhos e antigos trabalhadores da casa.

Os dias corriam céleres e Carlos absorvia-se nessas atividades. Tornara-se inseparável do pai e procurava secundá-lo em seus esforços. Nunca Fernando se sentira tão alegre. Contar com o filho era-lhe sumamente agradável.

A propriedade como que adquirira novo impulso, e pela influência das generosas ideias do moço, transformava-se. Por toda parte havia renovação, trabalho, progresso e esperança. Se Fernando era respeitado, Carlos era amado, por sua beleza, por sua mocidade, por sua alegria e, principalmente, por sua maneira afável; interessava-se pelos colonos, procurando melhorar-lhes as condições de vida e a disposição para o trabalho.

Fernando, preocupado, por vezes considerava:

— Acho que é muito condescendente. Eles vão abusar de sua autoridade.

Mas Carlos retrucava:

— Pai, eles precisam gostar da terra e de nossa casa. Nós necessitamos de servos leais que empunhem o mosquete para defender nossos interesses se for preciso. Viu como trabalham com afinco e alegria? Não acha que são nossos amigos?

— Nunca vi ninguém fazer o que faz. Deus permita que esteja certo.

— A violência cria ódio e a repressão forma traidores. Quando um homem se sente mais fraco e é obrigado a fazer as coisas pela força, quase sempre trama na sombra e se torna alvo fácil para os inimigos. Não, meu pai, enquanto eles forem nossos amigos pelo coração, serão leais e fiéis.

Fernando considerou:

— Pode ser que esteja certo, mas suas ideias são revolucionárias. Não sei de onde as tirou.

Carlos calava-se para não aludir aos ciganos. Fora com eles que aprendera tanto sobre o comportamento humano, mas o pai tinha-lhes horror, tanto quanto a mãe. O jovem, porém, reconhecia que eles eram sábios em muitos aspectos.

Embora estranhando os métodos do filho, Fernando era homem suficientemente inteligente para compreender e observar os resultados. Estava satisfeito com o que via: a alegria nos rostos dos camponeses, que trabalhavam mais, apesar do inverno, e com alegria.

Quando passavam para ver a propriedade e a plantação, os rostos eram distendidos, e quando Carlos aparecia, Fernando observava que eles o olhavam com enlevo. Muitos, vendo-o aproximar-se de suas casas, traziam-lhe pequenos agrados, oferecendo-lhe guloseimas, mimos e ficando emocionados quando o moço os aceitava contente e agradecido.

Certo dia Fernando comentou:

— Não sei o que tem, mas eles o admiram tanto que tudo quanto disser farão.

Carlos sorriu alegre.

— Não se esqueça, meu pai, de que são gente boa e simples. São nossos amigos. Se precisarmos lutar, eles o farão com gana. A um gesto meu, sei que obedecerão sem pensar.

— Fico admirado. Nunca vi tal coisa. É condescendente, mas eles não abusam de sua autoridade. É mais fácil comandá-los assim. Muito mais suave.

— E mais seguro. Sei que não vão nos trair.

Fernando comoveu-se:

— Foi Deus quem lhe trouxe de volta para a nossa casa. Sem seu apoio, tudo pereceria.

— Exagera, certamente. Tudo sempre andou muito bem em suas mãos. Os servidores sempre o respeitaram e serviram com lealdade.

— Minhas forças estão se acabando. O desgosto, a desilusão, a vida tem se desgastado. Agora tudo é diferente, posso contar com você.

Carlos não tinha como argumentar. Seu pai colocara a salvação de sua casa em suas mãos e ele tinha o dever de aceitar a incumbência. Por outro lado, o tempo ia passando e o inverno logo estaria terminado. A primavera viria e ele deveria ir ao encontro de Esmeralda, a quem ainda amava. Noites havia em que a saudade o acometia deixando-o insone e angustiado. O que fazer?

Sentia-se preso aos encantos da cigana e, ao mesmo tempo, não podia negligenciar os deveres de sua casa. Como conciliar coisas tão opostas? Não sabia ainda como, mas precisava conseguir as duas. Não sentia que tinha forças para renunciar a nenhuma delas.

Quando chegasse a primavera, os ciganos iriam a Madri, e Carlos sabia que seria esperado no acampamento. Precisava ir para que a cigana tão ciumenta e temperamental não se julgasse esquecida e abandonada. Ansiava por vê-la, mas como sair, largar os compromissos de sua casa?

Carlos recusava-se a pensar muito. Quando chegasse o momento, haveria de encontrar a solução adequada. Se Esmeralda fosse mais humilde, tudo se resolveria melhor, mas ela era voluntariosa e difícil. Contudo, ele a queria e não desejava perdê-la.

A tarde era fria e o inverno estava em pleno rigor. O fogo crepitando na enorme lareira. Encarnação trabalhava delicada peça de tapeçaria enquanto Carlos cismava, olhando as chamas do fogo, pensando, perdido na distância. Fernando, a um canto, sobre a escrivaninha artisticamente lavrada, ocupava-se em consultar alguns mapas. Apreciava imensamente estudá-los e conhecia todos os acidentes geográficos da

Europa, principalmente da Espanha, clima e principalmente a agricultura, que muito apreciava.

Foi quando pancadas fizeram-se ouvir na porta principal, arrancando-os das profundezas de seus pensamentos. Tiritando de frio, Gervásio entrou no aposento tão logo o servo abriu a porta. Fernando levantou-se surpreso.

— Dom Gervásio, com um tempo destes! Louvado seja Deus!

— Louvado seja! Que dia frio! Quase morri gelado.

Carlos levantou-se para saudar o padre. Encarnação, depois de beijar-lhe a mão e pedir-lhe a bênção, retirou-se discretamente para seus aposentos. Jamais recebia com o marido. Só ficava quando chamada ou convidada por ele.

O padre aproximou-se do fogo procurando aquecer-se enquanto Fernando lhe servia um cálice de conhaque.

— Arre! Finalmente cheguei e tudo está melhor.

— Sair com um tempo destes é temeridade. Presumo que o assunto de sua visita seja muito importante.

— Certamente, dom Fernando. É de máxima gravidade, nem quis mandar um portador. Eu não podia esperar para não pôr em risco a segurança de sua casa.

— Por Deus, dom Gervásio. O que houve?

— Podemos falar a sós? — inquiriu ele, lançando olhares desconfiados ao redor.

— Vou dar algumas ordens e ninguém nos interromperá.

Carlos fez menção de retirar-se. Fernando o deteve:

— Fique. Não há segredos entre nós. Quero que esteja a par de tudo.

Carlos sentou-se novamente. Teria preferido sair, embora a curiosidade o incomodasse. Não gostava do jesuíta. Fernando saiu, voltou logo e sentou-se em frente ao padre. Este, que se sentia muito à vontade, graças ao calor da bebida e do fogo, estava mais calmo.

— E então? — perguntou o fidalgo.

— Aconteceram coisas terríveis e preciso lhes colocar a par de tudo. Venho do castelo de dom Fabrício. Graves ocorrências tenho a relatar.

— O que foi?

— Como sabem, dom Fabrício, infelizmente, desde que se casou, voltou à sua vida devassa, mas embora tenha aventuras com outras damas, sua paixão por dona Leonor atinge as raias da loucura.

Fernando suspirou triste:

— Pobre Leonor! Que triste sorte!

— O marido tem ciúme mortal dela. A pobre senhora muito tem sofrido, e eu que sou seu confessor conheço a profundidade de seus padecimentos. Ela lhe tem verdadeiro horror e tem se recusado a aceitar suas extravagâncias e caprichos. Ele, sentindo seu desamor, torna-se cruel, agravando-lhe os padecimentos.

Fernando tornou tristemente:

— E pensar que tudo podia ter sido evitado se meu pai me tivesse escutado.

— Agora está feito — comentou o padre, e continuou: — Devo dizer que ela não se importa com o comportamento dele, que leva as amantes para o próprio castelo, e até acha bom que ele procure as outras a fim de deixá-la em paz. Mas ele não aceita ver-se recusado. Ele a agride. Quer obrigá-la a uma série de baixezas que ela prefere morrer a aceitar. Então, ele perde a cabeça e a agride pela força. Esta manhã, fui chamado ao castelo de dom Fabrício por uma aia[3] de dona Leonor. Ele a prendeu em uma ala do castelo e recusa-se a deixar sequer os servos entrarem. Disse que não lhe vai dar de comer ou beber até que ela fique mais humilde. Tentei falar com ele. Parecia louco. Não me deixou vê-la. Garantiu-me que cuidará bem dela. Quase me mandou embora de lá. Era impossível convencê-lo. Então, como sabe, tenho lá

---

3 Dama de companhia; camareira.

nossos informantes. Há algum tempo que, zeloso por seus interesses, procuro ficar a par de tudo. Fui informado que, após uma cena terrível que ninguém viu, mas cujos gritos foram ouvidos pelo lado de fora, ele a colocou incomunicável e parece que dona Leonor perdeu sangue e está muito fraca. Ele, ao sair, tinha sangue nas vestes. A pobre senhora está precisando de nossa ajuda. Ele vai matá-la!

Fernando levantou-se indignado:

— Isto é demais! Fera, atrever-se a tanto com uma Avelar da casa de Avis.

O padre fez uma pausa e continuou:

— Ainda há mais! O furor de dom Fabrício não parou aí. Arrancou todas as joias de dona Leonor e mandou chamar dom Ortega. Assim que o viu, contratou a ele e a seus homens para "defender seus direitos". Disse que foi espoliado por seu nobre pai e que precisa apossar-se de tudo quanto lhe pertence por direito.

— Miserável! — tornou Fernando, roxo de cólera. — Acha que ousará?

— Por tudo isso vim. Acho que o fará e muito breve. Dom Ortega mantém muitos homens a seu serviço e por dinheiro é capaz de tudo. Se vim aqui com um tempo destes, é porque não duvido que ele seja capaz de atacá-los. Vim para prevenir o senhor e sua família.

Carlos sentiu um frio no estômago. Não temia a luta. Abominava-a. Pelo exposto, a situação era muito grave. Por mais que não gostasse do padre, devia reconhecer que não podia arriscar duvidando de sua palavra. Precisavam defender-se.

Era provável que, assim que a tempestade cessasse e o tempo melhorasse um pouco, eles partissem para o ataque, e tanto ele como o pai precisavam defender a vida de sua gente e de todos de sua casa.

— Pai, não temos tempo a perder. Quando acha que virão? — indagou.

— Logo que o tempo melhorar. Os homens de dom Ortega são habituados às intempéries. Estão curtidos de vinho e para eles nada importa.

— Precisamos estar prevenidos. Pode ser que nem esperem o tempo melhorar. Precisamos ajudar tia Leonor. Acha que temos chance?

Gervásio balançou a cabeça pensativo:

— Não sei como ela está agora. Tenho medo de que não resista. Apesar de temente a Deus, não tem vontade de viver. Já me disse que a morte lhe será alívio. Devem pensar que dom Fabrício deseja lhes surpreender. Não sabe que vim preveni-los. Isso dará vantagem a vocês.

— É verdade — tornou Fernando com seriedade. — Vamos planejar primeiro a defesa e, se houver tempo, partiremos para o ataque. Estou decidido. Precisamos acabar de uma vez com essa ameaça. Chega de tolerância com ele! Agora nosso destino está selado. Será uma luta de morte. Ou ele ou nós. Ou nossa casa ou a dele. Fiz o possível para evitar, mas agora precisamos enfrentar a realidade! Veremos quem é o mais forte.

— Que Deus abençoe seus propósitos. Deus está do seu lado!

Carlos, olhando o rosto corado do padre, o brilho de prazer de seus olhos astutos, pensou agastado:

"Deus está do nosso lado! E se os do outro também recorrerem a Ele, como será? Não terão também um padre que os abençoe?"

Apesar da preocupação, não podia deixar de notar o prazer do jesuíta com a guerra entre as duas famílias que se refletia em seus olhos vivos.

Fernando, porém, nem sequer notou esse detalhe e tornou com voz comovida:

— Sua dedicação muito nos comove. Jamais nos esqueceremos dessa hora. Creia que saberemos ser gratos a tanta amizade. Assim que vencermos essa batalha, vamos recompensá-lo devidamente.

O rosto do padre iluminou-se. Baixou o olhar e aduziu:

— Sabe que não me move nenhum interesse temporal. Apenas o dever, a justiça e o direito.

Embora Carlos preferisse ficar a sós com o pai para traçarem os planos de defesa, não pôde evitar que eles fossem elaborados ali mesmo diante do jesuíta, que, atento, seguia todos os detalhes, aprovando ou objetando a cada projeto.

Carlos estava inquieto e pouco à vontade. Não confiava nele e, por isso, não desejava que Gervásio estivesse a par de tudo. Mas Fernando parecia pouco inclinado a deixá-lo de fora.

Resolvidos a não perder tempo, Carlos chamou Inácio e o incumbiu de convocar todos os homens, chefes de família, para imediatamente agruparem-se no salão do castelo. O assunto era urgente.

Ao mesmo tempo, Fernando mandou alguns servos descerem na ala subterrânea da casa, onde se armazenavam as armas e a munição, dando ordens para que se inventariasse e revisasse tudo, preparando para uso imediato.

Vendo o movimento inusitado, Encarnação abordou o filho, preocupada:

— Carlos, o que está acontecendo?

— Estamos na iminência de sofrer um ataque pelos homens de dom Fabrício. Preparamos a defesa. Já mandamos reunir os homens e, quando chegarem, sugiro que permaneça em seus aposentos com as mulheres.

— Estou com medo!

— Acalme-se. Por enquanto é só uma hipótese. Pode ser que ele não venha. Não queremos ser surpreendidos. É só isso.

— Temo por você!

— Sei cuidar de mim. Sabe que não me exponho. Guarde calma e recolha-se. Irei colocá-la a par de tudo, prometo.

Encarnação abraçou o filho com ternura.

— É meu tesouro! Estarei rezando por você!

Um brilho de emoção refletiu-se nos olhos do jovem fidalgo. Abraçou-a e afastou-se, já preocupado com o momento que estavam vivendo. Enquanto a tempestade continuava lá fora, dentro do castelo a azáfama aumentava.

A cada momento chegava mais um camponês que, convocado, dispunha-se a defender a propriedade. Quando os viu em bom número no salão de entrada, Fernando, solene, dirigiu-lhes a palavra.

— Estamos em perigo e nossos lares, ameaçados. Soubemos que dom Fabrício se prepara com os homens de dom Ortega para tomarem esta propriedade. Só o farão sobre meu cadáver. Estou disposto a defender nossos direitos, e conto convosco nessa luta que é de todos nós.

Um clamor de aprovação e de indignação levantou-se, espontâneo. Eram cerca de trinta homens afeitos à luta com a terra, mas dispostos a defenderem a propriedade com garra. Sabiam que os homens de Ortega não respeitavam os vencidos, matando os homens, violentando as mulheres, carregando os haveres. Eram verdadeiros bandidos, odiados e temidos por todos.

Vendo-os decididos, Carlos tomou a palavra para colocá-los a par do plano de defesa. Foram escolhidos os que iam revezar-se nos pontos estratégicos das terras para vigiar e dar o sinal a qualquer movimentação estranha. Enquanto alguns permaneceriam no castelo preparando as armas e munições, os outros fariam em sua própria casa um pequeno arsenal para defesa, no caso de os opositores invadirem e passarem a barreira formada por alguns homens decididos e bem armados.

Tudo disposto e organizado, teve início a terrível espera.

As horas começaram a transcorrer lentas. Gervásio recolhera-se, esclarecendo que dormiria vestido, preparado para qualquer eventualidade. Carlos e Fernando recostaram-se nos bancos, acordando de quando em vez assustados e atentos ao mais ligeiro ruído.

Foi uma longa noite e já às primeiras horas da manhã a guarda rendeu-se, vindo os camponeses relatar que tudo parecia em ordem. Durante a fria madrugada nada tinham percebido de diferente.

Fernando despediu-os aliviado, ordenando que se apresentassem depois do almoço para troca com os vigias que deveriam manter ininterrupta a guarda. Mandou que lhes servissem uma refeição. Estava com fome e Carlos também. A tensão cedera ao cansaço e ao amolecimento pelo sono.

Um servo depôs na mesa do salão nacos de carne assada, pão e um jarro de vinho. Quando os dois tomaram o assento para comer, surgiu Gervásio:

— Deus o salve — tornou ele, amável.

— E o bendiga — retrucou Fernando, e continuou: — Chega a propósito para abençoar nossa refeição.

O jesuíta concordou e abençoou as iguarias rapidamente, sentando-se ao lado de Carlos.

— Parece que Deus ouviu minhas preces. Não houve sangue — tornou ele, servindo-se de um pedaço muito bem escolhido de carne.

— Terão desistido? — considerou Carlos, como se falasse consigo mesmo.

— Quem dera que assim fosse — lamentou o padre com ar compungido. — Mas pelo que ouvi e vi no castelo, dom Fabrício está decidido e não vai desistir, a não ser que algo lhe aconteça, algum impedimento. Talvez a vontade de Deus.

— É — considerou Fernando —, se bem o conheço, não é homem que volte atrás em uma decisão. Se convocou dom Ortega, não vai desistir. É só questão de tempo. Afinal, ele pensa que ignoramos tudo.

— Isso é verdade — anuiu Carlos —, mas não importa. Vamos manter a casa preparada para qualquer ataque.

O padre sorveu um gole de vinho, limpou a boca com as costas da mão e permaneceu silencioso. Fundo suspiro escapou do seu peito. Os dois homens olharam-no, admirados.

— Estou pensando em dona Leonor. Pobre dama! Nem sei se estará viva a estas horas. Suplicou-me que a ajudasse! Infelizmente nada posso fazer.

Fernando estremeceu. Por um instante seu rosto sombreou-se e seus olhos brilharam rancorosos.

— Pobre irmã! Quisera arrancá-la desse patife!

— Calma, pai. Não nos devemos precipitar.

Carlos, embora revoltado com o sofrimento da tia, não confiava no padre, e sua atitude não lhe parecia sincera. O que pretendia ele? Tinha a impressão de que ele procurava incitá-los à luta. Estaria dizendo a verdade?

— Tem razão, Carlos. Leonor tem suportado todos estes anos, certamente aguentará um pouco mais. É melhor guardar a calma.

Passados alguns instantes em que o padre esteve imerso em seus pensamentos, ele tornou:

— Dom Fernando, como sabe mantenho as boas graças com dom Fabrício. Tenho corajosamente suportado suas injustiças para poder aliviar o sofrimento daquela pobre senhora, cuja fé em Deus é admirável. Ele me tolera e até distingue com alguma amizade. Naturalmente, não quer indispor-se com nossa congregação. De qualquer forma, tenho livre trânsito no castelo. Se desejar, posso ir até lá ver o que está se passando. De volta, trarei as notícias de seu interesse.

— Não seria perigoso para o senhor? — questionou Fernando.

— Naturalmente, procurarei não me expor. Agirei com cuidado. Ele não saberá.

Carlos levantou-se:

— Qual seu interesse em nos prestar semelhantes serviços?

Seu pai olhou-o admirado, mas o moço olhava fixamente os olhos do padre, que baixaram em atitude humilde.

— Por favor, dom Carlos, dona Leonor é uma pobre vítima da maldade desse homem que quero defender. E se isso não fosse motivo suficiente, laços de amizade me unem a esta casa, os quais tenho preservado e protegido.

— Peço-lhe perdão, Carlos está nervoso. Passou a noite velando e, além do mais, esteve ausente durante muito tempo. Ignora o quanto devemos a Vossa Reverendíssima.

Gervásio fez um gesto largo com a mão, dizendo:

— Por favor, dom Fernando, os moços são curiosos e certamente merecem resposta. Dom Carlos preocupa-se pelos negócios de sua casa e louvo-lhe o zelo. Sabe, dom Carlos, que sua atitude de assumir os negócios de sua família muito o honra como filho e fidalgo. Estou feliz com sua atitude e o admiro com sinceridade.

Carlos desviou o olhar para que os dois homens não lessem neles a repulsa que o jesuíta lhe causava. Sua hipocrisia o incomodava. Que fazer? Seu pai o temia e talvez tivesse suas razões. O melhor era não provocá-lo inutilmente. Se conseguisse vencer a repulsa, poderia pelo menos fingir-se crédulo para descobrir o que ele pretendia. Tinha certeza de que ele pouco se importava com o destino de sua infeliz tia, mas parecia interessado em levar a discórdia entre as duas famílias. Por quê?

— Dom Fernando, renovo o convite. Sabe que não posso pegar em armas, mas não posso prestar esse serviço se o senhor não aceitar.

Levantou, curvando-se. Fernando colocou a mão em seu braço.

— Sua atitude me comove e não posso recusar. Não nego que me impaciento por notícias.

— Nesse caso, parto agora mesmo. A tempestade passou, e se eu for agora, voltarei com mais brevidade. Minha carruagem já deve estar preparada, portanto parto imediatamente.

— Só Deus poderá pagá-lo por mais esses serviços que com tanta dedicação nos presta. Eu lhe serei eternamente grato.

— O dever cristão me chama. Nada me deve.

Curvando-se novamente, afastou-se depois de Fernando ter-lhe beijado a mão. Foi com repulsa que Carlos, ao império do olhar do pai, fez o mesmo.

— Foi impertinente com dom Gervásio — tornou ele, quando se viram a sós. — Não sabe que é um representante do Santo Ofício?

— Sei. E é por isso mesmo. Diz-se cristão e presta-se ao vil papel de intrigante e espião — desabafou Carlos, com raiva.

— Está fazendo isso para nos prestar um favor.

— Pai, não acredito nisso. Não confio nele.

— Pode não gostar dele. Acho até que é um pouco falso, mas por esse motivo também não vamos julgá-lo tão mal. Quis nos fazer um favor. E não deve se esquecer que, se não fosse por ele, estaríamos sem defesa, à mercê daquele patife.

— É verdade. Não creio que faça isso tudo só para nos ser útil. Deve ter alguma coisa mais em jogo. Parece muito interessado nessa briga de família. Faz o que pode para fomentá-la.

— Não diga isso. É muito maldoso. Exagera, com certeza. Fez muito bem em nos prevenir. Afinal, frequenta nossa casa.

— Faço votos de que seja só isso. Agora, acho melhor dar uma olhada para saber como vão as coisas lá fora.

— Vou com você.

Juntos, saíram a inspecionar a propriedade.

Apesar dos cuidados constantes na manutenção do esquema de defesa e prontidão dos homens, três dias decorreram sem que a situação sofresse alteração. Os homens começaram a duvidar de que o ataque se consumasse.

Capítulo 7

Sentado na carruagem rumo ao castelo de Fabrício, Gervásio tinha a fisionomia endurecida e séria. As coisas se objetivavam de acordo com seus desejos e dentro em pouco sua vingança estaria consumada. Fabrício pagaria por seus crimes e se afastaria completamente de seu caminho. Então, Leonor seria sua para sempre. Ninguém conseguiria afastá-la de seus braços.

Gervásio, ao pensar nela, sentiu uma onda forte de calor aquecer-lhe o peito. Seus olhos tristes e chorosos, sua palidez, sua beleza e principalmente sua dignidade tinham acendido em seu peito uma paixão avassaladora e irreprimível.

Gervásio, dono de temperamento fogoso, jamais conseguira observar a castidade que lhe era exigida. Tivera paixões correspondidas, ligações amorosas dissimuladas pelos preconceitos sociais, facilitadas por sua profissão e pelo prestígio que gozava na intimidade das famílias, numa época em que as mulheres eram confinadas e relegadas a uma subserviência escravocrata e abusiva.

Explorando o espírito rebelde de algumas, cuja dedicação ao lar e ao esposo era apenas aparente, lograva alcançar seus dúbios objetivos, chegando por vezes, em seus pensamentos mais íntimos, a julgar-se benfeitor daquelas infelizes criaturas cujo matrimônio imposto representava dolorosa cadeia, fazendo-as conhecer a paixão e os prazeres dos jogos amorosos.

Mas com Leonor fora diferente desde o princípio. Desde que a viu, deslumbrou-se com sua beleza e acariciou intimamente o desejo de conquistá-la. Para isso, envolveu Fabrício com atenções, aparentemente concordando com sua maneira de ser e de pensar. Frequentou-lhe a casa, e manhosamente foi ganhando sua confiança.

Em certa ocasião, foi ao castelo aparentando preocupação e tristeza. Fabrício o recebeu admirado diante do inusitado da hora.

— Venho preveni-lo de algo muito grave — tornou sério.
— De que se trata?
— De uma denúncia ao Santo Ofício. Foi denunciado e, pelo que ouvi de meus superiores, trata-se de algo muito grave.

Fabrício empalideceu.
— Como assim?
— Há aqui em seu castelo encontros de bruxaria. Pessoalmente, eu não sabia de nada, mas alguém deu a denúncia, e como somos amigos, venho preveni-lo. O caso é muito sério.
— É uma infâmia!
— Acredito, mas parece que há testemunhas. Hospedou aqui um homem que ouve vozes e se diz profeta, e com ele fez uma sessão de magia proibida por lei.
— Não foi isso. Ele passou por aqui, pediu pousada e, agradecido, quis adivinhar sobre meu futuro. Aliás quase o pus para fora a pontapés porque disse coisas amargas e fez duras previsões. Acabou por querer que eu fizesse algumas coisas e abandonasse tudo que eu gosto. Falou de desgraças e eu por pouco não o matei aqui mesmo. Atirei-o fora, se quer saber.
— Não é isso o que consta no Santo Ofício. Por causa disso pode haver intervenção em suas terras.
— Isso é uma calúnia. Nada fiz de mal! Sou católico e obediente à Igreja. É uma injustiça!

— Acalme-se. Somos amigos e vou procurar defender seus interesses. Pode confiar em mim. Intercederei junto aos superiores.

— Faça isso. Eu doarei um pedaço de minhas melhores terras à Igreja.

Gervásio sorriu magnânimo:

— Não. Isso não. Mas a Congregação aceitará metade da safra deste ano e algumas joias para nossos pobres. Verei o que posso fazer, embora o problema seja grave.

E o padre se retirara, voltando três dias depois para dizer ao fidalgo que finalmente afastara o perigo, conseguira impedir a prisão dele e obtivera o arquivamento do processo. Fabrício respirou aliviado.

Sabia que eles eram todo-poderosos e estavam sempre atentos para, sob qualquer pretexto, confiscar os bens e apoderar-se das terras. Para isso valia tudo. A amizade de Gervásio tornara-se preciosa para ele, e devia conservá-la a todo custo.

Cumulou o padre de gentilezas, hospedando-o com fidalguia. Até que um dia ele presenciou um ataque de mau humor de Fabrício. Finalmente ele o tomara por confessor. Crendo-o amigo, desabafou-se com ele:

— Sou infeliz, padre!

— Por que, meu filho? É um rico fidalgo a quem não faltam belas mulheres e poder.

— Se tenho a todas, não tenho Leonor. Ela me odeia.

Gervásio exultou. Aparentando tristeza, tornou:

— É sua esposa e lhe deve obediência. Por acaso não estará cumprindo com seus deveres sagrados?

— Quer me levar à loucura. É fria e distante. Não cede aos agrados nem aos castigos. E se cobro meus direitos, parece que estou possuindo um cadáver. E o pior é que isso me exaspera e a quero cada dia mais. É um fogo que me está matando.

Seu rosto, de traços voluntariosos e firmes, contraía-se em rictos de revolta e paixão. Lágrimas saltavam de seus olhos congestionados. Dom Fabrício fora homem requestado pelas mulheres, iludidas com seu físico forte, seu porte elegante, seu rosto sensual e seu temperamento ardente. Jamais sofrera derrota amorosa. Não entendia a repulsa da esposa que nunca conseguira vencer.

Ela o tratava com respeito e obediência, mas jamais correspondeu a seu amor. Caráter honesto, desde antes do casamento suplicara liberdade, alegando que não o amava e que não desejava casar-se com ele. Mas, obstinado e envaidecido, Fabrício acreditava poder fazer-se amar por Leonor com o tempo. Contudo, mulher delicada e sensível, cujo sentimento ele estava muito longe de alcançar, sentia-se cada dia mais chocada com o comportamento do marido, que era sensual e voltado aos instintos mais animalizados do homem.

Leonor sofria só com a proximidade dele, com sua paixão doentia e insaciável. Ele fez tudo quanto entendia possível para conquistá-la. Usou carinho, exigiu, obrigou, desprezou, arranjou outras mulheres que levava ao próprio lar e com as quais se exibia diante dela. Mas Leonor era indiferente. Percebeu até que, quando ele tinha outras, ela parecia aliviada.

Gervásio encontrou sua oportunidade.

— É meu amigo. Se me permitir, falarei com ela. Vou me tornar seu confessor e assim poderei aos poucos ganhar sua confiança e a ensinarei a amá-lo como é o dever de uma boa esposa. Tenho certeza de que conseguirei.

— Ela já tem seu confessor: dom Alberto, que vem sempre ouvi-la. Desde sua infância ele a orienta. Foi algo que me pediu e que concedi.

Gervásio não se deu por achado:

— Quem sabe é por isso que ela não o aceita. Ele é seu amigo?

— Não. Acho até que me evita, embora me trate com respeito. Pensando melhor, acho até que não me aprecia.

Gervásio fez um gesto largo.

— Aí está. Vai ver que descobrimos a causa do descontentamento de dona Leonor. Não está sendo bem orientada por seu confessor.

Fabrício teve um brilho maldoso no olhar.

— Nesse caso, eu não mais permitirei sua presença aqui. Como não pensei nisso antes?

— Não acho prudente essa proibição. Se quiser conquistar sua estima, não deve contrariá-la.

Fabrício impacientou-se:

— E então?

— Deixe comigo. Hoje mesmo intercederei para que ele seja mandado para longe, talvez até fora do país. Não poderá recusar, e ela nunca saberá de nossa interferência.

Fabrício sorriu aliviado.

— Dom Gervásio, o que seria de mim sem sua proteção? Vamos comemorar. Abrirei o vinho mais velho de minha adega. Com um aliado assim, a vitória será fácil.

Enquanto a carruagem corria renovando a paisagem, vencendo a distância rumo ao castelo de Fabrício, Gervásio rememorava as cenas do passado.

Foi um mês depois que obteve a primeira entrevista com dona Leonor, a sós. Embora estivesse emocionado, jubiloso, procurou aparentar calma e dignidade. Sempre agia de acordo com a pessoa a quem se dirigia e era sensível o bastante para perceber a maneira de ser do seu interlocutor.

Sabia que, para conquistar a confiança daquela dama, devia aparentar virtudes, honestidade, bondade e caráter. Foi investido desse papel que entrou em cena.

Leonor, apesar de seus trinta e seis anos, era mulher de beleza invulgar. Tez clara, de uma alvura que a vida de clausura a que era obrigada acentuara, parecia de louça, tamanha a sua delicadeza. Os cabelos castanhos, vastos e brilhantes emolduravam seu rosto de traços delicados. Embora despida da vaidade comum às mulheres, seus olhos expressivos e luminosos, escuros e aveludados, traduziam sensibilidade e emoção. Vestia-se com simplicidade, sem joias ou adereços, cabelos presos em coque na nuca.

— Sou o padre Gervásio, senhora dona Leonor. Tenho a honra de substituir o estimado dom Alberto, que em tão má hora foi obrigado a nos deixar.

— Também pensa assim?

— Claro. É um verdadeiro servo da Igreja e de Deus. Ele é insubstituível. Quando me designaram para vir aqui, confesso que fiquei muito preocupado.

— Por quê?

— Porque esse é um trabalho difícil. Espero contar com sua compreensão.

Ela deu de ombros.

— A princípio me revoltei, acreditei tratar-se de mais uma de dom Fabrício. Agora começo a duvidar.

— Comete séria injustiça com dom Fabrício. Por ter prestado serviços, dom Alberto fez jus a uma promoção.

— Mas ele não queria ir...

Gervásio fez um gesto vago.

— Quem somos nós, pobres servos da Igreja, para discutirmos ordens superiores? Naturalmente será bom para ele e para os interesses de nossa Igreja.

Ela suspirou triste:

— Acredito. Dom Alberto é um dos raros homens de bem que conheci. Mas não é a primeira vez que veio ao castelo. Já o tenho visto com dom Fabrício em boas relações.

— Sempre a serviço da Igreja. A senhora bem sabe que são os pecadores os mais necessitados de ajuda. A sagrada escritura diz que não são os sãos que precisam de médico.

— Fala com sabedoria.

Ele baixou o olhar com humildade:

— Não fui eu, dona Leonor, foi Deus quem disse isso.

Ela suspirou triste:

— Ainda bem que pensa assim. Temi que me fosse faltar o conforto da religião. Estava triste e angustiada.

Seus olhos brilhavam emotivos e seus lábios tremiam dolorosamente. Dom Gervásio estava perturbado. A proximidade daquela mulher que lhe povoara os pensamentos durante os últimos meses, sua beleza, sua emoção, faziam-no vacilar. Tinha ímpetos de abraçá-la, apertando-a contra o peito, beijar-lhe os lábios delicados e puros.

A onda de paixão que o acometeu era como uma dor física e ele precisou lutar muito para contê-la. O esforço foi doloroso e seu rosto se contorceu em ricto involuntário. Sabia que, caso se traísse, poria tudo a perder.

Tocada pela fisionomia sofrida do padre, ela comoveu-se:

— Vejo que é sensível. Está emocionado. Mas pode crer que não lhe darei trabalho. Já aceitei minha condição e sei que, nesta vida, não tenho direito à felicidade. Confio em Deus. Espero alcançar o paraíso.

— Certamente — tornou ele com voz trêmula. — Há algum tempo tenho sido testemunha de seus sofrimentos. E quero lhe dizer que estou aqui para ajudar. Venho para servi-la com toda a dedicação, deixar-me matar se for preciso, para lhe ser fiel. Tem mais do que um amigo, um servo obediente e atento.

Leonor colocou a mão delicada no braço do padre.

— Foi Deus quem o mandou aqui — tornou, comovida. — Agradeço sua dedicação do fundo de meu coração.

Os olhos de Gervásio brilharam de alegria. Estava indo muito bem. Sabia que a primeira impressão é muito importante. Agora, era questão de tempo. Tudo sairia conforme seus desejos.

Com ar compungido ouvira o desabafo de Leonor, que lhe contou seu passado, ouvira seus pecados, que se resumiam a não conseguir amar seu marido, e saíra dali exultante, depois de mostrar-se compreensivo e digno até o fim.

Leonor acalmou-se e, de boa-fé, em sua inexperiência, sequer suspeitou da sinceridade de Gervásio. Nos dias que se seguiram, o padre continuou fazendo seu jogo. De um lado Fabrício confidenciava sua paixão, pressionando-o a que forçasse Leonor a aceitá-lo. De outro lado, ela, confiante, preocupava-se com seus problemas de consciência por não conseguir submeter-se aos caprichos do marido.

Ele ganhava tempo com Fabrício, iludindo-o e obrigando-o a esperar, e procurava a cada dia tornar-se indispensável a ela, envolvendo-a com carinho, apoiando-a em seu desamor com o marido.

Parecia-lhe até que ela o esperava com ansiedade e que se emocionava com sua presença. Estava conseguindo seu intento. Dentro em pouco ele começaria a representar o papel sofredor por um amor impossível e ela certamente, sensível e dominada já por um novo sentimento, cairia em seus braços. Ah! O encanto desse instante! Ele o imaginava de mil modos, culminando no beijo ardente e revelador e na vivência de um amor pleno e maravilhoso. Mal podia esperar.

Tinha que ser discreto. Leonor não era como as outras. Um gesto impensado poria tudo a perder.

Houve um dia em que, chegando ao castelo, Fabrício o esperava impaciente e colérico. Arrancado de seus devaneios, Gervásio preocupou-se. Conhecia bem aquela expressão do fidalgo. Algo muito grave estaria se passando.

— Ainda bem que chegou — resmungou, impaciente. — Precisamos falar. Acomode-se.

— Está aflito. Ocorre algo?

— Más novas, que sempre chegam muito depressa. É uma infâmia o que me está sendo exigido.

— De que se trata?

— De uma dívida. Dom Álvarez e Arreda exige este castelo como pagamento, sob pena de tomá-lo pela força. Como se isso não bastasse para me atormentar, tive uma cena com Leonor que me pôs louco.

Gervásio empalideceu:
— O que aconteceu?
— Sua intercessão nada adiantou. A princípio ela parecia mais calma e até me olhava sem rancor e eu, a noite passada, amargurado e abatido, fui à sua alcova e ela me repeliu. Compreende? Ela me repeliu. Estava linda, cabelos soltos, camisa de dormir, parecia uma visão, e, quando a abracei com paixão, ficou pálida, desmaiou. Assustado, dei-lhe sais e não posso negar que, mesmo ela desacordada e fria, tirei-lhe as vestes e contemplei seu corpo. Ah! padre, que loucura! Quase perdi a razão! Esqueci de tudo, até que ela acordou em meus braços.

O padre sentia a boca seca e o suor começava a brotar em sua testa. Ele ousara, ele a possuíra. Sequer pensou que, como marido, ela lhe pertencia. Um ódio mortal encheu-lhe o coração. Ao mesmo tempo, vê-la conforme ele a descreveu era o que sempre povoava seus devaneios: ela desmaiada de amor em seus braços!

Lutou com o ciúme feroz e fez-se pálido. Não se conteve:
— Isso foi um abuso!
— Como?! — tornou ele, assustado. — Por acaso não sou marido dela?

Gervásio cerrou os olhos com força, procurando controlar-se:
— Quero dizer que ela é uma bela dama delicada e é imprópria sua atitude. Pôs todo o meu trabalho a perder. Tenho lutado para demonstrar a dona Leonor que sois homem bom e digno. Que a respeita e ama muito. Sua atitude só deve tê-la revoltado.
— Pois foi. Ela, de repente, quando acordou, pareceu-me tomada de horror. Nunca a vi assim. Parecia fora de si. Cobriu-se e, enrolada no lençol, gritou que eu era um animal, que me odiava, que ia acabar com a vida para ver-se livre de mim. Confesso que perdi a cabeça. Chamou-me de perverso e sem caráter. Foi a primeira vez que tal fato aconteceu. Não

suportei. Avancei contra ela, dei-lhe alguns safanões e deixei-
-a estirada no leito. Aos gritos de sua aia, saí como louco.
Mais uma cena dessas e a mato. Nenhuma mulher jamais
teve coragem de dizer-me isso cara a cara.

  Gervásio tinha ímpetos de matá-lo, tal o ódio que sentia.
A brutalidade daquele homem o enojava, ao mesmo tempo
que exultava com a atitude de Leonor. Se ousara enfrentá-lo,
era porque agora tinha coragem. Talvez até o amor já envol-
vesse seu coração. Ele podia ter sido a causa de tudo.

  — Dom Fabrício, deixe-me falar com dona Leonor.
Preciso apagar a penosa impressão que deixou no coração
dela, caso contrário ela vai começar odiá-lo.

  — E como se não bastasse — resmungou ele —, a
ameaça da tomada do castelo! Mas isso não vai ficar assim,
preciso dar um jeito. Isso não pode esperar. Quanto a Leonor,
deixo-a a seus cuidados, mas acho que nem todo seu esforço conseguirá vencer a obstinação dela.

  — Apesar de tudo, é dever de um padre tentar unir um
casal. É difícil quando as pessoas se obstinam — suspirou
angustiado. — Verei o que posso fazer.

  Conduzido à alcova de Leonor, Gervásio a custo repri-
miu uma onda de indignação. Emocionado ao penetrar ali,
vendo-a estirada no leito, a sensação excitante foi substituída
pelo rancor.

  Pálida, Leonor parecia morta, mas seu rosto inchado e
as marcas arroxeadas em sua pele branca atestavam a brutalidade de que fora vítima.

  Gervásio, revoltado, tentou dominar o rancor. Fabrício
não perdia por esperar. A aia esclareceu:

  — Senhor, ela está muito debilitada. Perdeu muito sangue pelo nariz — a serva chorava aflita. — Por favor! O senhor,
que é ministro de Deus, ajude minha pobre ama. Aquela fera
fechou a porta e não pude entrar. Ouvi os gritos de minha pobre ama e não pude socorrê-la. Perdoe-me, reverendo, mas

tive ganas de matá-lo. Tanta maldade com a pobre senhora, tão bondosa e santa!

Algumas lágrimas brilhavam nos olhos do padre.

— Acalme-se. É uma serva fiel. Sei que é devotada. Pode crer que tudo farei para salvar sua ama das garras desse mau servo de Deus. A justiça deve ser feita!

— Ah! Senhor padre, como é bondoso! — a pobre mulher tomou a mão do padre e a beijou com arroubo. — De hoje em diante serei sua serva obediente. Se puder ajudar, darei a vida para salvá-la.

Gervásio exultou. Era uma aliada poderosa. Aproximou-se do leito e murmurou carinhoso:

— Dona Leonor, sou eu, seu confessor. Por favor, fale comigo, estou ralado de angústia por sua dor.

Ela abriu os olhos devagar e, vendo-o, seu peito explodiu em soluços:

— Ah! Meu bom amigo! Como sou infeliz!

— Preciso conversar com sua ama, ministrar-lhe o conforto da religião. Vigie a porta para que ninguém nos interrompa.

A serva obedeceu. Diligente, saiu e ficou guardando a porta do lado de fora. Gervásio sentou-se em uma banqueta ao lado do leito. Procurou a mão de Leonor e a segurou comovido:

— Senhora, vim para confortá-la. Gostaria que me recebesse não só como amigo e confessor, mas como um irmão muito querido que está sofrendo muito por sua causa.

Ela suspirou e fixou o rosto aflito do padre: havia sinceridade em sua voz. De suas mãos fortes vinha um calor agradável e reconfortante.

— Ah! Que seria de mim sem sua presença! Não fosse sua amizade e fé em Deus, não mais encontraria razão para viver.

Gervásio assustou-se. Apertou-lhe a mão com força.

— Por favor, dona Leonor. Que nunca mais tal pensamento passe de leve por sua cabeça. Para tudo se dá jeito neste mundo.

— Para mim, não há solução. Se ao menos eu tivesse alguém para me defender!

— Tem a mim — tornou ele, com arroubo. — Tem minha vida, se preciso for.

— Por quê? — perguntou ela, assustada tentando retirar a mão.

Por um instante vislumbrara uma chama violenta no olhar do padre. Percebendo que se traíra e que o momento ainda não lhe era favorável, largou a mão que prendia e baixou a cabeça com humildade. Algumas lágrimas rolaram de seus olhos cerrados. Era-lhe sumamente difícil o papel de irmão quando desejava apertá-la junto ao peito e confortá-la, cobrindo de beijos seus cabelos macios.

— Por que chora? Por acaso eu o magoei?

— Não. Mas, pobre de mim, homem solitário e triste, sem família e sem ninguém! Perdoe-me, senhora — sua voz irrompeu em soluços —, perdoe-me.

Ela de fato assustou-se. Aquele homem forte, corajoso, que sempre a encorajara, parecia uma folha batida pelo vento. Compadeceu-se:

— O que acontece?

— Senhora, em minha vida de solitário, sem família nem amor, surgiu uma força nova que me alimenta e aquece.

Ela parecia não entender. Ele prosseguiu:

— Perdoe-me. Juro que nunca mais voltarei ao assunto, não tenho esse direito! Sou um pobre homem sofrido e só!

O rosto dela contraiu-se dolorosamente. Estaria entendendo bem? Sentou-se no leito com dificuldade. Apesar de lhe doer a cabeça, condoeu-se do padre e chegou até a esquecer seu próprio drama. Colocou a mão delicada sobre a mão dele.

— Por favor, dom Gervásio. Quero saber.

— Temo seu julgamento. Sou um padre e confundido pecador! Jamais me perdoarei...

— Conte-me tudo, peço-lhe. Somos todos humanos.

Ele suspirou, tentando conter as lágrimas que bordejavam, tamanha fora a tensão, e que agora se transformavam numa catadupa emotiva que não tinha interesse em conter.

— Senhora, convivendo de perto com seu elevado espírito, cheio de virtudes e de dignidade, a princípio não pude conter a admiração. Tanta abnegação, tanta renúncia me faziam compará-la a Santa Margarida e outras damas de minha veneração. Tanto admiro suas virtudes que aos poucos, em minha vida solitária, passou a ser o sol e a esperança, a luz e a alegria — baixou os olhos e continuou: — Perdoe se a ofendo com meu afeto. Mas ele é puro e nada pede a não ser seu bem-estar e sua felicidade. Ah! Pobre de mim, que deverei carregar essa cruz pelo resto da vida! Sou um infeliz que nada pode fazer para salvá-la e que daria minha pobre vida para vê-la feliz.

As palavras do padre, apesar de envolverem uma declaração de amor, foram um bálsamo ao dorido coração de Leonor, violentada de corpo e espírito pela grosseria do marido. Ela pensava que havia ainda no mundo homens delicados como aquele, capazes de um amor espiritual e grande, doando tudo sem nada pedir.

Romântica e inexperiente, Leonor deixou-se envolver por agradável sensação de proteção e de confiança. Segurando a mão dele, tornou com voz doce:

— É um homem bom. Seu amor me conforta e balsamiza a ferida de uma vida triste e vazia. Mesmo sem esperança, impossível e triste, foi a coisa mais bela que já ouvi, embora sofra por ter-lhe causado tanta dor.

Ele exultou. Estava indo muito bem. Custava-lhe muito o domínio para representar seu papel. Mas amava ardentemente aquela mulher e tudo faria para possuí-la de corpo e alma. Não queria só seu corpo, mas seus pensamentos, seu amor. Conhecia-lhe a índole e sabia que, para conquistá-la, era o único caminho. Lutou com o desejo de beijar-lhe a boca delicada. Segurou a mão dela enquanto dizia:

— Permita agradecer sua compreensão. Isso diminui meu sofrimento — delicadamente depôs um beijo na mão que segurava e sentiu que Leonor estremecia, enrubescendo-lhe o rosto.

Afastando-se um pouco e largando a mão, disse com voz que tentou tornar natural:

— Agora, estudemos seu caso. O que deseja fazer?

Ela pareceu mais calma. Era-lhe extremamente agradável a dedicação incondicional daquele homem, na penosa situação em que se encontrava. Era horrível sentir-se aviltada pelo marido, agredida e subjugada sem ninguém que a pudesse defender ou orientar. Ele era o todo-poderoso; ela, a escrava, o objeto de uso, e ninguém teria a coragem de criticá-lo, porque a mulher lhe pertencia. O marido era o dono absoluto, tinha o poder de vida e morte sobre a mulher. Nem seu irmão, homem correto e seguidor dos costumes, ousava interferir.

A coragem do padre, único amigo, disposto a dar sua vida por ela, animava-a e parecia providencial. Seu amor era puro e desinteressado, por que não utilizá-lo? Não seria ele um emissário da Providência divina para salvá-la?

Animada, tornou:

— Surgiu-me agora uma ideia. Sua presença é providencial.

— Pode falar.

— Pretendo sair do castelo. Fugir daqui para sempre.

Ele exultou:

— É uma ideia boa.

— Jamais pensei nisso antes. Mas, agora, depois de ontem... Pensei morrer. Ele me agrediu, parecia um louco. Mil vezes a morte do que suportar de novo sua intimidade!

Ele concordou. Não suportava mais o ciúme. Pensar que Fabrício podia, a qualquer momento, possuir sua mulher sem que ninguém pudesse impedir era uma ideia insuportável.

— Pensei em meu irmão. Ele talvez me possa socorrer. Se for ao castelo de Fernando e pedir ajuda, certamente ele não vai negar.

— Claro. Conheço dom Fernando, é homem de bem.

Mas a Gervásio não agradava a solução. Uma vez em casa do irmão, ela não precisaria mais dele e lhe seria difícil conseguir seus objetivos. Por tudo isso tornou:

— Apesar de que dom Fabrício não se conformaria. Sua presença lá despertaria uma guerra entre as duas armas. E se dom Fernando perdesse?

— Valha-me Deus! Fabrício é capaz de tudo. Não quero que mate meu irmão. Então, o que fazer?

— Deixe comigo. Vou preparar vossa fuga. Sua aia é de confiança?

— Certamente. Dará a vida por mim.

— Então podemos contar com ela. Traçarei os planos e depois irá com ela para um lugar seguro, onde jamais ele a encontrará. Quando tudo estiver esquecido, poderá retornar ao castelo de dom Fernando em paz.

Ela suspirou:

— Quando chegará esse dia?

— Tenha calma e espere. Vamos vencer!

— O que seria de mim sem seu apoio?

— Mais recebo de você. É a luz que brilha em minha cela solitária. A santa que me conduz mais perto de Deus!

Tomou a mão dela e a levou aos lábios.

— Tenha coragem. Cuidarei de tudo. Enquanto isso, procure ganhar tempo com dom Fabrício. Não o irrite inutilmente. Que Deus a abençoe.

Quando a serva entrou, admirou-se vendo o rosto corado e tranquilo de sua ama.

— É um santo homem! — tornou ela com alegria. — Que bem lhe fez sua presença!

— É sim, Maria. É um santo homem! Vai dar sua vida se preciso for para nos ajudar. Resolvemos fugir.

— Louvado seja Deus! — tornou a ama com entusiasmo. — Finalmente, senhora, será libertada de tanto sofrimento.

Vou agora buscar um caldo quente. Deve recuperar suas forças. A fuga exige preparação.

— Tem razão. Estou com fome. Tomarei o caldo.

A aia sorriu, feliz. Até que enfim sua ama saía da prostração e demonstrava vontade de viver.

Gervásio, a partir desse dia, começara a planejar a fuga. Mas Fabrício, temeroso de ser surpreendido por seu credor, transformara o castelo em praça de guerra, colocando vigias em toda parte e tornando a fuga praticamente impossível. Precisava esperar a oportunidade. Afastá-lo do castelo, uma luta ou uma guerra seria bom, porquanto ele sairia com seus homens e tudo se arranjaria. Tinha já um local, longe dali, onde pretendia escondê-la. Uma pequena casa de campo que conservava secretamente, onde já realizara encontros amorosos clandestinos e reservava para esconder-se em caso de necessidade.

Lá, Leonor ficaria com a aia e ninguém a encontraria. Então ele teria ocasião para conquistar seu amor. Tremia só em pensar naquilo! O dia em que ela finalmente o amasse. Para conseguir o que pretendia, ai de quem se opusesse em seu caminho! Tinha o objetivo, e os meios não importavam. Lutaria com todas as armas até conquistá-lo.

Foi naquele dia que traçou seu plano. Se o castelo fosse atacado por Arreda, ele aproveitaria a confusão para promover a fuga, quem sabe até com a ajuda do próprio Fabrício. Esperou exultante.

Mas Fabrício não era homem disposto a esperar. Mandou chamar Ortega e entreteve com ele um acordo. O aventureiro comprometeu-se a exigir de Arreda satisfações e invadir-lhe o castelo pela força.

Gervásio tentou dissuadi-lo em vão. Sob a promessa de ouro e prata, Ortega juntou os homens e, na calada da noite, atacou a casa de Arreda, matando-o. Seus homens, surpreendidos, não tiveram tempo de defender-se e durante três dias Ortega foi hóspede de Fabrício, festejando a vitória brutal sobre o inimigo. Não tomara o castelo, porquanto Álvarez e Arreda era muito estimado na região.

Assim que soubessem, certamente o atacariam. Não lhe interessava lutar inutilmente. Tinham carregado tudo quanto puderam e liquidado Álvarez. Resolvido o problema, Fabrício pagaria uma boa soma. Comemoraram regiamente. Entretanto, na hora do pagamento, Fabrício não possuía a quantia que a ambição de Ortega pretendia. Insatisfeito, rugiu algumas ameaças. Mas a Fabrício não interessava perder tão grande aliado. Por isso, dominou o orgulho e, com malícia, procurando aparentar calma, convenceu-o a esperar. Garantiu que sua situação era temporária e que logo teria uma herança e poderia quitar sua dívida, prometendo compensá-lo regiamente.

Ortega, cujos olhos luziam ambiciosos, concordou, dando-lhe alguns meses de prazo. Quando partiram, Fabrício começou a pensar no problema. Preocupado, desabafou com Gervásio:

— Preciso arranjar um meio de contentar Ortega. Caso contrário, teremos que lutar com ele, e levaríamos desvantagem. Seus homens são treinados, enquanto os meus não aguentariam muito tempo. Preciso pensar!

Gervásio teve uma ideia. Sugeriu:

— E a herança de sua esposa? Acaso a recebeu?

— Miseráveis. Dom Fernando, tenho certeza, não deixou que nos chegasse às mãos. Não creio que dom Augusto fosse tão cruel a ponto de nada deixar para sua única filha. Acho que ele ficou com tudo.

— Eu também acho — tornou o padre, pensativo. — Se fosse cobrar seus direitos, talvez pudesse solucionar a questão.

— É — fez ele satisfeito. — Tem razão. Mas tenho certeza de que dom Fernando não me vai atender. É orgulhoso e me odeia. Sempre foi contra meu casamento com Leonor.

Tudo fez para impedir. Não vai me dar o que me pertence por direito!

— Nesse caso... terá de enfrentar dom Ortega.

Fabrício deu um murro na mesa.

— Nem pense nisso! Ele nos mataria como cães.

— Nesse caso, deve ir e exigir seus direitos. Quem sabe uma entrevista. Sem brigas.

— É um ingênuo. Acaso ele me receberia?

— Bem, neste caso não há solução.

— A não ser...

— A não ser?

— A não ser que eu a tome pela força! Se fizer um ataque de surpresa, poderei apanhar tudo quanto me pertence, até o castelo!

Seus olhos brilhavam de cobiça!

— Por que não pensei nisso antes? Orgulhoso e impertinente dom Fernando!

O padre aconselhou:

— Cuidado, dom Fabrício. É uma violência. Acha mesmo necessário?

— Claro. Eles nem sonham. Faremos uma surpresa! Tudo será fácil.

Gervásio exultou. Se ele saísse com os homens do castelo, não seria difícil promover a fuga de Leonor enquanto todos estivessem preocupados com o combate e o castelo, desguarnecido.

Preparou tudo, conversou com a aia, com Leonor, sem contar a verdade, mas dizendo que tudo estava indo bem. Até que, dias depois, regressando ao castelo, soube a novidade. Fabrício não iria pessoalmente atacar o castelo de Fernando. Contratara Ortega, que, interessado nos lucros, se propusera a ajudá-lo na empresa.

Gervásio ficou furioso. Seus planos caíram por terra. Foi então que resolveu intervir diretamente. Preveniu Fernando das intenções do cunhado. Apesar de saber que o fidalgo era de paz e que não gostaria de tomar a iniciativa na luta, tentaria levá-los ao ataque. Se ele pegasse Fabrício desprevenido, poderia acabar com ele. Enquanto isso, ele levaria Leonor para longe antes que descobrisse a presença do irmão no castelo. Enquanto Ortega se preparava, Fernando teria chance de ataque, desbaratando os inimigos.

Gervásio ia ansioso. Quando a carruagem chegou ao castelo de Fabrício, o ambiente lhe pareceu calmo. Nada que evidenciasse preparação bélica. Encontrou o fidalgo examinando algumas armas. Dissimulando, saudou-o com respeito. Convidado a sentar-se e a tomar um copo de vinho, perguntou aparentando zeloso interesse:

— Parece que tudo está calmo e resolvido. Por acaso já solucionou seu problema?

Fabrício deu de ombros:

— Claro. Ortega vai reunir os homens que estão espalhados. Sabe que depois de uma bravura destas, como a que fizeram a dom Arreda, se espalham para gozar os haveres e fugir à vingança do povo e da família ferida. Quando ficam sem nada, voltam a Ortega e "trabalham" de novo. Mas se ele necessita dos homens, tem uma senha e um lugar para reuni-los. É um gênio nosso Ortega. Por isso não posso perder sua amizade. Enquanto for meu amigo, vai defender meus interesses e podemos ficar em paz.

O padre concordou, perguntando em seguida:

— Nesse caso, ele vai ajudá-lo?

— Claro. Pediu-me tempo porque quer que os homens descansem, e o povo está revoltado por causa de dom Arreda. Ele não quer aparecer por agora. Depois, não temos pressa. Se ele quer esperar, melhor. O que vou fazer é por causa dele. Assim, está tudo calmo. Quando ele achar conveniente, atacaremos.

Gervásio procurou ocultar a preocupação. Afinal, se Ortega assaltasse Fernando e o matasse, de nada lhe valeria. O que precisava era um jeito de tirar dali Leonor. Enquanto

Fabrício estivesse por perto, colocava homens em vigilância, pois temia a todo momento que alguém o matasse. O que seria um alívio, pensou o padre, irritado.

— Padre, não sei como, mas operou um milagre com minha mulher. Desde sua visita está mais calma.

— Sabe que dona Leonor é alma religiosa — tornou ele com ar compungido. — Eu a fiz compreender que precisa submeter-se à vontade de Deus, amar e honrar seu senhor e marido.

— Isso mesmo. Para isso o tenho recebido. Agora, vá vê-la e vamos ver se a convence a me receber melhor.

Outra coisa não queria o padre, que, olhos baixos, foi ter à saleta de Leonor. Encontrou-a melhor e mais disposta. As manchas arroxeadas tinham desaparecido e ela lhe pareceu calma e mais forte.

Não passou despercebido à perspicácia do padre que ela estava mais galante. Penteara-se com mais cuidado e trazia algumas joias delicadas.

O padre exultou. Para quem teria ela se enfeitado? Não seria para o marido, certamente. Com o coração batendo forte, pediu à aia que ficasse na porta, do lado de fora. Ia ouvi-la em confissão.

Uma vez a sós, tomou a mão de Leonor e levou-a aos lábios com delicadeza e ao mesmo tempo com ardor.

— Roguei a Deus por sua saúde e ele me atendeu — ajuntou, fitando-a com paixão.

Ela ruborizou-se e baixou o olhar. Gervásio sentia o corpo formigando de desejo, a proximidade dela o atordoava, tirava-lhe o raciocínio. Apesar de habituado a conter-se, era-lhe difícil naquele momento.

— Por Deus, padre — murmurou ela tímida —, aguardava ansiosamente sua presença para saber o que fazer.

— Dona Leonor — murmurou ele, sentindo o coração descompassado —, não tenho pensado noutra coisa. É mais forte do que eu. Não terei sossego enquanto não a tiver libertado dessas cadeias — tomou as mãos dela: — Sabe que farei tudo para ajudá-la! Tenho perdido o sono, procurando um meio de tirá-la desta prisão. Mas confie em mim, que a servirei fielmente até a morte.

Ela estremeceu. A dedicação fervorosa daquele homem que todos consideravam poderoso e forte era-lhe confortadora. Jamais Leonor conhecera um sentimento de amor. A servidão daquele homem a comovia, e a chama ardente de seus olhos despertara uma inquietude e uma emoção que ela não saberia definir.

Era um padre! Que pecado! Certamente, ele deveria ser apenas um amigo dedicado. Mas não teve forças para tirar as mãos quando ele as segurou com ardor e sentiu um frêmito diferente ouvindo sua respiração ofegante, sentindo o fogo de sua emoção a lhe envolver o coração.

Leonor estava perturbada. Apesar da exaltação, Gervásio conseguiu controlar-se. Temia precipitar-se, apesar de sentir a emoção que despertara nela. Homem experimentado, sabia-a despreparada para que ele extravasasse sua paixão. Contudo, não pôde evitar um impulso ardente e pousou os lábios quentes nos dela de leve, beijando-a docemente, para afastar-se em seguida, caindo de joelhos a seus pés:

— Perdão, senhora, perdão. Sou um pobre pecador! Sonhei com essa hora, embora tenha lutado. Não tornará a acontecer, eu juro!

Leonor estava atordoada. Aquele beijo fora diferente de tudo quanto já sentira. Uma onda de emoção a acometeu com tal violência que ela, assustada, afastou-se, procurando serenar a avalanche.

— Por favor — murmurou ela, sem saber o que dizer.

Ele tornou com voz triste:

— Depois do que fiz não devo mais voltar aqui. Certamente não me perdoará. Vou me penitenciar! Por favor, dona Leonor, não há malícia em meu coração. É tão bela, tão pura, que eu não resisti, beijei-a como a uma santa! É a santa de meu altar! Mas se não posso me conter, não mais virei aqui perturbar seu sossego. Nunca mais me verá.

Ela sentiu-se tomada de desespero, foi até ele e procurou erguê-lo do chão:

— Por favor, padre. O senhor é meu único amigo e minha única esperança. Se me abandona, a vida não terá mais razão de ser. Por favor! Não deve fazer isso. Posso compreender seu deslize.

Gervásio lentamente levantou-se e passou a mão sobre os olhos para enxugar as lágrimas. A aflição dela o encheu de esperança. Seu coração exultava de felicidade.

— Senhora! Mande e eu obedecerei. Sou seu escravo. Se quiser, tudo eu farei por você, por seu amor e por sua felicidade.

Leonor não continha as lágrimas, presa de grande emoção.

— Só lhe peço que não me abandone. Eu não teria mais forças para viver!

Gervásio segurou a mão dela e a olhou nos olhos com todo o ardor de seus sentimentos represados.

— Seja, dona Leonor, ainda que me custe a morte, farei sua vontade. Mas como lutar contra esse amor que me enlouquece? Como estar a seu lado sem me ajoelhar a seus pés e beijar a fímbria de seus vestidos? Eu que gostaria de ter o paraíso para lhe oferecer e que nada tenho senão um coração dorido e despedaçado?

Leonor tremia como folha açoitada pelo vento. A força daqueles olhos a magnetizava, despertando-lhe emoções violentas das quais nunca se julgara capaz. Tomada de incontida emoção, Leonor apertou com força a mão que segurava a sua, enquanto dizia:

— Agradeço-lhe e aceito o sacrifício. Sua presença trouxe novo alento a minha pobre vida. Nunca tive ninguém que me amasse com essa dedicação e essa pureza. Ajude-me. Não me abandone!

— Pode confiar em mim. Estou trabalhando para sua libertação. Se tudo der certo, dentro em pouco estará livre de seu cativeiro. Por enquanto, tenha paciência com dom Fabrício.

Leonor estremeceu:

— A paixão dele me arrasa. Tenho-lhe nojo. Não suporto sua presença.

O padre exultou:

— Tem razão. Será por pouco tempo.

— Não posso ser tolerante com ele porque, cada vez que faço isso, ele se apossa de mim com uma loucura que me mata. Não posso suportar seu contato!

Violenta onda de ciúme invadiu o coração do padre:

— Não deve permitir que ele cometa esse pecado. O amor é sagrado e não deve ser enxovalhado dessa forma. O amor é um sentimento delicado e profundo, que coloca o coração em um simples beijo, quando a alma se funde no mesmo abraço! Ah! Se eu pudesse, Leonor! Se eu pudesse ensinar-lhe o que é o amor!

Ele falava perto dela, esquecido do tratamento cerimonioso, ardente e apaixonado.

Leonor, olhos semicerrados, sonhava com emoções novas e inesperadas que brotavam em seu peito com violência.

— Conheceu já o amor? — indagou ele, com ingênua timidez, baixando os olhos para que ela não lhe visse a malícia. — Eu o conheci agora, ao estar a seu lado! Perdoe-me, agora devo ir-me. Não resisto ao fascínio de sua presença!

— Volte breve! — pediu ela, e ajuntou apressada: — Estou ansiosa para fugir daqui.

— Farei tudo para tirá-la daqui o mais rápido possível.

Num arroubo, beijou-lhe as mãos com ardor e afastou-se rapidamente como para espantar uma tentação maior. Na verdade, ele a custo resistia ao desejo de tomá-la nos braços. Sentiu que ela não mais resistiria a seu afeto. Mas convinha-lhe que ela pensasse no assunto, que desejasse conscientemente estar com ele, que o amasse.

Nunca sentira por nenhuma mulher aquela paixão tão violenta. Queria-a para sempre. Estava exultante. Ela estava aceitando seu amor! Se a tivesse ao lado com frequência, dentro em breve teria alcançado seus objetivos.

Esse pensamento o enlouquecia, imaginando o ardor que vira nos olhos dela, ao mesmo tempo que o envaidecia. Ela não havia ainda amado a ninguém. Ele seria absoluto!

Saiu do castelo disposto a tudo. Sem ao menos repousar, alegando afazeres inadiáveis, retornou à casa de Fernando. Pelo caminho foi imaginando como fazer.

Ao chegar, era já noite fechada e, apesar de já se ter recolhido, Fernando foi recebê-lo pessoalmente. O padre estava pálido e cansado. As emoções, o esforço, a viagem davam-lhe aspecto abatido que ele acentuou, procurando dar à fisionomia ar de preocupação.

— E então? — perguntou Fernando, assim que o viu acomodado com um copo de vinho entre os dedos.

O padre suspirou:

— Infelizmente, as novas não são boas. Fabrício meteu-se em apuros com Ortega e, como já lhe disse, pretende atacar seu castelo para pegar seus bens, porquanto alega que com certeza metade do que possui pertence à esposa dele.

— Então ele insiste!

— Insiste. E ainda não atacou porque os homens de Ortega espalharam-se depois do que fizeram a Álvarez, para gastar em farras o ouro que roubaram. Mas Ortega já foi reunir os homens, e assim que os tiver, partirão para o ataque. Ah! Fernando, são bandidos cruéis! Precisamos evitar essa chacina contra os seus!

Fernando estava pálido. A sanha daqueles desordeiros era conhecida. Ele temia pelos seus.

— Ainda há mais! Sua irmã dona Leonor está sofrendo muito. Consegui convencê-la e ela suplicou-me que a ajude. Pediu que lhe suplicasse auxílio. Quer fugir.

— Leonor? — tornou ele, com doloroso acento.

— Sim. Ela não suporta mais. Tinha o corpo cheio de manchas roxas. Aquele homem é uma fera. Ela garantiu-me que, se não conseguir fugir, mata-se. Prefere a morte à violência a que está sendo submetida. Contou-me entre soluços que ele a tem submetido a práticas degradantes, espancando-a quando, revoltada, ela quer fugir de seu assédio. Dom Fernando, trata-se de um homem anormal! Infelizmente, não ouso tocar neste assunto, que minha castidade se recusa a aceitar, mas eu a ouvi em confissão! Confesso que foi horrível! Precisamos salvar a pobre senhora. É um ato de Deus!

Fernando, à medida que o ouvia, sentia crescer dentro de seu íntimo o rancor que sempre tivera pelo cunhado.

— Porco! — gritou, enfurecido. — Irei até o castelo. Vai ajustar contas comigo!

O padre exultou, mas procurou dominar-se.

— Tenho receio. Dom Fabrício é homem violento. Não vai aceitar sua intromissão. Precisamos agir depressa, antes de Ortega reunir os homens. Posso ajudá-lo. Mas o prudente seria um encontro com ele em algum lugar, já que seria perigoso vossa presença no castelo dele e ele certamente teria receio de vir até aqui. Poderíamos arranjar esse encontro e simular negociações com a herança. Ele sairia do castelo para esse encontro e eu poderia ajudar dona Leonor a fugir. Posso levá-la para um convento onde ele não a acharia e onde ela poderia viver em paz até que tudo fosse esquecido. E, quem sabe, nesse encontro seus problemas seriam resolvidos.

— Não quero conversar com aquele patife! — tornou Fernando, colérico. — Se o vejo, mato-o como a um cão!

— Deve ponderar! Deus determinou que não se deve matar. É cristão. Só deve fazê-lo em defesa própria.

— Não teria calma para falar com ele. Não teria nada a propor-lhe.

A voz do padre era persuasiva:

— Pode ouvir o que ele disser. Contemporizar para que eu possa libertar dona Leonor. O drama da pobre senhora me aflige muito. Já pensou se ela realmente vier a matar-se? Como ficarão nossas consciências?

Um arrepio passou pelo corpo de Fernando. O rosto aflito e ingênuo da irmã não lhe saía do pensamento.

— Faça isso por ela, que me mandou aqui suplicar sua ajuda!

— Seja — concordou o fidalgo. — Mas como entrar em contato com ele? Certamente vai desconfiar.

— Deixe comigo. Arranjarei tudo sem que ele desconfie.

— Quanto trabalho estamos dando a Vossa Reverendíssima.

— É obrigação, dom Fernando. É dever ajudar aquela pobre senhora!

Naquela noite, o padre dormiu tranquilamente. Tudo ia muito bem e a conquista de Leonor era uma questão de tempo.

Capítulo 8

Carlos estava intranquilo e nervoso. Não concordava com a ideia de o pai sair ao encontro de Fabrício. Apesar de preocupado com a sorte da tia, contava encontrar outra saída para libertá-la, sem colocar em risco a segurança do pai.

Gervásio partira no dia seguinte e três dias depois retornara com um recado de Fabrício pedindo-lhe um encontro em local a ser combinado para discutir assuntos de família. Fernando concordou e mandou dizer que estaria dali a dois dias à espera dele na taberna do Leão Dourado, para ouvi-lo. Carlos tentou dissuadir o pai.

— Pode ser uma cilada. Não confio naquele padre.

— Que ideia! O pobre homem só quer ajudar Leonor. Vai expor-se por nossa causa. Depois, levo alguns homens e nada me acontecerá.

— Por que um local tão distante?

— É melhor. Não o queria por perto do castelo.

Carlos sentiu um aperto no coração.

— Deixe-me ir em seu lugar.

— Não posso. O assunto tem que ser tratado por mim.

— Nesse caso, escolheremos homens de nossa confiança.

— Concordo.

— Eu irei com o senhor e permanecerei oculto se assim o deseja.

— Não. Ficará para defender o castelo. Pode ser que Fabrício intente afastar-nos daqui para Ortega atacar.

— Tem razão. Não tinha pensado nisso.

— Por isso não pretendo levar muita gente comigo. Tomarei precauções, pode estar certo de que saberei defender-me. Você deve estar alerta. Fabrício é traiçoeiro e mau.

— Fique tranquilo. Estarei de olhos bem abertos.

Juntos, então, traçaram planos de defesa, pensando em uma maneira de fazer Fabrício compreender de uma vez por todas que a nada tinha direito. Fernando sabia a empresa difícil, mas seu objetivo era o de ajudar a salvar a irmã. Assim, queria ganhar tempo para que o padre pudesse ajudá-la a fugir.

— O melhor será não irritá-lo — tornou Carlos, lembrando-se da astúcia dos ciganos, que sempre conseguiam o que queriam.

— Sabe que não sou homem de rodeios. O que tenho a dizer digo logo.

— Assim pode irritá-lo ainda mais sem tirar nenhum proveito.

— Quer que eu seja falso?

— Não, pai. Sugiro que seja esperto. Ele é maneiroso e fingido, se abrir logo o jogo, poderá colocá-lo em situação desfavorável que ele aproveitará certamente. Use as mesmas armas, e assim poderá derrotá-lo.

— Jamais poderia ser covarde com ele!

— Não precisa chegar a tanto. Basta conservar sua posição com dignidade e não se irritar com ele, não importa o que diga. Já pensou com que alegria ele veria você perder a calma e, quem sabe, até dar-lhe ocasião para matá-lo? Não será isso o que ele pretende? Já pensou que depois ele se atiraria sobre esta casa, tentando apossar-se de tudo?

Fernando baixou a cabeça, pensativo. Depois de alguns instantes tornou:

— Tem razão. Vai ser difícil dominar o desprezo e a raiva que ele me causa. Todavia, procurarei não fazer seu jogo sujo. Conservarei a cabeça fria e os olhos no objetivo.

— Depois — tornou Carlos com tranquilidade —, quem sabe isso o acalme. É ambicioso, e, se vir que não o repelimos com violência, talvez espere uma reconciliação e isso nos livre do problema temporariamente. Com tia Leonor a salvo, poderemos pensar em algo melhor.

Fernando trincou os dentes com raiva.

— Meu desejo era matá-lo como a um cão. Assim livraríamos Leonor para sempre de sua odiosa presença.

Carlos concordou pensativo.

— Tem razão. Mas precisamos ser prudentes e esperar o momento oportuno.

Quando Gervásio radiante deu a notícia a Fabrício, seu rosto distendeu-se em largo sorriso.

— Padre, isso merece comemoração! Bebamos juntos.

Enquanto bebiam, tornou com voz amável:

— Saberei recompensá-lo por sua dedicação. Não sei como, mas tem conseguido coisas admiráveis. Fernando é duro e me odeia. Concordar com o encontro é um feito único.

— Sei argumentar, dom Fabrício. Não falei muito de você, mas de dona Leonor. Comovi o coração de dom Fernando, dizendo que sua esposa sofre muito.

— Como assim? — tornou Fabrício, meio irritado.

— Disse-lhe que ela o ama muito e que deseja ver essa desavença familiar esquecida. Que gostaria de voltar a visitar a casa em que nasceu e rever a família. E que você está querendo fazer-lhe a vontade, pois que muito a ama. Disse-lhe ainda que seus negócios estão indo mal, e que dona Leonor gostaria de tratar dos haveres de sua herança.

— Dom Gervásio! Não é à toa que é padre. Soube tecer o enredo. Que ideia!

— Por acaso terei agido mal?

— De modo algum! Iria me agradar quebrar o orgulho de dom Fernando e voltar àquele castelo, que um dia ainda será meu.

— Por isso pensei que seu encontro com ele talvez possa ser o começo de uma nova vida. Sabe que, como padre, agrada-me pacificar as famílias.

Fabrício sorriu maneiroso. A boa-fé do padre era-lhe providencial. Se contemporizasse com o cunhado, poderia conhecer-lhe os domínios e os hábitos de tal forma, que facilitaria tudo quando chegasse o momento de Ortega atacar. E ainda salvaria sua reputação diante de El-rei, frente a quem Fernando era respeitado e tido com amizade.

Gervásio sorvia os goles de vinho pensando em Leonor. Precisava vê-la, ultimar preparativos. Fabrício foi-lhe de encontro aos pensamentos:

— Preciso que use seus argumentos com Leonor. Parece melhor, está mais linda — seus olhos brilhavam cobiçosos —, mas não quer ver-me. Foge de mim. Até agora me contive, mas hoje quero vê-la! Antes de partir amanhã cedo. Deve convencê-la a aceitar-me, senão nem sei o que farei. Hoje irei a seu quarto. Padre, prepare-a, porque não respondo por mim.

O rosto de Fabrício se contraía em ricto angustiado, seus olhos brilhantes refletiam determinação e paixão.

O padre procurou dissimular o rancor. Tinha ímpetos de matá-lo ali mesmo. Conteve-se a custo e procurou dar à voz um tom natural e indiferente:

— Por favor, dom Fabrício. A violência a fará temer mais sua presença. Dona Leonor é mulher delicada. Tem medo de sentimentos fortes. Há que ser paciente com ela, se de fato deseja seu amor.

— Não suporto mais essa situação. É minha mulher. Terá de me obedecer.

— Isso não basta. Se deseja seu amor, deve conquistá-lo.

— Não importa. Vá vê-la, e avise que hoje cobrarei meus direitos, e que ela não se recuse!

Com o coração aos saltos, o padre entrou na saleta de Leonor pedindo à aia que tomasse conta da porta do lado de fora. Correu o ferrolho. Leonor o esperava, olhar ansioso, mãos estendidas.

— Padre, finalmente!

— Dona Leonor! — tornou ele, beijando-lhe as mãos com ardor.

Sentaram-se no pequeno sofá, lado a lado.

— Esperava-o com impaciência!

— Eu cuidava de sua libertação — tornou ele com enlevo. Olhava-a embevecido, esquecido de tudo. Ela estava linda! Seus olhos negros e aveludados brilhavam de emoção. Sua pele alva e delicada coloria-se, revelando o que lhe ia à alma.

— Leonor! Ah! Se eu pudesse! Se eu pudesse... Colocaria o mundo a seus pés! Traria as estrelas do céu para beijar-lhe os cabelos, viveria toda minha vida beijando o chão onde pisa!

— Por favor, Gervásio. Não diga essas coisas! Não posso resistir. Tenho pensado na grandeza de seu amor. Eu que nunca tinha conhecido essa emoção! Eu que não acreditava que esse sentimento pudesse existir, vejo que estava enganada! Sinto que sua presença me enche de alegria, me aquece o coração. Eu que nunca senti o coração bater por ninguém, eu que sempre vivi encerrada em minha solidão, agora sinto dentro de mim tanta emoção! Tanto afeto! Deus, o senhor é um padre. Que pecado! Serei castigada por isso.

Gervásio parecia ter entrado no paraíso. Sem conter-se, apertou-a nos braços com força beijando-a repetidas vezes com loucura.

— Leonor — tornou, com voz rouca —, o amor não é pecado. Foi Deus quem o criou. Vamos fugir daqui. Juntos, encontraremos a solução. Se for preciso, deixo a batina. Não poderei mais viver sem você.

    Ela permanecia atordoada e confusa. Sentimentos contraditórios sacudiam-na com violência. Amava aquele homem com uma força que nunca se julgara capaz. Odiava o marido. Agora, mais do que nunca, não suportaria o convívio com ele. Por outro lado, estava pecando contra Deus: além de ser casada e estar se tornando adúltera, estava desviando do caminho de Deus um de seus ministros. Apesar do conflito, ela não o pôde repelir. Sua fome de amor, sua sede de carinho, de apoio, de compreensão era tão grande, e a dedicação dele a única alternativa à qual ela se apegou, procurando calcar a consciência, tentando justificar-se intimamente.

    Gervásio acariciava-a com delicado carinho. Homem experiente e sentimental, sabia agradar a uma mulher fazendo-a sentir-se amada e feliz.

    Ela esqueceu seus receios e não repeliu o padre. Dócil e apaixonada, entregou-se a ele, deslumbrada com a própria emoção que ele cultivara com delicadeza.

    Foi um deslumbramento. De repente, o padre lembrou-se de que precisava ir e sobre eles pesava a ameaça de Fabrício. Agora, mais do que nunca, o desejo dele era-lhes odioso.

    — Precisamos evitar isso! — tornou o padre, pensativo. — Acho que tenho uma ideia! Vou dizer a dom Fabrício que está muito doente. Se ele acreditar, tudo estará resolvido. Amanhã cedo deverá partir para o encontro com dom Fernando e, ao regressar, estaremos longe.

    Gervásio tranquilizara Leonor sobre esse encontro que preparara para pacificá-los.

    — Ele não acreditará! Virá ver-me e então tudo será inútil.

    — Meu amor — tornou ele, com arroubo —, é preciso mais um sacrifício! Acha que sua aia nos ajudará?

    — Certamente.

    — Chame-a.

    Leonor abriu a porta e, a um sinal, a aia entrou:

— Chegou a hora da fuga! — tornou Gervásio, em voz baixa. — Precisamos de sua ajuda!

— Farei tudo que me ordena — tornou ela, atenta.

— Conhece uma erva miúda, do mato, que quando tomamos nos faz inchar e coçar? Não sei o nome.

— Sei qual é. Minha mãe me ensinou a separá-la das outras.

— Ouça bem: dom Fabrício vai partir amanhã cedo e estará ausente por dois dias. Vamos aproveitar para fugir. Vai levar alguns homens e poderemos burlar a vigilância. Mas ele ameaça dona Leonor esta noite. Quer vir ter com ela!

— Valha-me Deus! — tornou a aia, assustada. Ficava apavorada cada vez que Fabrício ia ver a esposa.

— Vou impedi-lo. Dizer-lhe que ela adoeceu. Você colhe essa erva, faz um chá e ela toma. Assim, à noite, estará com aparência de doente. Certamente ele a deixará em paz. Conheço-o, tem medo de adoecer.

— Bem pensado, senhor padre! — tornou a aia, feliz.
— Voltarei em poucos instantes e certamente pregaremos boa peça em dom Fabrício.

— Agora me vou — tornou o padre, quando se viu a sós com Leonor. — Vou passar a noite aqui e estarei pensando em você. Amanhã cedo partirei com dom Fabrício para que não desconfie. Quando nos separarmos, como se eu tivesse ido para minha casa, regressarei e, então, tudo pronto, partiremos rumo à felicidade!

— Parece impossível! — tornou ela, ansiosa. — Mal posso esperar!

Gervásio compôs a fisionomia e saiu. Tentou recolher-se para os aposentos que lhe estavam reservados sem ser visto, mas de propósito Fabrício esperava na sala.

— E então? — tornou ele, ríspido. — Levou lá tanto tempo! Pensei que não fosse mais sair.

— Quando esperamos com ansiedade, o tempo nos parece muito longo — justificou ele. Estaria Fabrício desconfiado? Com voz natural continuou: — Foi trabalho árduo. Dona Leonor é difícil e se mostrava irredutível.

Fabrício fez um gesto irritado:

— Tantas atenções a uma mulher! Sou um tolo. O melhor é acabar com isto de uma vez. Terá que me aceitar quer queira quer não.

Gervásio tornou com voz tranquila:

— Tenha calma. Tudo se arranjará da melhor forma. Tentei convencer dona Leonor de que precisa ser dócil a seu carinho. Que uma mulher cristã precisa amar o marido e ser boa esposa.

— E ela?

— Ela dizia que não era possível porque o senhor a maltrata e eu mostrei-lhe que ela era a culpada. Que seu amor se sentia ofendido, sua dignidade ultrajada porque ela não lhe dá o amor que lhe é devido. Que ela mudasse, e correspondesse a seu amor, haveria de sentir que eu dizia a verdade e que seria muito bom para com ela.

Fabrício sorriu satisfeito. O padre tocara-lhe o ponto fraco.

— Isso mesmo. É isso que eu tenho tentado dizer-lhe. Seu desprezo me exaspera, sua frieza aumenta meu ardor e minha paixão. E então?

— Custou, dom Fabrício. Demorou, mas afinal ela pareceu compreender. Hoje à noite, quando for a seu quarto, ela não vai repeli-lo. Vai tentar novamente, vai procurar amá-lo. Agora, depende de você.

Fabrício levantou-se da cadeira exultante.

— Finalmente! Conseguiu. Hei de mostrar-lhe como sei amar!

O padre baixou o olhar para encobrir o brilho de rancor.

— Se me permitir, gostaria de repousar um pouco. Essas viagens são cansativas. Mal dormi a noite passada.

— Naturalmente, dom Gervásio. Tem o direito. Pode crer que o recompensarei regiamente.

O padre fez um gesto largo.

— Só quero fazer o bem — tornou, com voz humilde. E retirou-se em seguida, enquanto em seu coração cantava a alegria do amor correspondido e de seus mais ardentes sonhos que em breve se tornariam realidade.

Enquanto isso, a aia já preparara o chá e o levava a Leonor, que de boa vontade o ingeriu. Meia hora mais tarde, sentia a cabeça rodar, enquanto seu corpo se cobria de vermelhidão. Tornou-se febril. Deitou-se tranquilamente, enquanto a ama saiu à procura do padre, colocando-o a par do acontecido. Imediatamente ele foi procurar Fabrício, informando-o da doença da esposa.

— Dom Fabrício, a aia de dona Leonor procurou-me para acudir sua esposa, que adoeceu. Antes de vê-la, quero sua permissão.

Fabrício resmungou:

— Doente, ela? Não estava bem horas atrás quando lá esteve?

— Estava. Mas a aia foi agora pedir ajuda, que ela se sente mal.

— Vamos ver isso!

Com semblante fechado, irritado, Fabrício foi à frente e os outros dois o seguiram. No leito, Leonor realmente parecia mal. Seu rosto inchara e uma vermelhidão o cobria, seus olhos brilhavam parecendo ter febre. A respiração acelerada e difícil dava-lhe desagradável aspecto. Nem parecia a mesma mulher.

Fabrício não se aproximou muito do leito. Gervásio, com ar preocupado, tomou o pulso da enferma e perguntou:

— O que sente, dona Leonor?

— Mal, senhor padre. Tenho tontura e estou enjoada. Arde-me a pele e a língua está grossa e seca. O que acha que tenho?

O padre ficou sério e respondeu com voz um pouco preocupada.

— Não é nada. Vamos ver o que temos no castelo e prepararei um remédio. Não deve temer. Logo mais tudo vai passar.

Fabrício estava pálido. O padre saiu para buscar o remédio, recomendando à aia que não saísse de perto da ama. Fabrício o acompanhou. Lá fora, inquiriu temeroso:

— É grave, dom Gervásio? Parece-me mal.

O padre abanou a cabeça:

— Estou preocupado, dom Fabrício. A peste está dando muito este ano na Galícia. Pode bem começar por aqui.

Fabrício empalideceu.

— E esta agora! Ainda bem que parto amanhã. Dá-me vontade de seguir hoje mesmo. Acho que farei isso. Vou agora mesmo. Afinal, quanto antes melhor.

— Se me autorizar, gostaria de tratar dona Leonor. Sabe que detenho conhecimentos de medicina.

— Claro, claro — fez ele, distraído —, tem minha autorização. Faça o que lhe parecer melhor. Se ela estiver pesteada, deverá tomar os devidos cuidados. Mande avisar-me sobre a doença de Leonor. Quero saber. Disso dependerá meu regresso.

O padre exultava. Por que não pensara nisso antes? Teria o tempo disponível para a fuga e toda a liberdade em prepará-la.

A notícia da doença de Leonor correu logo e muitos, assustados, queriam acompanhar dom Fabrício. No meio da tarde daquele mesmo dia Fabrício partiu, acompanhado de dez homens bem armados. Não se despediu da mulher. Estava mais interessado em livrar-se de um possível contágio.

Foi exultando que Gervásio entrou o quarto de Leonor. Fechou a porta e tomou-lhe a mão com entusiasmo:

— Tudo vai como planejamos! Dom Fabrício antecipou a partida. Autorizou-me a cuidar de sua saúde! Estamos livres!

Leonor sorriu:

— Só acredito quando estivermos longe daqui.

— Partiremos o quanto antes. Como se sente?

— Tonta, mas já estive pior.

— Isso vai passar. Amanhã já não terá mais nada. Deixe comigo — chamou a aia: — Maria, comece a arrumar as coisas de dona Leonor. Partiremos ao alvorecer.

— E os homens de Fabrício? — perguntou Leonor, preocupada. Sabia que, quando se ausentava o marido, os encarregava de vigiá-la severamente, não lhe permitindo sequer sair do castelo.

— Sei como fazer as coisas. Partiremos tranquilamente. Não devemos levar muita bagagem. Não quero despertar suspeitas.

— Concordo. Depois, tudo aqui me desagrada, lembra-me a presença odiosa de Fabrício. Levarei minhas joias de família, que mantenho escondidas da ambição dele, alguns vestidos.

A aia sorria embalada pela alegria de sua ama. Sair daquele lugar representava o paraíso. Até ela pensava em fugir dali, mas como abandonar Leonor tão indefesa e só? Agora, com a ajuda do padre, tudo seria realidade.

Gervásio queria abraçar Leonor, mas diante da serva mantinha-se discreto. Não queria precipitar as coisas. O resto da tarde passou entre os planos do futuro e a alegria da liberdade.

A noite desceu e ia alta quando o padre saiu dos aposentos de Leonor para tomar algum alimento. Com ar preocupado e compungido fez a refeição.

— Dom Gervásio, permite-me? — inquiriu o servo, com respeito.

— Fale.

— Como vai nossa ama?

Gervásio baixou a cabeça com ar triste:

— Mal, meu caro, muito mal — olhando para os lados, continuou em voz baixa: — Temo pelo pior. Guarde segredo, não diga a ninguém, mas acho que ela está pesteada!

O servo estremeceu:

— Que horror!

— Não conte nada a ninguém. Está muito mal, irreconhecível.

— Valha-nos Deus!

— Vai valer, meu caro. Não se preocupe. Sei de um lugar onde as freiras cuidam dos pesteados. Estou pensando em levar dona Leonor. Se ao menos dom Fabrício estivesse aqui!...

— Mas ele autorizou o senhor a cuidar dela. Eu o ouvi! — tornou o servo apressado.

— Lá isso é verdade! Mas numa hora dessas, resolver isso, é muito grave! Por outro lado, não posso abandonar dona Leonor nesse estado!

— Por favor, senhor padre! Tenho mulher e filhos. Tenha piedade de nós. Se a doença se alastra!

O padre suspirou pensativo.

— Está bem. Vou correr o risco. É preciso salvar todas as famílias do castelo. Levarei dona Leonor ao Hospital da Ajuda, onde as bondosas irmãs cuidam dos doentes. É retirado, no meio da mata, mas não faz mal. Se Deus me colocou aqui, foi para salvá-la! Farei o que puder.

O servo estava quase chorando. Mandou preparar a carruagem do padre.

— Partiremos pela madrugada. Não quero que a vejam pelas estradas, seria perigoso. Coloque uma caixa com víveres, a viagem será longa e penosa.

— Fique tranquilo — tornou ele. — Cuidarei de tudo. Colocarei o bom vinho de que o senhor tanto gosta.

— É um bom homem, José. Que Deus o abençoe.

O padre estava radiante. Quando estava tudo pronto e Leonor vestida, depois de levarem a bagagem que a serva colocara na porta do quarto para a carruagem, Leonor saiu apoiada na aia, gemendo e andando com dificuldade.

Os homens a olharam de longe, receosos. Viram o suficiente para se assustarem. O rosto manchado e vermelho de sua ama nem parecia ser da bela mulher de quem tanto gostavam. Foi com alívio, embora com lágrimas nos olhos, que viram a carruagem se afastar.

— Assim que puder, trarei notícias — tornou o padre ao despedir-se. — Avise a dom Fabrício que fiz o possível para evitar isso. Mas, diante da vontade de Deus, nada podemos.

Assim que estavam longe, José ordenou que queimassem as roupas da cama, de uso de Leonor. Era preciso preservar a todos.

Assim que a carruagem ganhou a estrada, Leonor suspirou aliviada.

— Nem acredito! Parece um sonho!

— Eu disse que a libertaria. Estamos livres! Iremos para um lugar onde dom Fabrício nunca nos há de encontrar. Lá tudo será diferente. Será a rainha e a dona. Verá que linda casa e que maravilhoso lugar!

A aia os olhou um pouco surpreendida. Teria percebido bem? Gervásio e Leonor tinham mais do que amizade? Mas a ela aquilo não importava. Gervásio fora o amigo, o salvador, o herói. Estavam felizes. Iam viver!

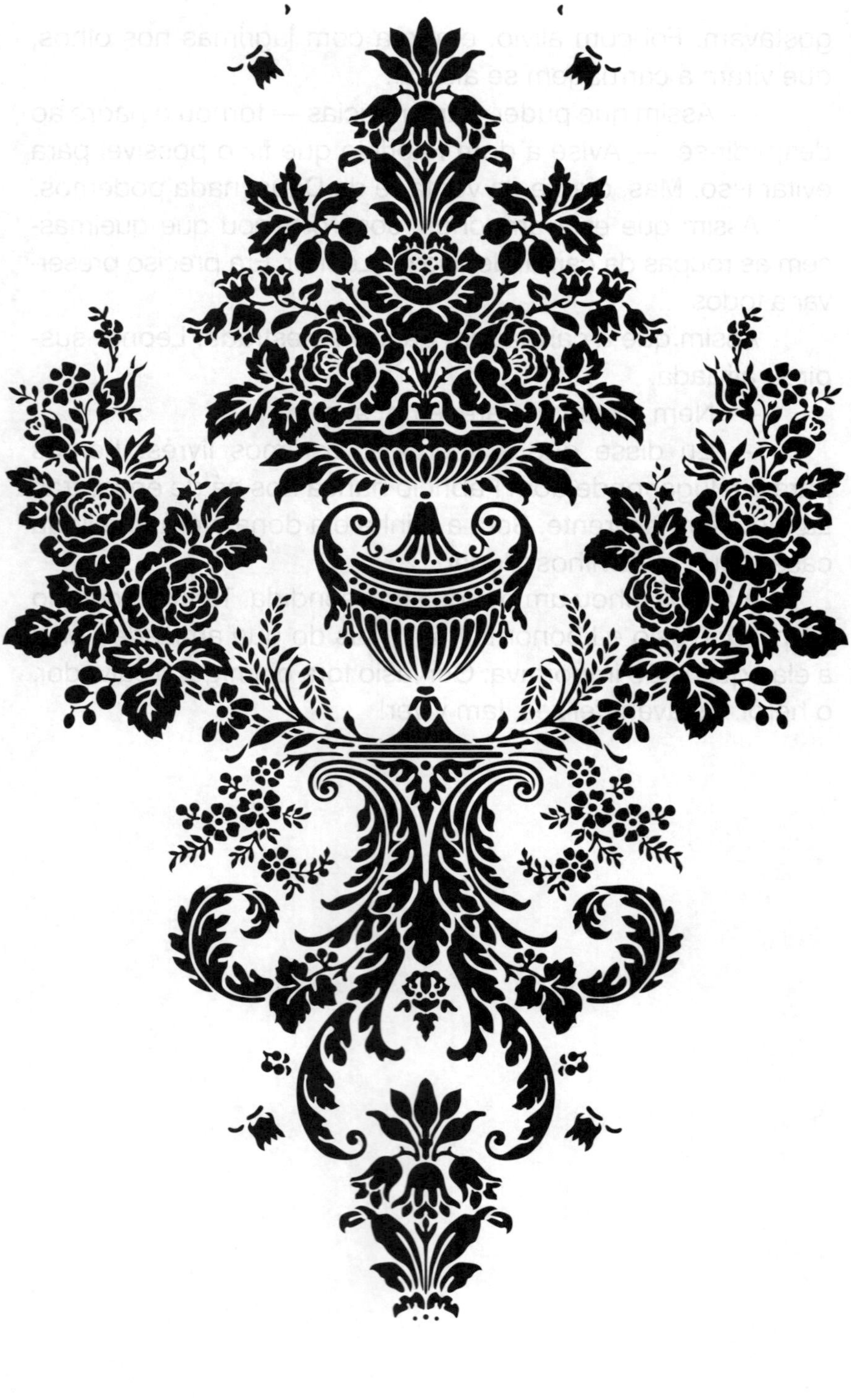

Capítulo 9

Ao sair do castelo, Fabrício ia preocupado. A doença inesperada de Leonor abatera-lhe os nervos. A entrevista com o cunhado o irritava e o colocava em tensão. Ia disposto a tentar uma aproximação. Não lhe agradava brigar frente a frente. Não queria arriscar-se a perder. Jogava sempre na certa. Por tudo isso, tramava. Não queria irritar o cunhado, que sabia teimoso e duro. Brigar naquela hora não lhe convinha. Se ao menos Leonor não tivesse adoecido! Se pudesse contar com seu apoio, certamente Fernando se abrandaria. Logo agora que Leonor parecia resolvida a recomeçar!

Esporeou o cavalo com raiva. O animal gemeu e arrancou com força. Fabrício o dominou. Era madrugada quando chegaram a uma hospedagem e Fabrício resolveu parar para dormir. No dia seguinte, seguiria viagem. Tudo precisava sair bem.

Enquanto isso, Carlos, preocupado, vendo o pai preparar-se para partir, tornou pensativo:

— Pai, deixe-me seguir em seu lugar!

— De modo algum. Para tratar com Fabrício é preciso que eu vá. Nós temos que resolver nossos problemas.

— Cuidado com ele. Sabe que é covarde e traiçoeiro.

— Por isso quero você por aqui, vigiando os nossos. Não vou com intenção de brigar, embora isso me custe muito. Vendo-lhe a cara, tenho ganas de acabar com tudo de uma vez. Quero evitar manchar minhas mãos com sangue. Leonor é minha irmã. Só farei isso em último caso.

— Prepararei dez homens para irem com o senhor.

— Bastam cinco. Prefiro que fiquem aqui. Sei me cuidar. Levo cinco dos bons e chega.

Carlos não conseguiu convencê-lo. Quando afirmava uma coisa, não voltava atrás. A madrugada estava começando a raiar quando Fernando saiu acompanhado de seus cinco homens de confiança. Carlos ficou preocupado. Mas nada podia fazer.

Quando Fernando chegou à estalagem do Leão Dourado, Fabrício já estava lá. Apesar de não ser ainda a hora combinada, encontraram-se: Fabrício comendo em uma mesa no canto da sala e Fernando ainda coberto pela poeira da estrada, acabando de chegar. Olharam-se por alguns instantes e Fernando procurou o dono para pedir pousada e comida.

Fabrício, vencendo a irritação, querendo ignorar o brilho de rancor nos olhos do cunhado, levantou-se com seriedade:

— Bem-vindo, dom Fernando. Aqui estou para lhe falar.

Fernando olhou-o lutando para dominar-se:

— Aqui vim para isto. Mas ainda não é a hora marcada e eu estou cansado da viagem. Falaremos à noite. Pretendo lavar-me e repousar um pouco.

— Certamente — tornou Fabrício, cerimonioso. — Aguardarei o momento. Acho que poderemos jantar juntos. Há uma sala reservada onde teremos toda a liberdade.

Fernando pareceu hesitar, mas por fim concordou:

— Seja. Jantaremos juntos.

Enquanto Fernando acompanhava o dono da taberna, Fabrício sentou-se de novo, e tomando o copo de vinho, bebeu com prazer. As coisas pareciam andar bem. Fernando não vinha para brigar. Isso pudera perceber. Conhecia-o bastante para saber que não sabia fingir. Não o suportava, isso pôde ler em seu olhar, mas por algum motivo viera em missão de paz. Caso contrário, não teria aceitado o jantar.

Fabrício começou a acariciar seus planos ambiciosos. Toda a fortuna do cunhado ainda lhe passaria às mãos! Por um instante assaltou-lhe o terror: e se Leonor morresse? Isso dificultaria muito as coisas. Ele não precisa saber que ela ia mal. Talvez nem tivesse tempo de descobrir, se tudo corresse como planejara. Chamou a moça que servia o vinho.

— Encha meu copo. Sabe onde está o fidalgo que chegou há pouco?

— Recolheu-se ao quarto, senhor.

Ele sorriu, olhando-a com cobiça.

— Então também vou para meu quarto, se concordar em fazer-me companhia...

Ela riu bem-humorada:

— Irei preparar-lhe a cama — tornou, envaidecida.

Fabrício concordou. Sorveu mais alguns goles de vinho e levantou-se. Afinal, encontrara um entretenimento até a hora do jantar. O lugar era aborrecido e o tempo custava a passar.

Fernando, depois de lavar-se, estirou-se no leito. Estava cansado, mas apesar disso teve dificuldade em conciliar o sono. A situação desagradável em que se encontrava o irritava, e se não fora a vontade de ajudar Leonor, dificilmente teria concordado com aquele encontro. Afinal, viera para contemporizar, dar tempo a que Leonor fugisse. Não concordava com o abandono do lar. Era extremamente conservador, mas o caso de Leonor, casada contra sua vontade com um homem perverso e de baixa moral, justificava sua participação na fuga.

Apesar de não dormir, ficou deitado até a hora do encontro, queria retardar ao máximo o momento da odiosa entrevista.

Quando procurou a sala reservada, Fabrício já estava lá, fisionomia descansada, esperando. Vendo o cunhado, levantou-se com gentileza:

— Espero que tenha aproveitado o repouso.

— Estou menos cansado, obrigado.

— Sentemo-nos — tornou Fabrício, servindo uma caneca de vinho e oferecendo a Fernando. — Tomei a liberdade de encomendar o jantar. Espero que seja de seu gosto.

Fernando fez um gesto evasivo. Era-lhe penoso suportar semelhante situação. Homem rude, pouco afeito à hipocrisia dos salões, naquele momento se sentia desagradável e indesejado. Sentou-se e, embora desejasse terminar a entrevista o mais rápido possível, sabia que para seus interesses o quanto mais demorasse, melhor seria. Por tudo isso, vencendo a repulsa, tornou com voz calma:

— Fui informado por dom Gervásio de que queria falar comigo. Assunto urgente e de meu interesse.

O outro, sorvendo um gole de vinho, concordou:

— Sim. Tenho estado preocupado por causa de Leonor. Não tem estado bem ultimamente.

Fernando teve um impulso de indignação. Controlou-se, contudo.

— O que se passa com minha irmã? Está doente?

— Não propriamente. Devo usar de franqueza e peço que me perdoe. Não pretendo ofendê-lo.

— Fale sem rodeios — tornou Fernando, um pouco exasperado.

— Ela está muito triste e saudosa da família. Tem chorado. E por mais que eu faça por torná-la feliz, está sempre triste suspirando pelos seus. Sabe que não temos filhos, e ela se ressente. Sei que não foi a favor de nosso casamento e por isso não quer manter relações com nossa casa.

Fabrício falava em tom humilde e Fernando, apesar de tudo quanto sabia sobre o cunhado, não se pôde furtar a uma onda de emoção lembrando-se da irmã querida, abandonada à própria sorte, suportando o peso de uma união cruel e indesejada. Suspirando, Fabrício continuou:

— Sei que estou me deixando levar pelo sentimento! Mas pensei que, se Leonor pudesse viver em paz com a família, ver em seu filho nosso filho, na amizade dos seus um apoio, talvez se tornasse mais feliz. Sei que não me aceita, e meu orgulho manda-me voltar-lhe as costas diante de tanta injustiça. Mas tudo coloco de lado quando sinto a tristeza de Leonor, suas saudades, sua dor. Pedi este encontro para interceder por ela. Para que o passado seja esquecido e possamos nos tornar amigos, como deveria ter sido desde o início.

Fernando estava comovido não por aceitar as palavras do cunhado, por sabê-las falsas e acobertando sua tremenda ambição, mas pela primeira vez analisava o sofrimento da irmã, lutando sozinha contra aquele covarde, relegada ao abandono pela própria família. Teria agido bem não interferindo? Teria sido justo abandoná-la quando a mais necessitada era ela? Se tivesse mantido seu relacionamento com o cunhado, não teria tido melhores oportunidades para ajudá-la?

Sentiu-se envergonhado por seu procedimento, que julgava justo, mas que agora reconhecia egoísta e irrefletido. Sentiu enorme alívio ao pensar que, embora tarde, estava contribuindo para a libertação da irmã, ainda que lhe fosse difícil.

Fabrício sentiu a emoção do cunhado e exultou. A conquista de seu objetivo era questão de tempo!

— De minha parte — enfatizou ele —, prometo fazer tudo para ser-lhe agradável.

Fernando passou a mão pela testa, pensativo:

— A tristeza de Leonor me aflige. Pensei que ela nos houvesse esquecido. Sabe que a quero muito e que, se ela não nos procurou, foi porque não pôde ou não quis. Nossa casa jamais se fechou para ela.

Fabrício fez um gesto largo.

— Sabe como é. Ela não gostaria de ir a uma casa onde seu esposo não fosse recebido.

Fernando sabia que fora ele quem a proibira de ir ao lar paterno em represália a seu orgulho ofendido. Mas não estava interessado em brigar.

— Gostaria que pensasse no assunto e me desse uma resposta — completou Fabrício, com voz calma.

Fernando permaneceu pensativo alguns instantes, depois tornou:

— Já que usou de franqueza, posso falar sem rodeios. Sabe que não aprovei o casamento de minha irmã e por isso nos desentendemos. Achei prudente, naqueles tempos, afastar-me de sua casa para que minha forma de pensar não interferisse na vida dela ao seu lado. Leonor era muito amiga minha e sempre me consultava ao tomar suas decisões. Não aprovando o casamento eu não estava em condições de dar um conselho justo se ela me pedisse. Tive receio de perturbar sua paz familiar. Por essa razão quis cortar nossas relações. Espero que compreenda. Não gostaria de ter contribuído para tornar minha irmã infeliz.

Fabrício procurou não demonstrar a raiva que sentia. Certamente, apesar da distância, a influência de Fernando sobre Leonor era grande e ele achou que fora essa recusa dele em apoiar o casamento que a fizera odiá-lo e repeli-lo. Contudo, ele não perdia por esperar.

Fernando prosseguia calmo, analisando seu proceder com sinceridade mais para si mesmo do que para o cunhado.

— Se eu soubesse que ela ia sofrer tanto, teria evitado isso. Sou homem rude do campo e não me interesso pela corte. Você é diferente e leva vida muito diversa da nossa. Uma amizade entre nós pode acabar mal! Se hoje voltarmos atrás, certamente amanhã nos desentenderemos de novo. Não vê que temos modo diferente de pensar?

— Sei disso. Sou homem da corte e considero obrigação a vida social, mas mudei muito nesses anos e me dedico só ao lar. Por Leonor, estou disposto a mudar ainda mais. Não desejaria destruir novamente nossa amizade e desmerecer sua confiança que, aliás, nunca me honrou. Gostaria de ter essa oportunidade.

Fernando tornou com voz firme:

— Que seja! Mas vamos combinar como proceder. Amanhã retorno ao meu castelo e dentro em pouco teremos a primavera. Mandarei um portador a sua casa para um convite a que venham passar alguns dias conosco. Leonor poderá rever aqueles a quem ama e então teremos ocasião de falar sobre esses assuntos. Dessa forma, prepararei os meus para recebê-los.

Fabrício exultou. Jamais esperara conseguir tanto em tão pouco tempo.

— Não sabe como me comove! Leonor vai ficar feliz!

O jantar fora servido, Fernando comeu um tanto apressado, e depois despediu-se cerimonioso. Se tudo desse certo, não tinha a intenção de mandar o convite e jamais esperara ver Fabrício em sua casa. Desejava que Leonor tivesse conseguido fugir. Estava tranquilo quanto a isso. Sua consciência não o acusava por ter colaborado com sua libertação.

Dormiu bem naquela noite, aliviado pela missão já cumprida que lhe fora muito penosa, e na madrugada do dia imediato reiniciou a viagem de volta.

Quanto a Fabrício, estava alegre demais para dormir. Mandou chamar a garçonete para fazer-lhe companhia e bebeu e comeu alegremente até altas horas para comemorar. Era dia alto quando acordou e resolveu ficar por ali mais alguns dias esperando notícias de Leonor. Estava cansado. Esperava que seu mal houvesse sido passageiro. Ela era agora a peça mais importante para a conquista da fortuna que ambicionava. Quanto a isso, sentia-se calmo e confiante. Tudo sairia conforme seus desejos. Esperaria notícias de Gervásio para poder voltar.

No entanto, três dias decorreram sem que Fabrício recebesse qualquer mensageiro. Deduziu que certamente Leonor estava melhor e não havia motivos para preocupações. Sentiu-se contrariado porquanto pedira a Gervásio que mandasse notícias. Não podia esperar mais. Resolveu regressar.

Ordenou aos homens que preparassem tudo e reiniciou a viagem. Ia tranquilo e alegre. A fortuna de Fernando era questão de tempo. Prepararia tudo e Ortega faria o mais importante. De posse dos bens que ambicionava, sua vida voltaria ao antigo esplendor. Seria respeitado e recebido nas melhores casas de Espanha. O ouro sempre lhe abriria todas as portas. E, depois, Leonor certamente esqueceria o passado. Vendo sua amizade com Fernando, naturalmente deixaria de lado suas ideias, seu rancor. Quando todo seu plano se consumasse, ela veria nele o herói, o salvador de sua casa, o homem em quem podia confiar. Certamente Fernando já teria ido para um lugar de onde jamais voltaria para desmenti-lo.

Fabrício sorria feliz, concatenando seus planos, sem que, nem por um momento, pensasse nas consequências do mal que ia praticar.

Entardecia quando divisou as torres do castelo. Ardia por chegar, mas, por precaução, mandou um homem na frente para informar-se sobre a saúde da mulher.

Sentaram-se na relva para repousar um pouco. Meia hora depois o homem voltou apressado:

— Dom Fabrício! As novas que lhe trago não são boas.

De um salto o fidalgo pôs-se em pé.

— Fale, homem, o que houve?

— Dona Leonor...

— Fale! Eu ordeno.

— Está pesteada.

Fabrício fez um gesto de contrariedade. Isso inutilizava todos os seus planos e lhe infundia imenso terror.

— Temos que nos afastar daqui — tornou pensativo.

— Pode entrar sem receio. Dona Leonor não está mais no castelo.

— Morreu? — indagou, com voz sumida.

— Não, senhor. Soube que, depois de nossa partida, o estado de dona Leonor piorou e dom Gervásio com a ama cuidaram dela durante toda a noite. Reconhecendo a gravidade do mal, dom Gervásio decidiu transportar nossa ama ao Hospital da Ajuda, onde as freiras cuidam dos pesteados. José viu quando eles saíram. Dona Leonor estava mal e seu rosto inchado, vermelho, nem parecia a mesma pessoa. Foi uma tragédia, senhor. Todos choraram. Os pesteados costumam não mais voltar! Pobre dona Leonor.

Fabrício estava pálido. Seus planos ruíram por terra! Sentiu-se impotente para vencer aquele obstáculo.

— José mandou dizer que não há perigo. Ele fez tudo que dom Gervásio mandou, queimou todas as roupas de dona Leonor e cuidou de tudo. Pode entrar sem receio.

Fabrício continuava pálido. A raiva o sufocava. Estava aliviado de certa forma por não ter estado ali exposto ao contágio. Mas, ao mesmo tempo, perder Leonor o arrasava. Foi como um derrotado que entrou no castelo. José o aguardava nos pórticos. Fabrício entrou e o servo o acompanhou.

— Conte-me tudo, José. Quero saber fato por fato.

O servo, com voz compungida, relatou o ocorrido, exagerando nos detalhes.

— Ah! Pobre dom Gervásio. Não dormiu, não se alimentou, estava triste e preocupado. Chegou a me dizer que receava o pior. Não queria chegar a esse extremo sem seu consentimento. Mas dona Leonor estava muito mal e ele por fim resolveu levá-la às freiras. O que fazer? Se ela morresse aqui, nossa pobre ama, o mal se alastraria e todos nós podíamos morrer! Sabe que a peste não tem cura!

— Eu sei, eu sei... — resmungou Fabrício, nervoso. — E ele não mandou nenhum portador para trazer notícias?

— Ainda não. Disse que o convento era muito longe e que voltaria quando pudesse contar tudo.

— Ainda não voltou — tornou Fabrício, nervoso.

— É... — fez o servo, pensativo. — Se não tiver ficado pesteado...

Fabrício sentiu um arrepio de medo.

— Que ele não venha trazer a doença de volta. Que fique por lá até que tudo tenha passado.

Despediu o servo e deixou-se cair em um banco, desanimado. Esperaria algum tempo. Caso Gervásio não voltasse, iria informar-se com seus superiores. Certamente dariam notícias do convento e de sua mulher. Mas no momento não havia nada a fazer. Era preciso esperar.

Enquanto isso, Fernando, para alívio de Carlos, regressara são e salvo ao lar. Contara-lhe a entrevista que tivera com o cunhado e terminou:

— Carlos, estou arrependido. Abandonei Leonor à triste sorte sem apoio nem carinho. Não agi bem, largando-a indefesa nas mãos daquele patife.

— Agora está feito, meu pai. Depois, esperemos que tudo tenha dado certo e que a estas horas tia Leonor já esteja a salvo e bem longe, quem sabe, além de nossas fronteiras. Dom Gervásio vai deixá-la num convento onde ela deverá ficar por muito tempo a fim de que Fabrício não a encontre.

— Pelo menos viverá em paz!

— Assim espero. E aqui?

— Tudo como sempre, papai. Nada de novo.

— Precisamos preparar tudo, a primavera está chegando e não podemos descuidar das vinhas e do trigo.

Quando o pai se retirou para descansar, Carlos permaneceu pensativo. A primavera ia chegar, precisava rever Esmeralda. A presença da cigana era constante em sua mente. A saudade era grande. Mas, por outro lado, seu pai precisava de sua ajuda. Tencionava deixar tudo da melhor forma que pudesse e pedir licença ao pai para ausentar-se durante algum tempo.

Afinal, tudo estava correndo bem no castelo e agora com o caso de Leonor resolvido não havia motivo para preocupação. Poderia partir sossegado. Feliz, arquitetava planos para retornar ao acampamento. Levaria presentes para Esmeralda, Sergei, Miro, e outros. Tudo daria certo e ele seria feliz. Naquele instante, não havia nenhum motivo para Carlos pensar que isso não pudesse tornar-se realidade.

Capítulo 10

Por entre folhas úmidas do caminho, Esmeralda andava distraída, semblante contraído, revelando tensão. Não via a beleza da manhã prenunciando a volta do sol nem as folhinhas verdes que já começavam a brotar nos galhos secos das árvores. Era o início da primavera.

Esmeralda renascia em cada primavera. Amava o verde das plantas, o calor do sol, o céu azul. Mas, naqueles dias, nada disso lhe importava. Ensimesmada, aflita, só via o rosto de Carlos diante de si. Emagrecera e, embora fizesse tudo para demonstrar a alegria costumeira, todos perceberam sua infelicidade. Miro desdobrara suas atenções e todos procuravam entretê-la com agrados e delicadezas. Tudo inútil. À medida que se aproximava a primavera, acentuava-se sua preocupação. Carlos voltaria?

Esmeralda estugou o passo. Tudo estava pronto e dentro de alguns minutos partiriam para Valença, onde sempre iniciavam suas andanças. Iria rever Carlos. Pensativa, subiu na carroça.

Durante o trajeto, Esmeralda seguia calada. A carroça sacudia-se levantando a poeira da estrada, e a cigana, absorta, recordava seu amor, a figura de Carlos, seu romance, com enlevo. Foi lutando com a impaciência que, ao cair da tarde, desceu da carroça para acampar. Custava esperar pelo dia seguinte, quando alcançariam Valença. Carlos estaria esperando por ela?

Naquela noite, Esmeralda não conseguiu conciliar o sono. A expectativa era grande e ela não conseguia isentar-se da preocupação. E se ele a houvesse esquecido? E se não fosse vê-la?

Nesses momentos sentia-se morrer. A vida sem Carlos parecia-lhe sem graça e sem objetivos. Era com preocupação que Miro observava atentamente todos os seus movimentos. Sabia-a arrebatada e passional. Se Carlos não voltasse, ela não suportaria. Quando o dia amanheceu, viu Esmeralda sair da carroça e foi ter com ela:

— Vou fazer fogo. Deve estar com frio.

Ela sacudiu os ombros pensativa. Miro tentou animá-la:

— Alegre-se, Esmeralda. A primavera está de volta! Em breve todas as flores estarão abertas. O sol estará brilhando. Esmeralda vai dançar e cantar!

Ela sentou-se sobre uma pedra, perdida nos próprios pensamentos. Miro continuou:

— Não se preocupe, Carlos virá!

Ela ergueu-se de um salto e agarrou o braço de Miro, nervosa. Seus olhos ansiosos expeliam chispas de paixão.

— Receio que ele não venha, Miro. Que me tenha esquecido...

Miro riu, tentando demonstrar otimismo:

— Que ideia! Carlos a ama. Depois, que homem já teve força para esquecê-la? Todos os que a conheceram mais de perto ficaram presos a seus encantos. Por que ele, a quem deu o coração, vai esquecê-la? Prepare-se, pois, para recebê-lo de volta e tudo será como antes!

Os olhos de Esmeralda brilharam de emoção. Se fosse verdade! Era bem possível que Carlos fosse a seu encontro. Afinal, ele vivia em Valença. Talvez a procurasse e não a houvesse esquecido. Talvez esperasse sua chegada. De repente a cigana sentiu um frêmito de entusiasmo.

— Tem razão. Carlos me ama! Vou preparar meu mais lindo vestido para dançar em Valença. Ele vai estar lá!

Entusiasmada, não recusou a caneca de leite quente que Miro lhe ofereceu e comeu o pão com voracidade. As cores voltaram a suas faces, e Miro, animado, vendo-a feliz, cantarolava sua canção predileta. Esmeralda estava contente. Ele lutaria para conservar sua alegria. Se Carlos não aparecesse, ele mesmo iria procurá-lo para pedir-lhe contas de seu proceder e, se fosse preciso, obrigá-lo a voltar para Esmeralda.

Daquele instante em diante a moça parecia ter voltado a ser como antes. Animada, ajudou com os preparativos para viagem e, cantarolando alegre, subiu na carroça para partir. Ia rever seu amado. Estava feliz.

Viajaram durante o dia inteiro e à tardinha chegaram a Valença fazendo alarido e propaganda de sua chegada, convidando o povo para a festa do dia seguinte na praça principal.

O coração de Esmeralda batia descompassado olhando os fidalgos que, curiosos, paravam para vê-los passar, esperando a cada instante reconhecer entre eles seu amado. Mas o rosto de Carlos não apareceu. Um pouco receosa, a cigana tentou afastar os maus pensamentos. Carlos não sabia que estavam chegando. Como poderia estar ali?

Como todos os anos, acamparam fora da cidade. No dia seguinte um grupo se preparou, como de costume, para sair à rua convidando o povo para as danças da noite. A cidade estava animada e os preparativos, em andamento. As pipas de vinho já estavam sendo colocadas nos lugares costumeiros e as barracas para as festas da primavera, levantadas. Tudo era alegria e entusiasmo. Toda vibração represada nos difíceis meses de inverno como que procurava a maneira de se expandir.

Esmeralda não foi com o grupo, apesar de desejá-lo intensamente. Não queria encontrar Carlos nessa hora. Preferia esperar pela noite, então sim, tudo seria oportuno. A não ser que ele a procurasse no acampamento. Até quando teria que esperar?

Entretanto, Carlos entrava no castelo, depois de ter percorrido a plantação em companhia do pai. Este lhe falara de seus anseios, suas aspirações, feliz com a mudança do filho, cuja ausência o fizera sentir-se só e sem apoio. Fernando, agora, arrependido de suas atitudes mais duras, sentia-se velho e o interesse de Carlos em assumir os negócios da família o deixava calmo e realizado. Ele se revelara digno de sua confiança. Por tudo isso tornaram-se inseparáveis. Desejava colocá-lo a par dos negócios para que ele aprendesse a cuidar de tudo a seu gosto quando fosse preciso. Esperava que o filho viesse a casar e encher a casa de netos. Estava pensando em falar com ele quanto a isso. Queria convidar Hernandez e a família para a temporada de verão logo mais e resolver o assunto, firmando a aliança entre as duas famílias.

Inácio aguardava o amo na entrada do gabinete.

— Senhor, preciso lhe falar. Trago novidades.

— O que é, Inácio? — perguntou Carlos, distraído.

O servo baixou a voz:

— Tem que ser a sós. Trago notícias de Esmeralda!

Carlos sobressaltou-se.

— Preciso trocar de roupa. Vem comigo, Inácio.

Uma vez a sós no quarto, Carlos tornou:

— O que aconteceu? O que sabe?

— Os ciganos chegaram, senhor! José chegou da vila e disse que os viu anunciando a festa desta noite.

Carlos exultou. Esmeralda tinha chegado! Radiante, tornou:

— Vamos até lá.

— Agora?

— Agora. Não vês que estou morrendo de saudades?

— E dom Fernando?

— Não precisa saber. Prepare os cavalos. Vamos até lá.

Seu coração batia descompassado. Finalmente ia rever Esmeralda! Procurou o pai para dizer-lhe que um amigo chegara a Valença e ele precisava encontrá-lo. Só voltaria tarde da noite. Pegou um saco de moedas de ouro e saiu. Inácio o acompanhou. Iam felizes rever os amigos. Carlos levou os dois cavalos para devolver e ainda comprou vários presentes. Para Esmeralda escolheu um traje magnífico, todo bordado a ouro e digno de uma rainha. Linda saia rodada de tecido leve e colorido, túnica recamada em tons de verde escuro e ouro. Queria vê-la dançar com aquele vestido!

Foi como uma criança feliz que Carlos chegou ao acampamento. Dirigiu-se a Sergei, a quem saudou e devolveu os animais, deu presentes e declarou que estava com pressa para rever Esmeralda. Inácio, enquanto isso, era rodeado pelos ciganos, seus amigos a quem abraçava com prazer.

Esmeralda, entretanto, na carroça, soubera da chegada de Carlos e não se atrevera a sair. A emoção a fazia tremer e o sangue lhe fugiu das faces. Receava desmaiar. Respirou fundo e, passado o primeiro momento, ganhou forças. Carlos voltara! Carlos estava ali. E agora, certamente, nunca mais a deixaria!

Tratou de fazer-se bela o quanto sabia e sentada nas almofadas, coração como a sair-lhe pela boca, esperou. De repente, uma mão forte afastou a cortina da carroça e rapidamente Carlos entrou:

— Esmeralda! — murmurou ele enternecido. Abraçou-a com ardor e ela não conseguiu articular palavra. Seus beijos falavam com eloquência, contando a história de sua saudade, de seu amor, de seu ciúme, de sua dor, de sua alegria, de sua esperança.

Aquele foi o momento doce do reencontro, onde toda ansiedade foi esquecida; toda mágoa apagada; todo receio diluído. Estavam juntos de novo. Que importava o mundo, o tempo, a vida, a morte, tudo o mais?

Passados os primeiros arroubos, entraram no terreno das confidências, falando do imenso amor que os unia. Não falaram do futuro. Tacitamente temiam os problemas e os evitaram. Estavam juntos e isso bastava.

A guitarra de Miro executava perto da carroça suave melodia, onde vibrava toda sua alegria envolvendo o amoroso par na magia fascinante de sua música, para embelezar ainda mais aquele momento tão esperado.

Sufocada de emoção, Esmeralda, olhando Carlos nos olhos, murmurou com voz apaixonada:

— Se eu morresse agora, seria feliz! Nada pode ser mais belo do que este momento.

Carlos apertou-a nos braços.

— Não diga isso. Estamos juntos para viver! A vida nos espera.

A cigana deixou-se embalar pelas palavras doces que Carlos lhe murmurava aos ouvidos e sentia-se profundamente feliz.

Enquanto isso, Fabrício, irritado e pensativo, andava de um lado a outro de seu gabinete. Estava sem sorte e parecia que tudo conspirava contra ele. Fazia quase um mês que voltara à casa e não tinha notícias de Leonor. Despachara um emissário a fim de encontrar o convento da Ajuda e este tardava a regressar. Precisava de notícias da mulher. Se tivesse morrido, o que era provável, como dar a notícia a Fernando?

Este, se soubesse, negar-se-ia até a recebê-lo. Leonor era o único laço que o prendia à fortuna do cunhado.

Como se não bastasse, Ortega chegara ao castelo em busca do que lhe devia. Instalara-o regiamente, bem como a seus homens, mas como pagar? Temia que ele o matasse para ficar com tudo quanto possuía. Precisava oferecer-lhe mais, despertar sua cobiça, senão estaria perdido. Não pensava em livrar-se dele, porque certamente seus homens vingar-se-iam. O que fazer?

Reunidos no salão para a ceia, Ortega abordou o assunto de sua visita:

— Dom Fabrício, busquei sua hospitalidade porque estou enfrentando vários problemas. Meus homens estão necessitados e eu preciso atender a vários compromissos. Quero a parte que me cabe e que combinamos naquele caso que resolvemos.

Fabrício sorriu tentando demonstrar calma.

— Muito certo. O que é seu, tenho que pagar.

— Assim se fala. Por isso gosto de trabalhar com você. Sabe entender muito bem as coisas.

— Contudo... — aventurou Fabrício.

— Contudo...

— Eu estou sendo injustiçado pela má sorte. Minha mulher está doente...

— Soube que ela estava pesteada e que, como não voltou da Ajuda, deve ter morrido. É lamentável!

Fabrício engoliu em seco. Gostaria que ele não soubesse a verdade. Mas Ortega era muito bem informado e seria perigoso mentir-lhe. O fidalgo suspirou com tristeza:

— De fato! Tenho me consumido de dor. Pobre Leonor, nem sei se está viva ou morta.

Ortega não se abalou com o tom compungido de Fabrício.

— Sem ela, não tem herança, nem fortuna — sibilou, com voz firme. — Como pensa pagar?

Fabrício mostrou-se indignado:

— Dom Ortega! Duvida de minha honra! Nunca deixei sem paga dívida alguma. Certamente lhe pagarei.

— Quando? — tornou ele, com rudeza.

— Assim que puder. Agora sou amigo de dom Fernando. Estivemos juntos e vou passar algum tempo em seu castelo no verão. Arranjei um jeito. É só questão de tempo.

— Mas eu não posso esperar! Quero agora! A morte de dom Arreda foi um desastre em nossa vida. Nossas cabeças estão a prêmio e, se nos pegarem, morreremos como cães. Não podemos agir por enquanto e precisamos viver. Fizemos o serviço combinado, queremos o que é nosso.

— Tem razão. O que lhe é devido certamente lhe pagarei e o farei regiamente. Pode estar certo de que o recompensarei pela espera. Aumentarei sua parte.

O outro o olhou com firmeza:

— Acredito em sua honestidade. Não duvido que pretende cumprir o prometido. O que me preocupa é: como? Sinto dizer, mas conheço sua situação. Sei que seus haveres já se foram, e com a morte de dona Leonor a fortuna de dom Fernando também está perdida. Talvez possamos fazer um acordo.

Fabrício sobressaltou-se:

— Que espécie de acordo?

— Suas terras. Valem muito. Pode negociá-las. Sei que dom Alvarado há muito tenciona ampliar seus haveres e pode vender-lhe seu castelo.

Fabrício empalideceu. Dom Alvarado era seu vizinho, homem conhecido por sua ambição e por várias vezes intentara comprar-lhe as terras. Como Ortega pudera descobrir? Aparentando calma, respondeu:

— Deve convir que se vendo minhas terras e meu castelo e lhe entrego tudo, como ficarei? Estarei arruinado, sem ter sequer onde morar. Precisamos encontrar outra solução.

— Gostaria de achar. Mas parece que não encontro. Preciso receber o que me deve.

— Não poderia esperar mais um pouco?

— Não. Meus homens se recusam a esperar mais. Temos que resolver já.

Fabrício, então, baixando a voz, tornou:

— Ouvi, Ortega. Se me ajudar, poderemos conseguir mais do que pretende e eu não ficarei arruinado.

— O que propõe?

— Alguns homens decididos e tomaremos o castelo de dom Fernando. Sei que ele possui só em joias precioso tesouro que herdou de seus avós. Já vi essa arca e pude presenciar o brilho de suas gemas. Lá há o suficiente para nós dois sermos muito ricos. Está guardada no subterrâneo. Eu sei onde fica, pude observar o lugar e o segredo. Sempre sonhei um dia chegar lá. Esperava reatar a amizade com ele para poder fazer isso. Agora, com a ausência de Leonor, será muito difícil. Mas se tivermos alguns homens, poderemos ir até lá e apanhar a arca.

O outro permaneceu pensativo. A cobiça brilhava em seus olhos escuros. Contudo, objetou:

— O castelo é bem guardado. Acho difícil entrarmos.

— À sua perícia nada é difícil. Poderemos surpreendê-los e silenciá-los. Uma vez dentro do castelo, tudo será fácil. Se for preciso lutar, lutaremos.

— Dom Fernando é respeitado. Se o matarmos, levantaremos a ira da corte, seremos perseguidos.

Fabrício, querendo convencê-lo, objetou:

— Por outro lado, de posse daquele tesouro, poderá sair de Espanha para sempre e ir viver ricamente em outro lugar, onde ninguém o conheça, comprar um castelo, onde poderá se tornar fidalgo e senhor.

Fabrício tocou o ponto sensível de Ortega, seu sonho de tornar-se um fidalgo, o que na Espanha era impossível.

Ao cabo de alguns minutos, tornou:

— Tem certeza de que lá existe mesmo tal tesouro?

— Claro. Eu o vi algumas vezes e fiquei maravilhado.

— Cuidado, se estiver enganado! Cuidado!

— Pode confiar em mim.

— Vou propor aos homens, mas desde já lhe digo que nessa empreitada deverá ir conosco. Não vamos nos aventurar sozinhos. Conhece o castelo e poderá nos indicar o caminho.

Fabrício vacilou. Não lhe agradava expor-se ao perigo. Entretanto, Ortega era perigoso. Se recusasse, por certo iria matá-lo. Reconhecia por outro lado que, sem sua presença, seria difícil encontrarem o subterrâneo e obterem êxito na empreitada. Apesar de contrariado, respondeu:

— Está certo. Irei junto e o conduzirei ao local exato. Verá que beleza. Jamais seus olhos viram riqueza igual!

Ortega sorriu, refletindo a chama da ambição e da cobiça nos olhos.

— Falarei com meus homens e traçaremos nossos planos.

Quando Ortega saiu, Fabrício respirou aliviado. Durante algum tempo não teria nada a temer.

※

No castelo de Fernando, tudo era tranquilidade. Encarnação no salão tecia silenciosa seu interminável bordado, enquanto o marido, sentado em frente a sua mesa de trabalho, permanecia absorto e imerso em profundos pensamentos.

De repente, levantou-se e aproximando-se da esposa tornou com seriedade:

— Precisamos conversar.

A mulher ergueu o olhar do bordado e imediatamente o colocou no cavalete. Seu rosto iluminou-se:

— Pode falar. O que se passa?

— Passa que precisamos cuidar do futuro de Carlos. Já está em idade de assumir seu lugar de fidalgo e ter sua própria família. Precisamos de um herdeiro que perpetue nosso nome e a quem deixaremos tudo quanto temos.

Encarnação sorriu, contente:

— Esse é também meu pensamento. Uma criança viria trazer mais alegria a nossa casa. Depois, Carlos anda mudado, tem se revelado mais amadurecido e interessado em suas obrigações. Já pode se casar.

Fernando abanou a cabeça, satisfeito.

— Para isso temos de abrir as portas de nosso castelo e convidar dom Antônio com a família a passar alguns dias aqui.

Encarnação concordou, objetando:

— Por certo. Mas pela importância do assunto a ser discutido, esse convite tem que ser feito pessoalmente.

Fernando cofiou a barba pensativo:

— É... Podemos fazer-lhes uma visita. Poderia mandar um emissário, mas isso não seria tão cortês. Passaremos com eles alguns dias neste verão. Amanhã mesmo mandarei um mensageiro notificar-lhes, aceitando velho convite que nos fez. Iremos visitá-los. Parece-me bem. Uma vez lá, cuidaremos de nosso assunto.

— Assim será melhor.

Encarnação exultava. Viajar, sair por alguns dias, ver gente, amigos, era-lhe excitante perspectiva. Por sua cabeça já começaram a circular ideias novas para preparar um guarda-roupa à altura. Poderia usar suas joias e teria ocasião de ver a corte.

— Carlos ainda não chegou — comentou ele. — Deveria já ter voltado.

Encarnação deu de ombros:

— Ele é jovem. Hoje começaram as festas. Deve estar se divertindo com os amigos.

— Espero que não se exceda. Há gente de todo tipo metida nessas festas.

— Inácio foi com ele. Está seguro.

— Quando chegar, trataremos do assunto.

Entretanto, Carlos, alegre e descuidado, caneca de vinho na mão, esperava ansioso. O povo comprimia-se ao redor do local onde os ciganos festivamente vestidos executavam sua música e as mulheres com suas vestes coloridas e o tilintar de seus adereços infiltravam-se no meio do povo para a "buena dicha".

De repente, uma mão nervosa de mulher levantou a cortina da carroça colocada ao lado do palco improvisado e um grito de entusiasmo e admiração sacudiu os assistentes. Esmeralda pulou para o chão e iniciou a dança, deixando-se conduzir ao ritmo alegre das guitarras tocadas com rara sensibilidade. Estava maravilhosa. Vestia o vestido que Carlos lhe dera e o brilho de seus olhos, a beleza de seus cabelos, a perfeição de seu corpo casavam-se muito bem com a magia de sua dança exótica e sensual.

O povo gritava com entusiasmo, e Carlos perdeu a respiração vendo-a tão bela, preso à cena que o emocionava, fazendo-o esquecer-se de tudo que não fosse aquela mulher.

Esmeralda dançava feliz. Dançava para Carlos. Para ela, ali só havia o jovem fidalgo. Seu rosto refletia o êxtase e o encanto do amor, e ela mergulhava na música que traduzia tudo quanto sentia e a alegria que lhe ia ao coração. Carlos a amava! Como o mundo era belo e a vida extraordinária!

O moço, preso à cena, fascinado, caneca na mão, vibrava apaixonado e sequer percebeu quando um fidalgo aproximou-se, postando-se a seu lado, intentando falar-lhe, mas que estacou embevecido frente ao maravilhoso espetáculo. Quando a cigana parou, o povo exigiu mais e as moedas choviam, sendo apanhadas rapidamente por alguns ciganos.

Esmeralda se fazia esperar e eles exigiam. Carlos a fitava, aplaudindo contente.

— Que mulher! Perdi a respiração!

Irritado, Carlos voltou-se e logo seu rosto distendeu-se:

— Álvaro! Em Valença?

— Carlos! Em meio à turba o vi. E ao me aproximar compreendi por que não me viu. Que mulher! Jamais vi coisa tão bela. Não é a mesma do ano passado em Madri?

Carlos, um pouco perturbado, esclareceu:

— É.

— Você a conhece?

— Conheço e muito de perto.

O outro riu admirado.

— Continua o mesmo, sempre chegando a minha frente. Tem muita sorte. Faz tempo que não nos vemos e, se bem me recordo, hoje se cumpre um ano.

— Tenho andado ocupado. Negócios de família.

O outro riu admirado.

— Você?! Anda cuidando dos negócios?

— Do que se admira? Meu pai precisa de mim, e afinal sou seu único herdeiro. Preciso cuidar do que é meu.

— Deixou a vida de aventuras?

— Tudo tem seu tempo.

Álvaro deu-lhe palmadinhas nas costas enquanto dizia:

— Faz bem. Mas para isso não precisa esquecer os amigos. Prezo sua amizade.

Carlos retrucou:

— Eu também. Entretanto, tenho trabalhado muito.

— Trabalhado?! Anda se ocupando do ofício de seus servos?

— Não brinque. Cuidar das terras requer canseiras e tenho andado ocupado. Temos a melhor vinha da região. Há que zelar para que os servos não entornem o caldo.

— Com certeza vai longe. Mas, olhe: a cigana volta a dançar.

Carlos olhou, mas irritava-o a expressão maliciosa de Álvaro, olhos fixos na cigana, com admiração. Segurou o braço do amigo e tornou com voz rouca:

— Álvaro. Não se atreva a desejá-la. Esmeralda é minha e se algum homem se aproximar dela, eu o mato!

Álvaro, assustado, olhou o amigo. Pelo jeito o caso era mais sério do que imaginava. Carlos apaixonado, enciumado! Era inacreditável!

— Não precisa se zangar. Eu a admirava apenas. Não pode negar que é bela e dança com muita arte. Não pensei em nada mais. Estás apaixonado, quem diria!

— Ela é minha. Amamo-nos desde o ano passado.

— Ora, ora. Agora entendo por que não o vi mais. Por que não disse logo?

— Eu disse a verdade, mas Esmeralda é minha e não abro mão dela.

— Isso me alegra. É uma linda mulher. Além do gosto, tem sorte.

— Isso é. Mas falemos de outras coisas. Ainda mora em Madri?

— Sim, como sempre. Aqui vim para os festejos, mas volto logo em seguida. Não tenho terras a cuidar, como você, nem amor para entreter. Mas a vida da corte me atrai e não quero me afastar por muito tempo.

Carlos riu malicioso:

— Quem é ela?

— Ela?

— Não me engana. Não deixaria os festejos se não fosse por uma mulher.

O outro riu desarmado:

— É. Isso é verdade. Estou amando de verdade.

Carlos sentiu-se aliviado. Seu amigo não representava um possível rival. Estava fora do jogo. Tornou alegre:

— O amor é a melhor coisa da vida. Eu amo e sou feliz. O mundo me sorri e a alegria toma meu coração! Folgo saber que também sentes essa alegria. Eu a conheço?

— Conhece. Eu estava disposto a guardar comigo esse sentimento pelo resto da vida.

— Por quê, ela não o ama?

— Não sei. Minha lealdade impedia de fazer-lhe a corte.

— É casada?

— Não, isso não. Mas sempre pensei... Bem... Agora sei que não há motivos para isso.

— Estás misterioso. Conte-me tudo.

— Primeiro responde: ama sinceramente essa mulher?

— Esmeralda? É o grande amor de minha vida.

— Não teme o futuro? É um fidalgo e ela, cigana. Um dia terão que se separar.

— Tenho pensado muito nisso. Mas não posso deixá-la. É mais forte do que eu. Quero-a para sempre.

— É impossível! Dom Fernando jamais aceitaria!

— Eu sei. Mas com certeza encontrarei solução. Não penso deixar Esmeralda. Nenhuma mulher conseguirá substituí-la em meu coração.

Carlos expressava-se ardorosamente e havia um acento de sinceridade em sua voz.

— Nesse caso, preciso confessar-lhe que estou apaixonado por dona Maria, filha de dom Hernandez.

Carlos surpreendeu-se:

— Maria?!

— Sim. Amo-a de todo o meu coração. Sempre pensei que a quisesse e que um dia ainda se casaria com ela, guardei meu amor e estava disposto a renunciar.

— É muito nobre. Não sei se eu seria capaz de fazer isso!

— Seria, por certo. É meu amigo. O rosto de Maria, seu sorriso doce, sua voz não saem de meu pensamento. Se não tem intenções de se casar com ela, se não a quer, então irei ter com ela e tentar a sorte. O que me diz?

Carlos estava um pouco sem jeito. Maria era sua prometida de infância e suas famílias falavam do futuro de ambos com naturalidade, mas nada havia de acertado entre eles. Carlos sempre procurara esquivar-se. Sorriu meio sem graça e tornou:

— Não pretendo desposá-la e se ela o aceitar ficarei livre de qualquer pretensão de nossas famílias e poderei acertar minha vida com Esmeralda!

— Nesse caso estaria lhe prestando um favor?

— É, uma vez que amo outra mulher. Ficaria embaraçoso dizer que não desejo casar-me com ela. Dom Hernandez se sentiria ofendido e meu pai, zangado. Mas se a conquista e consegue, estarei desobrigado. Acha que pode conseguir?

Álvaro sorriu contente:

— Eu a amo muito. Lutarei com todas as forças. Hei de vencer!

— Haveremos de vencer! Eu com Esmeralda e você com Maria. Bebamos ao futuro e ao amor!

Alegres, os moços beberam o vinho e mergulharam avidamente no saboroso espetáculo que a cigana oferecia, voltando ao ritmo louco das guitarras.

Nos dias que se seguiram, Carlos tornou-se assíduo no acampamento. Dividia suas atividades com o pai, ia para lá ao meio da tarde e só regressava alta madrugada do dia seguinte. Em sua cabeça havia a decisão de conservar o amor de Esmeralda, renovado e alimentado pelo reencontro, mas ao mesmo tempo o desejo de assumir sua posição de fidalgo rico e conceituado. Era-lhe indispensável o prestígio e, embora pudesse isolar-se da corte, cuja hipocrisia o incomodava, não podia abdicar de sua posição, habituado a mandar, a ser distinguido onde aparecesse, a ser servido e valorizado.

Se podia passar por cima das convenções sociais, dos preconceitos de casta, amando uma mulher que, além de plebeia, era considerada de má vida, amaldiçoada pela religião, herege, não se sentia com forças para abandonar sua posição, seus bens, sua situação e transformar-se em um andarilho miserável, às expensas de sua mulher, em meio àquele desconforto e promiscuidade do acampamento.

Esmeralda o amava e com o tempo haveria de compreender que ela é que precisaria abdicar de sua gente, tornando-se sua para sempre. Enquanto o pai vivesse, não achava possível casar-se com ela. Aliás, mesmo sem o pai, talvez não se dispusesse ao casamento, porquanto além da oposição da Igreja, que certamente se negaria a realizá-lo, seria hostilizado e malvisto pelos outros fidalgos. Não que lhe importasse o juízo que pudessem fazer dele, mas conhecia-lhes a vida dupla, mantendo no lar e na corte aparência de austeridade e assumindo vida desregrada nas tabernas, mantendo amantes, levando uma vida onde se permitiam todas as falcatruas, desde que ficassem ocultas, no anonimato.

Assumindo os negócios, o que já estava acontecendo, Carlos pensava comprar uma pequena vila, cheia de flores, para fazer ali seu refúgio de amor. Daria a Esmeralda uma vida de rainha! Colocaria o mundo a seus pés! Joias, dinheiro, fortuna, amor! Que mulher haveria de resistir?

Antegozava a ventura de tê-la para sempre, todas as noites, passando-as juntos, nas alegrias do amor correspondido. O que poderia ser melhor?

Agitado, Carlos começou a procurar uma pequena propriedade em local aprazível e afastado, onde a natureza tivesse construído um esplêndido cenário para presenciar sua felicidade.

Quando seu pai lhe falou de sua viagem a Madri, de suas intenções de vê-lo casado com Maria, Carlos tentou escapar:

— Pai, reconheço sua preocupação, mas não estou ainda preparado para o casamento. Gostaria de esperar mais um pouco.

— Eu não penso assim. Está na hora de você e Maria começarem a vida juntos, e acho até que dom Hernandez deve estar ressentido porque ainda não o procuramos para resolver o assunto. Na próxima semana, eu e Encarnação iremos lá e cuidaremos disso.

— Pai, eu preferiria esperar.

Fernando impacientou-se:

— Por acaso não quer atender a um desejo meu, que penso em sua felicidade e em seu futuro?

— Não é isso, pai. Agora estou aprendendo a cuidar dos negócios, ainda não estou seguro. Mais tarde, quando eu já estiver mais preparado, então poderei assumir.

— Não importa. Iremos a Madri. Pretendo convidar dom Hernandez e a família para passarem algum tempo conosco. Então voltaremos ao assunto. Até lá, terá muito tempo para se preparar. Afinal, está muito bem. O que lhe falta?

Carlos coçou a cabeça e procurou sorrir, querendo parecer despreocupado:

— É, tem tempo. Deixemos o tempo correr. Para quando pretende a presença de dom Hernandez?

— Para meados de setembro. Convidarei outras pessoas para entreter os convidados.

— Permita-me convidar dom Álvaro. É sobrinho de dom Hernandez e muito meu amigo.

— Por certo, pode convidar quem quiser — respondeu Fernando, com um gesto largo. Queria agradar o filho e vê-lo feliz, apesar de pretendê-lo a seu modo.

Carlos exultou. Com Álvaro, haveria de estabelecer um plano para que esse casamento malograsse. Tudo faria para que ele conseguisse o amor de Maria, o que vinha ao encontro de seus interesses. Tinha medo de perder Esmeralda. A cigana era ciumenta e não concordaria em dividi-lo com outra mulher, mesmo sabendo que ele não a amava. Se Esmeralda soubesse das intenções paternas, por certo exigiria uma definição que ele não estava desejando dar.

De acordo com os maneios sociais, as coisas deveriam obedecer a determinadas regras que por certo lhe dariam o tempo que precisava para realizar o que pretendia. Álvaro regressara a Madri, mas Carlos tencionava mandar um portador convidando-o para uma temporada em casa, pedindo-lhe ajuda.

Por isso, estava despreocupado e, enquanto o pai tratava dos preparativos da viagem, Carlos saiu à procura de uma pessoa que ficara de arranjar-lhe a propriedade. Já por duas vezes fora em busca da vila de seus sonhos, sem que a propriedade oferecida lhe agradasse. Desta vez, porém, ao descer do cavalo depois do atalho em meio a frondosas árvores, Carlos parou extasiado. Em gracioso parque, emoldurada por gracioso jardim, coberto de flores, encontrava-se pequena, mas luxuosa, vivenda, com suas paredes rústicas pintadas de branco e por onde lindas trepadeiras floridas, colocadas com arte, subiam emoldurando-lhe a fachada simples e de bom gosto.

Carlos, alegre, penetrou os arcos de seus pórticos enquanto seu cicerone dizia:

— Foi construída pelo barão de Alcadiz para colocar a mulher amada e por isso tudo foi feito como num conto de fadas. Veja, senhor, que rica é!

De fato, percorrendo seus aposentos, por onde o sol entrava fartamente através das grandes janelas, Carlos encantou-se com tudo que viu. O cenário era ideal! Ali seria seu ninho com Esmeralda. Nada havia a mudar. Tudo fora planejado. Podia levá-la ali no dia seguinte.

Carlos sorriu. Entre a carroça cigana e a bela propriedade havia enorme contraste. Esmeralda era, antes de tudo, mulher. Não poderia resistir.

Foi sem regatear que combinou o preço e, com a chave da porta na algibeira, Carlos sonhava como uma criança que adquire um brinquedo há longo tempo desejado. Jamais poderia pensar no que ainda estava para acontecer.

Naquela noite Carlos preparou tudo. Durante o dia levara uma mulher que contratara para tomar conta dos afazeres da nova casa, orientando-a como comportar-se. Tratava-se de pobre viúva a quem Carlos sempre atendera em suas necessidades e cujos dois filhos já adultos tinham deixado o lar em busca de fortuna, deixando-a só. Luísa vira-o crescer e tinha por ele desvelos de mãe. Quando ele a contratou, ela se sentiu muito feliz não só por servi-lo, mas também por encontrar um lar e poder trabalhar. Foi com alegria que acatou as determinações do moço, que sabia poder confiar em seu coração amigo e em sua experiência.

Era noite quando Carlos procurou Esmeralda na praça. Ela o aguardava amuada, temerosa. A moça sentia aproximar-se o dia de sua partida e não sentia no moço disposição de deixar o lar, e isso a atormentava. E se Carlos não fosse com ela? Tentara inutilmente esclarecer o assunto, mas o moço pedia-lhe para não se preocupar e ela não conseguia que ele falasse com clareza. Naquela noite, ela se decidira.

Ele tardava. Não a procurara na hora habitual. Esmeralda via nisso desinteresse. Isso a irritava. Apesar de morrer por ele, não estava disposta a suportar-lhe a indiferença. Queria-o com o mesmo amor dos primeiros dias. Se esse amor se acabasse, não tinha outro recurso senão a separação.

Naquela noite, Carlos estava feliz. Seus sonhos estavam prestes a se tornar realidade. Abraçou a cigana com tanto amor, parecia tão apaixonado que Esmeralda sentiu seus receios diluírem-se. Aquela realmente foi uma noite feliz. Depois da exibição costumeira, Carlos tomou Esmeralda nos braços e disse-lhe ao ouvido:

— Esta noite quero dançar! Vamos dançar como nunca!

A cigana sentiu o sangue ferver nas veias ao som da música, e seus pés pareciam ter asas, tamanha era a leveza de seus passos.

O mundo estava muito distante. Somente existia o momento. A magia da noite estrelada, o ruído da festa e a música. Só os dois existiam, só os dois tinham noção de um mundo maravilhoso onde estavam juntos.

Já pela madrugada, Carlos abraçou Esmeralda, dizendo-lhe ao ouvido:

— Venha. Quero que esta noite seja diferente. Venha comigo.

A cigana estava fascinada. Deixou-se conduzir abraçada a ele, na garupa do cavalo. Nem perguntou para onde estavam indo. Sentia o calor de seu corpo, o pulsar de seu coração, a força de seu amor, e isso era o bastante.

Chegando à vivenda de Carlos, desceram. Ele, disposto a conquistá-la a seu modo; ela, fascinada pelo inesperado. Puxou-a pela mão.

— Venha. Quero que veja o que preparei para você.

Ao entrar, acendeu o lampião e a cigana não pode se furtar à admiração. Nunca tinha visto tanta beleza. Olhou para Carlos, admirada. Ia indagar, mas o moço puxou-a para si, abraçando-a forte.

— Venha, quero que conheça o resto.

Conduziu-a para o quarto onde o luxo se casava ao ambiente rústico do local. Esmeralda sentia o perfume dos jasmins que cresciam sob a sacada da janela. Carlos murmurou-lhe ao ouvido:

— Sempre a amei na simplicidade do campo ou nas almofadas de sua carroça. Hoje, quero amá-la como uma rainha, porque é a senhora de meu coração. Esmeralda, não posso viver sem você! Fique comigo.

A cigana sentiu um abalo no coração. Teria entendido bem? Carlos queria que ela deixasse os seus? Mas o moço não lhe deu tempo para refletir. Sentindo-lhe o abalo, esclareceu:

— Eu a segui durante muito tempo e agora lhe peço que fique aqui comigo alguns dias. Será pedir muito?

Esmeralda sorriu. Por que não? Aquela noite era única e ela não se dispunha a estragá-la. Apertou Carlos nos braços e o moço, inebriado, compreendeu que ela ia ficar.

Nos dias que se seguiram, eles foram felizes. Esmeralda procurara Sergei e lhe pedira permissão para uma ausência de alguns dias. Embora o bando viajasse naqueles dias, ela iria ter com eles depois, mais à frente. Parecia uma criança feliz e descuidada. Miro olhava-a preocupado enquanto ela, alegre, lhe dizia:

— É só por alguns dias. Não posso negar isso a ele depois de ter ficado comigo quase um ano. Depois, é engraçado viver numa casa. Se visse quantas flores e como é bela!

— É feliz?

— Muito. Nunca pensei que pudesse ser tanto.

Miro sorriu, mas seu olhar não era tranquilo.

— Esmeralda, não vá! Pressinto sofrimento. Recuse!

Ela riu:

— Tem medo de me perder. Não se preocupe. É só por alguns dias. Sou cigana e jamais deixarei nossa gente. Tenho direito ao amor. A vida me oferece e eu não posso recusar. Se mais tarde for infeliz, o futuro dirá. Agora quero viver. Quero amar! Quero estar com ele. Compreende?

— Sim. Compreendo. Mas lembre que sou seu irmão. Vou defendê-la sempre contra tudo e contra todos. Se alguma coisa a preocupar, chame por mim.

A cigana beijou-lhe a face morena com carinho.

— Eu sei. É tudo para mim. Pai, mãe, irmão, amigo. Sei que me defenderá. Agora, eu me vou, só por alguns dias. Breve estarei de volta... e com Carlos! Cuide de minhas coisas. Não vou levar nada.

Realmente ela não precisava. Carlos colocara em seu quarto uma quantidade enorme de vestidos, adereços, tudo quanto uma mulher bonita pudesse desejar. Camisas de seda pura, perfumes, sandálias, tudo escolhido com carinho, não ao rigor da fidalguia, mas ao gosto espetacular da cigana, com suas saias brilhantes e coloridas.

A moça, em meio a tantas coisas e acariciada, acumulada de atenções pelo homem amado, sentia-se fascinada. Apreciava a beleza dos jardins. A comida deliciosa de Luísa, sua bondade e admiração diante de sua beleza faziam-na sentir-se muito bem. Não sentia saudades dos seus e estava disposta a aproveitar a felicidade que Carlos lhe dava. Fazia tudo para torná-lo feliz.

O moço passava o tempo todo ali. Seus pais tinham saído de viagem e ele aproveitava a ausência deles. Havia dois meses que desfrutava de seu paraíso. Inácio, como sempre, velava por seu amo, tomando conta dos afazeres do castelo, e Carlos ia verificar a cada dois dias se tudo estava em ordem.

O tempo era pouco para a felicidade. Esmeralda lhe pertencia exclusivamente. Dançava para ele, enfeitava-se para ele, e parecia esquecida do acampamento.

Uma noite em que ambos gozavam a beleza do luar nos jardins, Inácio os procurou.

— Dom Carlos, Dom Carlos... — chamou, aflito.

Vendo-o chegar assustado, perguntou:

— O que passa?

— Senhor! Vamos depressa. O castelo está sendo assaltado. Homens de dom Ortega.

Carlos deu um salto e Esmeralda apavorou-se.

— São criminosos! Carlos, não vá!

— Tenho que ir. Preciso defender minha casa.

De um salto, entrou na casa enquanto Esmeralda o seguia aflita. Vestiu-se, colocando a arma no gibão.

— Vamos, Inácio. Pelo caminho conta o que ocorre. Não percamos tempo.

Beijou Esmeralda, que o tentava reter enquanto dizia:

— Não tema. Terei cuidado. Espere que breve voltarei. Não saia daqui, aconteça o que acontecer. Fique com este saco. Tem ouro.

Esmeralda estava pálida.

— Carlos, não se exponha. Tenha cuidado.

Ele a beijou apressado.

— Não tema. Eu voltarei.

Montou o cavalo e Inácio o seguiu. Enquanto partiam, Inácio tornou:

— Hoje chegou um portador de dom Fernando. Ele já partiu de Madri e amanhã por certo chegará aqui. Dispus tudo no castelo para o regresso do amo. Quando acabei, resolvi dar-lhe as novas. Ao sair do castelo, vi vultos que se escondiam. Assustado, fingi nada ter visto e achei melhor dar a perceber que estava mareado. Comecei a cantar como se tivesse tomado muito vinho e segui meu caminho. Observei que eram muitos homens. Assim que me vi mais longe, passei pela casa dos nossos e os acordei. Juntos, voltamos para perto do castelo. Pudemos perceber que se preparavam para atacar. Reconheci dom Ortega dando ordens. Dei ordem aos nossos para aguentarem o que pudessem e vim avisá-lo.

Carlos esporeou o animal e dentro em pouco estavam no bosque que rodeava o castelo.

— Espere, Inácio, vamos devagar. Quero surpreendê-los.

Quando se aproximaram do portão principal, verificaram que o mesmo fora arrombado e dois homens montavam guarda. Os outros por certo estavam dentro. No chão, o corpo do vigia inerte. Carlos sentiu uma onda de rancor. Pegou uma pedra e a atirou do lado oposto, e quando os dois olharam para lá, voltando-se atraídos pelo ruído, Carlos e Inácio se atiraram sobre eles golpeando-os com a faca.

Não emitiram nenhum som. Caíram inertes, começando a gemer fracamente, e o sangue jorrava. Sem se preocupar, os dois entraram no parque e puderam ver que havia vestígios de luta. Alguns homens empunhando armas chegaram e juntaram-se a eles. Estavam em oito.

Cautelosamente, foram se aproximando. Encontraram mais três corpos dos companheiros aparentemente mortos. Tudo estava em silêncio.

— Eu sei onde estão! — murmurou Carlos, entre dentes.

O subterrâneo certamente era o local onde estavam as joias e os bens da família. Enquanto os homens esquadrinhavam o castelo com cautela e cuidavam dos servos acovardados, obrigando-os a tomar da arma para proteger as mulheres, Carlos chegava à sala que dava acesso ao subterrâneo.

A porta secreta estava aberta! Eles a haviam descoberto. Aproximou-se devagar. Ouviu vozes:

— Veja que fortuna. Não lhe disse?

Pálido de revolta, Carlos continuou na escuta:

— Com esta fortuna, saldaremos nossas dívidas, meu caro dom Fabrício!

A voz de Ortega soou como um martelo na cabeça do moço. Ele compreendeu. Pressionado pelas dívidas, o tio os levara ao assalto do castelo!

— Vamos carregar isso — ordenou Ortega aos homens que o acompanhavam.

Temendo ser apanhado, Carlos saiu para pedir ajuda aos amigos. Não os vendo perto, esperou escondido em um reposteiro. Viu quando os homens trouxeram uma arca pesada para o salão e voltaram para buscar mais. Foi então que aconteceu o imprevisto: Fabrício saiu rápido e num segundo fechou a porta secreta, prendendo Ortega e seus homens lá dentro.

Carlos, sustendo a respiração, observava. Com um riso nervoso, Fabrício abriu a arca e, como louco, remexeu as joias e as moedas de ouro, colocando o mais possível em um saco que tirou de um dos bolsos.

Carlos não se conteve, saiu de trás do reposteiro indignado:

— Jamais pensei que um fidalgo pudesse tornar-se reles salteador!

Um raio não teria fulminado Fabrício com tanta violência. Vendo o sobrinho, de um salto tirou um punhal e gritou:

— Ladrão é você, que me roubou a parte da fortuna que por direito me pertence. Vou dar cabo de você como de um cão.

Atirou-se a Carlos e rolaram pelo chão em luta de vida ou morte. Inácio chegou nessa hora e atirou-se sobre eles, tentando ajudar o amo. Mas Fabrício estava como louco. Tinha força multiplicada.

Os outros homens acorreram e Inácio mergulhou a faca nas costas de Fabrício, que urrou blasfemando:

— Assassinos! Acertaram-me, mas eu me vingarei. Das profundezas do inferno eu juro que me vingarei!

Sentindo o sangue empapar suas vestes, Carlos teve náuseas e sentiu-se perder os sentidos. Foi um segundo, mas foi o bastante. Com mão trêmula, Fabrício enfiou a faca em seu peito e Carlos, sentindo a vista toldar-se, perdeu os sentidos. Inácio, tomado de fúria, enfiou sua faca várias vezes no corpo inerte de Fabrício enquanto os homens socorriam Carlos, apertando o ferimento para sustar a hemorragia.

Imediatamente levaram-no ao leito e correram em busca de um médico. Inácio chorava desalentado enquanto Carlos, pálido, parecia morto. Mas seu coração batia e os homens aflitos aguardavam que o socorro chegasse.

Amanhecia quando o médico chegou e procedeu ao exame de Carlos. O moço, inerte, respirava fracamente.

— Perdeu muito sangue — explicou ele aos homens aflitos que rodeavam o leito. — Se sabem rezar, chegou a hora.

As mulheres choravam e os homens, de cenho cerrado, sombrios, tinham vontade de ter alguém em que se vingar. Contudo, Fabrício estava morto. E ninguém conseguiu encontrar Ortega. Inácio jurava que o vira no castelo, mas ninguém sabia dele.

Servos fiéis colocaram a pesada arca no gabinete de Fernando e se revezavam na guarda, receosos de que, espicaçado pela cobiça, Ortega voltasse ao ataque. Ninguém conhecia o segredo do subterrâneo, nem o segredo de sua entrada, engenhosamente dissimulado, e só Carlos e Fernando estavam a par desse segredo.

Resolveram mandar um portador a Fernando, que com certeza regressava ao castelo. Inácio se recusava a deixar o amo naquelas condições e outro tomou seu lugar. Começou então a longa espera.

Haviam transportado os cadáveres para fora e limpado o sangue. Aguardavam as ordens, esperando a chegada do amo.

Entretanto, mais uma surpresa os esperava. Fernando, com sua comitiva, chegou no dia imediato. Contudo, o choque e a preocupação afetaram-lhe a saúde, tendo sido acometido de um ataque cardíaco. Foi quase carregado pelos camponeses que deu entrada no castelo, querendo ir para o lado do filho.

Encarnação chorava sem parar. Vendo o rosto pálido e desfeito do moço, ainda em estado grave, sentiam-se arrasados. Fernando mal podia falar. Ordenou que colocassem um leito ao lado do moço para ele, o que foi feito imediatamente. Encarnação dividia seus cuidados entre o marido e o filho, com o coração cheio de dor.

Enquanto isso, os homens montavam guarda com receio de novo ataque de Ortega. Fernando sentiu ódio mortal de Fabrício e ficou satisfeito ao saber que Inácio o matara. Não sabia que Fabrício conhecia o segredo do subterrâneo. O fato é que ele o conhecia. O que não podia entender era como ninguém mais vira o subterrâneo, pois os homens não o mencionaram e não sabiam explicar de onde a arca viera.

Só Carlos poderia com certeza esclarecer o assunto quando melhorasse. O moço estava muito fraco e ainda não se sabia se ia melhorar.

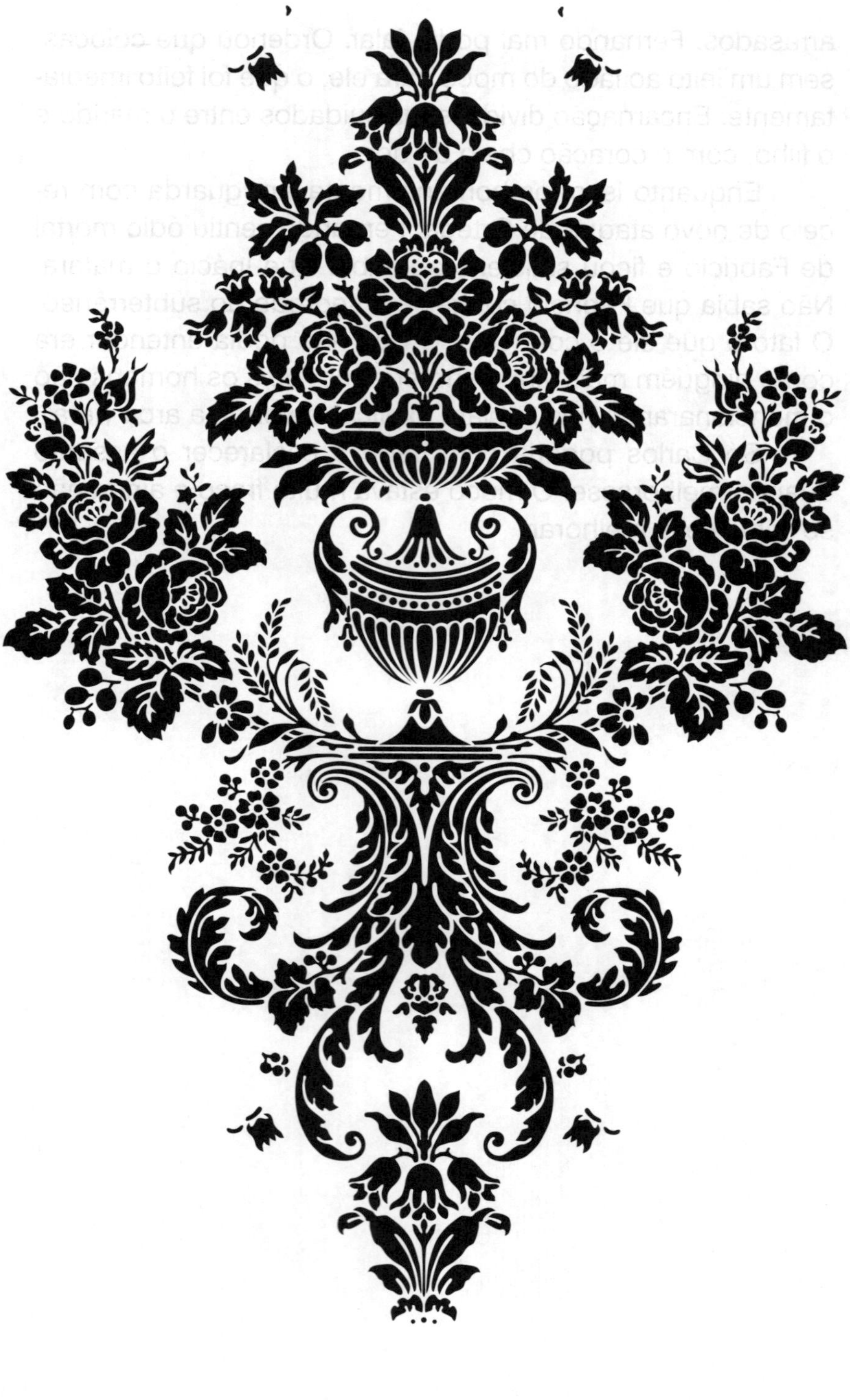

Capítulo 11

Os dias foram se arrastando entre os cuidados médicos aos dois homens. Fernando, melhor, mas guardando o leito ainda, dava ordens sem, contudo, referir-se ao subterrâneo. Quando pudesse se levantar, iria até lá para ver como estavam as coisas. Ao que lhe parecia, Fabrício não conseguira levar nada. Os homens montavam guarda e um deles foi ter com Fernando.

— Senhor, prendemos uma mulher cigana que rondava a casa. Acho que espionava. Disse que queria notícias de dom Carlos.

— Cigana? Por acaso Fabrício andava metido com eles?

— Acho estranho, porque os ciganos já se foram da cidade há muitos dias. Essa mulher ficou por aqui. Deve estar metida nessa história.

— Pelo que sei, Ortega não se mete com ciganos. Mas, diga lá, ela é bonita?

— A mais linda mulher que eu já vi.

— Então se explica. Deve ser algum caso dele.

— Que fazemos com ela?

— Gostaria de interrogá-la. Pode ser que possa dizer onde Ortega está. Ajude-me a levantar e ir até a sala ao lado.

— Cuidado, dom Fernando — pediu Encarnação, aflita. — Os ciganos são feiticeiros!

— Ora, mulher. Sei o que faço. Ajude-me, quero ver se descubro algo.

A custo levantou-se e, apoiado no servo, foi sentar-se na antecâmara.

— Agora, traga-a aqui.

Pouco depois, dois homens entraram conduzindo Esmeralda.

A moça aguardara ansiosamente o regresso de Carlos, inutilmente. No dia seguinte as notícias foram circulando e ela pôde saber da tragédia. A vila revoltada comentava a traição de Fabrício e a façanha de Ortega, dizendo que Carlos estava à morte. Desesperada, a moça tentara saber notícias, mas a situação não se modificava. Carlos estava mal!

Uma semana depois, sem poder suportar mais, foi ao castelo, tendo sido presa pelos guardas. Frente a frente com Fernando, Esmeralda esperou.

— O que quer? — indagou ele, com severidade. — Por que espionava nosso castelo?

— Senhor — tornou a moça com voz angustiada —, quero notícias de dom Carlos. Saber de sua saúde!

— Por que se interessas por ele?

— Somos amigos, senhor. Estou atormentada! Por favor, deixe-me vê-lo! Ainda que seja por um instante.

— Quem me garante que não está aqui a mando de dom Ortega?

— Sequer o conheço! Por favor! Eu lhe peço. Deixe-me vê-lo! Já o arranquei da morte uma vez, posso fazê-lo de novo!

Fernando olhou-a admirado. Lembrou-se de que Carlos fora recolhido num acampamento cigano quando vítima de assalto na estrada. Estaria ela dizendo a verdade? Entretanto, murmurou:

— Como posso saber se o que diz é verdade? Como confiar em alguém depois de ser traído pelo próprio cunhado?

— É verdade, senhor. Somos amigos. Preciso salvá-lo! Deixe-me vê-lo! Com a força de meu amor, saberei devolver-lhe a vida!

Fernando olhou-a boquiaberto. Podia ser verdade. Seu filho era muito amado pelas mulheres.

— O que pode fazer além do que estamos fazendo?

Esmeralda aproximou-se dele refletindo no rosto a tremenda emoção que a acometia:

— Ele me ama! Eu posso chamá-lo à vida com a força de meu amor.

Fernando assustado tornou:

— Ele a ama? Como pode afirmar? Sabe que esse amor é impossível!

Seu rosto orgulhoso refletia o horror daquela ligação. Esmeralda, entretanto, estava disposta a obter o que queria e respondeu firme:

— Eu sei. Nada pretendo. Amo os meus e voltarei para eles assim que o vir fora de perigo. Mas quero que me deixe salvá-lo! Por favor, antes que seja tarde demais!

Fernando estava indeciso. O que fazer? Afinal, nada como uma bela mulher para chamar um homem à vida. Mandou buscar Inácio. Este, vendo Esmeralda, estacou surpreso.

— Conhece esta mulher? — inquiriu Fernando com voz firme.

— Sim — balbuciou ele sem jeito.

— De onde a conhece?

— Do acampamento. Ela salvou a vida de dom Carlos. Tratou dele com muitos cuidados.

A fisionomia de Fernando abrandou-se.

— Então é verdade.

— Sim. Devemos muitos favores a Esmeralda e a seu chefe. Eles nos trataram muito bem.

Fernando decidiu-se:

— Seja. Consinto que tente ajudá-lo. Mas quero sua promessa de que, quando ele melhorar, irá embora da vida dele.

Esmeralda olhou-o com um brilho indefinido nos olhos.

— Prometo que quando ele melhorar irei embora ao encontro dos meus! Permita-me vê-lo, por favor!

— Venha comigo.

Amparado pelos servos, ele dirigiu-se ao quarto, onde Encarnação os olhou assustada. Mas, habituada a obedecer ao marido, calou-se, limitando-se a olhá-los receosa.

Esmeralda correu à cabeceira do moço e vendo-lhe o rosto macerado estremeceu de terror. Ele parecia morto.

— Carlos, meu amor! — chamou, angustiada. — O que lhe fizeram?

Enquanto Encarnação, apavorada, pedia ao marido que a tirasse dali, a cigana aproximou seu rosto do dele e começou a falar a seu ouvido com imenso carinho.

Fernando, ordenando à esposa que se calasse, observava atento. Lágrimas corriam pelas faces da cigana.

— Carlos — dizia —, não vá embora. Venha para a vida! Eu o espero! Não me deixe!

Fundo suspiro saiu do peito do moço. Ele tinha reagido! Ela levantou os olhos e pediu súplice:

— Senhor! Ele está mal. Sei de uma pessoa que tem mais poderes do que a medicina. Ele pode nos ajudar a salvá-lo! Mande buscá-lo. E nós vamos trazê-lo à vida.

Como Fernando a olhasse interdito, ela dirigiu-se a Inácio:

— Fale a seu amo que o deixe ir em busca de Miro no acampamento. Ele pode salvá-lo. Vá e chame-o. Diga que Esmeralda precisa dele. Conte-lhe tudo.

— Você o conhece? — indagou Fernando.

Inácio respondeu:

— Sim, senhor. Ele ajudou dom Carlos. E é nosso amigo!

— Então vá e chame-o com urgência. Carlos está mal.

Encarnação estava aterrorizada. Não sabia se de medo dos ciganos ou da morte do filho.

Começou para eles a espera ansiosa. Esmeralda permanecia ao lado da cama do moço, olhos pregados em seu rosto, como se quisesse impedir a morte de passar por ali. Fernando, olhando sua bela fisionomia, começava a entender que Carlos podia realmente ter se apaixonado por aquela mulher. Havia tanta força em seus olhos e tanto amor que, apesar do orgulho, ele podia compreender que eles tivessem tido ligação amorosa. Seu filho ficara muitos meses nesse acampamento e isso certamente o fizera ser influenciado pela insinuante presença da cigana. Mas não estava preocupado com isso. Jamais lhe passara pela cabeça que Carlos pudesse pensar com seriedade em manter essas relações.

O importante era salvá-lo. Depois, certamente, tudo se normalizaria.

Esmeralda, contudo, permanecia atenta, pálida, sem se alimentar nem dormir, o que assustava Encarnação e a fazia imaginar que a cigana tivesse poderes sobrenaturais. Benzia-se e rezava sem parar e, apesar de sua imensa aflição, não podia prescindir do alimento, por sentir-se muito desgastada.

Somente dois dias depois foi que Inácio regressou, trazendo Miro, cujo olhar preocupado se deteve na figura pálida e emagrecida da cigana.

— Miro — murmurou ela, correndo para ele —, salve-o! Sei que pode fazê-lo! Não o deixe morrer.

O rosto sério de Miro enterneceu-se enquanto abria os braços para Esmeralda.

— Se você me pede, farei o que puder.

Um pouco sem jeito, mas curioso, Fernando os olhava esperançoso. Começava a rezar pedindo a Deus que ajudasse o cigano a salvar o filho. Se ele detinha poderes sobrenaturais, talvez pudesse ajudá-lo.

Miro, sério, aproximou-se de Carlos ainda perdido na inconsciência. Colocou a mão direita levemente sobre o local do ferimento e cerrou os olhos, permanecendo assim durante algum tempo, que pareceu eterno aos demais. Depois, abriu os olhos e tornou:

— Ele está mal. Por duas vezes foi ferido em decorrência de suas vidas passadas. Vejo seu espírito flutuando sobre o corpo e não sei se poderá voltar à vida. Vou tentar fortalecê-lo para que possa esperar mais e dar algum tempo a que seu corpo se refaça. Espero que o Deus da vida o ajude.

Esmeralda tornou:

— Eu ajudo se precisar de mim. Darei a vida para ele se for preciso!

— Acalme-se. Não temos em nossas mãos o poder de dar vida a ninguém. A sua aflição não vai salvá-lo. Acalme-se — olhando os demais que esperavam ansiosos, aduziu: — Se sabem rezar, rezem. Mas não quero pensamentos contrários. Quem não estiver disposto a ajudar, que saia agora.

Seu olhar era penetrante e enérgico. Encarnação encostou-se ao marido, medrosa, mas corajosamente apanhou o terço e começou a rezar em silêncio. Fernando ajoelhou-se ao lado da esposa e Inácio fez o mesmo.

O cigano sentou-se à beira da cama e, segurando as mãos de Carlos entre as suas, fechou os olhos, permanecendo assim algum tempo. O silêncio era completo e só o corpo de Miro estremecia de quando em vez. Quando ele largou as mãos de Carlos, Esmeralda perguntou:

— E então?

— Ainda não posso afirmar. Talvez esteja um pouco melhor. Vamos esperar mais.

De fato, Carlos parecia respirar com mais naturalidade e seu sono aparentava estar mais tranquilo. O rosto da cigana iluminou-se:

— Eu sabia que podia salvá-lo! Sei que ele não vai morrer!

Fernando sentiu uma onda de calor invadir seu coração combalido. Deus ouvira suas preces! Para ele todos os meios eram úteis, mesmo usando um herege como instrumento. Entretanto, Encarnação não estava tão certa. Tinha medo daquela gente. Deles nada de bom poderia vir.

Fernando aproximou-se de Miro com respeito.

— Sou muito grato por tudo. Carlos é meu único filho. Vou cuidar de sua hospedagem. Naturalmente ficará conosco alguns dias.

Miro curvou-se, sério.

— Ficarei apenas o necessário às melhoras de dom Carlos. Assim que o vir fora de perigo, regressarei ao acampamento. Mas gostaria de ficar aqui mesmo, enquanto dom Carlos precisar de mim. Estou acostumado à vida simples. Não há necessidade de nada mais. Agradeço sua venerável hospitalidade.

Fernando estava surpreendido. Jamais esperara tanta fidalguia de um reles cigano. Sentiu-se aliviado e considerou com naturalidade:

— Saberei recompensar tanta dedicação devidamente.

Miro fixou-o com um brilho orgulhoso no olhar.

— Estou aqui atendendo Esmeralda. Se quer demonstrar sua gratidão, faça a ela! Eu nada pretendo.

Fernando sentiu-se embaraçado. A ambição dos ciganos era conhecida. Por que Miro se mostrava diferente? Temeroso de exasperar o cigano, de quem esperava ajuda e em quem colocara toda a sua esperança, o fidalgo calou-se, limitando-se a continuar suas orações em favor do filho querido.

Mais tarde, espicaçado pela curiosidade, chamou Inácio na antessala e perguntou ansioso:

— Conhece bem esses ciganos?

— Um pouco — considerou o servo sem saber até que ponto podia contar ao amo a verdade.

— Conte-me tudo que aconteceu quando Carlos foi assaltado e socorrido pelos ciganos.

Inácio relatou com minúcias a viagem, sem contar, contudo, que a ida a Madri tinha sido pretexto para Carlos rever Esmeralda. Contou o assalto, o socorro dos ciganos que os tinham recolhido na estrada e como Carlos estava mal.

— Ao que sei, os ciganos não costumam recolher os feridos.

— Mas dom Fernando não conhece Sergei. É o chefe deles, homem sério e respeitado, bom e justo.

— Como pode ser bom vivendo do jeito que vive? Deixe isso e conte o resto.

— A cigana Esmeralda tinha dançado na festa e dom Carlos tinha dançado com ela. Reconhecendo meu amo ferido, ela pediu a seu chefe para recolhê-lo em sua carroça e tratou dele.

— Agora começo a entender.

Inácio falou da dedicação da cigana, dias e dias tratando do moço, e da bondade com que os ciganos os trataram.

— Exigiram pagamento?

— Não. Pelo contrário. Davam-nos comida e até roupas, porque os ladrões tinham levado tudo que era nosso, até os cavalos.

Fernando coçou a cabeça encabulado.

— Não posso entender! Por que homens como eles fariam isso? Será que esperavam lucrar mais tarde? Afinal, Carlos é fidalgo rico.

— Se me permite falar, senhor, posso dizer que, se eles quisessem alguma coisa, já teriam pedido, porque dom Carlos voltou para casa e eles nunca vieram nos pedir nada.

— Isso é verdade.

— E, ainda, dom Carlos pediu cavalos e provisões emprestados para voltar para casa e Sergei nos deu. Viemos com conforto e muitas provisões. As mulheres ciganas nos deram comida para a viagem.

— É estranho! Jamais pensei que isso pudesse passar.

— Esmeralda é muito querida por todos e o que ela quer todos respeitam. Ela gosta do amo e por isso todos gostam dele.

— É... assim parece... — Fernando nada mais disse, mas não pôde deixar de pensar na singularidade de um mundo onde seu próprio cunhado, homem de estirpe e berço fidalgo, colocara-se como assaltante vulgar e assassino e, ao mesmo tempo, homens marginalizados e párias, hereges e estranhos, pudessem demonstrar tanto desinteresse e tanta dignidade.

Foi com respeito que Fernando voltou ao quarto do filho e com muita energia repreendeu a esposa, apreensiva com a presença dos ciganos.

— Deve agradecer a Deus e a eles por terem salvado Carlos da morte e ainda hoje deixarem seus negócios e ficarem aqui para ajudá-lo. Não devemos ser ingratos. Se não quer ajudar, recolha-se a seus aposentos e deixe-nos a sós.

Encarnação calou-se. Seu marido sempre sabia o que estava fazendo. Embora tivesse medo, não queria sair. Queria acalmar a grande ansiedade pelo destino do filho.

―――

As horas foram passando e aos poucos lhes pareceu natural a presença daqueles dois ao lado do leito, numa dedicação sem limites. Esmeralda a custo conseguira tomar um pouco de leite, e Encarnação já se condoía da figura pálida da cigana, vendo-lhe no rosto o amor e a ansiedade estampados.

Fazia três dias que Miro chegara e revezava-se com Esmeralda, repousando no leito de Inácio, colocado ao lado da cama de Carlos. Fernando também repousava em seu leito no mesmo aposento.

A cigana adormecia vencida pelo cansaço, mas quase sempre acordava pressionada por pesadelos. Carlos dormia mais sossegado. Uma noite abriu os olhos com dificuldade. Esmeralda não se conteve:

— Carlos! Voltou à vida. O amor é mais forte do que a própria morte.

O moço parecia um pouco fora de si, mas murmurou com voz muito fraca:

— Esmeralda! Esmeralda! Está aqui... Está tudo escuro... confuso...

A cigana tomou as mãos do moço com muito carinho:

— Sou eu! Estou a seu lado! Volte à vida, que eu o espero! Eu o amo!

Carlos apertou a mão da cigana e sorriu:

— É meu tesouro. Não me deixe. Fique comigo.

Fernando aproximou-se o bastante para ouvir o fim da frase. Então era verdade. Carlos a queria! Não se admirava. A beleza da cigana deixava-o admirado. Por vezes não conseguia desviar o olhar de seu rosto, surpreso com a força de suas expressões apaixonadas, a beleza de sua pele, a luminosidade de seus olhos e o brilho de seus cabelos sedosos e limpos, diferente das mulheres fidalgas, que de hábito os mantinham presos e malcheirosos. Reconhecia jamais ter visto mulher tão bela. Compreendia o fascínio de Carlos, mas ao mesmo tempo confiava em seus brios de fidalgo. A aventura fazia parte da vida e dos costumes daqueles tempos, sem, contudo, afastarem o fidalgo de seus deveres para com o nome e a família.

A cigana lhe afirmara que iria embora quando ele estivesse fora de perigo. Se ela o deixara uma vez, certamente o deixaria de novo. Ignorava que os dois estivessem mantendo vida em comum.

Naquela noite, Carlos começou a melhorar. Maravilhado com Esmeralda a seu lado em seu castelo, a princípio recusou-se a pensar em que milagre teria ocorrido. Sentia-se fraco e sabia que fora ferido pelo tio, mas Inácio lhe garantia que o traidor estava morto e que Esmeralda e Miro tinham vindo para salvar-lhe a vida.

Carlos, admirado, sentia-se grato pela compreensão paterna aceitando a presença dos ciganos e o demonstrou assim que Fernando, comovido, acercou-se do leito:

— Pai, agradeço por ter trazido Esmeralda. Pensei ter morrido. Estava em meio a fumaça, sangue e dor. Sentia muito frio e, quando eu estava caindo dentro de um buraco escuro, encontrava Esmeralda, que me estendia a mão e me chamava à vida. Sem ela eu teria morrido.

— Deus ouviu nossas preces. Esmeralda cuidou de você com muita dedicação.

Carlos apertou a mão da cigana com força.

— Devo-lhe a vida, Esmeralda.

A cigana murmurou com doçura:

— Se você morresse, eu não iria sobreviver.

— Mas eu estou vivo! Agora não mais a deixarei!

Fernando sentiu um aperto no coração. Certamente Carlos estava fraco e dependente, fascinado pelo amor daquela bela mulher, cuja dedicação tinha que reconhecer. Mas, quando voltasse ao normal, com certeza haveria de libertar-se daquela atração.

Nos dias que se seguiram, Carlos apresentou melhoras e, embora estivesse muito fraco ainda, Miro reconheceu que ele estava salvo. Assim, despediu-se, disposto a regressar. Chamou Esmeralda e disse triste:

— Não quero perturbar sua alegria, mas preciso ir e aconselho que me acompanhe.

Esmeralda teve um gesto de susto:

— Deixar Carlos agora?

— Sim. Ele está fora de perigo e acho que deve voltar ao acampamento.

— Gostaria de ficar mais ao lado dele. Minha presença lhe faz bem.

— Eu sei. Mas se tem que deixá-lo, é melhor que seja agora. Dom Fernando nos aceita só porque ajudamos ao filho. Se quiseres ficar para sempre aqui, sei que ele não vai concordar. E, depois, como iria viver, encerrada dentro desta prisão? Você que ama a liberdade, o sol, a luz, a noite, a alegria. Já sentiu o peso destas paredes? A tristeza que há em cada canto? Os antepassados gemendo em cada sala? Eu morreria se tivesse que ficar aqui, e você também não vai suportar. Por isso Carlos a ama. Porque lhe deu a vida que ele sonhou. Não suportará isto muito tempo. Eu sei!

Esmeralda suspirou, triste. Era verdade. Sentia-se sufocar dentro da pesada atmosfera daquele castelo. Sua única alegria era Carlos.

Miro tornou súplice:

— Volte comigo. Quando ele melhorar, irá encontrá-la no acampamento. Então, tudo estará bem. Ele a ama. Irá a seu encontro longe destas tristes paredes. Esta casa está escura, eu não vejo nada de bom. Muito ódio, muita vingança e Deus sabe o que vem ainda sobre eles.

— Miro, o que vai acontecer? Por acaso sabe? Viu alguma coisa?

O cigano desviou o olhar com um sorriso.

— Nada. Só sinto tristeza neste lugar. Aqui não será feliz. Venha comigo, Esmeralda, eu lhe peço!

A cigana olhou triste para Miro:

— Não sei se terei forças.

— É preciso. Não será por muito tempo. Quando Carlos melhorar, irá a seu encontro.

— Quando pensa partir?

— Ainda hoje.

— Fique até amanhã e lhe darei uma resposta.

— Seja. Esperarei. Dói-me deixá-la só, aqui.

Pensativa, Esmeralda aproximou-se de Carlos, que tomou de sua mão com imenso carinho.

— Por que me deixou só? Proíbo-a que saia daqui nem que seja por um minuto.

Esmeralda sorriu.

— Bobo! Sabe que agora já está bom e eu preciso ir embora. Miro vai amanhã e eu pretendo partir com ele.

Carlos assustou-se:

— Quer me deixar?

— Só vim porque precisava de mim. Agora preciso voltar aos meus. Sabe que esse é meu dever.

Carlos apertou-lhe a mão com força:

— Não. Não quero que vá. É minha e seu dever é ficar junto comigo. Não posso ir com você. Por isso, deve ficar.

Esmeralda respondeu com voz fraca:

— Daria tudo para poder ficar, mas sabe que é impossível.

— Então não me ama.

— Sabe que o amo muito. Não posso ficar aqui. Não é meu lugar. Dom Fernando deixou-me ficar só até ficar curado. Prometi ir embora quando estivesse melhor.

Carlos indignou-se.

— Não concordo. É minha e nada há de nos separar. Falarei com ele. Há de compreender.

Esmeralda estava trêmula. Carlos a amava e lutaria por seu amor. Isso a comovia. Esqueceu seus sofrimentos naquele lugar, onde parecia sufocar entre aquelas paredes e murmurou humilde:

— Farei o que quiser.

Miro os olhava com profunda tristeza, embora tentasse dissimular. Quando Fernando aproximou-se, Carlos tornou:

— Pai, Esmeralda quer ir embora, mas eu quero que ela fique. Quero pedir seu consentimento para que ela seja minha mulher!

Fernando sentiu uma onda de pavor. Casar! Com uma cigana! Que horror! Sem poder conter-se, tornou irritado:

— Certamente sua fraqueza não o faz enxergar bem as coisas.

— Ao contrário. Estou voltando da morte. Quando se passa o que passei, pode-se avaliar o que tem valor. Para mim, o amor de Esmeralda é mais importante do que tudo.

Fernando estava pálido. Certamente esse era o golpe daquela cigana! Ela não queria uma recompensa. Ela queria tudo!

Fulminou-a com o olhar e a custo dominou sua ira. Miro aproximou-se e disse sério:

— Esmeralda acaba de dizer a dom Carlos que vai comigo para o acampamento. Partimos amanhã.

Carlos empalideceu.

— Não vai fazer isso comigo. Esmeralda fica. Não quero que ela vá. Se for embora, juro que jamais o perdoarei.

Fernando, olhando a fisionomia pálida e contraída do filho, assustou-se e resolveu contemporizar. Afinal, ele podia estar enganado. Se Esmeralda pretendia ir embora, por que se irritar? Com o tempo tudo se arranjaria.

— Calma, Carlos. Não falemos disso agora. Se quer que ela fique, não me oponho. Não se irrite. Pode lhe fazer mal.

Carlos apertou a mão de Esmeralda com força.

— Fique comigo — murmurou com voz fraca.

— Farei o que quiser — murmurou a cigana com dificuldade.

Fernando queria muito conversar com o filho sobre a tragédia. Havia muitas dúvidas sobre o ocorrido, contudo esperava uma ocasião em que Carlos estivesse só. Era um segredo de família que não queria ver revelado nem aos criados. O subterrâneo permanecia fechado. Sem forças para repor a arca no lugar, guardara-a em aposento vigiado por homens de confiança. Quando Carlos sarasse, poderiam devolvê-la ao devido lugar. Não se arriscava a comentar sobre o assunto diante de ninguém. Mesmo assim, Fabrício descobrira. Como tinha acontecido? Aguardava a partida dos ciganos para falar do assunto com Carlos, que, por várias vezes, quisera mencionar os fatos, mas Fernando o fizera calar, alegando que tudo estava bem e oportunamente voltariam ao assunto. Apesar de sentir-se ainda enfraquecido, Fernando reassumira suas atividades na direção de suas terras e procurava colocar tudo nos devidos lugares. Pensava em Leonor, que agora podia retornar a casa, livre para sempre do marido. Entretanto, não tivera notícias de Gervásio. Onde estaria?

Precisava assumir o castelo e as terras que ainda restavam ao cunhado para evitar que caíssem nas mãos de algum aventureiro, já que Fabrício estava morto e não deixara descendência. Leonor era a dona de tudo. Assim que Carlos melhorasse, iria até lá para vistoriar a propriedade. Temia que os homens de Ortega tivessem ido primeiro e saqueado tudo. Por certo, eles sabiam que Fabrício estava morto.

Entretanto, os camponeses andavam assustados. Alguns afirmavam ter visto homens de Ortega escondidos no mato rondando a casa e pensando em novos ataques.

Fernando reuniu os camponeses e dobrou a guarda. Naturalmente, pensava Fernando, eles sabiam das joias e pretendiam voltar ao ataque. Os servos estavam nervosos, por certo, em razão dos últimos acontecimentos. Recusavam-se a entrar na sala onde Fabrício tinha morrido e alguns até afirmavam ver seu fantasma ensanguentado rondando o local.

Fernando não acreditava que os mortos voltassem. Certamente, aqueles servos, campônios ignorantes e cheios de crendices, estavam fantasiando coisas.

Repreendeu-os com severidade e os ameaçou até de prisão caso comentassem o assunto. Contudo, eles estavam apavorados. Fernando, querendo desmistificar a coisa, rumou para a sala onde se dera a tragédia e ordenou a alguns que o acompanhassem. Uma serva chorava afirmando ter visto o fantasma encostado na parede da sala.

— É absurdo. Não há nada lá. Os mortos não voltam. Venham comigo.

A mulher continuava a chorar e recusava-se a ir. Fernando ordenou:

— Vamos. Estou mandando.

Trêmula e pálida, ela os acompanhou. Preso aos últimos acontecimentos desde sua chegada, Fernando não ia àquela parte da casa, onde esperava ir com Carlos para verificarem tudo no subterrâneo. Abriu a porta calmamente e entrou. Os servos pararam à porta, medrosos. Fernando ordenou:

— Corram as cortinas. Vamos abrir as janelas. Verão que as sombras se dissolvem.

Assustados, dois criados correram à janela, abrindo-as de par em par. Apesar disso, o ar era pesado e desagradável. A serva de repente começou a gritar:

— Ele está aí! E não está só, Deus meu! Tem homens com ele. Querem vingança!

Apesar de sua firmeza, Fernando sentiu penoso arrepio.

— Esta mulher está louca! Podem ver que nesta sala não há ninguém.

— Eles dizem que o cheiro ficará aqui para sempre. Ninguém conseguirá apagá-lo — dizia ela, em pranto. — Pelo amor de Deus, vamos rezar!

Fernando lutava com o inesperado, esforçando-se por manter a calma. Mas foi forçado a reconhecer que a sala exalava um forte odor de putrefação que a princípio era fraco, mas que, apesar das janelas abertas, parecia acentuar-se, tornando-se insuportável.

— Vamos embora daqui — tornou ele. — Estão muito medrosos vendo coisas onde não existe nada. Não estou vendo ninguém. Mande essa mulher embora e arranjem outra que não seja medrosa.

A mulher saiu chorando e eles se afastaram comentando sobre o mau cheiro que se espalhara pela sala e que todos haviam sentido. Lá fora, comentavam com os companheiros e os boatos começaram a correr. Acreditavam que Fabrício se unira ao próprio satanás para vingar-se. O mau cheiro era do tinhoso, que estava ali no castelo. Fernando precisava chamar um padre urgente para afugentá-lo.

Ele estava preocupado. Carlos ainda estava muito fraco e necessitando de cuidados. Por outro lado, havia os ciganos que ele insistia em manter ali. Agora essas ideias dos camponeses cheios de crendices. As coisas estavam se complicando e ele não sentia forças para assumir o comando de tudo, enfraquecido e doente.

Naquele mesmo dia escreveu uma carta a Antônio, relatando os fatos e pedindo que antecipasse a visita que tinham combinado. Durante sua estadia em Madri, tinham acariciado planos de união entre Maria e Carlos e pretendiam cuidar do assunto quando a família fosse a Valença passar uma temporada no castelo de Fernando. Contudo, angustiado e nervoso, Fernando pedia a antecipação dessa viagem, colocando a necessidade de apoio e amizade que sentia em Antônio, homem rígido, de princípios, e digno como fidalgo.

Pensava que o amigo e futuro sogro do filho pudesse ajudá-lo a resolver aqueles problemas intrincados de Fabrício, a descobrir o paradeiro de Leonor e cuidar do futuro dos dois jovens. Não mencionou os ciganos. Esse capricho do filho certamente passaria. Esmeralda lhe disse que iria embora e ele confiava que tudo desse certo. Arranjou portador e o despachou com a missiva. Agora, tinha apenas que esperar.

Mandou preparar aposentos para os hóspedes. Deu ordens para que despedissem todos os que estivessem com medo e acreditassem em fantasmas, e que arranjassem outros que se diziam corajosos e sem crendices. Mas para não desagradar os camponeses, mandou chamar um padre que, desde que Gervásio desaparecera, ia ao castelo para rezar as missas e oficiar os atos de religião. Encomendou missa solene para agradecer a Deus pela saúde do filho. O padre o convenceu de que devia primeiro rezar pela alma do assassinado e exorcizar o castelo, e depois então fariam a missa em ação de graças. Fernando continuava odiando Fabrício mais do que nunca, mas se isso comprasse a paz de sua casa e sossegasse seus camponeses, ele concordaria.

Assim, tudo foi marcado. Fernando entrou nos aposentos de Carlos meio contrariado. O moço o olhou, perguntando com voz fraca:

— O que passa? Parece aborrecido. Há algo errado?

— Não se preocupe. Sabe que nossos homens são ignorantes e cheios de superstições. Acham que o fantasma de Fabrício ronda a casa e por isso querem um padre. Não acredito nessas baboseiras, mas, se isso os tranquiliza, tenho que aceitar, embora me aborreça. O padre Anselmo deseja exorcizar a alma daquele miserável e quer que rezemos por ele. Eu não perdoo o que ele fez. Quase lhe roubou a vida! Rezar por sua alma! Se eu acreditasse nela, não me importaria que estivesse no inferno! Mas tive que concordar. Sabe que esses padres dirigem tudo e não podemos contrariá-los.

Esmeralda os olhava um pouco pálida e Miro procurava manter-se afastado do assunto. Carlos tornou com voz baixa:

— Pouco me importam as missas. Que as rezem. Mas há algo que preciso contar-lhe.

— O que é?

— O que aconteceu naquele dia. Como surpreendi o patife e os homens de Ortega. Há uma dúvida que me preocupa muito. Onde estão Ortega e seus homens?

— Fugiram, com certeza. Alguns deles foram vistos rondando a casa e redobrei a guarda. Se alguém tentar entrar no castelo, saberemos em alguns instantes. Fique tranquilo. Depois falaremos sobre isso. Agora terei que ir rezar pela alma daquele patife que lamento não ter matado com minhas próprias mãos. Aquele cachorro!

O rosto de Fernando foi se congestionando e de repente ele levou a mão ao peito exclamando com dificuldade:

— Ai! O ar me falta. Estou mal!

Miro de um salto aproximou-se e amparou Fernando colocando-o no leito, afrouxando suas vestes enquanto dizia com voz enérgica:

— Cuidado, dom Fernando. Não se ligue ao fantasma que cheio de ódio clama por vingança! Se sabe rezar, se tendes fé, é chegada a hora de pedir. Vejo grandes nuvens negras sobre sua cabeça. O sangue de muitos homens que pedem vingança. Não é hora de rancor nem de desafios. É hora de rezar e esquecer os erros passados.

Fernando, pálido, respirando com dificuldade, olhava assustado sem atinar com o que lhe estava acontecendo. Carlos queria levantar-se para socorrer o pai, mas Esmeralda o detinha afirmando segura:

— Deixe Miro trabalhar. Ele sabe o que está fazendo.

— Meu pai está mal. Preciso ajudá-lo!

— Não pode. Está muito fraco. Miro tratará dele.

O cigano colocara a mão espalmada sobre a testa de Fernando, que gotejava de suor. Em vão, procurava falar, sua voz não saía. Miro continuou:

— Acho que é chegada a hora de acreditar na sobrevivência da alma! Não desafie pobres criaturas enlouquecidas e cegas pelo ódio. Procure antes orar por elas e peça a Deus que as leve desta casa. Lembre-se disso. O ódio só traz a revolta e a dor. Deve aprender a esquecer as ofensas, como a religião lhes ensina. Não está a se persignar todos os dias na Igreja? Por que não segue os ensinamentos de sua religião, que manda perdoar os inimigos? Faça isso e talvez possa se salvar!

Fernando estava pasmo. Um cigano pregando sermão? Como podia ser isso? O mal-estar foi passando e aos poucos ele voltou ao normal. Sentou-se na cama e olhou Miro com seriedade. Perguntou:

— Pode dizer-me o que passou aqui? Não entendi.

O cigano olhou-o calmo. Em sua voz havia um pouco de tristeza:

— Quer saber? Está preparado para ouvir a verdade?

Fernando empertigou-se:

— Por certo. Pode falar.

— Quando começou a falar de dom Fabrício, ele apareceu e o agarrou pela garganta, querendo matá-lo.

Fernando deu um pulo.

— Não creio. Os mortos não voltam. Isso não é verdade.

— Neste caso, fiquemos por aqui. Não lhe posso dizer mais nada.

Fernando estava inconformado:

— Não pode ser! Fabrício está morto. Como poderia me agredir?

Miro conservou-se calado. Carlos assustado perguntou:

— Sei que fala a verdade, Miro. Acredito em sua palavra. Mas como sabe que era Fabrício? Não o conheceu.

Miro sorriu ligeiramente.

— O homem que entrou aqui era de alta estatura, forte, cabelos escuros e camisa fina cor de palha. No cinto de couro cru havia uma fivela com um brasão. Duas armas entrelaçadas com ramos de oliveira. O que me chamou a atenção foi um medalhão que ele trazia ao peito, no qual havia um retrato de uma bela mulher, de negros cabelos e pele de louça delicada. Trazia um colete de couro com duas algibeiras.

Fernando estava pasmo. Quando Miro chegara ao castelo, Fabrício já tinha sido enterrado havia dias. Como podia descrevê-lo com tanta perfeição? Carlos estava arrepiado.

— É ele! Você o viu! Assim estava vestido no dia do roubo. Eu o vi e Inácio também. Era ele. Você não podia saber! Pai, a alma dele esteve aqui! Estou certo disso.

Fernando estava assustado.

— Como pode ser? Deus permitiria tanta injustiça? Ele nos arruinou, assaltou e quase destruiu sua vida, e agora ainda volta para nos perseguir? Deus é tão injusto?

Miro tornou calmo:

— Não contesto a justiça de Deus. Nem posso explicar. Mas ele o agrediu e bradava vingança. Tinha as mãos crispadas, cheias de sangue, e no pescoço e no peito havia chagas horríveis que sangravam. Fazia dó. Estava em grande sofrimento, beirando a loucura. Só posso dizer que rezem por ele e pelos outros. Todos estão sofrendo muito.

— Outros? Que outros? — perguntou Fernando.

— Os que morreram com ele.

Carlos sentiu um arrepio de pavor.

— Pai, precisamos esclarecer uma coisa! Não posso esperar mais.

— Naquela noite outros homens morreram, havia dois corpos na entrada do castelo — tornou Fernando.

— São mais. Vejo oito pessoas que querem vingança! Precisam orar muito e talvez deixar este castelo, o lugar está maldito.

— Pai — disse Carlos —, precisamos ir até lá. Sabe onde me refiro.

— Sei. Depois falaremos.

— Não. Tem que ser agora. Eu vi. Fabrício os prendeu lá! Alguém por acaso os libertou? Eles teriam encontrado a saída?

Fernando empalideceu. Teria a tragédia sido maior?

— O mau cheiro — pensou apavorado. Teriam eles ficado lá dentro? Precisava verificar, mas como? Quem poderia ir até lá naquelas circunstâncias?

Carlos estava lívido:

— Pai, ninguém os tirou de lá?

Fernando suspirou ao dizer:

— Ninguém conhecia esse segredo. Só você os viu serem presos lá?

— Só. Estava preocupado com o que sabe. Enquanto os outros davam busca pela casa, fui até lá e vi a porta aberta. Eles, lá dentro, conversavam. Vi também quando dois trouxeram a arca para fora e Fabrício os mandou voltar em busca do resto. Assim que os viu entrar, cerrou a porta e, rindo maldosamente, começou a colocar as joias em um saco. Foi quando eu saí de trás da cortina e o interpelei. Ele me agrediu, rolamos, e então Inácio apareceu. Quando ele o feriu, julguei-me a salvo, mas o malvado ainda teve forças para ferir-me. Ninguém os viu sair?

— Ninguém — tornou Fernando, assustado. — Meu Deus! Que castigo morrer ali sem ar nem água!

— Como sabe que ficaram lá? Que não encontraram a saída?

— Se tivessem saído, alguém os teria visto, teriam deixado rastro de sua passagem. Sabe quantos eram?

— Não! Ouvi vozes, mas não posso precisar o número deles.

— O que me deixa certo de que morreram ali foi o cheiro de putrefação. Seus corpos estão em decomposição, por isso o odor desagradável naquela sala, que os campônios julgaram ser o demônio.

— Pai, precisamos saber.

— Por ora, nada podemos fazer. Eu doente, você está fraco ainda de cama. Quando estivermos melhor, vamos verificar. Se estiverem lá, sepultaremos os despojos. Nada mais podemos fazer. Mandarei rezar a missa. Não me julgo culpado por essas mortes. Foi Fabrício quem os trouxe aqui e deliberadamente os prendeu lá. Certamente tinha a intenção de matá-los, livrar-se deles para ficar sozinho com o produto do roubo. Acho até que a mão de Deus foi providencial, deixando-os presos naquele local. Eram salteadores e assassinos. A justiça se cumpriu.

Miro olhava-o admirado:

— Se me permite, gostaria de lhe dizer que deve deixar o castelo. Vai ser muito difícil tirá-los daqui e, por isso, melhor faria se fosse para outro lugar, porque essas almas atormentadas não lhes darão trégua.

Carlos estava pálido. Confiava em Miro.

— Pai, eu posso arranjar um lugar para nós até conseguirmos construir novo castelo. É uma casa linda e cheia de sol. Ficaremos lá até que uma nova ala possa ser levantada em outro local em nossas terras e, quanto a este lado, cerraremos suas paredes para sempre.

Fernando sacudiu a cabeça.

— Loucura! Não me sujeito a essas crendices. Se eles morreram, não nos cabe culpa alguma. Com algumas missas acalmaremos tudo e, com o tempo, depois de os enterrarmos devidamente, tudo será sanado. Jamais deixarei a casa que tanto amo e que nos pertence há tantos séculos, guardando nossos antepassados.

Miro olhou Esmeralda, preocupado. A cigana estava lívida. Carlos, inconformado, ardia por saber se de fato os saqueadores tinham permanecido fechados ali. Por outro lado, sentia que o pai estava certo. Fora Fabrício quem os prendera intencionalmente. Se não estivesse tão ferido, por certo os teria libertado, embora o fizesse para prendê-los ou justiçá-los. Eram malfeitores. Por certo não os teria deixado morrer ali. Sua consciência estava em paz. Apesar disso, não conseguia acalmar-se. Teve vontade de ir para sua casa com Esmeralda. Mas o pai parecia determinado. Ele não contou que tinha um refúgio.

Entretanto, Miro estava decidido. No dia seguinte retornaria ao acampamento e levaria Esmeralda. Precisava salvá-la, mesmo contra sua vontade. À noite, quando Carlos adormeceu, Miro chamou a cigana para a sala ao lado:

— Esmeralda, pela manhã nós retornaremos ao acampamento.

A cigana estremeceu:

— Não posso deixá-lo agora.

— Irá comigo. Se ficar, prevejo grandes desgraças. Precisamos sair daqui. Este castelo está maldito. Não desafie certos poderes que podem destruí-lo.

A cigana estava apavorada. Jamais Miro lhe falara com tanta seriedade. Conhecia-o muito para perceber que ele não brincava.

— Como posso ir? Carlos vai piorar.

— Se ficar, ambos serão tragados pela força das coisas. Mas se for, ele por certo a seguirá e então poderá salvá-lo e estar a salvo também. Entende?

— E se ele não me seguir?

— Que homem já resistiu a seu amor? Ele a ama. Não vive sem você. Tratará de melhorar para ir a seu encontro. Não tema.

Esmeralda acalmou-se. Miro podia estar certo. Longe daquele castelo horrível, por certo seriam felizes. Carlos a seguiria.

— Dom Fernando não concorda que fique. Está calmo porque eu lhe disse que vamos partir. Se ficar, por certo será seu inimigo. O que poderia fazer aqui, só e indefesa?

Esmeralda suspirou:

— Tem razão. Irei com você. Mas Carlos não pode saber. Falarei com Inácio e o espero no acampamento. Lá seremos livres e felizes.

Esmeralda sorria com esforço e Miro a olhou num misto de alegria e compaixão. Levando-a consigo, tinha esperança de salvá-la.

Chamou Inácio, que dormia aos pés do amo, e disse em voz baixa:

— Inácio. Vou embora com Miro antes que o sol apareça. Quero que fale a Carlos sem que dom Fernando saiba.

Inácio concordou de pronto:

— O amo vai sofrer muito.

— Eu também. Quero que lhe diga que eu o amo mais do que minha vida e que é para salvá-lo que parto. Aqui neste lugar, onde o sangue de assassinos foi derramado, jamais poderá haver felicidade. Este lugar é maldito. Eu ficarei esperando no acampamento. Quando ele sarar, deverá me buscar e eu irei com ele para onde ele quiser. Compreende?

— Sim.

— Dará o recado?

— Pode esperar.

— Diga a ele que estou com o coração despedaçado e que parti chorando.

— Eu digo.

— Agora vamos. Diga a dom Fernando que agradecemos a hospitalidade — tornou Miro. — Preferimos partir assim, e ele vai entender por quê.

— Vou preparar provisões para a viagem e cavalos.

— Eu lhe agradeço. Sabe que somos amigos. Quando Carlos voltar ao acampamento, esperamos pelos dois.

Inácio sorriu:

— Quem dera! Aquilo sim é vida! Se meu amo deixar, eu vou mesmo. Vou preparar tudo e quando estiver pronto o chamarei.

Esmeralda voltou ao lado do leito onde Carlos dormia. Fitou-lhe o rosto com adoração. Quisera levá-lo consigo. Como era difícil separar-se dele!

Beijou-lhe a face de leve, e o moço, num gesto carinhoso atraiu-a para si num abraço do qual ela jamais desejaria sair. Deixou-se ficar, ajoelhada ao lado do leito, cabeça em seu peito, sentindo seu braço envolvendo-a com carinho.

Quando Miro fez-lhe um sinal de que era chegada a hora, a cigana sentiu um aperto no coração. Era difícil a separação. Sentindo as lágrimas rolarem, com gesto suave, ela saiu dos braços de Carlos, que se agitou um pouco sem acordar. Olhando-o com desespero, a cigana saiu quase correndo da sala, tentando impedir o pranto. Miro seguiu-a em silêncio e no pátio já os esperavam dois cavalos com as provisões para a viagem. Nenhum dos dois conseguia falar. Inácio tornou humilde:

— Que Deus os bendiga. E a Virgem os acompanhe.

— *Gracias*, Inácio. *Saludos* a dom Fernando e a dom Carlos.

Esmeralda, em pranto, abraçou Inácio com força e montou o animal com um salto. Miro apertou a mão do criado e montou por sua vez, e, em silêncio, logo se perderam na curva da estrada.

Inácio entrou um pouco triste. Gostaria de ter, com seu amo, partido dali, onde tudo estava tão mudado e tantos acontecimentos dolorosos estavam ocorrendo. Fechou os portões do castelo e, com pesar, retornou a seu lugar.

Capítulo 12

Era dia claro quando Carlos acordou. Esperou calmo que Esmeralda entrasse no quarto, mas, como ela se demorasse, tornou:

— Inácio, chame Esmeralda.

Inácio aproximou-se pesaroso. Carlos ergueu-se preocupado. Conhecia o criado muito bem.

— Onde está ela? Por que não está aqui?

— Tenho um recado dela.

— Fale. Não vê que estou aflito?

— Esmeralda e Miro partiram. A pobre foi chorando.

— Não é possível. Meu pai com certeza exigiu. Ele vai se ver comigo.

— Não. Isso não. Ela disse que o ama com alma e o espera no acampamento. Disse ainda que este castelo está cheio de sangue e que aqui não serão felizes. Pediu ao amo para ir ao seu encontro. Ela vai para onde quiser. Ela o espera sem falta quando estiver melhor.

Carlos deixou-se cair abatido. Ela tivera a coragem de deixá-lo! Agora que ele alimentava a esperança de retê-la para sempre no castelo! Por certo ela se assustara. Os ciganos eram muito supersticiosos. Não devia ter contado os fatos diante deles. Fora isso. Sentiu-se abatido, mas tentou levantar-se. Tinha que melhorar para ir até o acampamento e trazê-la de volta.

Sentou-se e tentou ficar em pé. Mas tudo rodou a sua volta e ele, pálido, caiu no leito, a ponto de quase perder os sentidos.

Inácio gritou e dom Fernando, que estava na sala ao lado, entrou assustado.

— Que passa?

— Dom Carlos quis levantar-se, sentiu-se mal.

— Não pode ainda. Por que fez isso? Onde está Esmeralda?

— Eles foram embora.

— Às escondidas?

— Não. Deixaram *saludos* para todos. Preferiram sair sem falar a dom Carlos.

— Compreendo — fez dom Fernando, enquanto procurava socorrer o filho, sem ocultar no olhar o brilho de satisfação. Felizmente as coisas voltavam à normalidade. Com o tempo, Carlos esqueceria aquela ilusão.

O moço estava inconformado. Queria que Inácio fosse atrás deles para trazê-los de volta, e a custo conseguiram acalmá-lo um pouco.

— Vá, Inácio. Traga Esmeralda. Diga que estou morrendo. Assim ela volta.

— Meu filho, não pode forçá-la, se ela prefere estar com sua gente. Ela foi porque quis. Depois, os ciganos têm muito medo dos mortos. Viu como se apavoraram ao saber que aqueles assassinos tinham morrido aqui? Com essas crendices, não pode exigir que fiquem no castelo. Depois, eles pertencem a outro meio. Não gostam de sair nem de se misturar.

Carlos calou-se. Quando melhorasse, iria ver Esmeralda e resolveriam quanto ao futuro. Queria melhorar depressa. Apesar disso, naquele dia não conseguiu comer, insensível aos carinhos da mãe e ao interesse do pai.

No dia imediato, Carlos acordou tarde. A noite fora cheia de pesadelos e por isso só conseguira despertar quando o dia estava claro. Revivera a cena da morte do tio e lhe parecera sentir novamente a ferida sangrando e seu sangue todo se esvaindo, chamava por Esmeralda, mas a cigana não vinha. Sentia-se debilitado e sem apetite.

Inácio tentou dar-lhe uma caneca de leite, que o moço recusou enojado.

— Beba, dom Carlos. Se não se alimentar, não poderá levantar logo dessa cama. Se quer ir ao encontro de Esmeralda, deve alimentar-se.

Carlos queria melhorar. Vencendo a náusea, concordou em sorver um pouco do leite, que o deixou acalorado, dada a sua fraqueza. Tentando animá-lo, Inácio tornou:

— Hoje tudo aqui está engalanado. Seu pai recebe hóspedes! Chegaram há meia hora.

— Hóspedes? Quem?

— Dom Hernandez com a família. Precisa ver dona Maria. Que galante é!

Carlos admirou-se:

— Por que teriam chegado agora?

— Dom Fernando os chamou quando as coisas estavam sérias. Seu pai receava morrer e deixar a família sem proteção. Sua saúde o preocupava.

— Sei... — tornou Carlos, em indiferença.

Pouco depois, dom Fernando achegou-se ao leito do filho. Estava alegre como havia muito não acontecia.

— Filho, dom Hernandez chegou com a família e desejam fazer-lhe uma visita. Logo mais, à tarde, os trarei aqui.

— Está bem — tornou Carlos com indiferença. — Por que vieram antes do combinado?

— Eu participei o que se passava aqui e dom Antônio imediatamente ofereceu seus préstimos. É nosso melhor amigo e vê-lo aqui me dá tranquilidade.

Fernando estava sério. Sua voz refletia contida emoção. Continuou:

— Quando fiquei doente, senti-me morrer e, vendo-o também tão fraco, receei o pior. Então, senti necessidade de avisá-los. Você se recupera devagar. Eu não sei se amanhã terei outra crise. Essas coisas de meu coração. Por tudo isso, pensando no futuro, quero colocar dom Antônio a par de tudo. Se algo me acontecer, ele cuidará de você e de nossas terras até que fique bem.

— Se isso o acalma, eu concordo. Está bem, por certo viverá ainda por muitos anos. Quanto a mim, logo estarei bom e poderei reassumir os negócios.

— Deus o bendiga, meu filho. Mesmo assim, não posso deixar de agradecer a dom Antônio tanta atenção. É mesmo nosso amigo.

— Está certo. Eu os aprecio muito. Quanto tempo ficarão?

— Ainda não sei. Pretendo ir com ele ao castelo de Fabrício. Precisamos zelar por tudo. Pertence a Leonor, eles não tinham filhos. Preciso também procurá-la. Agora já pode voltar sossegada. Está livre.

— Pobre tia. Onde estará?

— Dom Gervásio é bondoso. Interessou-se por ela. Deve tê-la guardado em algum convento, conforme combinamos. Preciso encontrá-lo. Tenho vontade de combinar logo essa viagem. O castelo sem os donos pode ser presa fácil de malfeitores. Antes eu temia deixar o castelo por causa dos homens de dom Ortega. Agora que estão mortos, estamos livres. Ninguém mais atacará esta casa.

— Será mesmo que eles morreram?

— Pelo cheiro do salão que vem lá de baixo, não tenho a menor dúvida. Ninguém aguentaria tanto tempo preso lá dentro, sem ar, água e comida.

— Por que será que não acharam a saída?

— Porque ela é secreta e tem uma trava do lado de fora. Uma vez baixada, não abre por dentro.

— Eu não sabia...

— Fabrício devia saber. Caso contrário, não os teria deixado lá. Era covarde e os temia. Sabia que se saíssem o matariam sem piedade.

— Isso explica tudo.

— É o que eu penso. Mas ainda não resolvi o que fazer.

— Ainda acho que não devemos mais mexer ali. Deus assim o quis. Vamos deixá-los lá. Isolar aquela ala da casa e construir no outro lado.

— Não sei... Vou pensar. Agora estou mais tranquilo. Dom Henrique é homem sério e ponderado. Vai nos ajudar nesta hora tão incerta.

Carlos concordou, embora sem muito interesse. Seu pensamento estava com Esmeralda. Sua presença fazia-lhe muita falta. Como suportar a monotonia da convalescença sem ela? Estava enfarado e sem ânimo. Apesar disso, alimentou-se regularmente. Urgia deixar o leito, sair daquele quarto, respirar o ar livre do campo, reintegrar-se à vida cotidiana.

Cochilava quando, pela tarde, dom Fernando adentrou o quarto anunciando a presença dos visitantes. Em seguida, estes entraram. Dom Hernandez era homem forte e robusto, ereto apesar dos quase cinquenta anos, cabelos vastos e encanecidos, pele morena, olhar enérgico. Dona Engrácia, vestida de negro, o que não encobria sua robustez, tinha os cabelos negros e ondulados, esticados e presos em coque no alto da cabeça, a contrastar com a brancura da tez muito delicada, revelando vida sedentária, sempre dentro de casa.

Carlos sentou-se no leito e cumprimentou-os com delicadeza. Há muito não os via e eles pareceram-lhe pouco mudados, mais robustos talvez. Vinham acompanhados por Maria. A moça era quase o oposto dos pais. Embora sua tez fosse clara como a da mãe e seus cabelos negros como os dela, seu talhe era delicado e muito bem torneado.

"Miúda, sem ser magra", pensou Carlos.

Mas o que era bonito em Maria eram os olhos escuros, redondos e grandes em contraste com os traços delicados de seu rosto jovem; a boca pequena, porém carnuda, sem ser vulgar, ao contrário, com traços de finura emprestando-lhe à fisionomia ares de grande dama.

Carlos olhou-a com curiosidade. Afinal, a menina magra e franzina, de tranças no alto da cabeça, tinha se transformado! O que faz a vida com as pessoas!

Maria aproximou-se e estendeu-lhe a mão com naturalidade. Parecia ter estado sempre ali.

— Está melhor? — indagou com voz tranquila.

— Sim — tornou Carlos, lutando para sair da sonolência.

— Sua aparência não é das melhores. Parece cansado. Se o molestamos, vamos embora.

Carlos olhou-a, admirado. As mulheres que conhecia não costumavam expor suas ideias, nem falar com tanto desembaraço, principalmente em presença dos pais.

— Por certo que não! — tornou ele, tentando interessar-se pelos visitantes.

— Carlos está se refazendo aos poucos. Se está cansado, é por estar retido no leito só e sem poder ver o sol.

— Realmente é difícil — concordou Hernandez. — O pior da convalescença é a cama. Tudo nos aborrece.

Os hóspedes sentaram-se ao redor do leito e durante meia hora palestraram sobre vários assuntos da corte, da política, dos negócios. Carlos pôde observar Maria, calada, porém serena, e pareceu-lhe que a moça havia se transformado em uma fina e delicada criatura. Lembrou-se de Álvaro, que estava apaixonado por ela. Ao que lhe dissera, era correspondido. Estariam comprometidos? Sentiu certo alívio. Isso o tranquilizava. Gostando do primo, com certeza Maria iria ajudá-lo a dissuadir os pais da ideia de um casamento entre eles. Olhou a moça com simpatia. Com certeza, era uma aliada.

— Está se sentindo muito só? — perguntou ela, com delicadeza.

— Muito — tornou Carlos, com certa amargura.

— Quer que eu venha lhe fazer companhia depois do jantar? Se aprecia, posso ler um pouco. Tenho livros muito interessantes que por certo irão distraí-lo.

— Apreciaria muito, Maria. Obrigado.

Carlos tinha intenção de conhecer melhor a moça e poder, de alguma forma, suavizar sua convalescença. Ela não oferecia perigo, uma vez que estava apaixonada por outro homem. Fazia-lhe falta a presença de alguém jovem com quem conversar.

Quando os visitantes saíram, Carlos adormeceu tranquilo. Acordou horas mais tarde e comeu com certo prazer, o que fez Inácio sorrir satisfeito. Meia hora depois, Maria foi anunciada. Vinha com sua aia, que discretamente sentou-se a um canto do aposento. Trazia nas mãos delicadas pequeno volume ricamente encadernado. Aproximou-se do leito, onde Carlos, sentado, recebeu-a com prazer.

— Está melhor?

— Estou. Dentro em breve estarei fora deste leito. Sente-se, por favor.

A moça acomodou-se na poltrona ao lado da cama. Olhou-o com certa curiosidade e perguntou:

— Tem certeza de que não o incomodo?

— Claro. Se me conhecesse melhor, saberia que dificilmente consigo esconder o que penso. O que nem sempre é agradável. Garanto que sua presença me dá prazer.

A moça olhou-o séria.

— Não gosto de me impor a ninguém. Sou contra a hipocrisia dos salões. Pode crer que vim porque tenho prazer em conversar com você e em conhecê-lo melhor. Podemos ser amigos?

Carlos apreciou o tom objetivo e seguro da moça e respondeu com sinceridade:

— Por certo. Vamos nos dar muito bem.

Carlos sentiu-se à vontade para conversar com a moça como o faria com uma irmã e, meia hora depois, riam-se e entretinham-se tanto, que o livro ficou esquecido.

Maria era moça muito instruída e apreciava a leitura, que fazia em vários idiomas. Mas, apesar disso, qualidade rara em uma mulher, era muito simples e conversava com naturalidade sobre todos os assuntos, inclusive aqueles que não eram abordados pelas mulheres, como os negócios e a política. Carlos apreciou muito surpreender na moça uma personalidade espirituosa, alegre, séria e ao mesmo tempo objetiva. Irritavam-no muito as mulheres preconceituosas e demasiadamente ingênuas, ignorantes e limitadas de seu tempo. Maria parecia muito segura de si, muito serena e muito inteligente, sem perder sua feminilidade.

As horas escoaram-se com rapidez e, quando a moça levantou-se, Carlos admirou-se:

— Já? Aonde vai?

— Preciso ir. Deve descansar.

— Eu dormi a tarde inteira. Fique mais um pouco. Agora não poderei dormir. É cedo.

— Só mais um pouquinho. E para que você desperte o sono, vou ler um capítulo deste livro.

— Preferiria conversar.

— Sabe que com minhas histórias acabei por perturbar-lhe o sono. É melhor algo que o permita repousar.

A moça abriu o volume e começou a ler. Era a história de um menino que, como filho único, tinha sido educado rigidamente para ser chefe de um império, soldado e lutador. Mas sua personalidade sensível e amante da arte, abafada pelo ambiente, sufocada, fazia-o criar um mundo imaginário onde ele vivia sua vida íntima e integral.

A voz de Maria era agradável e pausada. Carlos, que não gostava de leitura e a princípio cedera para não contrariá-la, começou a interessar-se pelo problema do personagem e pela descrição dos fatos, com os quais por vezes identificava-se.

A moça parou e disse:

— Chega por hoje. Qual é sua opinião sobre o que li?

Carlos pensou e começou a falar o que sentia. E, dentro em pouco, parecia-lhes que o personagem existia e estava ali em carne e osso.

Isso era novo para Carlos. Detestava estudar e a custo aprendera a ler e escrever. Mas era interessante analisar o personagem, que lhe parecia esmagado pelo meio e pela educação. Quando Maria se foi, Carlos ficou pensando na própria história. Ele também estava dividido. Ele também amava Esmeralda, a liberdade, a vida livre e tinha que se submeter ao pai, à rotina dos negócios e às imposições da corte, com os padres e tudo o mais. Só muito tarde conseguiu adormecer.

Maria conseguira inspirar-lhe confiança e amizade. Nos dias que se seguiram, a moça passou a ser esperada com ansiedade. Dentro de sua solidão e de seu sofrimento com a partida de Esmeralda, ela representava a possibilidade de entretenimento agradável.

Para Carlos, as mulheres representavam apenas atração para seus jogos amorosos. Mas Maria era diferente. Ele não conhecera nenhuma mulher como ela. Tão instruída, tão equilibrada, parecendo guardar dentro de si toda a sabedoria do mundo.

Surpreendia-se Carlos com a inteligência da moça, que opinava sobre todos os assuntos, sem a reserva normal das mulheres que conhecia, sempre caladas, jamais emitindo opinião, a não ser sobre os afazeres do lar, as notícias da moda ou as intrigas da corte.

Maria não se interessava por esses assuntos, preocupando-se com outros problemas mais sérios, sem perder a delicadeza feminina e a correção da boa educação.

Carlos jamais conhecera alguém assim. As mulheres grosseiras e incultas, mesmo pertencendo às mais nobres famílias, eram uma constante, e o moço encontrou na jovem visitante uma boa companheira com quem podia entreter-se conversando, como jamais o fizera com ninguém.

O jovem sentiu despertar dentro de si novo interesse pelas coisas, pelas pessoas, e aprendeu com Maria a começar a observar seus próprios atos, analisando-os melhor à luz de novos raciocínios.

O amor de Maria pela leitura, que seus pais toleravam, o que também não era costume naqueles tempos, tinha desenvolvido seu grau de cultura e enriquecido seus conhecimentos de tal sorte que Carlos se sentia encantado com suas narrativas sobre história, política e até botânica. Maria adorava a natureza, e por essa razão estudara os ciclos das plantas, dos animais e mostrava tudo ao moço de forma atraente, estimulando-o a procurar dentro de si mesmo qual desses assuntos lhe despertava o desejo de estudar e aprender.

Além de tudo, Maria era muito bonita. Seu sorriso franco, sua risada sonora e musical, sua voz firme e agradavelmente modulada fascinavam o moço, amante da beleza e da graça.

Mas apesar de sentir-se distraído e bem-disposto na companhia da moça, Carlos pensava muito em Esmeralda, guardando ressentimento.

Por que ela o abandonara? Logo no momento em que pensava vencer a resistência do pai e conseguir permissão para o casamento? Seria mais importante para a cigana viver com o bando do que estar com ele para sempre? O que ela esperava? Que ele abandonasse o pai doente e velho, precisando de seu braço forte, para viver com ela na sujeira do acampamento?

Amava Esmeralda, mas, agora, começava a raciocinar um pouco mais, analisando sua vida passada. Vira a morte de perto e isso o despertara um pouco sobre a transitoriedade da vida.

Falou sobre isso com Maria no dia em que se levantou e pôde apanhar um pouco do sol da manhã, sentado no pátio. O dia estava lindo e o jardim, cheio de flores.

— Sinto-me alegre, como se tivesse voltado à vida. Depois de ver a morte de perto, chega a ser emocionante.

— É verdade. Esteve mal, mas agora, graças a Deus, pode ver as belezas do mundo outra vez.

— Acha mesmo o mundo bonito?

— Por acaso quer coisa mais linda do que este céu azul e a luz do sol que nos ilumina e agasalha?

— É, acho que posso entender — tornou ele, pensativo. — Depois do que passei!

A moça sorriu.

— Deus salvou sua vida para que faça dela algo muito importante.

— Eu?! Nem sequer gosto de padres! Nada quero com a religião. Por que Deus se ocuparia comigo? Às vezes acho até que ele não existe.

— Nesse caso, quem teria feito todas essas belezas? E com tal perfeição?

A moça, com um gesto largo, designou o céu, o sol, as flores, tudo. Carlos não soube responder. Ela prosseguiu:

— Falo de Deus com amor, não falo dos padres nem da religião.

— Não a entendo.

— Os padres são homens e eles fizeram a religião ser como é. Se quer conhecer Deus, tem que aprender a olhar suas obras. Ver o que Ele criou, e então poderá conhecê-Lo, respeitá-Lo e amá-Lo.

Carlos ficou pensativo.

— Diz cada uma!

Maria puxou o galho da trepadeira que crescia luxuriante ao lado da janela, onde pendia uma linda rosa vermelha.

— Veja, Carlos, que beleza! Toque de leve suas pétalas de veludo, sinta seu delicioso perfume, veja como é bela. Nenhum homem, por mais sábio que fosse, jamais pôde fazer uma delas!

O moço, admirado, passou os dedos sobre as pétalas delicadas, aspirou o perfume, admirou a beleza e sorriu porque, realmente, o que ela dizia era verdade. A lógica de Maria apanhava-o de surpresa, obrigando-o a enxergar pequenas coisas que nunca tinha observado antes, fazendo-o pensar.

— São coisas da natureza — argumentou ele.

— Tem razão. São coisas da natureza, são coisas de Deus.

— Quem nos garante que Deus está nisso?

— A própria vida. A força das coisas, a perfeição da natureza que só uma inteligência superior poderia ter criado.

— Deus inteligente! Jamais ouvi tal afirmativa. Se os padres a escutam, vão chamá-la de herege!

Maria deu de ombros e sorriu:

— Talvez, mas eles não têm uma ideia melhor. Dizem que Deus é o criador de tudo, mas fazem dele um senhor malvado, ameaçador e insensível que assusta até as crianças, querendo obrigar-nos a entrar no céu. Caso contrário, aponta-nos o dedo em riste empurrando-nos sem apelação para o inferno.

Carlos riu divertido.

— Não sabia que era contra a religião. Seus pais sabem disso?

— Se quer saber, tenho minhas ideias sobre Deus, a religião e os padres, e meus pais escandalizam-se com elas, mas, quando lhes falo sobre o que penso, não encontram argumentos. Julgam-me excêntrica. Por outro lado, não lhes dou motivos de queixa. Procuro ser filha amorosa e alegre. Damo-nos bem.

— Tenho observado isso. Tem um jeito especial de tratá-los que os deixa felizes.

— Amo-os muito. E o amor é muito importante em nossa vida.

Carlos suspirou.

— Assim é. Sem amor a vida perde o sabor.

O moço pensava em Esmeralda. Uma onda de tristeza o acometeu.

— Falávamos do amor de Deus, não dos homens.

Carlos interessou-se:

— Como assim?

— Da natureza, de como Deus, por nos amar muito, fez um mundo tão lindo para nos servir de morada.

— Pensa mesmo assim? Sempre vejo os padres dizerem que isto aqui é um vale de lágrimas. Que fomos expulsos do paraíso e que a Terra é castigo de Deus.

— Eles são homens, têm ideias imperfeitas. Há pouco vimos a beleza da rosa, estamos sob o céu azul tão lindo, iluminado, claro, sem fim. Olhe para o chão e veja essa grama verde, como um tapete precioso que tem vida, de um verde repousante, para que nossos pés possam pisar. Olhe as árvores, os frutos, os pássaros, as borboletas. Pode duvidar do amor de Deus, fazendo tudo isso para nós, cegos de alma, que ainda sequer conseguimos enxergar essas belezas, que ateamos fogo aos campos, matamos sem piedade os animais, aprisionamos os pássaros, derrubamos as árvores e ainda colocamos na boca de Deus palavras que ele nunca disse?

Carlos estava boquiaberto. Nos olhos de Maria havia um brilho tão intenso que dava vida a seu rosto jovem, tornando-o ainda mais lindo.

— Não parece uma mulher — murmurou ele, fascinado.

A risada cristalina da moça cascateou no ar:

— Isso me deixa preocupada, porque gosto de ser mulher!

— Diz cada coisa!

Ela riu com gosto.

— Só alguém como você poderia trazer alegria à minha vida triste.

A moça franziu o cenho com energia.

— Está saindo da morte. A alegria deveria ser natural. A gratidão a Deus por ter poupado sua vida é um sentimento de justiça. Depois, é jovem, belo, rico e forte. Não acha que tem bons motivos para ser um homem feliz?

Carlos fechou os olhos, pensativo. No fundo reconhecia que a moça tinha razão. Mas seu amor por Esmeralda trazia-o angustiado.

— Estou ainda muito fraco. Gostaria de poder levantar-me de vez, cuidar de nossos negócios. A saúde de meu pai é delicada, anseio por retomar o ritmo de minha vida. Isso me traz inquieto e preocupado — justificou ele. Seu rosto estava pálido e contraído.

Maria levantou-se e, chegando perto, num gesto natural, alisou-lhe a testa e os cabelos com meiguice e delicadeza.

— Aprenda a ter paciência com as coisas que não pode mudar. Essa é a sabedoria da vida. Cada vez que coloca teus pensamentos nessa angústia e abraça a impaciência, joga veneno em seu próprio sangue. Se pudesse ver seu rosto, compreenderia o que digo. Está pálido. Ao passo que, quando se alegras, seu rosto se transforma, fica corado e já parece totalmente recuperado. Assim, além de não ajudar sua cura, você a retarda. A alegria é precioso remédio tanto para as feridas do corpo como para as da alma. Por que não ajuda sua própria cura, já que quer sarar depressa?

— É que nem sempre podemos estar contentes com as coisas que nos acontecem.

— Isso é verdade. Mas, em seu caso, há muito mais motivos para a alegria do que para a tristeza. Afinal, já está quase bom. Não é uma felicidade?

Carlos sentiu uma onda de gratidão. Apanhou a mão dela e a segurou com força.

— É uma enfermeira ideal. Uma coisa é certa: sem sua presença, tudo teria sido muito pior.

— Pois então vamos sorrir. Sabe qual é um dos segredos da sabedoria da vida?

Ele sacudiu a cabeça, divertido, e ela continuou:

— É que não sabemos o que vai acontecer daqui a segundos e as coisas acontecem de tal forma que, de repente, tudo pode mudar. Não é excitante e maravilhoso?

Carlos ficou sério, pensando. Era verdade. Logo ele estaria curado e, de um momento para outro, tudo poderia modificar-se. Riu com gosto. Uma sensação de bem-estar o invadiu e, pensando no futuro, em Esmeralda, pela primeira vez, desde que a jovem cigana partira, sentiu-se realmente feliz.

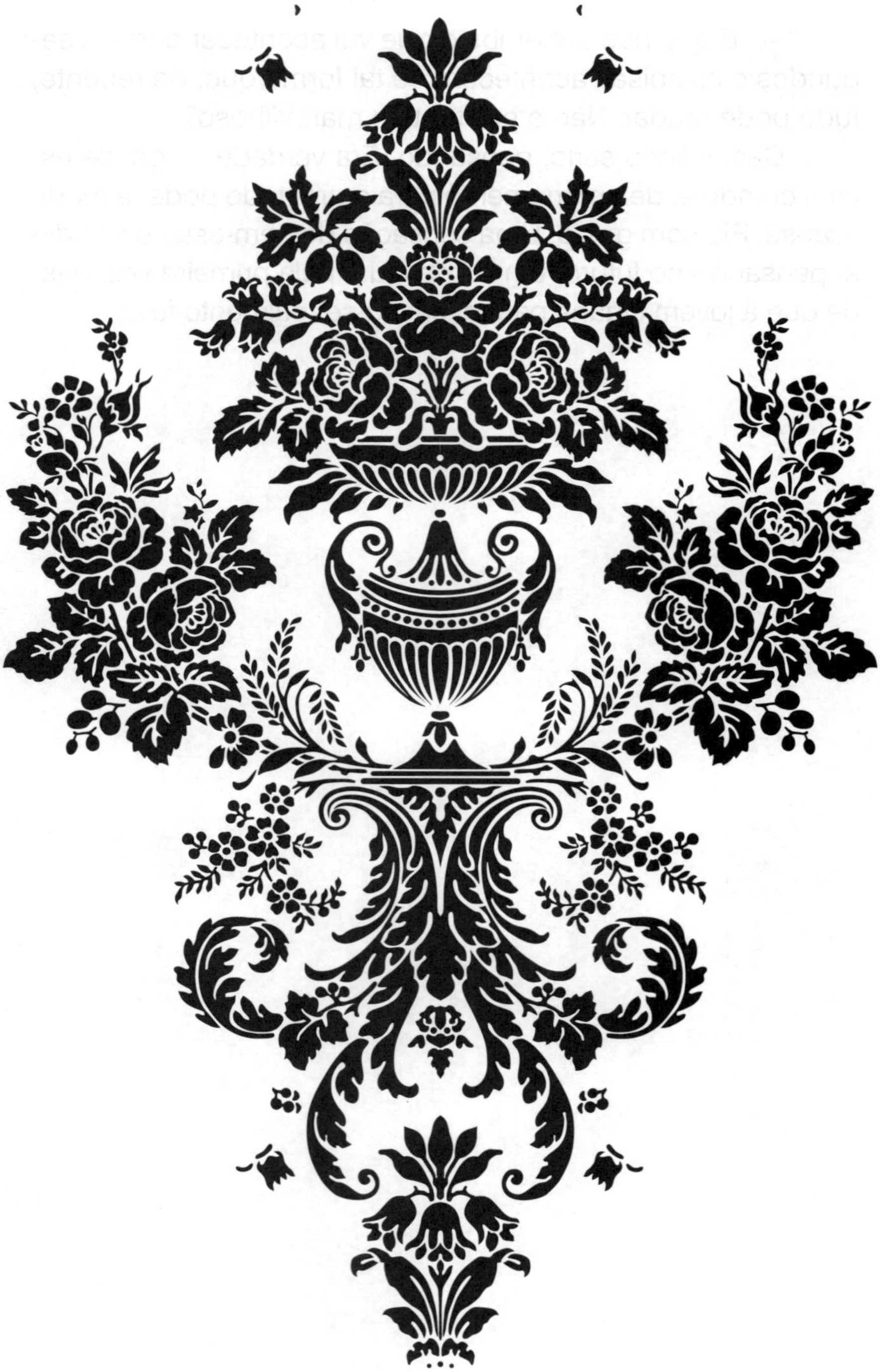

Capítulo 13

De volta ao acampamento, Esmeralda sentia-se triste e desanimada. Um vago pressentimento a emudecia, fazendo-a permanecer calada. Miro observava-a penalizado, mas sem ter o que dizer.

Apesar da alegria dos amigos festejando seu retorno, a moça não se sentia bem. Fundas olheiras marcavam-lhe as faces. Recolheu-se a sua carroça sem dar importância aos companheiros que cantavam em sua homenagem, convidando-a a dançar. Tudo inútil.

Miro procurou Sergei para desabafar, contando-lhe o que tinha acontecido, e terminou:

— As coisas não estão bem. Nuvens negras cobrem o destino e estão sobre Esmeralda. Tenho me esforçado para ajudar, mas não consigo fazer nada. A força das coisas é mais forte do que eu.

— Pobre Esmeralda! — murmurou Sergei. — Vamos lutar, Miro. Vamos trazer alegria para ela. Vamos ver se consegue esquecer o fidalgo. Esse amor pode ser-lhe fatal.

— Ah! Se eu pudesse! Arrancaria Carlos do coração dela. Mas ele a ama e isso deu força. Nada posso fazer!

— Amanhã, quando ela descansar, irei falar-lhe. Sempre me escutou. Vou tentar ajudá-la.

— Isso, Sergei. Vamos lutar. Esmeralda precisa esquecer!

A moça estava arrasada. Sergei foi vê-la, conversaram muito, e ele tentou mostrar-lhe seu ponto de vista, a diferença de costumes, de raça, de vida, entre o mundo de Carlos e o deles.

Mas Esmeralda estava determinada.

— Ele me ama. Vai voltar. Virá me buscar e, juntos, seremos felizes.

Em vão Sergei tentou fazê-la compreender que ela jamais seria feliz vivendo no palácio dele entre os fidalgos arrogantes e cheios de preconceitos, e que ele, por sua vez, estava acostumado a seu meio e não aguentaria a vida do acampamento para sempre. Mas foi inútil: a cigana apegava-se a sua esperança com obstinação.

Vendo que não conseguiam fazê-la entender, resolveram alimentar-lhe a ilusão a fim de contemporizar e obrigá-la a sair da tristeza em que estava imersa. Se ela tomasse gosto pela vida, ainda que apegada a essa esperança, quem sabe o tempo a fizesse esquecer e retornar à sua antiga alegria.

Assim, aos poucos, Esmeralda foi retomando seus hábitos e mostrando-se menos triste.

Uma tarde em que Miro entretinha-se tratando seus cavalos, a cigana aproximou-se:

— Preciso lhe falar. É sério.

O cigano amarrou as rédeas do animal e aproximou-se.

— O que é?

— Preciso de sua ajuda.

— Sabe que sempre pode contar com ela.

— É que aconteceu o pior. Estou esperando um filho dele.

Miro ficou sério.

— Tem certeza?

— Tenho. Quando fui para a casa dele, descuidei-me. Estava tão feliz! Agora, aconteceu. Quero seu conselho. Sabe que não faço nada sem falar com você. Conhece as coisas do futuro. Pensei em falar com Mina para que me dê uma beberagem que arranque de meu ventre esse filho que eu não quero.

Miro olhou-a com firmeza. Em seu rosto havia um traço de preocupação.

— Esmeralda! Ainda não está bem. Nuvens negras cobrem o castelo de Carlos, e está envolta com ele. Não abuse das forças da vida! Se esse filho foi concebido, deixe-o vir!

— Mas, Miro, vou ficar feia, disforme, não fui preparada para ser mãe. Depois, Carlos vai voltar e, se vier na primavera, eu estarei presa a esse filho que vai interpor-se entre mim e ele!

O cigano olhou-a com firmeza.

— Seus receios são infundados. Se lhe der um filho, Carlos vai amá-la ainda mais. Devia ser grata a Deus que a fez mulher e a permitiu conceber.

Tomou a mão da cigana e seus olhos estavam fixos em um ponto distante; seu rosto, pálido e contraído. Foi com temor e angústia que Esmeralda esperou suas palavras.

— Esmeralda! Tudo na vida tem seu preço. Se ama Carlos, receba esse filho com amor. Ele será seu apoio e consolo no futuro.

— Não quero! Carlos voltará e viveremos juntos, só nós dois. Não preciso de mais ninguém!

— Não conhece o futuro! Não alimente sua fantasia!

A cigana deu um salto e agarrou com força o braço de Miro:

— Sabe de alguma coisa? Carlos não vai voltar?

— Carlos está passando por uma prova de fogo. Vejo dois caminhos em sua vida, ele terá que escolher. Um será de lutas, mas melhor para ele. O outro também será de lutas, mas levará à derrocada! Dois caminhos, duas mulheres em sua vida!

Esmeralda estava pálida. Outra mulher na vida de Carlos? Uma onda de ódio a acometeu:

— Então ele já tem outra mulher?

— Não. Ainda não. Mas a força da vida leva cada um para onde deve ir e ele vai encontrá-la. E terá de escolher.

— A felicidade dele está comigo. A outra vai levá-lo à derrocada.

— Não saberia dizer a você. Contudo, Esmeralda, não atire fora a ajuda que recebe, banindo esse filho de seu caminho. Receba-o com alegria, dê-lhe todo seu amor, e o futuro lhe será mais feliz. É só o que posso lhe dizer.

Miro deu profundo suspiro e dentro de segundos sua fisionomia voltou ao normal. Esmeralda estava apavorada. Agarrou as mãos do cigano com força.

— Miro, nunca me falou assim, como hoje. Conte-me. O que viu? Sei que os espíritos lhe mostram o futuro. Estou com medo! Carlos pode me deixar! E se ele o fizer será destruído!

Miro tentou acalmá-la.

— Não seja pessimista. Não sabemos o futuro, nem se as predições vão se realizar.

— Eu sei que sempre acerta. Carlos pode gostar de outra mulher. Arrependo-me de ter vindo embora.

— Não seja criança. Não podíamos ficar mais naquela casa. Está cheia de maus espíritos. Por que se preocupa com outra mulher? Por acaso não confia mais em seu poder de atração? Acha que Carlos poderá esquecê-la?

Esmeralda ficou pensativa. Sabia o quanto era atraente. Carlos jamais soubera resistir-lhe.

— Depois — continuou Miro —, ele terá de escolher. Acha que ele não vai escolher você?

Embora sentindo funda tristeza, Miro pretendia poupar a cigana.

— É — tornou ela mais refeita —, tem razão. Pode aparecer outra, mas ele não vai me deixar. Eu sei!

— Isso. Agora, o melhor a fazer é cuidar de sua saúde. Por algum tempo, ficará em repouso.

A cigana sacudiu a cabeça.

— Por enquanto ainda não sei o que vou fazer.

— Pense no que lhe disse e não atraia a desgraça sobre sua cabeça.

— Vamos ver...

Vendo-a afastar-se pensativa, Miro sentiu um aperto no coração.

Nos dias que se seguiram, Esmeralda continuou retraída e distante. Nada conseguia alegrá-la. Esse filho, a seu ver, era um empecilho em seu caminho. Mas, por outro lado, supersticiosa ao extremo, temia a desgraça. O que fazer?

Miro procurava ajudá-la, mas a cigana parecia indiferente a tudo que não fosse sua luta íntima. Não se alimentava, emagrecia a olhos vistos. Era vista durante a noite andando pelo acampamento, como fantasma inquieto e insone.

Até que um dia, vendo-a desfalecer, Miro, preocupado, levou-a para a carroça e tratou de socorrê-la. Estava sério e havia medo em seus olhos. Quando a cigana abriu os olhos, disse-lhe com energia:

— Vou cuidar de você. Vai me obedecer. Ficarei aqui. Terá que comer, dormir e viver! Não vou deixá-la morrer desta forma.

— Deixe-me. Não tem nada com minha vida!

— Não seja ingrata. Já disse que agora vai me obedecer. Tome este chá que preparei. Vamos.

— Não quero. Estou bem.

— Não está e não me desminta. Vamos, tome, estou mandando.

Levantou a cabeça dela e colocou a caneca em seus lábios. Sem forças para reagir, Esmeralda bebeu tudo.

— Muito bem. Agora ouça. Não é uma mulher fraca. Sempre a vi forte. Não será agora que vai se deixar vencer. Se quer agarrar sua felicidade, tem que estar forte e de posse de toda sua beleza. Está feia e descorada. Nem parece a Esmeralda que todos conhecem. Quer que Carlos a encontre desse jeito?

A cigana pareceu animar-se.

— Em meu ventre está um intruso. Quisera arrancá-lo agora mesmo. Aí sim eu voltaria a ser a mesma.

— Não permitirei essa loucura. Não é obrigada a ficar com ele. Se não o quiser, encarrego-me dele ao nascer. Eu o levarei para bem longe e nunca mais o verá, mas não corte o fio da vida. Se o fizer, não poderei salvá-la.

— Mas Carlos pode voltar e me encontrar deformada!

— Isso não vai acontecer. Carlos não virá antes da primavera. Sabe que estava ainda muito fraco e, ademais, não gosta de passar o inverno no acampamento. E na primavera seu filho já terá nascido e tudo estará bem.

A cigana suspirou.

— Está certo. Vou seguir seus conselhos. Deixarei que ele nasça, mas não o quero. Assim que me livrar dele, você o levará para onde quiser. Não quero nem saber. Prometa que vai me ajudar!

O cigano olhou-a nos olhos.

— Melhor seria que o criasse e lhe desse seu amor. Mas como se recusa, nada posso fazer. Concordo em levá-lo para longe. Pode contar comigo.

A cigana pareceu aquietar-se e, com a mão carinhosamente segura por Miro, adormeceu.

Entretanto, Carlos ia se recuperando, e Fernando notava que o filho parecia alegre e descontraído.

A presença dos amigos trouxera ao castelo um aconchego agradável, num momento doloroso e incerto. Encarnação tomara-se de amores pela jovem Maria, a quem admirava não só pela dedicação a Carlos, mas por sua personalidade diferente, sua cultura, sua maneira de ser incomum às mulheres de seu tempo.

Perto dela sentia-se bem e apreciava-lhe os pontos de vista, habituando-se com facilidade a pedir-lhe opiniões e às vezes até conselhos.

O marido via com bons olhos a atitude da esposa. Afinal, ela não pudera ter mais filhos e Maria podia ser a filha que ela sempre desejara. A cada dia Carlos parecia-lhe melhor. Ele e Maria haviam se tornado inseparáveis. A moça, logo pela manhã, cuidava do desjejum, levando-lhe um gostoso repasto, depois esperava-o na varanda para um passeio.

O outono já estava quase ao meio, mas apesar do frio eles caminhavam alegres, conversando sempre sobre os mais variados assuntos. Depois, sentavam-se no pátio ou no salão. Carlos sempre pedia que a moça lesse para ele. Gostava de ouvir o som de sua voz e comentar com ela o assunto da leitura.

Num desses momentos, Álvaro entrou no salão. Carlos alegrou-se e abraçou o amigo com prazer. Depois, o moço beijou a fronte da prima com delicadeza.

— Que bom ter vindo! — tornou Carlos, com sinceridade. — Juntos poderemos passar horas maravilhosas!

— Assim espero. Pensei encontrá-lo com o pé no túmulo e vejo que está muito bem!

Nos olhos do moço havia um brilho indefinível. A cena de intimidade que surpreendera ao chegar causara-lhe desagradável impressão. Os dois tão perto, ela lendo, ele olhando-a com prazer...

Conhecia Carlos. Jamais o vira interessar-se por qualquer leitura. Talvez estivesse gostando de Maria. Sentiu um peso no coração. Amava a moça com loucura. Seria capaz de tudo por causa dela. Fez um esforço sobre-humano para tentar acalmar-se e dissimular.

— Agora estou — tornou Carlos com ênfase —, mas estive mal e graças a sua prima vou indo melhor.

— Já está bem — tornou ela, com simplicidade.

— Você não disse que está feliz com minha chegada — disse Álvaro, olhando-a ansioso.

— Álvaro, sabe que é meu primo muito querido. É sempre um prazer estar ao seu lado.

Carlos olhou um pouco surpreendido. Tinha se esquecido de que Álvaro amava a prima e lhe pedira ajuda a fim de poder casar-se com ela.

Olhou-a com curiosidade. Álvaro tinha-lhe dito que era correspondido. Seria mesmo verdade? Maria estaria apaixonada pelo primo?

Naquele momento achou isso quase impossível. Agora que a conhecia bem podia perceber que eles eram muito diferentes. Apreciava Álvaro, mas ele era um fidalgo preocupado com a corte, com sua aparência, com seu bem-estar, com a vida social. Não casava bem com a alegria de Maria, sua delicadeza de espírito, sua argúcia e sua maneira de ser. Mas sabia que o amor não raciocina. Também ele não estava amando uma cigana? Esmeralda! Pensou nela e nunca lhe pareceu tão distante. O mundo dela era tão diferente do seu! Seria feliz ao lado dela?

Agora que conhecera outras coisas, que estava aprendendo a apreciar a conversa inteligente ao pé do fogo, no aconchego do lar, pensando na responsabilidade de viver bem, como deixar tudo, obrigações, lar, pai velho e doente, mãe extremosa, amigos, gente que precisava dele nas terras, para viver sem eira nem beira no acampamento cigano e quase à custa de uma mulher?

Era a primeira vez que pensava naquilo daquela forma. Álvaro cortou-lhe o fio do raciocínio.

— Carlos, está tão distante! Será minha chegada que o emudeceu?

Carlos riu gostosamente. Álvaro estava com ciúme de Maria, que bobagem!

— Claro que não. Mas sua presença fez-me recordar amigos que não vejo há muito tempo, recluso, nesta casa. Pensava neles com saudade.

Álvaro olhou-o querendo penetrar-lhe fundo nos pensamentos. Carlos dissera amar a cigana, seria verdade? Sabia que ele tinha vivido com ela na casa que comprara e que o romance fora bruscamente interrompido pelos acontecimentos. Se ele pudesse saber!

— Não vai continuar a leitura? Sinto ter interrompido.

— Não. Passávamos o tempo. Gostaria de ouvi-lo. O que há de novo pela corte?

Vendo-se prestigiado, Álvaro começou a falar animadamente contando as novidades, e ambos as ouviram com ar de interesse. Mas, naquele momento, Carlos desejou que o moço não tivesse chegado para quebrar o encantamento agradável da voz de Maria. Estaria ela interessada nas intrigas palacianas? Jamais a vira mencionar tal assunto. Contudo, Maria escutava atenciosamente e em sua fisionomia não havia traço de pesar.

Nos dias que se seguiram, Carlos começou a perceber que a presença do amigo irritava-o. Desde que chegara ao castelo não se afastara um momento sequer de seu lado, não o deixando usufruir da companhia de Maria como de hábito.

Lutava para controlar essa irritação. Afinal, o moço procurava tornar agradáveis todos os momentos. Tocava guitarra com maestria, cantava, arrancando aplausos de todos. Mas Carlos sentia falta daqueles momentos de calma e de tranquilidade conversando com Maria. Ela fora a única pessoa que lhe abrira o espírito para o outro lado da vida, fora das paixões e do materialismo a que estava habituado. Falara a seu espírito, mostrando-lhe as belezas da natureza, a sabedoria de Deus, levantara o véu do conhecimento das coisas, das pessoas, e Carlos agora sentia necessidade desses momentos que tanto bem-estar lhe proporcionaram.

Jamais conhecera alguém como Maria. Irritava-o profundamente o amor de Álvaro por ela. Ele não era o homem indicado para fazê-la feliz.

Certa tarde, em que os dois amigos encontravam-se sozinhos no salão, Álvaro procurou falar sobre o assunto.

— Desde que cheguei, esperava momento propício para lhe falar. Acho que agora podemos conversar.

— Claro — tornou Carlos, procurando ser atencioso.

— Sabe que amo Maria e que pretendemos nos casar. Contudo, não vejo aprovação de dom Hernandez. É com você que ele quer casá-la. Prometeu me ajudar, já que ama a cigana e é a ela que quer. Acho que chegou o momento de demonstrar sua amizade. Pretendo pedir Maria em casamento.

Carlos sentiu-se irritado.

— Você me disse que ela o ama, contudo me parece que ela apenas lhe dedica amizade. Ela concorda em ser sua esposa?

— Por que me faz essa pergunta? Acaso está interessado nela?

A voz de Álvaro era ríspida e agressiva. Carlos sorriu.

— Acalme-se. Gosto de Maria como de uma irmã. Depois do que tem feito por mim, interesso-me por sua felicidade. Se ela o ama, se deseja ser sua esposa, eu vou ajudá-lo. Mas se ela não o quiser para marido, não farei nada em seu favor.

Álvaro empalideceu. A custo conseguiu dominar seu rancor. Não acreditava que o afeto de Carlos fosse de irmão. Jamais o vira demonstrar tal sentimento diante de uma jovem e bela mulher. Conhecia-o muito bem. Mas não lhe convinha demonstrar sua desconfiança.

Retrucou com voz que se esforçou por tornar calma:

— Louvo seu interesse. Garanto que ela me corresponde. Antes de vir para cá nos entendemos muito bem. A não ser que agora ela tenha mudado de ideia!

— Pois então não há o que temer. Se ela o amava, continua amando-o, porque Maria não é mulher volúvel. Parece-me segura e deve saber o que quer.

— Hoje mesmo falarei com ela. Espero que nos deixe a sós.

Carlos sentiu-se impaciente. Por que Álvaro não resolvia seu problema fora de sua casa? O que tinha ele a ver com seus amores? Arrependia-se de ter lhe prometido ajuda e de tê-lo convidado a ir a sua casa.

— Pois fale quando quiser. Aliás, esse assunto não me pertence. Só que não me privarei da leitura costumeira.

Álvaro olhou-o procurando ocultar sua raiva.

— É estranho seu repentino amor pela leitura! Já que a aprecia, por que não lê você mesmo? Ao que eu sei, é letrado.

— Olha, Álvaro, só lhe dou explicações porque está em minha casa e é meu amigo. Não gosto de ler, mas tenho apreciado a leitura de Maria. Ela o faz com prazer e não vejo razão para nos privarmos dessa alegria. Terá muito tempo para resolver seus amores com ela.

Álvaro pareceu se acalmar.

— Não quis ofendê-lo. É que desde que cheguei não pudemos estar a sós e estou ansioso para falar com ela. Mas se quer ter a leitura, que seja. Falaremos depois.

Quando Maria entrou na sala com o livro nas mãos, os dois estavam calados e sérios. A moça procurou delicadamente alegrar o ambiente e vendo que estava difícil passou logo à leitura.

Álvaro não prestava atenção alguma ao que a moça dizia, porém Carlos bebia-lhe as palavras, por vezes fazendo-a deter-se para discutirem o assunto. Estava escurecendo quando terminaram e Carlos imediatamente reclamou o chá. Estava excitado e alegre. Álvaro impacientava-se, mas Carlos fingia não perceber.

Assim o tempo passou e a moça recolheu-se sem que o primo pudesse falar-lhe a sós. Ao recolher-se, o moço parecia uma criança feliz. Inácio sorria. Há muito não via seu amo tão alegre.

— Consegui atrapalhar os planos de Álvaro!

— Ele morre de amores por dona Maria. Não me agrada o modo como olha para meu senhor.

— Ele quer casar-se com ela. Acha que a merece?

— Dona Maria é uma santa.

— É boa demais para um fidalgo como ele.

— Cuidado, meu senhor. Um homem ciumento pode ser perigoso.

— Bobagem. Gosto de Maria como irmã.

— Mas ele pode não pensar assim se perceber que meu amo é contra esse casamento.

— Ora, Álvaro não me assusta. Se ela o quiser, então tudo estará bem, mas caso contrário, não vou deixá-lo importuná-la.

No dia seguinte, Álvaro levantou muito cedo e aguardou pacientemente que a prima se levantasse.

Irritava-o sobremaneira a solicitude da moça levando o desjejum a Carlos, que já lhe parecia suficientemente recuperado para tomá-lo no salão com todos.

Vendo-a passar para preparar a bandeja, chamou-a com delicadeza.

— Maria, há dias aguardo um momento para falar a sós com você.

A moça olhou-o atenciosa.

— Não agora. Vou preparar o desjejum de Carlos.

— Não acha que ele já está bom e pode vir tomá-lo aqui no salão?

A moça deu de ombros.

— Não me custa essa atenção. Somos hóspedes desta casa e amigos de infância. Ademais, ele ainda precisa de cuidados. Tem crises de tristeza, não podemos deixá-lo muito sozinho.

— E eu? Não se preocupa com minha tristeza e com minha solidão?

O moço segurava o braço de Maria e a olhava com paixão.

— Ora, Álvaro, tem estado conosco todo o tempo. Está com saúde, de que se queixa?

— De você, que me esqueceu por causa de Carlos.

A moça olhou-o com delicadeza.

— Não diga isso. Sabes que muito o estimo.

— Mas eu quero seu amor! Maria, eu a quero, não posso mais vê-la ao lado de Carlos. Case-se comigo e eu juro que viverei para fazê-la feliz.

Álvaro tentava abraçá-la pousando os lábios no rosto corado de Maria e procurando seus lábios.

A moça desvencilhou-se dele empurrando-o com força. Estava indignada.

— Álvaro! Desta vez foi longe demais. Não tem o direito de me agarrar desse jeito!

— Perdoe-me, Maria, mas eu estou louco por você. Diga que me aceita e me fará o homem mais feliz do mundo.

— Acalme-se, Álvaro. Por favor. Sabe que o quero muito. Mas não quero me casar. Não estou preparada para o casamento. Sabe que eu penso diferente das outras moças. Não posso me casar com você.

Ele não se conformava.

— Não creio. Você me deu esperanças. Disse-me que a mulher que eu amasse seria feliz. Pensei que desejasse ser minha esposa.

— Álvaro, sinto que tenha alimentado ilusões. Mas agora já sabe. Não desejo me casar. Procure me esquecer. Isso passará. Há muitas moças que suspiram por você e podem torná-lo feliz.

— É por causa dele? — tornou Álvaro, com voz rouca.

— Claro que não. Entre mim e Carlos só existe uma boa amizade, nada mais.

— Carlos não é homem que dedique apenas amizade a uma jovem e bela mulher. Foi ele quem a seduziu e a induziu a me esquecer.

— Está enganado. Mesmo antes de vir para cá eu já pensava como agora.

— Não acredito. Está iludida. Carlos é um conquistador volúvel. Vai se arrepender caso se ligue a ele — olhou-a com ar de desafio e ajuntou: — Sabe a causa da tristeza dele? É o amor de Esmeralda, a cigana com a qual vive e que, quando o viu ferido, foi embora. Esteve aqui, tratando dele, como pude saber, e ele não vê hora de estar bem para procurá-la. Uma reles cigana. Por um homem desses me despreza?

Maria estava pálida. Olhou o primo com energia.

— Não me interessam os amores de Carlos. Devia ter vergonha de falar desse jeito de seu melhor amigo. Ele é livre para amar a quem quiser e não temos nada com isso. Espero que esta cena desagradável não se repita. Tire essa ideia louca de sua cabeça. Não me casarei com você. Deixe-me em paz, para não destruir todo o carinho e afeto que lhe dedico.

Álvaro apavorou-se pelo tom frio da prima.

— Maria, não sei o que digo. Perdoe-me.

— Está certo. Vamos esquecer esse desagradável assunto. Mas não voltarei a ele de forma alguma, quero deixar bem claro. Agora me dê licença. Vou à cozinha.

Afastou-se a passos rápidos, deixando Álvaro, que lutava por dominar-se. Sentia ímpetos de agarrá-la, de obrigá-la de alguma forma a fazer-lhe a vontade. Naquele instante, um surdo rancor começou a brotar em seu coração contra Carlos. Ele sempre fora o melhor em tudo. Sua fortuna era maior, as mulheres sempre o preferiam nos jogos da mocidade em que juntos compartilhavam. Seus tios, é claro, também o queriam para genro. Bem sentia que eles não o apreciavam para marido da filha e certamente, se Maria o escolhesse, teriam que lutar para obter permissão.

Tudo isso ele havia suportado sem queixas, mas agora era demais. A própria Maria, que nunca demonstrara interesse por Carlos, agora parecia caída, cheia de atenções e mimos para com ele. E ele era seu amigo e tinha-lhe prometido ajuda! Agora certamente zombava de seus sentimentos e pretendia roubar-lhe o amor de Maria.

Sentindo-se sufocar de ódio, Álvaro saiu para caminhar um pouco. Ver se o ar frio da manhã lhe devolvia a calma desejada. Mas seus pensamentos apaixonados afogueavam-lhe a mente. Não lhe convinha expor seus sentimentos, mas procurar mostrar-se conformado para ganhar tempo e tentar lutar para conseguir seus objetivos.

Naquela tarde, quem o visse participar da leitura, do chá e dos assuntos discutidos, certamente não poderia imaginar o que lhe ia à alma. Maria, observando-lhe a atitude tranquila, sentiu-se aliviada. Por certo o primo compreendera a inutilidade de suas pretensões e resolvera esquecer. Assim, ela, também alegre pela atitude do moço, foi atenciosa com ele, tratando-o com carinho especial.

"Foi um ato irrefletido", pensou ela, "e agora tudo passou". E não pensou mais no assunto.

Carlos não sabia da cena desagradável da manhã, mas, vendo que o amigo parecia menos interessado em Maria, concluiu que ele resolvera esperar para manifestar seus sentimentos.

Teria percebido que a moça não o queria para marido? Álvaro era orgulhoso e por certo não queria expor-se a uma recusa. Sentiu certo alívio. Não podia imaginar Maria, tão inteligente, tão bonita, tão culta, mulher excepcional, casada com Álvaro, homem sem brilho nem fortuna, vulgar e mal-amado das mulheres.

Os dias foram passando e Carlos sentia-se cada vez melhor. Depois de estar entre a vida e a morte, tinha mudado um pouco seus conceitos habituais. Era bom sentir-se vivo, jovem, ter a segurança dos pais, que se tinham desdobrado para prestar-lhe assistência. Começou a sentir o amor pela terra que lhe pertencia e por seus vassalos, que, ao vê-lo passar, ainda enfraquecido e convalescente, sempre encontravam um gesto de carinho, um copo de leite especial e quentinho, uma flor, um filhote de animal para oferecer-lhe e, em sua humildade, rezavam por sua saúde.

Era bom estar vivo, poder respirar o ar delicioso do outono, ver-se cercado pelo respeito e pelo amor de todos. E, depois, havia Maria, que lhe abrira os olhos para uma série de coisas antes despercebidas, chamando-o com sutileza para sua responsabilidade como filho, como senhor daquela gente, como fidalgo.

Os conceitos elevados da moça, suas ideias, suas leituras de filósofos humanistas, numa época em que a barbárie era uma constante, tinham enriquecido o intelecto do moço, sempre afeito à galanteria, ao bem e à justiça.

Pouco a pouco, a lembrança de Esmeralda foi se apagando. E, quando pensava nela, era com saudade misturada às lembranças do acampamento, do qual agora sentia certa repugnância.

Por tudo isso, quando seu pai o procurou em seu quarto, certa manhã, ouviu-o com respeito. Sentado a uma poltrona, o velho fidalgo considerou:

— Meu filho, hoje fui informado que dom Hernandez deseja regressar ao lar. Na próxima semana, iniciamos o inverno e ele deseja chegar às suas terras antes do frio intenso.

Carlos surpreendeu-se:

— Já? Pensei que só partissem na primavera. O inverno não requer muita atividade. Por que querem ir?

— Eu também gostaria que ficassem, mas não acho justo abusar de sua bondade. Eles atenderam a um apelo desesperado quando precisamos de ajuda. Deixaram todos os seus negócios, sua casa, seus interesses e estão conosco já há quase quatro meses. Dom Hernandez considera bom seu estado e eu também estou bem. Assim, partirão dentro de dois dias.

— Mas com isso eu não contava! Passar todo esse inverno sozinho, sem Maria! Vai ser insuportável.

Pelos olhos de Fernando passou um brilho de alegria.

— Ainda bem que tocou nesse assunto. Eu e sua mãe temos trocado ideias sobre Maria. Ela apegou-se muito a essa jovem e vai sofrer com sua ausência. Sabe o quanto ela gostaria de ter uma filha, mas agora Maria ocupa em seu coração este lugar. É moça boa, linda e cheia de virtudes.

— É, meu pai. Também acho Maria preciosa.

— Sabe que seria muito de nosso gosto que se casasse com ela. Dom Hernandez e dona Engrácia deram-me a entender que fariam muito gosto.

Carlos assustou-se. Casar? Nunca tinha pensado em fazê-lo a não ser com Esmeralda. Esmeralda! A cigana agora lhe parecia muito distante. Em outra ocasião, Carlos teria respondido rispidamente, mas, agora, ser o esposo de Maria não lhe parecia tão impossível.

— Não é assim, pai. Entre mim e Maria não há nada mais que o afeto de irmãos. Ela é mulher decidida, pode ser que nem me aceite.

— Filho, me parece que a boa filha deve obedecer a seus pais. Maria não se atreverá a recusar.

— Maria é mulher que pensa, não é como as outras. E se um dia eu me casasse com ela, seria só com sua aprovação. Eu me recuso a obrigar alguém a me aceitar, principalmente Maria.

— Isso é tolice. Mulher não sabe o que quer. Deve obedecer aos pais, que sabem o que melhor lhe convém. Depois, ela me parece que o estima muito. Tem-se mostrado muito atenciosa ao seu lado. E quem sabe se já não lhe tem amor?

Carlos sorriu. Afinal a perspectiva do amor de Maria não lhe desagradava. Além de muito bonita, ela era diferente de qualquer outra que conhecera.

— Pois se quer que ela fique conosco, o melhor que tem a fazer é pedi-la em casamento. Com a oficialização do compromisso, não nos será difícil arranjar motivos para que ela não parta.

— Vou pensar, meu pai. Vou pensar.

— Tem apenas dois dias. Não perca tempo.

Quando Fernando se foi, Carlos ficou pensando. O casamento com Maria convinha-lhe por vários aspectos. A companhia da moça era muito agradável e a seu lado sentia-se muito bem, admirava-lhe a inteligência, o caráter, a instrução e ainda — por que não? — o corpo bonito, bem torneado, o rosto expressivo e belo, os cabelos negros e sedosos, a pele suave e delicada.

Maria sua esposa! Que ideia! Uma onda de carinho o invadiu recordando-lhe o olhar lúcido e brilhante. Ao mesmo tempo foi acometido de um susto: e se ela o recusasse?

Esse pensamento deu-lhe uma sensação de desconforto. Jamais fora recusado em toda sua vida por mulher nenhuma. Mas nenhuma era como ela.

Sentiu-se inseguro, angustiado. A figura da cigana estava bem distante nessa hora.

Naquela tarde, enquanto Maria lia, como de costume, Carlos a observou de forma diferente. Ela realmente era maravilhosa. A seu lado poderia assumir sua posição nos negócios, constituir família, ter um lar. Afinal, ele já não era o mesmo. A aventura não mais o atraía. Sentia que a vida deveria ser algo mais do que correr pelo mundo em busca de emoções. Estivera com um pé no túmulo. O choque fora forte demais.

Além de tudo, havia Álvaro. Os olhares que o moço lançava à prima o irritavam. Vencê-lo nessa disputa lhe acirrava a vaidade. Por certo Maria não o queria, caso contrário eles já se teriam entendido.

Queria ficar a sós com ela para conversar, mas Álvaro não lhe dava trégua. O que fazer?

A noite desceu. Após a ceia, veio a reunião costumeira do salão, e Carlos, já impaciente, desejava mais do que nunca falar com ela. Disfarçadamente, apanhou um papel e escreveu:

"Precisamos ficar a sós. Quando todos se recolherem, procure-me em meu quarto. É urgente."

Não assinou. Quando a moça passou por ele para recolher-se, colocou-lhe o papel no bolso do vestido. Sentiu o olhar curioso de Maria fixo nele e sorriu. Álvaro não tinha notado nada. Melhor assim.

Foi com muita ansiedade que esperou até que o silêncio reinasse em todo o castelo e todos estivessem recolhidos.

Sentado na antessala, Carlos esperava com impaciência. Maria, sobraçando uma vela, entrou silenciosa. Estava séria.

— Feche a porta — recomendou Carlos, emocionado.

— Está muito misterioso. O que aconteceu?

— Precisamos conversar e Álvaro não me deu chance o dia inteiro.

— Do que se trata?

— Sente-se aqui, a meu lado.

A moça, colocando a luz sobre o velador, acomodou-se no sofá ao lado dele. Carlos olhou-a e ela estava linda. Tomou-lhe a mão com delicadeza:

— Maria, preciso lhe fazer uma pergunta. Álvaro procurou-me para dizer que a ama e que é correspondido. Quer que eu interceda junto a dom Hernandez para que consinta no casamento.

Maria estremeceu, retirando a mão que Carlos segurava. Olhou-o de frente:

— E então?

Um pouco desconcertado, Carlos perdeu o jeito. Esperava veemente negativa, mas a pergunta dela o assustava. Iria ela aceitar o amor de Álvaro?

Ele suspirou.

— Bem. Eu preciso saber o que deseja. Quais seus sentimentos. Você ama Álvaro?

— E se eu o amasse?

Carlos sentiu um frio dentro do peito. Não se conteve:

— Se o amasse? Eu teria que respeitar seus sentimentos por ele. Apesar de achar que ele não é o homem que merece.

— Não o aprecia? — havia um brilho divertido nos olhos dela.

— Não. É vaidoso, arrogante e me irrita muito. Acho que não seria feliz com ele.

— Mas ele é seu amigo de infância. Por que não o aprecia? Eu sempre achei o contrário.

— Pois não o aprecio mesmo. Desde que chegou não nos deixou um só instante e vive a me incomodar com seu ciúme. Por mim já o teria mandado embora. Lamento sua sorte se realmente deseja casar-se com ele.

— É, parece que ele não deveria ter pedido ajuda a você.

— É. Não me agrada esse casamento.

— Por quê? — indagou ela, com suavidade.

Carlos não se conteve:

— Porque eu a quero para mim — tomou-lhe a mão e levou-a aos lábios. — Maria, quero que se case comigo. A ideia de sua partida é insuportável. Eu a amo!

Vendo que a moça olhava-o com emoção, abraçou-a com carinho, beijando-lhe os lábios repetidas vezes. Carlos, tomado de funda emoção, suplicou:

— Diga que me ama e que se casará comigo, sendo a dama desta casa e de meu coração.

A moça, olhando-o nos olhos com amor infinito, respondeu:

— Sim. Eu o amo. Desejo ser sua esposa.

— Amanhã mesmo falarei com seus pais. Não posso deixá-la partir. Marcaremos essas núpcias para breve. Mal posso esperar.

Carlos, com ardor, apertava a moça em seus braços. Foi a custo que ela conseguiu contê-lo.

— Não, Carlos. Contenha-se.

— Estamos sós e vai ser minha esposa. Por que não fica aqui agora comigo?

— Vim a seu quarto em confiança a sua nobreza de fidalgo. Não me desaponte.

Carlos conteve-se a custo.

— Está bem. Não quero que pense que estou me aproveitando da situação. Eu a quero como esposa e companheira, saberei esperar. Espero que não seja muito.

— Eu também.

E, beijando-o com doçura nos lábios, saiu rapidamente antes que ele pudesse detê-la.

Carlos estava exultante, apesar da emoção que a custo lutava para dominar. Desejava aquela mulher que ao mesmo tempo conseguia tocar-lhe as mais fundas fibras do coração. E, naquela noite, apenas a figura de Maria ocupou-lhe o pensamento.

―――⁂―――

No dia seguinte, Carlos reuniu-se aos pais no gabinete e comunicou-lhes seu desejo de desposar Maria. Estava feliz, e a alegria dos seus deixou-o ainda mais. Após o almoço, ainda à mesa, Fernando levantou-se e solenemente pediu a Hernandez a mão de Maria para seu filho Carlos.

O velho fidalgo levantou-se, retratando a alegria no rosto rugoso, e aceitou comovido o pedido. Em meio à alegria geral, Fernando mandou buscar um vinho especial para o brinde de noivado. Mas o vinho rico e delicioso teve, na boca seca e contraída de Álvaro, o gosto de fel.

O moço, lívido e mudo, mal conseguia disfarçar seu despeito e sua raiva. O próprio Hernandez, preocupado, aproximou-se do sobrinho dizendo-lhe em voz baixa:

— Álvaro, não se irrite. Maria não o ama e não era para você. Foi ela quem escolheu. Aceite sua derrota como homem e vá felicitar os noivos.

Álvaro olhou-o com rancor:

— Não posso, tio. Agora não. Peço licença, vou-me embora.

E apressadamente deixou a sala. Hernandez, com um gesto largo, disse em tom confidencial:

— Pobre Álvaro. Sempre alimentou ilusões sobre Maria, apesar de nunca ter sido encorajado nem por mim nem por ela. Mas ele vai esquecê-la.

— É — comentou Fernando —, o tempo é o melhor remédio!

Ele estava feliz e pensava em Esmeralda. Afinal, seu filho encontrara o melhor caminho. Álvaro também faria o mesmo. Recolheu-se em seu gabinete com Hernandez para tratar dos interesses das duas famílias.

Vendo-os afastarem-se, Carlos pediu-lhes que permitissem a Maria permanecer no castelo mais algum tempo, pois lhe seria muito penoso separar-se dela. Também Fernando temia que Carlos, sozinho, longe da influência salutar de Maria, voltasse à vida aventurosa e procurasse rever a cigana.

Por tudo isso pediu com veemência ao amigo que permitisse a presença da moça mais algum tempo.

Acertadas as formalidades legais e dote, marcou-se a cerimônia para a primavera no castelo de Hernandez. Ele regressaria sozinho deixando a esposa e a filha mais algum tempo ao lado do noivo, voltando todos para Madri, para as bodas, no início da primavera.

Carlos exultou. Podiam ficar juntos e tudo estava bem.

Era noite já quando Álvaro entrou no salão. Seu rosto estava calmo. Dirigiu-se aos noivos.

— Espero que me perdoe. Hoje sofri rude golpe. Invejo-o, Carlos, mas sei que perdi. Desejo que sejam muito felizes. De hoje em diante vou esquecer. Espero que compreendam e aceitem minha amizade.

Apesar do tom de sinceridade, Carlos não gostou da atitude dele. Mas Maria abraçou-o com afetuoso carinho:

— Álvaro, sabe que o quero muito. Há de encontrar alguém que o ame como merece. Também um dia será feliz!

— Claro — tornou ele, procurando sorrir. — Tudo está bem agora. Passou — estendeu a mão para Carlos. — Você venceu. Cuide bem do tesouro que o escolheu. Parabéns.

Carlos apertou a mão que Álvaro lhe estendia, guardando intimamente certa desconfiança. Esperava que o moço anunciasse a partida, porém ele sequer falou nisso. Entretanto, sua atitude, o tempo todo, foi discreta e gentil.

Quem não soubesse dos sentimentos que ele nutria pela prima não perceberia nada do que lhe ia à alma. Mas Carlos não se sentia bem na presença dele. Queria cortejar a noiva e sentia-se tolhido, imaginando a raiva e o despeito que Álvaro deveria sentir.

Procurou pelo pai, a quem confidenciou suas preocupações. Fernando procurou Antônio, que decidiu levar o sobrinho em sua companhia para Madri, no dia seguinte.

Embora relutasse, Álvaro não pôde se recusar a acompanhar o tio, que seguia sozinho e dizia precisar de seus préstimos, mas sentiu em seu coração aumentar o rancor contra Carlos. Ele por certo o queria bem longe dali, receoso de que se vingasse da traição que lhe fizera. Por certo pedira a Antônio que o tirasse do caminho. Mas Carlos não perdia por esperar. Sempre fora seu amigo e, apesar disso, sem consideração, roubara-lhe o amor de Maria. Carlos sabia o quanto ele a amava. Confidenciara seu amor várias vezes. E, enquanto fingia ser seu amigo e ajudá-lo a concretizar seu sonho de amor, conquistara-a. Jamais a moça o olhara como olhava a Carlos. E o amor que lia em seus olhos, quando fixava o rival, era como punhal ferindo seu coração apaixonado.

Ia-se embora com o tio, mas daquele dia em diante só teria uma proposta: a vingança.

Foi com alívio que Carlos viu, no dia seguinte, Álvaro despedir-se e partir com o tio rumo a Madri. Finalmente ele e Maria poderiam conversar livremente sem seu olhar inquisidor.

E a vida tornou-se para eles calma e feliz, em meio aos preparativos para o casamento e a viagem a Madri no início da primavera.

Capítulo 14

A chuva caía fina e constante no acampamento. O inverno acabara, a primavera se avizinhava e os primeiros brotos já começavam a surgir nas árvores. Estavam em Toledo, onde tinham permanecido os dois últimos meses e, por certo, logo teriam que partir, tendo renovado seus tachos, canecas e quinquilharias para vender.

Deitada em meio às almofadas em sua carroça, Esmeralda olhava a chuva com olhos tristes. Pensava em Carlos. Arrependia-se de ter deixado aquele filho nascer. Estava feia, gorda e desanimada. Sentia-se pesada e inútil. Entediava-se dentro do acampamento, sem poder dançar, nem sair com as outras mulheres.

Depois, era primavera. Com certeza Carlos, já refeito, iria buscá-la no acampamento. Ele a amava. Não tinha dúvidas quanto àquilo. E ela desesperava-se porque ele a encontraria daquele jeito, sem poder dançar para ele. Odiava aquele filho que se interpunha entre ela e Carlos. Era um intruso que vinha atrapalhar sua vida. Não via a hora de livrar-se dele, para que Miro o levasse embora.

Levantou-se com certa dificuldade, saiu da carroça indiferente à chuva que lhe molhava os cabelos e o vestido. Foi ter com Miro. O cigano, sob uma lona estendida ao lado da carroça, cuidava dos arreios com atenção. Vendo Esmeralda, objetou:

— Saia da chuva. Poderá não lhe fazer bem.

— Preciso lhe falar. Não suporto mais ficar lá, sozinha, vendo a chuva cair.

— Venha, sente-se aqui.

Acomodou-a com cuidado em um banco tosco sob a lona.

— Calma, Esmeralda. Desse jeito arruinará sua saúde.

— Que me importa? — fez a cigana, mal-humorada.

— Não diga isso. Tenha paciência. Logo estará em liberdade de novo. Em duas ou três semanas, no máximo, seu filho vai nascer e tudo será como antes.

— Não vejo a hora. Estou arrependida de ter-lhe dado ouvidos. Sem isso eu agora poderia esperar Carlos como sempre.

Miro olhou-a preocupado.

— Não diga isso. Não se renega um filho sem atrair o mal sobre a própria cabeça. Se tivesse juízo, ficaria com ele e cuidaria dele com amor.

A cigana irritou-se:

— Por que insiste? Por acaso não quer fazer o que prometeu? Não sabe o que fazer com ele e quer que eu o liberte do compromisso?

— Não é isso, Esmeralda. Falo para seu bem. Sei que será bom para você criá-lo. É seu sangue e do homem que ama. Isso não a comove?

A cigana deu de ombros.

— Não. Ele é um intruso entre mim e Carlos. Não o quero. Se não me tivesse convencido, eu não estaria agora nesta situação. Tem que dar um jeito. Prometeu.

— Sim. Eu sei. Quanto a isso, não se preocupes. Prometi e cumpro. Mas, se ficasse com ele, seria melhor para você.

— Não quero. Se pudesse, arrancava-o agora mesmo de dentro de mim.

— Não diga asneiras. A chuva acalmou e vou ajudá-la a arrumar tudo. Amanhã partiremos cedo se a chuva parar. Vamos ver sua carroça.

Ir embora significava a chegada da primavera, e a primavera significava a volta de Carlos. Embora estivesse nervosa com seu estado, a cigana sentiu o ânimo voltar. Levantou-se e acompanhou Miro de boa vontade.

Somente três dias depois o acampamento pôs-se em marcha rumo a Valença. Apesar de sua angústia, Esmeralda sentia uma onda de alegria invadir seu coração.

Enquanto isso, Carlos se recuperara completamente e, dispostos os preparativos, partiram rumo a Madri para a realização do casamento.

Durante aqueles meses de convívio, Carlos sentira aumentar seu afeto por Maria e estava feliz. A moça revelava-se, a cada dia, alma nobre e dedicação sem limites, mas o que mais atraía Carlos era sua inteligência fina, sua meiguice natural e sua lucidez.

Habituara-se a nada fazer sem antes ouvir-lhe o parecer sempre sensato, certo e objetivo. Não só Carlos valorizava a sabedoria da moça, mas também Encarnação e até Fernando lhe pediam opinião sobre tudo quanto desejavam fazer.

Mas a moça não se envaidecia por isso. Mantinha sua dignidade com simplicidade natural. Foi com alegria que viajaram para Madri, onde o velho castelo de Antônio Hernandez já estava preparado para recebê-los.

Tudo era alegria. Apenas no coração o ódio, o ciúme, o rancor. Álvaro estava lá e não podia evitar o desgosto assistindo aos preparativos para o enlace e à alegria dos noivos, cujas manifestações de amor o apunhalavam.

Ele precisava impedir aquele casamento. Mas não queria que suspeitassem dele. Há dias acariciava a ideia de procurar Esmeralda. Por certo a cigana iria ajudá-lo a realizar seu intento. Tinha procurado por ela, mas não sabia onde os ciganos estavam.

Por outro lado, seu tio dera-lhe várias incumbências e não o liberava para que pudesse viajar à procura dos ciganos. Mas agora chegara ao limite de sua resistência. Se ficasse mais, talvez não pudesse esconder o que lhe ia à alma. Por tudo isso falou com o tio, pedindo-lhe que o dispensasse alguns dias a fim de viajar para ver seus negócios. O velho concordou, mas lembrou-lhe de que o casamento se realizaria dentro de uma semana. Álvaro prometeu voltar a tempo e assim, no dia imediato bem cedo, partiu rumo a Valença. Sabia que Carlos sempre via Esmeralda na primavera e em Valença.

Chegou ao acampamento dois dias depois. Teve alguma dificuldade em encontrá-los. Aproximou-se, deixando o cavalo à sombra de frondosa árvore.

— O que deseja? — inquiriu um cigano, olhando-o com firmeza.

— Falar a Esmeralda.

— Esmeralda não fala com ninguém.

— Mas eu preciso falar com ela. Diga-lhe que é sobre Carlos.

— Ah! Nesse caso, é melhor falar com Miro. Venha comigo.

Álvaro seguiu-o curioso. Nunca entrara em um acampamento cigano. Miro recebeu-o sério.

— O que quer de Esmeralda?

— Falar com ela. É sobre Carlos.

— Ele já sarou?

— Já. Está completamente bom. Mas eu preciso falar com Esmeralda. Trata-se de um assunto urgente e do interesse dela.

— Quem é você?

— Sou Álvaro. Amigo de Carlos.

— Ele mandou algum recado?

— Não. Mas tenho que avisá-la do que se passa.

— E o que é?

— Ele não virá mais. Vai se casar com minha prima dentro de quatro dias.

Miro empalideceu.

— Nesse caso, o que quer dela?

— Quero avisá-la. Afinal, acho que ela tem o direito e pode impedir esse casamento.

— Esmeralda não vai fazer isso.

— Quem decide sou eu!

Lívida, trêmula, a cigana estava em pé ao lado de Álvaro. Miro tentou impedi-lo de falar.

— Esmeralda! Deixe comigo. Eu resolvo.

— Não. Veio até minha carroça, quero saber de tudo.

Contrariado, Miro os seguiu. A palidez da cigana o atemorizava. Álvaro estava radiante. Afinal, as coisas iam melhor do que podia esperar. A gravidez da cigana não lhe deixava dúvidas quanto à paternidade da criança. Carlos ia ser pai! Que escândalo! Se Maria soubesse, por certo não mais se casaria com ele.

Álvaro, sentado ao lado da cigana, na carroça, sob o olhar furioso de Miro, relatou o que acontecera depois que eles tinham saído do castelo. Caprichou na descrição, exagerando as atitudes de Carlos, e não se esqueceu de relatar a traição de que fora vítima e seu amor por Maria.

Esmeralda aparentava uma calma que estava longe de sentir. Por dentro, sua dor imensa, sua revolta, sua mágoa, o arrependimento de tê-lo deixado só e o ódio por sentir-se traída e subestimada.

Pela primeira vez, a cigana experimentou a dor do ciúme feroz, o gosto amargo da derrota, a desilusão da traição.

— Vim porque desejo impedir esse casamento. Pode fazer isso. Se meus tios ou Maria souberem o que o canalha fez com você, o filho que vai nascer, por certo não permitirão essa união.

Esmeralda estava lívida. Seus olhos fulgiam de rancor e em seu rosto transparecia a angústia que lhe ia à alma.

— Maldito — tornou ela, com voz que a raiva sufocava —, mil vezes maldito! Não perde por esperar. Ninguém vai desprezar Esmeralda! Ninguém!

Miro, preocupado, interveio:

— Calma, Esmeralda. Não adianta querer impedir. Ele escolheu e o melhor é deixá-lo seguir seu caminho. Sabe que não é um dos nossos. Sua união com ele não ia dar certo. Sabia desde o começo. Eu a preveni. Por que não aceita o que o destino dispôs?

— Para o inferno com o destino! Ele me jurou amor eterno. Ele me traiu assim que outra mulher apareceu em seu caminho. Jamais o perdoarei. Ele vai me pagar!

— Isso mesmo — tornou Álvaro, com ênfase. — Fomos traídos! E o traidor não pode ficar impune. Eles estão lá, felizes, rindo-se de nossa dor. Vamos, Esmeralda, venha comigo e vamos impedir que esse casamento se realize.

— Esmeralda não vai — tornou Miro, em tom decidido. — Eu não permitirei. Não pode viajar a cavalo nesse estado. Depois, tanta emoção poderá lhe fazer mal.

— Acho que vou — tornou ela com raiva. — Não pode impedir-me.

— Não há perigo — sugeriu Álvaro. — Temos quatro dias ainda, podemos ir bem devagar.

Miro tomou as mãos frias da cigana, segurando-as com força.

— Esmeralda, deixe a vingança! Não envenene sua vida com o ódio. Aceite a situação, será melhor para você. Agora é difícil, mas amanhã o esquecimento virá e um novo amor poderá florescer em seu caminho. Escute, deixe Carlos em paz, sabe que a força das coisas vai lhe dar o castigo que merecer. Não queira mudar o destino!

A cigana retirou as mãos com força.

— Não adianta, Miro. Não posso aceitar. Jamais aceitarei. A traição tem seu preço e Carlos vai pagar. Eu vou tentar impedir esse casamento.

— Carlos vai odiá-la. Acha que ele voltará para você depois disso? Pois pode saber que, se fizer o que pretende, ele vai odiar você. Jamais vai perdoá-la. Ele está perdido para você. Deixe-o conservar sua lembrança com saudade. Não o torne seu inimigo!

Esmeralda estava irredutível.

— Ele não vai ser feliz com ela! Eu juro! Não me importa seu ódio. O meu ele já tem — e voltando-se para Álvaro: — Pode esperar, eu vou com você.

Álvaro esboçou um sorriso de vitória. Carlos não perdia por esperar. Enquanto Álvaro esperava do lado de fora, Esmeralda, com mãos trêmulas, começou a arrumar seus pertences.

Miro, inconformado, entrou na carroça.

— Esmeralda, não pode seguir esse homem que sequer conhecemos. E se ele estiver mentindo?

A cigana fixou-o com olhos que a cólera escurecia e respondeu com voz que a custo tentava controlar:

— Não creio. Fala a verdade, por certo. Carlos vai arrepender-se da traição. Verá!

— Espere até amanhã, logo a noite vai cair, e as estradas são perigosas. E se esse homem for um malfeitor?

— Não tente me enganar. Bem se vê que é fidalgo. E, depois, sei me defender. Não temo os ladrões de estrada. Vou com ele, agora.

Miro deu fundo suspiro.

— Nesse caso, vou junto. Não posso deixá-la só nessa loucura.

Esmeralda deu de ombros.

— Nada me importa. Se quer vir, pouco se me dá, mas fique sabendo que não vai me impedir de fazer o que pretendo.

Miro jogou seu último recurso:

— E não se importa aparecer diante dele assim, como está agora?

A cigana fez um gesto de desespero.

— Você é o culpado por eu estar nessa situação. Se eu tivesse me livrado deste fardo, agora não estaria tão feia. Mas, apesar de tudo, eu vou.
— E o que pretende fazer?
— Deixe comigo. Eles terão o maior escândalo do mundo.
— Podem mandar prendê-la.
— Não me importa. Eu estou com tudo e por tudo. Carlos não vai casar-se com aquela mulher.
— E se ele, apesar de tudo, o fizer?
Esmeralda trincou os dentes com rancor.
— Eu o mato! Ele não será de outra, eu juro!
Miro estremeceu. Jamais a vira naquele estado.
— Por que não repousa um pouco? Esta excitação pode lhe fazer mal.
— Não posso. Tenho na boca o gosto amargo do ódio e da traição.
Miro saiu apressado e procurou Sergei, colocando-o a par de tudo. O chefe dos ciganos, rosto vincado pela preocupação, procurou a cigana, tentando dissuadi-la de seus propósitos. Tudo inútil. Esmeralda estava determinada.
— Eu vou com ela — tornou Miro.
— Acho que não deveriam ir a cavalo, mas, por outro lado, uma só carroça pode ser perigoso.
— Terei que arriscar. Deitada, ela correrá menos perigo.
Álvaro, inquieto, continuava esperando, observando com ar preocupado a movimentação em torno da carroça de Esmeralda. Contava com o rancor da cigana e esperava que ela permanecesse firme em seus propósitos. Estava escurecendo quando Esmeralda saiu da carroça e chamou por Álvaro.
— Estou pronta. Podemos partir.
— Iremos na carroça — tornou Miro, que vinha mais atrás. — Vamos, Esmeralda. Está tudo pronto, podemos partir.
Álvaro olhou o cigano, procurando ocultar o descontentamento. Temia que ele lhe atrapalhasse os planos, mas não podia

recusar sua presença sem despertar maiores desconfianças. Afinal, o importante mesmo era a presença dela na cerimônia.

— Se quer ir, não me oponho — tornou Esmeralda —, mas não permitirei que interfira em minhas decisões.

Miro suspirou e disse:

— Está bem. Vou junto apenas para cuidar de sua saúde e bem-estar. Fará como quiser. Se temos que ir, vamos.

A carroça já estava preparada e Esmeralda, rosto fechado, fisionomia endurecida pelo ódio, subiu e acomodou-se ao lado de Miro. Álvaro, montado, preparou-se para segui-los. Puseram-se em movimento e aos poucos o acampamento foi se distanciando, sob o olhar preocupado de Sergei, que os seguia.

Enquanto isso, no castelo de Hernandez, os preparativos para o casamento estavam no auge. O velho castelo tinha sido restaurado, seu mobiliário reformado e tudo reluziam, prenunciando a grandiosidade da festa.

Antônio estava feliz. Seu mais caro desejo iria realizar-se. Essa aliança sonhada, acalentada durante tantos anos, por fim iria se tornar realidade. Unir as duas famílias tão amigas, tão ricas, consolidar os laços de tão grande amizade era motivo de grande alegria. E, depois, os noivos, apaixonados e felizes, constituíam o enlevo das duas famílias, coroando-lhes os anseios.

Fernando sentia-se duplamente feliz. O filho aventureiro, o filho desinteressado dos negócios da família e, o que era pior, o filho apaixonado pela cigana sem eira nem beira tornara-se um homem sensato, interessado nas terras e nos negócios, e escolhera Maria para esposa. O que mais poderia desejar?

A felicidade transparecia em seu rosto em todos os instantes e Carlos, observando-lhe o ar satisfeito, sentia-se mais feliz.

Esmeralda estava muito distante de seu pensamento. Maria, com sua graça, sua beleza, sua inteligência e principalmente com seu espírito vivo, o conquistara de todo.

Quanto mais a conhecia, mais a admirava e mais a amava. Com ela, pensava, haveria de transformar sua vida, formariam uma família feliz e haveriam de estender essa felicidade aos velhos pais e a todo o pessoal de suas terras. Sua gente também seria feliz.

A primavera colocara flores nas árvores e nos jardins, beleza no céu e perfume no ar. O dia do casamento amanheceu belo e cheio de sol.

No castelo, a movimentação era grande e incomum. Tudo preparado para a grande festa e muitos hóspedes já estavam desde a véspera no castelo. A noiva, linda em seu vestido de fina renda francesa, branco como a neve, estava radiante. Carlos, elegante em seu traje de veludo negro, com seus cabelos castanhos revoltos e sedosos, porte altivo de fidalgo e olhos brilhantes de felicidade, despertava olhos de admiração, e sua mãe olhava-o embevecida.

Ao subir na carruagem negra e toda enfeitada, puxada por seis cavalos, caprichosamente adornados com pomposos penachos e enfeites de prata, despertou a admiração dos convivas, que também se preparavam para seguir para a igreja de San José, onde a cerimônia iria se realizar.

Eram dez horas e a nave encontrava-se rodeada por verdadeira multidão. Como era de praxe, o povo não poderia entrar na igreja. O casamento de fidalgos não permitia. Eram colocados cordões de isolamento e só os convivas podiam acomodar-se e assistir ao ato.

A chegada do noivo despertou aplausos no populacho e ele entrou na igreja acompanhado pelos pais, seguidos pelos amigos e parentes.

Pouco depois, quando todos estavam acomodados, e a nave cheia de convivas e de flores, houve um minuto de suspense e um murmúrio de admiração encheu o ar.

O órgão começou a tocar. A noiva, linda e perfumada, elegante e radiosa, entrava, conduzida pelo braço forte de Antônio.

Silêncio e expectativa. O sacerdote aguardava no altar, rodeado pelos coroinhas, e Carlos, olhos marejados pela emoção, contemplava Maria embevecido.

Juntos em frente ao altar, teve início a cerimônia.

Miro, conduzindo a carroça devagar, conservava o ar preocupado. Em vão procurara convencer a cigana a desistir de seu intento. Por fim, percebendo-lhe a surda determinação, calara-se. De que lhe adiantaria continuar?

Por outro lado, Álvaro tinha pressa. Faltavam dois dias para o casamento e ele ardia por chegar. Já estavam viajando havia dois dias e ele percebia que Miro retardava o mais que podia. Aquilo o irritava, mas o olhar decidido e forte do cigano o intimidava. Poderiam já ter chegado, mas ele insistia em descansar e fazer a cigana deitar-se, o que o deixava contrariado. O que ele queria era chegar logo.

Afinal, estavam chegando. Madri estava quase à vista e agora era questão de pouco. Miro parou a carroça e, olhando o rosto pálido da cigana, tornou decidido:

— Agora vai repousar um pouco.

— Não preciso — replicou ela, teimosa —, sabe que desde que saímos do acampamento me deito, mas não consigo dormir. Não descansarei enquanto não concretizar minha vingança! Vai ver. Vamos, tenho pressa em chegar.

— Não. Está trêmula e nervosa. Há tempo de sobra. Faltam dois dias para a cerimônia. Repouse. Refaça suas energias e, depois, fará o que quiser. Só não quero que prejudique sua saúde. Vai comer um pouco e depois repousar. Vamos, ninguém vai impedi-la de fazer o que pretende. Acalme-se.

Esmeralda suspirou fundo. Sentia arrepios pelo corpo e um frio incomum. A cabeça andava à roda e só a sustinha o pensamento de rancor e a mágoa imensa que guardava. Resolveu concordar. Afinal, estavam chegando. Melhor seria mesmo refazer-se.

— Está bem. Repousarei um pouco e depois continuaremos.

Miro retirou a carroça da estrada e desceu. Álvaro, contrariado, aproximou-se.

— Estamos chegando. Não seria melhor entrarmos logo na cidade?

— Esmeralda não está bem. Vê-se isso em seu rosto. Precisa de descanso. Depois, melhor será que fiquemos fora da cidade, se quiserem surpreender Carlos.

Álvaro ficou pensativo e concordou:

— Está bem. Precaução é bom.

Ele não queria ser visto com os ciganos. Depois, precisava buscar roupas para Esmeralda. Com seus trajes, ela não conseguiria entrar na igreja. Expulsá-la-iam por certo. Miro e ela teriam que se vestir de fidalgos e entrar antes do início do casamento.

— Nesse caso, vou adiante. Preciso ultimar alguns detalhes e volto assim que puder. Vou aproveitar o escurecer para tomar algumas providências. Descansaremos hoje e, amanhã pela manhã, faremos nosso plano definitivo. Vou falar a Esmeralda.

Álvaro desceu do cavalo e entrou na carroça onde a cigana, olhos fixos, rosto pálido, recostada nas almofadas, parecia distante e indiferente.

— Esmeralda — chamou —, vou seguir rumo à cidade e preparar tudo. Não se preocupe. Temos muito tempo. O importante é arranjar as coisas de maneira que esteja dentro da igreja na hora do casamento para impedi-lo.

Uma chispa de rancor passou pelos olhos de Esmeralda.

— Sim. Eu estarei lá de qualquer forma. Ninguém poderá me impedir.

— Muito bem. Mas se a virem com seus trajes ciganos, não vão permitir a sua entrada. Vou providenciar outras roupas, aproveitar a noite e, depois, pela madrugada, voltarei. Não se preocupe. Miro tem razão. Descanse, prepare-se para estar bem e desmascarar aquele traidor.

— Está certo. Não sinto cansaço. Não vejo a hora de cumprir minha vingança. Mas sei esperar. Vou tentar repousar. Pode ir.

Álvaro saiu, subiu no cavalo e partiu a galope. Miro soltou os animais e procurou galhos secos. Dentro em breve, o fogo crepitava. Ele preparava a refeição. Seu rosto preocupado não escondia o receio que lhe inundava o coração.

Tinha horror à vingança. Sabia que ela sempre destrói aqueles que a cultuam e temia pelo futuro de Esmeralda. Além disso, triste pressentimento invadia-lhe o espírito desde que ele travara relações com Carlos. Ele não podia furtar-se a essa sensação de medo. Não sabia bem do quê, mas sentia que entre os dois nada de bom poderia resultar. Desejava proteger a cigana, evitar-lhe desgostos, impedi-la de executar aquele plano malfazejo. Estava claro que Álvaro apenas a estava usando para realizar seus mesquinhos desejos.

Afinal, a união de Carlos com Esmeralda jamais poderia resultar em felicidade. Carlos jamais se conformaria em viver para sempre no acampamento. Era um fidalgo, cheio de arrogância e de posses. Como abandonar tudo isso pela vida dura e sem horizontes que eles levavam? Por tudo isso não odiava Carlos. Compreendia sua forma de ser e de pensar. Contava com o tempo para a cigana esquecer e voltar a ser o que sempre fora. Mas Álvaro instigara-a e agora tudo se tinha complicado.

O rosto pálido e desfigurado de Esmeralda, que não pregava o olho desde que Álvaro a procurara, afligia-lhe o coração.

Esquentou o pedaço de carne assada, pegou pão e uma caneca de leite e levou para a carroça, procurando dar à sua fisionomia um ar de alegria.

Imóvel, a cigana estendia-se no colchão, olhos perdidos sem ver, rosto pálido e emagrecido. Vendo-lhe a figura, Miro sentiu um aperto no coração. Colocou as vasilhas na pequena mesa e aproximou-se, tomando-lhe as mãos frias.

— Esmeralda. Coma um pouco. Não tem se alimentado. Está trêmula. O que tem?

O corpo da cigana estremecia de quando em vez. Miro, assustado, colocou a mão sobre sua testa gelada. A cigana olhou-o de forma impessoal. Miro ajuntou alguns panos e os aqueceu ao fogo, depois envolveu o corpo da cigana com eles.

— Carlos vai me pagar — tornou ela, com determinação.

— Está bem — concordou Miro —, ele pagará. Agora olhe para mim, Esmeralda, não fique assim. Vamos, olhe para mim.

Mas a cigana continuava distante, como se não o visse. Aflito, Miro tomou as mãos de Esmeralda entre as suas e concentrou-se, procurando transmitir-lhe forças. Seu rosto cobriu-se de suor pelo esforço e seu coração aflito orava a Deus pela cigana que tanto amava.

Ela pareceu acalmar-se e seus olhos fecharam-se como que pressionados por sono irresistível.

Miro colocou a mão sobre sua testa e disse-lhe carinhoso:

— Durma, Esmeralda. Deus guardará seu sono. Esqueça a vingança e o ódio para que eles não a destruam.

A cabeça de Esmeralda pendeu e ela adormeceu. Miro, porém, permaneceu ali, velando. Seu coração fiel e amoroso, dedicado e amigo, lutava para afastar de Esmeralda a sombra escura do ódio e da vingança.

O dia amanheceu e os primeiros raios de sol vieram encontrá-lo na mesma posição de vigília e amor. A cigana dormia ainda, mas seu sono era agitado e seu corpo às vezes estremecia como que açoitado por vento frio e forte.

Álvaro encontrou-os nessa postura e, preocupado, olhando o rosto empalidecido da cigana, assustou-se:

— O que aconteceu?

— Esmeralda está mal. Ficou fora de si e consegui fazê-la adormecer, mas seu sonho é povoado de maus pensamentos e de dor.

— Acorde-a. Não temos muito tempo. O casamento é amanhã. Precisamos tratar de tudo com detalhes.

Miro fulminou o moço com o olhar.

— Esmeralda é mais importante do que sua sórdida vingança! Se me atormentar, eu o matarei sem piedade. É o culpado por ela estar desta forma.

Álvaro empalideceu, sem saber o que dizer. Não podia conceber a ideia de que tudo ruísse por terra. Resolveu contemporizar. Quando a cigana acordasse, por certo ela iria até o fim e o cigano não conseguiria impedi-la.

— Não precisa ficar assim — tornou conciliador —, não pretendo prejudicar ninguém. Esmeralda merece toda nossa atenção. Aguardemos que ela acorde e então decidiremos o que fazer.

— Saia daqui. Deixe-a em paz.

Álvaro saiu da carroça e acomodou-se perto do fogo. Trouxera provisões e procurou preparar a comida. Se pretendia executar seu plano, precisava de Miro para isso.

Mas as horas passavam e Esmeralda continuava na mesma. Por vezes abria os olhos e não parecia ver a realidade. Depois, caía novamente em prostração, balbuciando palavras ininteligíveis.

Miro, rosto pálido e preocupado, vigiava, aquecendo-lhe o corpo de quando em vez, colocando um saco de areia quente em seus pés gelados e envolvendo-a com panos que esquentava ao redor do fogo.

À medida que o tempo passava, mais aumentava a raiva e a preocupação de Álvaro. Em seu desespero, chegou a suspeitar de que Miro tivesse dado algo à cigana a fim de impedi-la de realizar o que pretendia. Mas o temor ao cigano, cuja força manifesta temia, impedia-o de falar.

Anoitecia e Esmeralda continuava na mesma. Enquanto Miro procurava ministrar-lhe algumas beberagens para reanimá-la, Álvaro, irritado, ora caminhava de um lado a outro ao redor da carroça, ora entrava para indagar do estado da cigana.

Mas o tempo passava e ela não melhorava. A madrugada raiava e a situação permanecia inalterável.

— Faça alguma coisa! — gritou o fidalgo, sem conseguir encobrir seu desespero.

— Cale essa boca. Não vê que ela está mal? Estou fazendo o que sei, mas tem sido inútil.

Álvaro não se conteve:

— Por certo está satisfeito. Veio para atrapalhar nossos planos. Talvez até a tenha colocado nesse estado para impedi-la de cumprir o que combinamos!

Miro olhou-o firme. Levantou-se de um salto e agarrou-o pelo peito enquanto dizia colérico:

— Cale essa boca imunda. Essa ideia só podia brotar numa cabeça porca como a sua. Esmeralda é o que mais prezo no mundo, e se há um culpado, é você. Atente para o que vou lhe dizer. Ela está muito mal e, se morrer, arranco a sua pele. Sou contra vingança, mas juro: se Esmeralda morrer, acabo com sua vida.

Álvaro arrependeu-se de ter falado. Os olhos magnéticos de Miro expeliam chispas e, nas mãos fortes do cigano, seu corpo parecia frágil galho sacudido pelo vento.

— Agora saia daqui. E não adianta fugir. Reze para ela melhorar, senão irei buscá-lo nos confins do inferno.

Álvaro, apavorado, reconheceu que o cigano falava sério e, assim que se viu no chão, saiu depressa da carroça.

Fora, o dia começava a amanhecer e pela primeira vez o fidalgo começava a arrepender-se da aventura. Deprimido e agoniado, permaneceu ali sem saber o que fazer.

A vida da cigana pouco lhe importava. O que lhe doía era não poder executar sua vingança. Se a cigana não melhorasse, tudo teria sido inútil. Carlos estaria casado com Maria.

Esse pensamento acendia a revolta em seu peito oprimido. Fora traído, Carlos sabia o quanto ele amava a prima. Mesmo assim, não titubeara em fazer-lhe a corte e em casar-se com ela.

E naquele momento, com rancor, firmou o propósito de não desistir da vingança. Ainda que seus planos fossem frustrados e eles se casassem, encontraria outra maneira de tirar a desforra. O espetáculo doloroso da felicidade deles, que tivera ocasião de presenciar, daria-lhe forças para prosseguir.

Afinal, se Esmeralda vivesse e seu filho se salvasse, por certo o escândalo em qualquer época lhe convinha. Conhecia o caráter reto da prima. Contava com o ódio de Esmeralda. Estava decidido. Teria forças para esperar.

O dia amanheceu e Álvaro tinha tomado sua decisão. Não lhe convinha brigar com o cigano. Preferia conquistar-lhe a amizade. Entrou na carroça, procurando dar à fisionomia um ar de humildade.

— Como está ela? — perguntou, conciliador.

Miro fixou-o sério. Vendo-lhe o rosto triste, respondeu:

— Na mesma.

Álvaro aproximou-se.

— Miro, sinto muito. Ontem perdi a cabeça. Quando procurei Esmeralda, não pensei em fazer-lhe mal. Eu mesmo sofro a traição de Carlos e compreendo o que ela sente. Quero dizer a você que desisto da vingança. A saúde de Esmerada é mais importante. Depois, há a criança. Receio por ela. Acha que está bem?

O cigano acalmou-se um pouco. Afinal, era melhor assim. Desistindo da vingança, as nuvens negras por certo se afastariam de Esmeralda. Suspirou fundo.

— A criança acho que está, mas Esmeralda, não sei… Se sabe rezar, reze.

Álvaro procurou disfarçar seu desprezo. Rezar por uma herege? Ele não era tão ingênuo assim. Mas conteve-se.

— Não tenho feito outra coisa. Agora vou embora. Dentro de algumas horas terá início a cerimônia. Preciso estar lá. Meu tio não me perdoaria se eu faltasse. Depois, quero ver se casam mesmo. Acredite, voltarei assim que puder. Trouxe comida e vou deixar tudo aqui. Lamento o que aconteceu e, se puder ajudar, eu o farei.

— Está bem — tornou Miro, um pouco aliviado. — Afaste essa ideia de vingança. Foi ela quem atraiu a desgraça. Vingança é faca de dois gumes. Lembre-se disso sempre. A justiça pertence a Deus.

Álvaro concordou com a cabeça.

— Tem razão. Volto mais tarde para saber de Esmeralda. Só terei sossego quando ela melhorar.

O cigano não respondeu. Depois que Álvaro se afastou, olhando o rosto pálido da cigana, pensou comovido:

— Foi a mão de Deus que não permitiu a vingança, porque a desgraça seria maior. Agora, preciso implorar perdão para ela, para que Deus lhe devolva a saúde.

E, elevando o pensamento a Deus, fechou os olhos e começou a orar.

Capítulo 15

No castelo de Hernandez, a festa corria animada. Após a cerimônia, o magnífico banquete e, após a pausa da sesta, o baile.

Carlos estava feliz. Só tinha olhos para Maria e a cada minuto, observando-lhe a finura, sentia-se privilegiado por ter sido escolhido por ela. Fixando-lhe o rosto claro e delicado, a boca bem feita e os olhos de veludo, mal podia esperar pelo momento de estar a sós com ela. Tudo era felicidade em seu coração. Nem um pensamento sequer para Esmeralda. A figura da cigana como que se apagara de sua lembrança. Só tinha olhos para a esposa. Reconhecia nela algo especial, uma superioridade de sentimentos, dotes de inteligência, que nunca pensara encontrar em uma mulher e que tinham tocado fundo seu coração. Estava feliz.

Maria, graciosa, requisitada por todos, dominava a festa com sua graça e, vendo-os enlaçados e venturosos, seus pais sentiam-se tranquilos e felizes.

Afinal, as duas famílias tinham se unido, realizando um sonho longamente acariciado. E essa união tinha acontecido espontânea, com amor, e isso os alegrava ainda mais.

Por certo, uma era de alegria e felicidade viria abençoar as duas famílias. Eles confiavam no futuro.

Alguém, entretanto, destoava da alegria geral: Álvaro, que procurava esconder seu despeito, seu ódio, seu desapontamento. Apesar de estar habituado, difícil lhe era dissimular, tal a avalanche de sentimentos que lhe invadia o coração. Ninguém, no entanto, percebeu seu mal-estar. Abraçou os noivos e o fez com tal perícia, que eles, felizes e descuidados, não notaram o que lhe ia ao coração. Tanto Carlos quanto Maria acreditavam que Álvaro já se tivesse curado daquela paixão de infância.

    Mas ele sofria. Como podia suportar assistir à felicidade deles? Pensar que, logo mais, Maria estaria nos braços do marido consumando o casamento quase o enlouquecia. À noite, quando o baile estava animado, Álvaro não resistiu. Fugiu desesperado e, embrenhando-se no parque, chorou como criança.

    Um pouco mais calmo, tomou o cavalo e procurou a carroça do cigano. Tinha os olhos vermelhos e injetados, o rosto marcado por rictus de amargura, estava curvado como se tivesse de repente envelhecido.

    Miro velava. Tinha repousado um pouco e, vendo a figura atormentada de Álvaro, compreendeu-lhe o drama. Não disse nada.

    — Como está ela? — perguntou o fidalgo com interesse.

    — Parece-me um pouco mais calma — respondeu Miro, um tanto animado. — Ainda não voltou à lucidez, mas respira melhor e confio que ficará boa.

    — Ainda bem — tornou Álvaro, com certo alívio.

Esmeralda era sua última esperança para acabar com aquele casamento.

    — As coisas não vão bem para você. Imagino que Carlos se casou.

    — Sim — disse o moço com amargura —, casaram-se. Estão felizes! Ele a tem em seus braços. Maldito! Mil vezes maldito! — desabafou ele com raiva.

    — Imagino o que sente. Não é fácil ser preterido. Nós ciganos temos um remédio salutar nessa hora. Acho que poderá lhe ajudar.

— O que é? — perguntou Álvaro, sem muito interesse.
— Venha comigo.

Miro saiu da carroça e Álvaro o seguiu de perto. O cigano apanhou um machado que estava sob o assento da boleia e o entregou ao fidalgo admirado, dizendo:

— Nós fazemos assim para curar contrariedade. Tome este machado, vá até o mato em frente, escolha uma árvore bem grossa e derrube-a. Garanto que vai lhe fazer bem.

Álvaro olhou a figura forte do cigano e percebeu que ele não estava brincando. Ele detestava esforço físico. Estava cansado e desanimado. Sacudiu a cabeça determinado.

— Não adianta. Eu não sou cigano. Não gosto de esforço físico. Já estou melhor. Agora, só quero mesmo dormir.

Miro guardou o machado, dizendo:

— Quando o doente recusa o remédio, jamais chega a se curar — deu de ombros. — Vou voltar para a carroça.

— Vou dormir por aqui mesmo. Não suportaria ficar em casa esta noite.

Escolheu um local, estendeu a manta e deitou-se, mas, apesar de cansado e de esforçar-se para pegar no sono, só horas depois conseguiu.

O dia seguinte amanheceu belo e ensolarado. A primavera chegara em todo seu esplendor. Ao lado do leito, na carroça, Miro velava.

Esmeralda abrira os olhos durante a madrugada, revelando alguma lucidez. Quis levantar-se, mas não conseguiu.

— Preciso sair daqui — balbuciou com voz sumida.

Miro acalmou-a.

— Temos tempo. Tudo está bem. Repouse e logo estará boa.

Deu-lhe para beber uma mistura que preparara e ela adormeceu novamente. Um sono calmo e normal.

Naquela manhã, o cigano estava feliz. Tinha preparado um caldo e esperava que Esmeralda acordasse.

O sol já estava alto quando a cigana abriu os olhos, fixando a fisionomia de Miro um tanto preocupada.

— Ainda bem que acordou. Vou buscar um caldo quente. Precisa de alimento.

A cigana estava ainda um tanto alheia ao que se passava. Ele saiu e voltou logo com uma caneca fumegante.

— Beba, Esmeralda. Vai lhe fazer bem.

Ela sentia-se muito enfraquecida. Miro levantou-lhe a cabeça e aproximou a caneca de seus lábios. Esmeralda sorveu alguns goles.

— Beba tudo. Logo estará de pé.

Ela obedeceu maquinalmente. Sentia a cabeça rodar e enorme fraqueza. Depois, o cigano colocou uma almofada para mantê-la mais confortável.

— Miro — balbuciou ela em voz baixa —, o que aconteceu?

— Teve alguma febre e um pouco de fraqueza. Mas já passou. Agora tudo está bem.

Ela franziu a testa querendo lembrar-se.

— Onde estamos?

— Perto de Madri.

De repente, ela angustiou-se.

— O casamento. Preciso ficar boa para ir até lá. Ajude-me, preciso me levantar.

Miro olhou-a penalizado.

— Acalme-se. Esteve mal e, se quer levantar e recobrar suas forças, não se agite inutilmente.

Ela fixou-o angustiada.

— Quanto tempo faz que estou aqui?

— Há três dias e noites, estava inconsciente. Ardia em febre. Ainda está muito fraca. Não pode se agitar para não recair.

— Miro, e o casamento?

— Foi a mão de Deus. O destino a desviou da vingança. Deves aceitar para que não lhe aconteça coisa pior.

Esmeralda estava sem forças, mas em seus olhos refletiam-se a dor e a tristeza.

— Quer dizer que Carlos já casou?

— Sim — esclareceu Miro. — Foi o destino. Suas melhoras só começaram depois que Álvaro desistiu da vingança.

A cigana fechou os olhos demonstrando exaustão. Miro insistiu:

— Lute, Esmeralda, para viver! Nem sempre a vida nos dá o que desejamos. Precisamos compreender que nada somos diante do destino! Esqueça Carlos e por certo sua vida aos poucos vai se transformar.

A cigana estava muito enfraquecida para discutir o assunto, porém, em seu coração ferido, o ciúme, o ódio e o desespero ainda faziam-na estremecer. Estava sem forças. Sentia-se doente, fraca, derrotada, mas Carlos não perdia por esperar. Não pensava em nada mais do que vingar-se. Miro continuou:

— Ficaremos mais alguns dias por aqui. Não está em condições de viajar. Assim que estiver mais fortalecida, regressaremos ao acampamento.

Os olhos de Esmeralda brilharam, mas ela não disse nada. Miro estava aliviado. A cigana, parecia-lhe, tinha aceitado a situação. Tanto melhor. Não via a hora de regressar ao acampamento, libertando-se da influência de Álvaro, que acreditava ser perigosa para Esmeralda.

Mas o fidalgo não se decidia a ir embora definitivamente, alegando que se sentia responsável pela viagem dos dois e desejava prestar-lhes assistência.

Na verdade, não queria perder a cigana de vista. Assim que pôde falar com ela, desejou reiterar seus propósitos de vingança. Miro, porém, não saía do lado dela, não dando oportunidade de falar-lhe a sós.

Sabia que o cigano o atiraria fora da carroça se mencionasse o assunto. Não queria que ele desconfiasse de suas intenções. Afinal, ele também desejava a recuperação da cigana e não queria que a criança se perdesse. Era-lhe preciosa para a concretização de seus objetivos.

Por tudo isso, fingiu-se de desinteressado e despreocupado, aguardando um momento favorável para falar a sós com Esmeralda.

Ela começou a melhorar. Seus pensamentos de vingança galvanizavam-lhe as energias e intimamente procurava restabelecer-se para poder planejar como se vingaria. Por tudo isso, três dias depois já se encontrava bem melhor. Mas naquela noite de primavera, sentada fora da carroça, respirando deliciada o cheiro agradável das flores do campo, a cigana foi acometida de violenta dor.

Praguejando contra Carlos, contra a vida, contra todos, obedeceu a Miro, deitando-se na carroça. Estava amanhecendo quando sua filha nasceu. Miro, acostumado com esses casos no acampamento, atendeu Esmeralda com precisão e presteza. A cigana chorava de raiva e de dor. Dizia:

— Enquanto eu aqui grito e sofro, o miserável, nos braços de outra, diverte-se. Que mundo injusto! Maldito seja ele e sua esposa, seu pai e sua mãe!

Miro intervinha:

— Não diga isso. Sua filha não tem culpa dos erros do pai. Quer vê-la? É uma linda menina! Tem seu sangue, Esmeralda. O sangue de nossa gente!

— Não quero. Você me prometeu que a levaria para longe. Não a quero! Cada vez que olhasse para ela estaria recordando Carlos. Em pouco eu a estaria odiando tanto quanto ao pai!

Miro intercedeu:

— Pense, Esmeralda. É sua filha, como abandoná-la? Com quem deixá-la? O que fazer?

— Não quero saber. Você me prometeu. Eu queria livrar-me logo e não deixá-la nascer. Você me convenceu a esperar. É o culpado por ela ter nascido. Agora, ela é sua. Eu não quero vê-la nunca mais.

Miro sentiu uma onda de tristeza.

— Não a quero no acampamento, fazendo-me recordar aquele patife.

Miro, com a criança nos braços, saiu da carroça. Álvaro, olhos brilhantes, interveio.

— Ela não quer a filha. O que pretende fazer?

— Não sei — respondeu Miro, penalizado.

— Eu a quero — tornou Álvaro, com voz firme. — Posso levá-la e acredite que a educarei como a uma filha.

Miro fixou-o desconfiado.

— E não pensará em vingança?

— Claro que não. Já lhe disse que desisti. A situação me penaliza. Afinal, eu os trouxe para esta aventura. Vivo só. Ela me será companhia.

— Está bem — decidiu Miro. — Pode levá-la. É sua. Mas atente para o que lhe digo: trate-a bem, ela não tem culpa de nada. E se por acaso atentar contra ela ou guardar propósitos de vingança, a maldição cairá sobre sua cabeça.

Apesar de não crer nos ciganos, Álvaro não pôde deixar de sentir um arrepio de medo. Os olhos de Miro brilhavam estranhamente. Vencendo o receio, Álvaro respondeu:

— Fique sossegado. Cuidarei bem dela. Nada vai lhe acontecer.

Miro entregou-lhe a criança com tristeza.

— Leve-a para uma ama. Precisa de cuidados.

— Certo. Pode confiar. Deixe-me falar a Esmeralda um momento. Vou me despedir.

Entregou novamente o bebê a Miro e entrou rapidamente na carroça onde a cigana repousava.

— Esmeralda!

Ela abriu os olhos e fixou-o com firmeza. Ele continuou:

— Vou embora. Levo sua filha. Cuidarei bem dela. Nunca mais a verá. Mas quero lhe dizer que não esquecerei meus propósitos de vingança.

Falava baixo, com medo de que Miro entrasse de repente. A cigana respondeu:

— Eu também. Essa criança não existe para mim. Não a quero. Mas se algum dia puder ou tiver meios de destruir Carlos, procure-me que eu quero ajudar!

— Agora Miro me vigia. Ele não pode saber. Aguarde notícias minhas. Voltarei ao acampamento. Irei procurá-la às escondidas, pode esperar.

— Está bem. Estarei esperando. Miro não poderá me impedir.

Álvaro saiu rapidamente e, tomando nos braços o pequeno fardo, montou e dentro em pouco seu vulto desaparecia em uma curva da estrada.

Miro deu um suspiro de alívio. Afinal, tudo parecia resolvido. A criança seria educada e Esmeralda regressaria ao acampamento. Acreditava que ela logo estaria recuperada, reiniciando sua vida de sempre.

No dia seguinte, devagar, conduzindo a carroça com cuidado, Miro tomou o caminho de volta.

Álvaro chegou a Madri aos primeiros alvores da manhã. Ia preocupado. Precisava arranjar alguém que cuidasse da criança. Não queria que nada lhe acontecesse. Não sabia ainda como, mas entendia que ela era-lhe preciosa. Afinal, o fruto da ligação de Carlos com a cigana era peça importante para desmascará-lo diante de Maria. O traidor não perdia por esperar.

O que fazer com a criança? Conhecia um casal de servos do castelo de Hernandez que, não possuindo filhos, sentiam-se muito infelizes. Por certo cuidariam da menina muito bem. Decidido, foi procurá-los.

Eles preparavam-se já para iniciar a jornada de trabalho e, ao ver Álvaro sobraçando a criança embrulhada em uma manta, comoveram-se muito.

— Por Deus! Dom Álvaro! — exclamou a serva assustada. — Uma criança! O que se passa?

— Preciso de ajuda. Saberei recompensá-los regiamente.

— Pode confiar em nosso zelo — tornou o servo com deferência.

— Eu sabia. Por isso vim procurá-los. Esta pobre criança foi abandonada pela mãe. O pai, no entanto, é meu amigo e nem sabe de sua existência. Por essa razão, resolvi protegê-la. É só o que lhes posso dizer.

— Seu gesto, senhor, honra-o como fidalgo — observou Miguel com delicadeza.

— Eu não posso cuidar dela, mas espero que você, Consuelo, a receba em sua casa com cuidados de mãe. E você, Miguel, a proteja velando por ela.

— Que linda é, senhor! Mas é tão nova!

— Acaba de nascer — esclareceu Álvaro, mais preocupado em acomodar as coisas do que com a criança, que lhe era indiferente. — Acho que sabe como assisti-la. Arranje-lhe uma ama, se quiser, eu pago.

Tirou da algibeira um pequeno saco e colocou um punhado de moedas sobre a mesa tosca.

— Por certo, senhor — ajuntou Miguel, satisfeito.

— É só por algum tempo. Depois verei o que fazer.

— Pode ficar descansado, senhor. Cuidarei dela como de uma filha.

— Por isso a trouxe aqui. Mas lembre-se que ela não é sua e que eu virei buscá-la quando for oportuno. Que ninguém saiba que fui eu quem a trouxe. Pode dizer que a encontrou à porta ou algo assim, mas que meu nome não apareça!

— Fique descansado — respondeu Miguel, atencioso.

— Não quero comentários entre os campônios. Meu tio pode não gostar, entende?

— Claro, senhor. Pode confiar em nós. Sabe que somos servos fiéis e honestos.

— Muito bem. Faça o que eu lhe digo e não se arrependerão. Sei recompensar muito bem os que me servem com fidelidade. De vez em quando voltarei para saber como andam as coisas.

— Só uma coisa, senhor — disse Consuelo, com a criança nos braços. — Como é o nome dela?

Álvaro parou interdito. Não tinha pensado nisso.

— Ela ainda não tem nome... — murmurou, indeciso.

— Todos precisam de nome — tornou a serva, admirada.

— Estou cansado. Depois veremos.

— Temos que batizá-la — ajuntou a serva.

— Voltarei outro dia e veremos isso. Agora preciso ir.

Álvaro saiu e Consuelo levou a criança até o leito pobre.

— Pobrezinha, está molhada. Vamos, homem, não fique aí parado. Vá ver um pouco de leite.

— Não é melhor buscar uma ama?

— Não. Deixa que eu sei o que faço. Já cuidei de crianças. Sei como se faz isso. Agora preciso arranjar-lhe roupas. Pode ir para o campo. Eu agora só irei quando a pudermos levar junto.

E enquanto o marido, depois de buscar o leite, seguia para o trabalho, Consuelo, com alegria e cuidado, tomava providências envolvendo a filha de Esmeralda e de Carlos com seu carinho de mãe.

Na casa de Hernandez tudo era alegria e contentamento. Após as festas da cerimônia, os noivos tinham seguido para uma propriedade no campo, onde descansariam por uma semana, finda a qual deveriam voltar ao castelo dos pais de Maria para juntar-se à comitiva de Fernando, que regressava a seu castelo em Valença.

Quando os recém-casados chegaram, irradiando felicidade e boa disposição, Álvaro estava lá. A custo dominou o rancor e o desespero. O espetáculo daquela felicidade o feria fundo. Foi a custo que conseguiu disfarçar seus sentimentos e demonstrar uma alegria que estava longe de sentir.

Maria, corada e bem-disposta, nunca lhe parecera tão bela, e Carlos, cujo entusiasmo era evidente, despertava-lhe ciúme terrível.

Entretanto, o jovem casal, em meio a sua felicidade, não percebeu a raiva e o despeito do moço. Ao contrário, julgando-o amigo, procuraram demonstrar-lhe atenção e carinho, generosamente esquecendo seu interesse por Maria.

Permaneceram no castelo mais três dias, e depois a família de Fernando e sua comitiva regressou a suas terras.

Voltando ao lar com a esposa, Carlos ia firmemente decidido a assumir suas responsabilidades de família, a cuidar dos negócios de sua casa, auxiliando o pai cansado e doente na administração de tudo.

Estava feliz. Maria, encantadora e inteligente, culta e sincera, era a esposa ideal. Amava-a sinceramente, e a figura da cigana praticamente se apagara de sua lembrança. E se casualmente algo a recordasse, considerava sua ligação com ela um desvario da juventude, sem consequências.

Maria sabia manter a atenção do jovem esposo e revelara-se interessada em ajudá-lo nos negócios de sua casa, o que não era comum nas mulheres de sua época.

Uma vez de volta ao castelo, a princípio tanto Fernando como Carlos estranharam essa atitude de Maria e procuraram afastá-la desses assuntos, alegando que só os homens deviam preocupar-se com tais problemas. Mas Maria não se deu por achada e recusou-se a sair quando eles discutiam sobre negócios. Para não desgostá-la, julgando ser interesse passageiro, aceitaram sua presença, a princípio calada e atenta, mas aos poucos emitindo sugestões, expondo ideias, interpretando fatos com tanta sensatez e inteligência, delicadeza e sutileza, que com o correr do tempo ambos passaram a confiar plenamente em suas opiniões. De tal forma ela procedeu, dando-lhes a impressão de que eram eles quem decidiam, que passaram a nada fazer sem que Maria estivesse a par e emitisse seu parecer.

Isso contribuiu para que mais se solidificasse a união entre eles, e a jovem era muito estimada pelos sogros, que viam nela a filha que não tiveram. Encarnação não compreendia a nora, dentro de seu mundo estreito de mulher habituada a obedecer e a não sair dos acanhados padrões para os quais fora educada. Mas admirava-a por sua coragem e maneira de ser.

Assim, a vida no castelo seguia feliz e despreocupada. Carlos era outro homem. Sério, responsável, preocupado com a família. Na mente de todos, o passado estava esquecido.

Capítulo 16

Onze anos haviam se passado desde os últimos acontecimentos, e a vida no castelo de Fernando estava movimentada e alegre. Dois filhos enriqueciam a vida de Maria e Carlos. Um menino já com dez anos e uma menina com seis. Eram lindos e saudáveis. Distribuíam suas risadas pelo castelo, quebrando a sobriedade de suas vetustas paredes.

Tudo era calma e prosperidade. Os negócios iam bem e a situação da propriedade não poderia ser melhor. Carlos revelara-se ótimo administrador e Fernando orgulhava-se do filho.

Era uma tarde de primavera de 1826. Acompanhados por uma criada, José e Matilde brincavam alegres.

— Venham, crianças. Não podem entrar aí — tornou a serva com energia.

— Eu quero — respondeu o menino com arrogância. — Não pode me impedir.

— Está fechado. Seu pai proibiu. Vamos, vamos para outro lugar.

O menino não se deu por achado.

— Por quê? O que há aí dentro? Tem um tesouro?

— Não sei. Que bobagem! Dom Carlos fechou porque esta ala do castelo é perigosa.

— Perigosa por quê?

— Não sei. Ele não disse. Agora vamos. O lanche vai ser servido. Não podemos deixar dona Maria esperar.

Tomando a mão do menino, forçou-o a se afastar. Tinha medo daquela ala abandonada. Tinha ouvido contarem muitas histórias sobre ela. A tragédia, a morte de Fabrício, e o que era pior, os estranhos ruídos que alguns já tinham ouvido durante a noite. Pranto, risadas, lutas, gemidos.

Tanto Carlos quanto Maria riam-se dessas histórias. Mas ela tinha medo. Achava que as almas dos mortos podiam voltar e as temia. Sentia arrepios de terror sempre que se acercava daquela área.

Conduziu as crianças para a casa, deu-lhes a merenda.

— Mamãe — pediu José —, posso ficar fora mais um pouco com Tilde? Está tão bom.

Saíram de novo. Josefa os acompanhou solícita. Levou-os para o parque, onde árvores floridas alegravam a paisagem. Sentou-se sob uma árvore e tomou seu trabalho de agulha. Mas a brisa agradável e o canto dos pássaros a envolveram e a serva recostou-se no tronco e adormeceu.

José tomou a mão da irmã, dizendo-lhe baixinho:

— Venha, Tilde. Vamos entrar lá, ver o que há. Vamos descobrir o tesouro!

A menina perguntou:

— O que é tesouro?

— Joias, ouro, pedras preciosas! Vai ver que beleza!

— Tem colar?

— Tem, claro. Tem braceletes, anéis, tudo. Vamos!

Alegres, dirigiram-se à ala proibida. José entrou pelo portão de ferro que dava acesso ao local e, logo dois metros além, pararam diante da porta de madeira trabalhada. O menino largou a mão da irmã e tentou abri-la. Não conseguiu.

— Está fechada. Vamos ver se há outra entrada.

Deu a volta por fora, mas a outra porta também estava fechada! Havia uma janela de ferro, com vidros empoeirados, mas estava um pouco alta para ele.

— Eu quero ir embora — pediu a menina, um pouco assustada.

— Nós já vamos. Espere um pouco. Venha cá. Vou te levantar e vai espiar o que há lá dentro. Sobe aqui.

Abaixou-se e a menina aboletou-se em seu ombro.

— Segure firme que eu pego suas pernas. Limpe o vidro e olhe lá dentro.

— E se houver o tesouro?

— Aí voltamos outro dia, quando eu encontrar a chave da porta.

Equilibrando-se, Matilde, com a mãozinha, esfregou o vidro e espiou.

— Olhe direito! Eu queria ver. Mas não me aguenta. É mulher!

— Não aguento você porque sou pequena — tornou a menina com seriedade.

— O que vê?

— Algumas cadeiras cobertas com pano, teias de aranha. Está muito escuro. Estou com medo! Quero descer!

— Só mais um pouco. Veja se não há uma arca, mesmo fechada.

— Não vejo.

Aconteceu num segundo. Diante dos olhos apavorados da menina, apareceu, de repente, a figura de um homem com sangue a escorrer-lhe por vários ferimentos, olhos brilhando como fogo, cabelos eriçados e desgrenhados.

A menina gritou desesperada, todo o seu corpo tremia qual galho agitado pelo vento. Estava pálida. Assustado, José não sabia o que fazer. Desceu a irmã que gritava sem conseguir sair de onde estava.

— Vamos, Tilde. Venha, não foi nada, vamos.

Mas a menina parecia fora de si. Continuava a gritar. Ele tentou arrastá-la para fora. Nessa hora, Josefa chegou esbaforida.

— Santo Deus! O que aconteceu? Por que me desobedeceram? Virgem Santíssima! O que se passou?

A menina pálida, trêmula, chorava convulsivamente, ainda aos gritos. A serva tomou-a nos braços aflita.

— Estou aqui. Não há perigo. Acalme-se. O que aconteceu?

José estava muito assustado.

— Não sei. Fomos lá, eu a pus no ombro para espiar lá dentro. De repente, ela começou a gritar.

— Que loucura! Logo aí, santo Deus!

— Eu queria ver o tesouro.

— Não há tesouro nenhum lá dentro. Acha que dom Carlos ia deixar lá uma fortuna? O que fez foi assustar sua irmã. Acalme-se, querida. Tudo passou.

Mas a menina tremia apavorada. Aflita, Josefa levou-a para casa. Maria preocupou-se. Tentou acalmá-la. Quando a viu mais serena, perguntou:

— O que aconteceu? Por que está assim?

— Mamãe — soluçou ela, trêmula —, lá dentro há um homem muito feio.

— Um homem?

— Sim. Tem cara de mau, olhos de fogo e estava cheio de sangue.

— Foi impressão sua, querida. Lá não há ninguém. Todas as portas estão fechadas e uma parede separa as outras alas da casa. Ninguém poderia entrar lá.

A menina abanou a cabeça.

— Mas ele estava lá. Eu o vi. Apareceu de repente. Tive medo. Parecia que ia me pegar! Tenho medo, mamãe. Ele é homem mau!

— Não há ninguém lá, eu garanto. O José não viu ninguém. Você estava com medo e teve uma alucinação. Viu alguma coisa, José?

— Não, mamãe. Não vi nada.

— Está vendo? Foi impressão sua.

Mas a menina não se acalmava. Continuava afirmando que o homem estava lá. Carlos preocupou-se. À noite Matilde estava febril e não conseguia dormir. Carlos achegou-se ao leito da filha procurando acalmá-la.

— Tenho medo dele, papai — tornou a menina, chorosa. — Tira ele de lá, manda ele embora.

Impressionado, Carlos tornou:

— Por certo. Pode ficar descansada. Já mandei vários homens lá para expulsá-lo. Não mais a assustará.

— Ainda bem, papai. Assim é melhor. Não foi mentira. Ele está lá!

— Lembra-se de como era ele?

— Era grande, feio. Cabelos arrepiados, olhos de fogo.

— E a roupa, como era?

— Era de veludo marrom. Tinha botas. Estava de colete. Tinha uma faca na mão. Tive medo.

Carlos empalideceu. A menina acabava de descrever seu tio Fabrício. Pela lembrança de Carlos, surgiu a noite fatídica em que o surpreendera roubando o castelo. Ele não acreditava em fantasmas.

Várias vezes os camponeses o tinham alertado sobre acontecimentos estranhos naquela ala da casa. Ele, porém, jamais tinha acreditado. Agora, o que pensar?

Matilde não conhecera o tio e nunca sequer vira seu retrato. Eles o tinham destruído. Não queriam nenhuma recordação daquele patife. Agora a menina o tinha visto.

Carlos passou a mão pelos cabelos, assustado.

— Durma sossegada, filha. Papai já o expulsou de lá. Não há ninguém, eu lhe garanto.

Vendo-se compreendida e amparada, finalmente a menina acalmou-se e pegou no sono. José dormia, depois de ter ouvido séria reprimenda da mãe por ter desobedecido à serva.

Carlos não podia negar que estava abalado. Maria tentou confortá-lo.

— Não foi nada. A menina é muito sensível. Logo se acalma.

— O que me preocupa é tio Fabrício.

— Bobagem. A menina teve uma alucinação. Estava com medo.

— Ela descreveu a roupa que ele usava no dia de sua morte. Como poderia saber?

Maria ficou séria.

— Então ela o viu mesmo?

— Custo a crer, mas só pode ser isso. Como explicar? O tipo físico ainda podia deixar dúvidas, não ficou claro, mas a roupa... Lembro-me muito bem. Era tal qual ela disse.

Maria olhou o marido um tanto preocupada.

— Então o fantasma dele está mesmo no castelo.

— O que vamos fazer?

— O melhor é chamar um padre para cuidar disso. Quem sabe algumas missas o acalmam e o levam para o lugar para onde deve ir.

— É. Eu não entendo dessas coisas. Não gosto de meter-me com os padres. Mas meu pai tem sempre negócios com eles. Amanhã vamos contar-lhe tudo e ver o que se pode fazer.

— Dessa forma tudo será resolvido.

No dia imediato, foi avisado o padre Mendez, que rezava as missas mensais na capela do castelo. Ele reuniu a família e esclareceu que o caso era grave, mas que ele rezaria nove missas, uma por semana, pela alma do falecido e toda a família iria assistir. Depois, iria com seus coroinhas e os donos do castelo benzer aquela ala fechada e por certo tudo ficaria bem. Assim foi feito.

Durante as nove semanas, a família assistiu às missas na intenção de Fabrício e tudo estava calmo. Ninguém mais percebeu nada naquela ala da casa. Só faltava benzer o local.

Encarnação recusou-se a ir. Maria foi, ao lado do sogro e do marido. A pesada porta foi aberta, o padre paramentado e os dois coroinhas entraram seguidos pelos outros três.

O cheiro forte de mofo tornava o ar muito desagradável. Carlos estava pálido. Desde que surpreendera o tio e os assaltantes naquela trágica noite, nunca mais tinha voltado ali. Estava nervoso e impaciente. Queria que tudo terminasse o mais rápido possível.

O padre abriu o manual que trazia e começou a rezar em latim. Carlos sentia náuseas. Recordava-se daqueles homens, presos no subterrâneo e esquecidos. Aquilo tinha sido desumano. Mas não lhe cabia nenhuma culpa. Tinha sido ferido e ficado inconsciente. Quando voltou à realidade, era tarde. Estavam todos mortos. Deus justiçara aqueles criminosos, poupando-lhe o trabalho de puni-los.

Não tinha culpa de nada. Tinha sido vítima, não algoz. Nenhum deles podia pedir-lhe contas do que lhes tinha acontecido. Suas almas deviam arrepender-se e pedir perdão a Deus por seus crimes.

Passou os olhos pelo rosto do pai e da esposa. "Rezavam em silêncio", pensou ele, vendo-os de olhos cerrados e lábios murmurantes. Ele não conseguia. Pensamentos angustiosos invadiam-lhe o íntimo. Seria mesmo verdade que as almas dos mortos podiam voltar? Que a alma do tio, depois de tantas maldades cometidas, tantos crimes, pudesse ainda estar ali, vagando sem repouso?

Jamais tinha se detido a pensar naqueles assuntos. Lembrou-se de Miro. Ele entendia dessas coisas. Figura estranha a do cigano. Tinha partido do castelo com medo daqueles fantasmas. Teria razão?

O padre percorreu todos os cantos do salão e parou diante da porta que dava acesso ao subterrâneo. Continuou rezando.

— Está frio aqui — tornou ele.
— Estou gelada — concordou Maria.

Carlos sentiu vontade de sair correndo. Mas não queria dar parte de fraco. Afinal, era um homem. O padre benzeu a porta e perguntou:

— Podemos entrar aí?

— Não — tornou Fernando, atemorizado.

— Por quê? Não pode ficar nenhum canto sem ser benzido.

— É que, desde a noite da tragédia, nunca mais entramos aí.

— Quer dizer que houve outra tragédia aqui além da morte de Fabrício?

— Houve. É melhor lhe contarmos toda a verdade.

Quando Fernando acabou, o padre esclareceu:

— Agora sei o porquê dessa aparição. Deixaram os cadáveres sem sepultura. Se querem libertar-se do problema, terão que sepultá-los imediatamente!

— Mas faz muito tempo — alegou Fernando, preocupado —, agora só há os ossos.

— Ainda assim. Como querem que essas almas tenham sossego e os deixem em paz conservando seus despojos aqui presos?

— E se eu me recusar a mexer aí?

— Então as consequências poderão agravar-se. Esses casos não são de brincadeira. Pode ocorrer uma possessão que nem o melhor exorcista conseguirá evitar: aconselho-os a enterrá-los bem longe o quanto antes.

Carlos ficou angustiado. O padre acabou de benzer e foi-se, tendo ainda uma vez repetido a triste recomendação.

No salão, Carlos, Fernando e Maria tentavam encontrar solução para o impasse. Repugnava-lhes sobremaneira entrar no subterrâneo e mexer naqueles restos, depois de tantos anos. Fernando era contra a ideia do padre. Maria, porém, ponderou:

— Melhor fazer o que ele recomenda. Vai ser desagradável, mas depois todos vamos ficar aliviados. Afinal, enterrá-los é uma obra piedosa e ficaremos livres não só de suas almas penadas, mas também de sua incômoda presença no subterrâneo. Precisamos ter coragem e cumprir o que é certo. Depois estaremos livres. Deus vai nos ajudar.

— Está certo — concordou Fernando. — Tem razão.

— É. Pensando bem, depois que tudo acabar, será um alívio. Ficaremos livres deles. Não mais a sensação triste de seus corpos presos lá naquele subterrâneo, sem ar, nem nada.

— Como faremos? — inquiriu Fernando.

— Vamos oferecer uma recompensa aos homens que tiverem a coragem de entrar lá, recolher os despojos e sepultá-los. Que seja bem distante daqui — disse Carlos.

— Acha que alguém aceitará? — considerou Fernando.

— Naturalmente. Nem todos acreditam em fantasmas — disse Maria.

— Muito bem. Hoje mesmo vamos providenciar.

Apesar de ser domingo, Fernando tocou o sino e dentro em pouco, um a um, os homens foram chegando frente ao castelo. Quando os viu reunidos em quantidade que julgou conveniente, aproximou-se deles e começou a falar.

Em palavras simples, contou-lhes a tragédia toda, acontecida onze anos antes, e a necessidade de sepultar os restos para dar paz àquelas almas.

A quem se apresentasse como voluntário para fazê-lo, daria boa soma em moedas de ouro. Quando se calou, um zum-zum-zum percorreu os camponeses. Alguns se persignavam e diziam-se com medo de realizar a empreitada.

Dois deles, porém, deram um passo à frente.

— Eu o farei, dom Fernando. Não tenho medo de alma do outro mundo. Elas não existem — tornou um deles.

— Concordo. O medo faz enxergar demais. Vou com ele — disse o outro.

— Só os dois? — perguntou Fernando. — Se forem em maior número, será mais rápido.

Ninguém respondeu. Estavam muito assustados. Fernando conformou-se. Dois era melhor do que nenhum. Não via a hora de acabar com aquela triste missão.

— Muito bem. Os outros podem se retirar. Os dois, venham comigo.

Carlos olhou-os um pouco desanimado. Aqueles dois eram os piores elementos de suas terras. Beberrões e sem família, viviam às turras com os demais. Várias vezes já os tinha despedido, mas acabavam sempre retornando arrependidos e ficavam menos belicosos durante algum tempo. Depois, começavam tudo de novo. Eram fortes e decididos. Naquela hora, Carlos deu graças a Deus por tê-los ali. Só eles tinham aceitado a desagradável incumbência. Não os invejava, porém admirava-lhes a coragem.

Fernando deu-lhes as instruções. Deveriam descer ao subterrâneo, recolher os despojos colocando-os em grosso saco, depois transportá-los para longe, enterrando-os. Ao retornarem, receberiam as moedas de ouro.

Abriram a ala e Fernando abriu a porta do subterrâneo. Levando uma lanterna, duas pás e alguns sacos, os dois desceram as escadas. Pareciam decididos e dispostos. Fernando saiu e Carlos esperava-os do lado de fora.

— Cada vez que entro aí, parece que vejo tio Fabrício de faca em punho, e me recordo daquela triste noite em que quase perdi a vida.

— É natural. O susto foi grande. Também não gosto de entrar aqui. Resolvendo esse problema, por certo ninguém mais entrará neste lugar.

Foi quando um dos homens apareceu nervoso.

— Alguém precisa me ajudar. Aconteceu um acidente!

— O que foi? — fez Fernando, assustado.

— Manoel. Caiu-lhe pesada pedra em cima e ficou com a perna presa. A dor foi tanta que ele desmaiou. Sou forte, mas não consigo tirá-lo de lá sozinho. A pedra é muito pesada.

Carlos empalideceu. Fernando estranhou.

— O subterrâneo é antigo, mas muito sólido. Como podem cair pedras?

— Não sei. Só sei que ele está lá embaixo e eu não posso tirá-lo sozinho. Acho que fraturou a perna. Alguém precisa me ajudar.

— Nenhum dos homens vai querer descer lá... — tornou Carlos, preocupado.

— É. Eu não posso fazer força, o coração.

— Eu não poderia — esquivou-se Carlos.

O homem olhou-os com certa comiseração. Afinal, os fidalgos eram mesmo covardes.

— Precisamos tirá-lo de lá. Está mal e precisa de ar.

— Vou ver se consigo alguém para ajudar — aventou Fernando.

Tocou o sino, pediu a cooperação dos homens, ninguém se manifestou. Não teve outro remédio. Ordenou. Três homens pálidos e apavorados obedeceram e o acompanharam. Chegando ao saguão, o homem tornou, decidido:

— Vamos logo. Lá não tem nada. Só um punhado de ossos. Não precisam ter medo. Manoel teve um acidente. Vamos tirá-lo de lá.

Vendo-o tão decidido, os outros três tomaram coragem e o acompanharam. Desceram e, à luz da lanterna, viram o corpo de Manoel no chão. Ainda não tinha recobrado os sentidos. Sua perna estava amassada na canela e sangrava. Uma pedra enorme deslocara-se da parede e caíra sobre ele.

Procuraram não olhar em redor. Com cuidado carregaram-no para fora. Afrouxaram-lhe as roupas e Fernando, vendo-o pálido e sem sentidos, ordenou que providenciassem um lençol para improvisar uma maca e poder transportá-lo ao leito no castelo. Ele morava distante e precisava de cuidados.

O companheiro de Manoel justificou-se:

— Dom Fernando, vamos esperar Manoel. Sozinho não dá. Lá deve haver pelo menos umas seis ou sete ossadas. É escuro e em dois é melhor.

— Se ele fraturou a perna, vai demorar muito.

— Então, vamos arranjar outro. Se ele não puder, vou à cidade e procuro. Tenho muitos conhecidos que por certo não têm medo de defuntos e desejam ganhar dinheiro.

— Está bem. Deixe as ferramentas lá mesmo. Vamos fechar por agora.

Manoel não estava bem. Custava a voltar e seu estado preocupava. Muitos comentavam que era castigo por mexer com as almas do outro mundo. Eles eram hereges e não acreditavam, por essa razão tinha acontecido o acidente. Alguns até fantasiavam as figuras dos mortos deslocando a pedra sobre a perna de Manoel.

O campônio passava mal. Tinha voltado a si, mas fora acometido de febre e sua perna piorava a cada dia. Fernando tinha procurado todos os recursos para dar-lhe assistência e o médico não dava muitas esperanças. Vencido pela gangrena, Manoel uma semana depois veio a falecer.

Os camponeses estavam apavorados. Acreditavam que a morte de Manoel tivesse sido provocada pelas almas dos mortos do subterrâneo e alguns evitavam até passar perto daquela ala do castelo, com medo de provocar a ira daquelas almas.

Fernando, Maria e Carlos, reunidos em seu gabinete, procuravam encontrar solução. Mas reconheciam que, agora, mais difícil seria encontrar alguém que ajudasse Miguel a cumprir sua triste tarefa.

Chamaram padre Mendez, que, colocado a par da situação, foi categórico.

— Não há outra saída. É preciso arriscar. Temos que sepultar os corpos. Benzer o local.

— Não poderia benzer primeiro, para acalmar os espíritos, e depois enterrá-los? — sugeriu Carlos.

O padre fez um gesto negativo.

— Nem pense nisso. Não posso benzer esses corpos hereges. Eram ladrões e assassinos, são excomungados. A bênção é um sacramento sagrado. Só depois de tirar seus despojos de lá é que poderei benzer o local. Quanto a isso, não posso transigir. É lei da Igreja.

Carlos indignou-se, mas nada disse. Se o padre se irritasse, seria pior. Eles não entendiam daquele assunto. Precisavam dele.

— Compreendo, padre — contemporizou Fernando. — Haveremos de encontrar alguém que aceite descer lá e fazer o que é preciso. Afinal, é um ato piedoso, de caridade.

— É preciso muito cuidado — tornou o padre, com ar preocupado. — Nunca se sabe o que essas almas excomungadas podem fazer. Todo cuidado é pouco. Mas sei enfrentar o problema. Avise-me quando tudo estiver pronto e voltarei para dar a bênção. Então, tudo estará bem.

Quando ele saiu, Carlos estava irritado.

— Não me conformo com o que ele diz. Se quer ajudar aqueles pobres-diabos, cujas almas estão em sofrimento, por que não vai lá para fazer suas orações?

— Calma — tornou Maria. — Não entendemos desses assuntos. Ele deve saber o que faz. O melhor será procurarmos seguir sua orientação, uma vez que não temos outra melhor.

— Está certa como sempre, minha filha. Não temos outro recurso senão obedecer.

No mesmo dia, Fernando procurou por Miguel e, dando-lhe algumas moedas, tornou:

— Vá até a cidade e procure quem queira lhe ajudar. Dois, se for possível. Estou disposto a pagar bem. Sabe que tenho palavra. Se tirarem aqueles restos de lá, darei vinte moedas de ouro a cada um.

Os olhos de Miguel brilharam ambiciosos.

— Pode confiar em meus préstimos, dom Fernando. Voltarei com as pessoas e tudo será feito.

— Muito bem. Temos pressa. Não demore. Quanto antes, melhor.

Depois que ele se foi, Fernando respirou fundo. Havia de resolver o assunto custasse o que custasse.

Apesar de não mencionarem o problema, o ambiente do castelo estava pesado. Os servos, nervosos, amedrontados, sobressaltavam-se a qualquer ruído. Encarnação não queria ficar sozinha em parte alguma. As crianças, impertinentes e chorosas. E até Maria, geralmente tão calma, estava deprimida e sem ânimo para conversar.

Carlos sentia-se oprimido e entediado. Não encontrava mais prazer em ler, conversar, ouvir música. Até os filhos, inquietos e lagrimosos, irritavam-no.

Certa noite, depois do jantar, abriu-se com Maria. O que lhes estava acontecendo? Tudo parecia modificado e não havia mais alegria em torno deles.

A jovem senhora ouviu-o em silêncio, depois ponderou:

— Tem razão. Também venho percebendo que estamos todos tristes, preocupados, nervosos. O problema do subterrâneo, a morte de Manoel, tudo tem contribuído para nossa pouca disposição.

— Não quer dizer que estamos sob a influência daquelas almas penadas...

— Claro que não. Não acredito nisso. De certa forma, acho natural que estejamos preocupados e nervosos. O ambiente aqui não anda bom. Os campônios são supersticiosos, acham que o acidente de Manoel foi castigo por terem mexido com as almas dos excomungados. São medrosos. Isso os faz ver o que não existe. Têm medo até da própria sombra. E nós, dentro desse clima, ficamos também nervosos. Depois, enquanto não tirarmos de lá aqueles despojos, não poderemos ficar sossegados.

— Não sei do que eles têm medo. Vivem aqui nesta ala e nunca aconteceu nada. Temos vivido sempre muito bem. E há anos que eles estão lá embaixo.

— É. Tem razão. Mas percebo como eles têm medo. Comentam muito e acho até que, se esta situação não for resolvida logo, alguns vão embora, apesar de gostarem de nós e do castelo.

— Isso é absurdo — volveu Carlos, irritado. — São ignorantes.

— São. Sabe que são teimosos. Se padre Mendez viesse logo, ficariam em paz.

— Não é possível ficarmos assim. Até minha mãe anda apavorada.

— É verdade.

— Vou tentar convencê-la de que está errada. É preciso mudar esse medo, essa apreensão por causa de alguma coisa que nem existe. Afinal, o que temos de real nisso tudo?

— A visão de Matilde.

— É. Foi a única coisa. Porque o resto é só suposição, medo, superstição. O caso de Manoel foi simples acidente. A deslocação de uma pedra em um subterrâneo que esteve tanto tempo fechado pode ter sido provocada por uma pressão de ar. É fato comum. Mas todos interpretaram erroneamente. A morte de Manoel também foi comum. Sua perna foi esmigalhada e não houve jeito. É natural, pode acontecer a qualquer um. Esse povo tem muita imaginação.

— Concordo.

— Vou falar com eles, convencê-los de que estão errados. A Igreja e os padres também andam colocando muitas bobagens na cabeça deles. O que sei é que precisamos mudar esta casa. Deixar essas bobagens de lado, trazer de volta a alegria. Como as crianças podem sentir-se felizes em meio aos temores e aos sussurros de todos? Esses mistérios precisam acabar. Senão, vamos todos ficar com as ideias perturbadas.

Maria concordou.

No dia imediato, Carlos reuniu todos os servos e, com paciência, porém firme, tentou convencê-los do que pensava. No fim, proibiu-os de comentarem o assunto do subterrâneo e de Manoel. Queria muita serenidade e alegria pelo castelo.

Depois, procurou a mãe, repreendendo-a pelo receio infundado, procurando convencê-la de que nada do que pensava era verdade.

À noite, o ambiente estava mais calmo, tinha melhorado. As crianças pareciam mais tranquilas, os servos mais serenos, e até Fernando parecia mais alegre. Carlos respirou aliviado. Por certo as coisas voltariam ao seus lugares.

Na manhã seguinte, Miguel voltou acompanhado por um homem troncudo e de humilde condição. Procurou Fernando disposto a fazer a limpeza do subterrâneo.

— Muito bem — respondeu Fernando. — Vamos imediatamente ao local.

Carlos acompanhou-os, porém ficou do lado de fora. Fernando, decidido, tirou a trava da porta do subterrâneo e girou o trinco, mas ela não abriu.

— Talvez precise de azeite. É muito velha e ficou fechada muitos anos — tornou o homem que os acompanhava.

Fernando abanou a cabeça.

— Não pode ser. No outro dia, ela se abriu com facilidade.
— Vamos ver — disse Miguel, tentando por sua vez.

Mas a porta não abria, embora o trinco girasse normalmente. Foram em vão todas as tentativas. A porta tinha emperrado.

— Pode ser compressão do ar — aventou o companheiro de Miguel.

— Pode — concordou Miguel.
— Nunca teve este problema — respondeu Fernando, nervoso.

— Teria algumas ferramentas? Precisamos forçar a porta.
— Vamos apanhar.

Carlos, quando os viu sair, tomou ciência da nova situação e esmoreceu. Uma coisa tão simples tornara-se complicada. Agora essa porta quebrada, o que era natural tratando-se de prédio velho e sem uso, daria novamente o que falar. Era mesmo muita falta de sorte.

Os homens voltaram munidos de algumas ferramentas, começaram a tentar abri-la. Enquanto isso, apesar da proibição de Carlos para que o assunto não fosse comentado, a notícia correu de boca em boca.

Os mortos não queriam sepultura. Por essa razão tinham jogado a pedra no pobre Manoel, que tinha pago com a vida essa teima, e fecharam a porta, impedindo a entrada daqueles homens.

Começaram a achar que o melhor seria deixá-los ali mesmo, onde estavam durante tantos anos, e tudo voltaria ao normal.

Mas os donos do castelo não pensavam assim. Queriam mesmo ver-se livres deles e acreditavam piamente que enterrando seus despojos longe dali estariam enterrando com eles o passado terrível.

Enquanto isso, os dois insistiam tentando abrir a porta que parecia pregada no batente e não cedia. Suavam em bicas e não conseguiam. Depois de duas horas de tentativas infrutíferas, desanimados, cansados, sentaram-se no chão.

Fernando, nervoso, sugeriu:

— Agora é melhor não insistir. Vão para a cozinha comer, descansem um pouco, e depois, mais tarde, voltaremos.

Os dois obedeceram e Fernando não conseguia compreender.

— A outra vez a porta abriu-se facilmente. E agora...

— Não convém estimular as crendices de nossa gente. Não podemos esquecer que se trata de uma velha porta pouco usada, cujo ferrolho emperrou. Acontece muitas vezes — explicou Carlos, com voz que procurava tornar natural. Estava irritado. Era o cúmulo acontecer isso.

Quando entraram no castelo novamente, sentiram já o ambiente tenso. Percebia-se que os servos estavam assustados. A refeição decorreu em silêncio, cada um engolfado em seus pensamentos.

Depois da sesta costumeira, chamaram os dois homens e voltaram ao local do subterrâneo. Carlos resolveu entrar, apesar das recordações desagradáveis e do cheiro de mofo que lhe revolvia o estômago.

Os homens, mais refeitos, apanharam as ferramentas. Estavam dispostos a abrir a porta de qualquer jeito.

Carlos com naturalidade experimentou o ferrolho e, para surpresa de todos, a porta abriu-se com facilidade, como se nunca tivesse emperrado. Carlos empalideceu. Fernando, assustado, exclamou:

— Ela abriu! Experimentei tantas vezes! Como pode ser?

— É questão de jeito — tornou Carlos, tentando dissipar a preocupação.

Os dois homens sentiram-se aliviados. Queriam desembaraçar-se da missão, recolher o dinheiro e ir embora o mais rápido possível.

— Pegue a lanterna — disse Miguel. — Vamos deixar a porta aberta até que o ar circule lá dentro. Pode deslocar outra pedra.

Carlos sentiu ligeira tontura e certo mal-estar. "É o cheiro", pensou enjoado. Resolveu sair. Era ridículo, poderiam pensar que ele estava com medo. Mas, se ficasse, teria caído certamente, o que seria pior.

Uma vez fora, respirou fundo, tentando reagir. Sentou-se sob uma árvore procurando readquirir as energias. Agora, dentro em pouco, tudo estaria terminado e o tormento acabaria de uma vez por todas. Passou a mão pela testa, onde o suor bordejava.

Foi quando um grito de horror ecoou no ar e Carlos levantou-se assustado, sem saber se entrava ou não no castelo.

Viu um dos homens sair correndo enquanto o outro surgia na porta, chamando-o insistentemente. Vendo seu pai sair um tanto pálido e preocupado, Carlos perguntou:

— O que foi?

— Não sei. De repente ele gritou lá em baixo e em seguida saiu em disparada.

Miguel saíra atrás do companheiro e os dois foram-lhe ao encalço. Encontraram Miguel desalentado e cansado. Fernando perguntou, nervoso:

— O que aconteceu?

— Ele se foi. Disse que não quer esse dinheiro, que não volta lá nem por todo o dinheiro do mundo.

— Por quê? — inquiriu Carlos, aflito.

— Descemos a escada e logo vimos as ossadas. Pusemos as ferramentas no chão e fomos abrir o saco para começar o serviço. Quando José pegou a pá e ia começar a limpeza, olhou para o lado e deu aquele grito que quase me matou de susto. Tremia e apontava para o canto. Parecia pregado no chão. Perguntei assustado: "O que foi?". E ele disse: "Ele está vivo e disse que vai me matar. Não fico aqui nem mais um segundo". Jogou a pá no chão e saiu correndo. Vim atrás, mas ele disse que não mexe mais lá. Foi-se embora."

— E essa agora! — tornou Fernando, preocupado.

— Sozinho não vou — tornou Miguel, nervoso.

Carlos estava arrasado. Como resolver o problema? Pensou em ir com ele, mas temia não conseguir. Se desmaiasse lá dentro, seria pior. O pai, velho e doente, não podia. O que fazer?

— Veja se arranja outra pessoa — tornou Fernando, nervoso. — Pago regiamente a quem tirar de lá aquelas ossadas.

— Espero que não traga outro medroso como esse de hoje — ajuntou Carlos.

— José nunca foi medroso. Conheço-o faz tempo. Se eu acreditasse em fantasma, diria que ele viu mesmo.

— Não vai espalhar essas besteiras — interveio Carlos irritado.

— Besteiras ou não, ele vai espalhar a história e será difícil encontrar quem queira fazer o serviço.

— Procure o quanto antes. Estava junto. Viu alguma coisa?

— Eu? Claro que não.

— Então. Veja se consegues outros homens. Será melhor arranjar dois. Assim resolveremos mais depressa — Fernando tirou um pequeno saco da algibeira e, separando algumas moedas, deu-as a Miguel. — São para suas despesas. Traga os homens para o serviço e garanto que não vai se arrepender.

Miguel foi-se e Fernando fechou a porta do subterrâneo tendo o cuidado de não passar o trinco. Fecharam as portas e saíram.

No castelo, o ambiente estava tenso. A criadagem estava assustada e Encarnação não saía do quarto, onde rezava sem parar pelas almas dos ladrões.

Por mais que Carlos quisesse evitar, as notícias corriam de boca em boca e os campônios apavorados trocavam ideias, alguns até pensando em sair dali para sempre.

Fernando mandou chamar o padre. Afinal, esses assuntos deveriam ser resolvidos por ele. Mas o sacerdote foi categórico:

— Não posso rezar missa por esses hereges. Eram assassinos e ladrões. Sem tirá-los de lá e dar-lhes sepultura, não posso fazer nada. O que podem fazer é rezar muito pedindo a ajuda de Deus para defendê-los desses malignos.

— Mas, padre, não é representante de Deus na Terra? Não tem autoridade para perdoar pecados, abençoar ou excomungar?

— Tenho. Mas, neste caso, não posso medir forças com o maligno. Exorcismo eu não faço. Só os padres do Santo Ofício. Se não puderem resolver esse problema, devem recorrer a eles. É o único jeito.

Fernando silenciou contrariado. Não queria envolver-se com os padres inquisidores. Eles tomavam conta de tudo, imiscuindo-se com os problemas da família e, não raro, alegando a presença do demônio, acabavam tomando conta da propriedade por tempo indeterminado. Casos houvera em que os fidalgos tinham perdido tudo, ficando na miséria.

Fernando não queria correr esse risco. Haveria de resolver esse problema sozinho.

Carlos não se conformava. Recusava-se a crer que os mortos pudessem voltar. No entanto, como explicar o que estava acontecendo?

Nos dias que se seguiram, Miguel não conseguiu encontrar quem quisesse ajudá-lo na árdua tarefa. Desabafou com Carlos:

— As notícias correm. Ninguém quer correr o risco. José espalhou que foi ameaçado de morte pela alma do outro mundo.

— Bando de ignorantes! Eles acreditaram?

— Acreditaram. A história corre de boca em boca. Acho melhor esperar algum tempo e, quando a coisa for esquecida, faremos o serviço. Estou pronto a ir, desde que alguém vá comigo.

— A recompensa é grande. Meu pai está disposto a pagar boa quantia. Apesar de tudo, continua procurando.

Os olhos de Miguel luziram de cobiça.

— Está certo. Verei o que posso fazer.

Depois que ele se foi, Carlos permaneceu pensativo. Tudo quanto estava acontecendo era estranho e inexplicável. A alma dos mortos podia mesmo voltar? Com que fim? E a justiça de Deus, onde ficava? Eles não tinham feito nenhum mal àqueles homens. Pelo contrário, eles é que tinham ido roubar o castelo. Seria agora justo arcar com aquela incômoda herança?

Fora seu tio quem os prendera no subterrâneo. Se ele não tivesse ficado ferido e inconsciente, por certo os teria tirado de lá. O destino tinha traçado aquele drama. Por que agora ele e sua família tinham de sofrer essa perseguição desigual e indesejada? A quem recorrer nessa emergência?

De repente, lembrou-se de Miro. A figura do cigano acudiu-lhe na mente e Carlos sentiu-se inclinado a procurá-lo. Miro entendia desse assunto e guardava força especial no trato com o sobrenatural. Sim. Talvez o cigano pudesse encontrar uma solução. Mas onde encontrá-lo?

Lembrou-se de Esmeralda. Nunca mais tivera notícias dela. De vez em quando recordava-lhe a formosa figura com saudade. Apesar disso, guardava a certeza de que tinha encontrado a melhor solução. Eles eram diferentes e nunca teria sido possível uma vida em comum. Contudo, a presença de Esmeralda em sua vida era lembrança de carinhosa beleza, que o tempo e a fantasia enriqueceram.

Por certo, Esmeralda o tinha esperado inutilmente e depois esquecido. Era linda demais para ser-lhe fiel. Era muito assediada pelos homens para manter-se sozinha, recordando um amor infeliz. Talvez até nem se recordasse mais dele.

Procurou o pai e expôs sua ideia. Fernando não gostou. Tudo estava bem, apesar daquele problema, e ele não queria ver Carlos às voltas com os ciganos de novo. Mas o fidalgo insistiu. Miro conhecia o sobrenatural, tinha poderes. A quem recorrer senão a ele? Pagariam regiamente e os ciganos fariam o serviço.

Carlos falava com tanta insistência que, por fim, o pai concordou. Maria, a princípio, achou perigoso envolver-se com eles, mas Carlos a convenceu. Miro era seu amigo. Salvara-lhe a vida. Haveria de encontrar solução. Iria procurá-lo pessoalmente. Mas onde?

Fazia mais de dez anos que tinha perdido o contato com eles. Onde andariam? Consultou o mapa. Conhecia-lhes o habitual itinerário. Tentaria encontrá-los em Málaga, talvez.

Chamou Inácio e ordenou preparar tudo. Iriam no dia seguinte. Carlos sentiu vibrar no peito a ansiedade da aventura, apesar de pretender demorar-se o menos possível. Mas quando, na manhã seguinte, despediu-se dos seus, montou o cavalo e afastou-se abanando a mão para Maria e Fernando, que o cumularam de recomendações. Carlos sentiu um aperto no coração.

Capítulo 17

A viagem decorreu sem incidentes e foi com muita emoção que Carlos divisou o agrupamento cigano. Depois de tanto tempo, como o receberiam?

O cheiro da carne no braseiro o fez recordar-se de momentos já esquecidos. Mas o acampamento parecia-lhe agora acanhado e pobre. Inácio, no entanto, garantia-lhe que tudo estava como antes.

Aproximaram-se. Conhecendo-lhes os hábitos, saltaram dos animais, amarrando-os em uma árvore próxima. Carlos, resoluto, entrou no acampamento. Inácio o seguiu. Dirigiu-se a um jovem que, junto ao fogo, saboreava um pedaço de carne.

— Quero falar com Miro. Sou amigo dele. Onde está?

O moço olhou desconfiado, depois apontou para uma carroça mais à frente. Carlos sentiu um aperto no coração. Conhecia aquela carroça. Era de Esmeralda. Estava mais adornada, porém era a mesma. Agradeceu e dirigiu-se para lá. Coração aos saltos, circulou ao seu redor. Avistou Miro ocupado em consertar os arreios. Aproximou-se.

— Miro! — chamou. O cigano olhou-o assustado. — Estou de volta, preciso falar com você!

O cigano levantou-se.

— Carlos!

O fidalgo estendeu-lhe a mão com emoção e Miro a estreitou sério. Depois, fitando-o, indagou:

— O que quer? Por que veio novamente perturbar Esmeralda?

Carlos justificou-se:

— Não vim ver Esmeralda. Precisamos conversar. Vim conversar com você.

— Está bem. Venha comigo.

Miro dirigiu-se ao bosque ao lado, onde se sentou em uma pedra e tornou:

— Sente-se e fale.

Carlos obedeceu enquanto Inácio saía à procura de seus amigos.

— Faz muito tempo que não nos vemos — começou ele, um pouco magoado pela secura com que foi recebido pelo cigano —, ainda não tive ocasião de agradecer-lhe tudo quanto fez por mim quando fui ferido dez anos atrás. Quando percebi que tinha partido e que Esmeralda o acompanhara, fiquei como louco. Queria levantar-me, segui-la, buscá-la. Você sabe que meu amor por ela era sincero. Mas estava impossibilitado de me levantar.

— Ela o esperou com desespero.

— Por que me deixou daquele jeito? — tornou ele, mais para justificar-se do que pelo fato em si.

Miro olhou-o sério.

— Volta depois de tantos anos e não vem por causa de Esmeralda. O que quer?

— É você que procuro. Se falo do passado, é por que desejo explicar-lhe as razões de meu afastamento, para que não pense que fui traidor e leviano.

— Em que podem os meus pensamentos incomodá-lo?

— Miro. Sei que está zangado comigo por eu não ter procurado Esmeralda. Eu pensava procurá-la, eu a amava, porém meu pai estava doente, eu estava fraco e comecei a pensar que nunca seríamos felizes se nos casássemos. Eu não conseguia me acostumar ao acampamento para sempre, nem achava que devia abandonar meu pai envelhecido, de quem sou único filho, e minha mãe. Como sabe, Esmeralda jamais seria feliz em meu castelo. Como resolver esse dilema? Com o decorrer do tempo, resolvi ceder aos desejos de meu pai e desposei Maria, a noiva que ele me escolhera, e agora temos dois filhos.

Miro olhou o fidalgo com expressão indefinível.

— E agora, o que quer?

— Vim lhe pedir ajuda. Você se lembra dos ladrões que ficaram fechados no subterrâneo?

Carlos relatou todos os acontecimentos que o tinham conduzido ali e terminou:

— Pensei em você. Conhece os segredos do sobrenatural. Confio em você muito mais do que nos padres. Quero pedir que vá comigo resolver esse caso. Meu pai vai lhe pagar regiamente.

Miro balançou a cabeça.

— Engana-se. Nada posso fazer.

Carlos insistiu.

— Se quiser, eu sei que poderá nos ajudar. Afinal, estou sendo franco e lhe ofereço a maneira de ganhar boa quantia.

— Não faço negócios com as almas dos mortos.

— Não está fazendo negócio com elas, mas conosco. E tirando-os de lá, com certeza os estará ajudando também. Pretendemos dar sepultura a seus corpos e conseguir até missa por suas almas.

Miro olhou-o admirado.

— Acredita que isso possa adiantar alguma coisa?

— Se não adianta, por que está acontecendo tudo isso? Por que eles não querem sair do subterrâneo?

— Porque querem vingança. Porque não se conformam em terem ficado fechados ali e porque pretendem ajustar contas com todos, tirando proveito da situação.

Carlos estava pálido.

— Acha que querem se vingar, mas nós não temos culpa. Se eu não estivesse inconsciente e meu pai no leito, por certo os teríamos libertado, ainda que para justiçá-los. Eram assassinos e ladrões que entraram para nos roubar, não se esqueça.

Miro deu de ombros.

— A eles pouco interessa a justiça. Sentem-se revoltados e querem atacar seja quem for.

Carlos passou a mão pelos cabelos.

— O que podemos fazer?

— Não sei. Convencê-los a sair espontaneamente seria o melhor.

— Mas como? De que maneira?

— Falando com eles.

Carlos desesperou-se.

— Como, se não os vemos? Sequer sabemos se eles estão ali constantemente. Parece loucura.

— Seria a melhor maneira. Convencê-los da inutilidade da vingança.

— Eu não saberia. Você pode tentar. Venha comigo e fale com eles. Por certo saberá como. Descerá ao subterrâneo com Miguel e falará com eles.

Miro sacudiu a cabeça.

— Não posso. Não quero me envolver nesse caso. Afastei-me de sua casa por causa disso. Não tenho condições de enfrentá-los.

— E quer nos deixar à sua mercê?

— Pode rezar. Não crê em Deus?

Carlos olhou-o admirado.

— Por certo. Mas essas coisas não são de Deus.

O cigano riu divertido.

— Crê que tenho parte com o diabo? Pois se engana. Os ciganos também são de Deus.

Carlos estava arrasado. Não sabia o que fazer para convencer Miro a acompanhá-lo e ajudá-lo a resolver seus problemas.

Não se deu por vencido.

— Pense bem, Miro, eu lhe imploro. Não sabemos o que fazer. Ninguém lá conhece os segredos do sobrenatural.

Miro sacudiu a cabeça.

— Não adianta. Não irei. Não posso me intrometer em negócios que não são meus. Eles se voltarão contra mim.

Carlos passou a mão pela cabeça desesperado.

— Agora que já sabe que não posso fazer nada, pode deixar o acampamento.

Carlos olhou-o desagradavelmente surpreso.

— Está me expulsando?

— Não. Mas se veio para me pedir que o acompanhe e já tem minha resposta, nada mais tem a fazer aqui.

— Tem medo de minha presença? — desafiou Carlos.

Um fulgor estranho passou pelos olhos do cigano.

— Por que teria?

— Se quer que eu me retire já, cansado e faminto da viagem, se nem sequer me oferece a hospitalidade por uma noite, para que me refaça e possa voltar à luz do dia, por certo teme alguma coisa. Não acredito que seja capaz de tanta rudeza com um velho amigo.

— Não é meu amigo, nem precisa de hospitalidade. Qualquer taberna vai lhe dar o pouso para a noite com mais conforto do que temos aqui. Não vejo nenhuma razão para que aqui permaneça.

Carlos impacientou-se. Miro o tratava com certo desprezo e sua negativa em ajudá-lo feria-o fundo. Recusava-se a voltar sem nenhuma solução. Por esse motivo respondeu:

— Pois se engana. Ainda não vi Esmeralda. Depois de tantos anos, por certo terá esquecido tudo e poderei explicar a ela as razões de meu afastamento.

Miro levantou-se olhando Carlos fixamente.

— É isso que quero evitar. Esmeralda sofreu muito. Agora que tudo está calmo, não tem o direito de perturbá-la novamente.

— Só irei se vier comigo. Caso contrário, ficarei.

— Está me desafiando, e eu o aconselho a mudar de atitude.

— Está me ameaçando?

— Para defender Esmeralda, sou capaz de tudo!

Os olhos do cigano expeliam chispas. Carlos explicou:

— Nada tem a temer. Não pretendo perturbá-la. Venha comigo e partirei já.

O cigano olhou-o sério.

— E se eu não quiser?

— Ficarei por aqui até que decida a vir comigo.

— Deixe-me pensar até amanhã.

— Muito bem. Tem até amanhã.

— Vá à hospedaria do Lobo Vermelho e fique lá esta noite. Amanhã cedo irei encontrá-lo e lhe darei a resposta. Agora vá. Se quer que o ajude, evite que Esmeralda saiba de sua presença aqui.

Embora a curiosidade já o estivesse espicaçando, Carlos resolveu concordar. Afinal, o cigano estava cedendo e era isso o que lhe interessava realmente.

Concordou e, com um assobio, chamou Inácio. Juntos, deixaram o acampamento. Na cidade, foi-lhes fácil encontrar a hospedaria e alojar-se confortavelmente. Inácio contava-lhe as notícias do acampamento.

— Viu Esmeralda? — inquiriu Carlos.

— Não. Ela não estava. Mas pelo que eu soube, nunca se casou. Ainda há pouco tempo dois homens se mataram por causa dela, que nem sequer os quis ver enterrar. Continua a mesma.

Carlos sentiu um abalo no coração. Afinal, ele tinha sido o único amor daquela mulher que tantos disputavam. Ela o amava. Sentiu curiosidade. Teria mesmo sido esquecido? Ardia de desejo de rever a cigana. Como o receberia, depois de tantos anos?

Tinha prometido a Miro não procurá-la pelo menos até o dia imediato, e cumpriria a promessa. Não queria pôr a perder o fruto de sua viagem.

Era noite já. Resolveu cear e esperar pelo dia seguinte. Foi à taberna e sentou-se à espera da comida. Uma jovem alegre, corada, serviu-o com gentileza. Carlos procurou cortejá-la para distrair-se.

— O que vai fazer depois da ceia?

— Vou à festa, senhor — respondeu ela enquanto colocava à sua frente um assado apetitoso.

— Festa?

— Sim. A do vinho, como de costume. É preciso tirar o vinho velho para colocar o novo. Este ano a colheita foi abundante e haverá danças a noite inteira. Não quer ver?

— Pode ser.

Carlos conhecia aquelas festas anuais que levavam todo o povo às ruas, onde todo o vinho velho era distribuído de graça ao povo e, ao fim de três dias, caso sobrasse, era derramado solenemente no riacho, que o levaria ao mar, em cerimônia ingênua e pagã, onde todos, embriagados e alegres, pediam boa colheita para o próximo ano.

Depois da ceia, Carlos ficou tentado a ir. Esmeralda dançava nessas festas e a curiosidade era grande. Afinal, não era obrigado a ficar fechado na taberna. Não tinha procurado a cigana, mas que mal havia em sair um pouco e ver a festa?

Por outro lado, temia que Miro se irritasse e não aceitasse a incumbência. Era tarde já quando Carlos decidiu-se a sair. Podia olhar de longe e matar sua curiosidade. No dia seguinte, provavelmente, iria embora e talvez nunca mais tivesse a chance de rever Esmeralda. Com certeza estaria velha. Doze anos representam muito para a beleza de uma mulher. Seus receios de aproximação eram infundados. Amava Maria, adorava os filhos, não lhe passava pela cabeça reatar a antiga paixão.

Mas a curiosidade era natural, "que mal havia em satisfazê-la?".

Saiu. Em meio ao burburinho das ruas, seus olhos procuravam ansiosos. Seu coração bateu forte ao divisar um grupo de ciganos tocando e dançando. Ocultou-se atrás de algumas pessoas e procurou. Esmeralda não estava entre eles. Sentiu-se decepcionado. Tanta emoção para nada. Por que Esmeralda não estava?

Serviu-se de uma caneca de vinho e procurou afogar a desilusão. Afinal, o que esperava? Em sua memória, a figura esguia da cigana, rodopiando cheia de vida, de alegria e de beleza, aparecia envolvente. O destino por certo não queria que a encontrasse. Miro teria impedido sua presença naquela noite?

Sentiu raiva do cigano. Abusava porque sabia que ele precisava de seus serviços. Haveria de levá-lo a sua casa, por isso procurou esquecer o desgosto. Afinal, precisava resolver definitivamente o incômodo problema. Tinha certeza de que Miro sabia como fazer isso.

Mas Carlos estava frustrado. Esmeralda não estava ali. Estaria com algum fidalgo? Sentiu-se irritado. Pouco lhe importava onde e com quem ela estivesse.

Foi então que o sangue fugiu-lhe do rosto e o coração bateu descompassado. Esmeralda, abraçada a um elegante cavalheiro, moço, bem-posto, aproximou-se dos músicos e logo as guitarras começaram a tocar vibrantes. Ela, então, saltou para o meio do povo, dançando magistralmente. Parecia irreal ao brilho dos adereços luxuosos e do fulgor de seus olhos verdes. Estava linda!

Olhando-a, Carlos, pálido, estava como que fascinado. Todo o passado reapareceu com violência. Esmeralda estava linda como sempre e os anos nada tinham significado para ela. Arrancava aplausos, gritos e olés da multidão alegre, e podia-se notar nos homens a admiração e a cobiça.

Carlos pensou fracamente em sair dali, para escapar àquele fascínio, porém não conseguia. Esmeralda rodopiava, envolvente, parecendo ter asas nos pés, lábios entreabertos em leve sorriso, dominadora e única.

Carlos esqueceu-se de tudo. A paixão violenta brotou novamente e ele sentia a emoção descompassar-lhe o coração.

"Esmeralda! Como tinha conseguido esquecê-la? Como pudera ausentar-se de seus braços de seda e de seu amor voluptuoso?"

Estava trêmulo e perturbado. Sem perceber, foi se aproximando da cigana, que parecia não tê-lo visto, tão segura de si estava. Quando ela parou, os aplausos eclodiam, e ela ia fugindo como sempre, mas Carlos interceptou-lhe os passos, exclamando:

— Esmeralda!

A cigana fixou-lhe o rosto expressivo aparentando calma. Virou a face e procurou se afastar. Carlos não se conteve, agarrou-a pelo braço com força:

— Esmeralda! Estou aqui e precisamos conversar.

Ela, fria, serena, puxou o braço olhando-o como a um estranho. Carlos não esperava aquele acolhimento. Ao contrário. Fora preparado para lhe dar explicações, evasivas, para fazê-la entender que ele agora era outro homem, que o passado estava esquecido. Mas as coisas não estavam acontecendo como ele tinha imaginado. A cigana o tinha esquecido. E talvez estivesse com outro. Carlos estava irritado. Onde estava o amor que ela dizia ter? Chegara constrangido, imaginando a cigana saudosa e sofrida, criando-lhe embaraços. Vendo-a indiferente, em vez de sentir-se aliviado, sentiu-se angustiado, preterido, traído. Não queria admitir que fora esquecido.

O vinho tinha-lhe esquentado a cabeça. Procurou Esmeralda, sem encontrá-la. Não atendeu às rogativas de Inácio, querendo levá-lo à hospedaria. Queria ver Esmeralda a todo custo.

— Não adianta, meu senhor — ponderou Inácio —, a carroça está guardada. Sabe como eles são. Esmeralda só recebe quem quer.

— Ela vai me receber — resmungou Carlos, teimoso.

— É perigoso. Deixemos para amanhã, quando o sol estiver claro.

Mas foi inútil, Carlos estava determinado. Foi para o acampamento. Logo ao chegar foi rodeado por um grupo de homens armados e hostis. Carlos não se intimidou:

— Quero ver Esmeralda.

— Não pode entrar. É ordem de Sergei.

— Só saio daqui depois de falar com Esmeralda.

— É melhor ir embora. Se insistir, seremos forçados a impedir.

Os ânimos estavam alterados quando Miro apareceu.

— Não disse para você não procurar por Esmeralda?

Vendo-o, Carlos moderou-se. Apesar de tudo, esperava levar o cigano a sua casa. Precisava dele. Tentou lhe explicar:

— Só quero conversar com ela. Devo-lhe uma explicação. Afinal, depois de tantos anos, foi a primeira vez que a vi.

— É tarde para isso — tornou Miro, sério. — Deixe Esmeralda em paz.

Estavam a poucos metros da carroça da cigana. Foi nessa hora que a porta se abriu e um fidalgo saiu. Boquiaberto, Carlos tornou:

— Álvaro! Que faz aqui?

O fidalgo desceu e Carlos viu Esmeralda atrás dele. Sua indignação não tinha limites. Sem atentar para a situação falsa em que se colocava, tornou:

— O que faz ao lado de Esmeralda? Você, de quem jamais esperei essa traição?

O fidalgo aproximou-se calmo. Seus olhos brilhavam triunfantes, saboreando a raiva do rival.

— Exalta-se inutilmente. Escolheu livremente outra mulher, sem se preocupar se ela era minha amada. Foi você quem traiu minha amizade, que traiu a confiança de Esmeralda, como se atreve a vir aqui com esse tom?

Carlos corou de ódio e de vergonha. Sentiu-se réu e pela primeira vez começou a pensar que estava errado. Álvaro continuou:

— Se amasse Esmeralda, você a teria respeitado. Mas Maria lhe convinha mais do que uma cigana. O que espera agora? Esmeralda e eu, traídos e abandonados, consolamo-nos e hoje estamos juntos. E nosso amor é grande. É a mim que ela ama agora. E o melhor é ir embora antes que usemos a força. Ela está aqui, como pode ver. Não o quer mais. Deixe-a em paz. Vá-se de uma vez por todas.

Carlos, olhos em fogo, o gosto amargo da derrota, o orgulho ferido, o rancor, olhou Esmeralda, que, altiva e indiferente, presenciava a cena sem demonstrar nenhuma emoção.

Nada restava a fazer. Carlos, silencioso, resolveu sair. Inácio, com alívio, acompanhou-o. Na saída do acampamento, Carlos voltou-se e pôde ver Esmeralda, abraçada a Álvaro, entrando na carroça.

Uma chama de ódio violento queimou-lhe o coração. Esmeralda o tinha traído! Enraivecido, pensava em Álvaro, o rival vencedor que estava lá, com ela, usufruindo seus beijos e seu amor!

Naquela hora, Carlos esqueceu Maria, seus filhos, seus pais, tudo. Não estava habituado com a preterição, com a derrota. E logo para Álvaro! Não se dava por vencido. Não iria embora, tinha que falar a Esmeralda.

Foi com a cabeça escaldando que se recolheu e, apesar do vinho, quase não pôde dormir.

Entretanto, na carroça de Esmeralda, Álvaro exultava.

— Viu a cara dele? Parecia que ia ter um ataque! O traidor! O sem-vergonha! Que desfaçatez! Depois do que ele fez, ter coragem de me cobrar contas!

Esmeralda deu de ombros. Não tinha mais a calma de momentos antes. Seus olhos brilhavam enraivecidos. Álvaro prosseguiu:

— Boa ideia de me avisar. Felizmente eu estava perto daqui. Senão, não teria chegado a tempo de saborear sua cara de raiva.

Esmeralda ouvia calada. Seu rosto tinha um ar determinado.

— Foi boa a ideia de nosso amor. Viu como ele ficou? Claro, seu orgulho não suporta a ideia de tê-la perdido e logo para mim, que ele sempre desprezou.

— Ainda bem que pelo menos esse seu plano deu certo, já que todas as outras tentativas falharam.

— O danado tem sorte. Depois, Maria nunca deu ouvidos às histórias que propositadamente fiz chegar a seus ouvidos. É muito crente.

— Quero ver até onde vai sua confiança! — fez Esmeralda, entre dentes. — Juro que eles vão me pagar! Nunca esqueci. Se seus planos falharam, eu não hei de falhar.

— O que pensa fazer?

— Verá. Garanto que ele vai se arrepender de ter voltado.

— Espero que não fale sobre Isadora.

— Não fale sobre isso. Não quero lembrar esse fato. É como se não tivesse acontecido.

— Está certo. Não falarei no assunto. Não me convém que ele descubra. Um dia, ainda, ela vai me dar ocasião à vingança.

— Faça como quiser. Mas não fale nela. Não existe para mim.

Álvaro olhou-a admirado. Esmeralda não tinha instinto maternal. De que seria feita aquela mulher? Tinha levado a criança enjeitada para a própria casa e a adotara oficialmente, como se ela fosse filha dos velhos servos de seu tio, a quem protegia e levara a viver em suas terras.

Não era rico, mas dispunha de bens que lhe permitiam levar vida despreocupada sem grandes luxos, mas digna. Considerava aquela criança um trunfo contra Carlos. Um dia, por certo, poderia usá-la para destruir o rival. Não o perdoava. Maria fora seu único amor. Não se conformava em tê-la perdido para Carlos, que não a merecia.

Era leviano e não acreditava que a amasse. Conveniência. Esse devia ter sido o motivo daquele casamento, tão a gosto das famílias.

Olhou Esmeralda e estremeceu. Seu rosto estava feroz.

— Não gostaria de estar na pele dele — considerou, satisfeito.

Arrancada das profundezas de seus pensamentos, ela respondeu:

— Esperei muito tempo. Agora chegou minha vez.

Carlos, no dia seguinte, amanheceu nervoso e com dor de cabeça. A cena da véspera o irritara. Inácio, preocupado, ponderou:

— Meu senhor, melhor irmos embora. Miro não vai mesmo.

— Cale-se — respondeu Carlos, irritado. — Ele há de ir de qualquer jeito.

Esperaram a manhã toda, mas o cigano não apareceu, conforme tinham combinado. Carlos estava irritado, queria ir ao acampamento. Inácio tentou dissuadi-lo. Inutilmente.

Quando chegaram ao acampamento, um grupo armado impediu-os de entrar.

— Quero ver Miro — tornou ele, espichando os olhos para a carroça de Esmeralda. O vulto da cigana locomovia-se lá dentro.

Carlos impacientou-se.

— Miro não quer ver você. Vá embora — respondeu um cigano, sério. — Não se meta em encrencas.

— Preciso falar a Esmeralda — insistiu ele, veemente.

— Ela não quer vê-lo. Trate de ir embora.

Mas Carlos estava decidido a ficar. Tanto insistiu que Miro apareceu, rosto preocupado. Carlos reclamou:

— Como pode fazer isso comigo? Não quero prejudicar ninguém.

Miro olhou-o sério.

— Já causou muitos prejuízos. Não se deu conta? Por que insiste?

— Quero levá-lo comigo. Se concordar, iremos embora. Foi para isso que vim. Pode me ajudar.

O olhar de Miro estava triste quando disse:
— Carlos, vá-se embora. Não insista. Se tem amor à vida e à sua família, volte já e nos deixe em paz.
— Está me ameaçando?
— Eu? Não. Mas melhor seria para você que regressasse.
— Vem comigo?

Miro estava triste. Não queria ir com ele, temia as almas daqueles celerados, mas ao mesmo tempo temia a presença de Carlos junto a Esmeralda. Sabia que ela não o tinha esquecido.
— Se eu for junto, partiremos imediatamente, concorda?

Carlos concordou. Mas já era tarde e não queria viajar à noite. Iriam ao amanhecer. Miro olhou-o desconfiado.
— Se procurar Esmeralda, não irei — exigiu. — Ontem não cumpriu o trato.
— Não a procurei. Saí para ver a festa e nos encontramos por acaso. Não vejo mal nisso. Gostaria de ter com ela uma conversa, explicar-me, você sabe.
— Ela não quer. Deixe-a em paz.

Carlos achou melhor concordar. Afinal, o que queria mesmo era levar Miro. Ainda lhe sobrava uma noite. A festa continuava. Por certo iria. Queria a todo custo falar a Esmeralda.

Foi com impaciência que na taberna esperou pelo jantar e saiu para ver Esmeralda. Resolveu não aparecer cedo. Temia que a cigana, não querendo encontrar-se com ele, não aparecesse.

Conhecia-lhe os hábitos. Ela sempre aparecia muito tarde, quando a festa estava quente e muito vinho havia corrido. Era sempre o ponto alto.

Foi com o coração aos saltos que esperou. Em meio à alegria e aos gritos dos mais entusiastas, guitarras e palmas, ela apareceu. Esmeralda estava linda! E pensar que aquela beleza o tinha amado! Por sua memória passavam os momentos ardentes que tinham desfrutado há tantos anos.

Como pudera esquecê-la? Em meio àquela dança, teve ímpetos de abraçá-la. Em seu pensamento, o presente não existia, só a atração do passado, o amor fascinante, a paixão arrebatadora. Impossível que ela amasse Álvaro. Recusava-se a crer. Ele era um imbecil!

No auge do arrebatamento, olhos fixos na figura da cigana, Carlos aproximou-se fascinado. Ela fixava-o envolvente, lábios entreabertos, movendo-se ao ritmo da música. Ele não resistiu, saltou a seu lado e dançou com ela, que, tal qual na primeira vez que se tinham encontrado, envolvia-o com sua sedução.

Carlos exultou, Esmeralda não o repelia. Dançaram algum tempo, presos ao fascínio do momento e, quando ela saiu correndo, acompanhou-a, alcançando-a e, num gesto arrebatado, abraçou-a, beijando-lhe os lábios entreabertos.

— Esmeralda! — sussurrou-lhe ao ouvido. — Que saudade!

Os olhos dela brilharam, porém retribuiu o beijo com paixão. Carlos animou-se.

— Diga que me quer ainda. Que não ama aquele patife.

Esmeralda não respondeu. Libertou-se dele e correu. Carlos a alcançou.

— Preciso lhe falar!

— Para quê? — indagou ela. — Amanhã irá embora e tudo será como antes.

— Esmeralda, não me atormente. Não pode amar aquele tratante.

— Adeus — tornou ela.

Carlos abraçou-a com força.

— Não me deixe. Quero estar ao seu lado. Amanhã preciso ir embora. Fique comigo esta noite.

— Não quero — fez a cigana, com indiferença.

Carlos sentiu um abalo no coração.

— Como? Esqueceu nosso amor? Não posso crer. Ainda me ama.

Ela riu provocante.

— Será? Muitos homens passaram em minha vida desde então. Mais belos e mais fortes do que você.
— Mas é a mim que ama, não minta. Eu a quero, Esmeralda. Não suporto a ideia de partir amanhã.
— Não parta.
— Miro quer me ver longe daqui.
— Então, adeus.
— Não vá. Fica comigo.

Ela ia andando e Carlos a acompanhava implorando. Chegaram ao acampamento e ela repetiu.
— Adeus.
— Esmeralda!

Carlos tomou-a nos braços e a beijou ardentemente. Sentia o corpo da cigana estremecer em seus braços. Exultou. Ela não o tinha esquecido. Ainda abraçados, entraram na carroça e Carlos mergulhou de novo nas almofadas e nos braços macios e envolventes daquela mulher.

Capítulo 18

Carlos acordou no dia seguinte sentindo no rosto um calor de sol. O corpo doía-lhe e, atordoado, procurou perceber onde se encontrava. Tinha adormecido nos braços de Esmeralda, mas encontrava-se deitado na terra dura e ao relento. O que teria acontecido?

Levantou a cabeça e sentiu-se tonto. Doía-lhe todo o corpo. Onde estaria Inácio? Olhou ao redor e nada. Não se recordava daqueles sítios. Respirou fundo e procurou levantar-se. Foi com dificuldade que conseguiu.

O que teria acontecido? Quase não tinha bebido. Onde estava? Passou a mão pela cabeça atordoada. Precisava voltar à hospedaria e procurar Inácio. Talvez ele pudesse esclarecê-lo. Lembrava-se de Esmeralda, sentia-se emocionado. Ela o aceitara de volta. Por certo despediria o idiota do Álvaro. Esmeralda amava a ele, Carlos, e a mais ninguém.

Teria sido assaltado? Como, se não se lembrava de nada?

Começou a caminhar. Não conhecia aquele lugar. Encontrou um camponês que lhe disse estar distante da cidade. Sem dinheiro, sem cavalo, Carlos dispôs-se a caminhar de volta à hospedaria.

Estava anoitecendo quando, faminto e extenuado, conseguiu chegar. Inácio, aflito, esperava-o e nada sabia. Desde a festa da noite anterior não o tinha visto.

Irritado, Carlos lavou-se, alimentou-se e tratou de descansar. No dia imediato, iria ao acampamento esclarecer tudo. Inácio, preocupado, tentou convencê-lo a partir. Não confiava nos ciganos. Ele não estava sendo bem-visto. Carlos deu de ombros:

— Bobagem. Esmeralda ainda me ama. Eles fazem tudo que ela quer.

Estirou-se no leito para dormir. Estava exausto.

Acordou no dia seguinte, mais refeito. Iria procurar Miro no acampamento. Com certeza fora ele quem o tinha levado para longe, na tentativa de separá-lo da cigana. Com certeza dera-lhe algo a beber, porquanto de nada se recordava. Era possível até que Esmeralda o estivesse procurando, pensando que ele a tivesse abandonado.

Miro não tinha o direito de intrometer-se daquela forma. Afinal, Esmeralda era livre. Se ela quisesse envolver-se com ele, Miro nada poderia fazer.

Foi em vão que Inácio suplicou a seu amo que fossem embora. Carlos estava determinado. Esperou pelas primeiras horas da tarde e dirigiu-se ao acampamento. Foi barrado por homens armados.

— Quero ver Esmeralda — exigiu, teimoso.

— Ela não deseja vê-lo.

— Mentira. Ela está a minha espera.

O cigano trincou os dentes, ameaçador.

— Se repetir essa ofensa, mato-o como a um cão. Vá embora! Ela não quer vê-lo nunca mais.

Com a arma ameaçadora encostada no peito, Carlos achou prudente não insistir. Afastou-se disposto a ludibriar a vigilância. Com certeza a ordem era de Miro. Por certo Esmeralda não sabia de nada. Mas ele não iria embora sem falar à cigana.

Miro, contudo, acordara preocupado. Tinha dormido mal e doloroso pressentimento invadia-lhe o coração. Estava disposto a afastar Carlos, custasse o que custasse. Iria com ele imediatamente enfrentar os maus espíritos do castelo.

Preferia isso a ver Esmeralda sofrer de novo. Não acreditava no amor de Carlos pela cigana. Sabia, no entanto, que Esmeralda conservava ainda a antiga paixão, embora o ódio a fizesse vibrar sempre que Carlos vinha à baila.

Foi procurá-la. O sol ia alto e a cigana já se tinha levantado. Parecia inquieta. Miro foi direto ao assunto:

— Soube que Carlos esteve ontem aqui, em sua carroça.

Esmeralda não respondeu. Miro continuou:

— Não acredito que tenha dado ouvidos àquele patife novamente. Por que o aceitou?

A cigana olhou-o irritada.

— Não se preocupe. Uma vez foi o bastante para mim. Não vou perder de novo.

— Então por quê?

Ela deu de ombros:

— Porque chegou minha hora. Carlos vai me pagar por tudo que fez.

Miro olhou-a temeroso.

— Esmeralda, deixe-o ir em paz. Asseguro-lhe que ele responderá pelo que fez. A vida vai lhe cobrar. Não compactue com seus erros! Afaste-se dele! Vai atrair a desgraça!

Esmeralda olhou-o determinada.

— Nada vai me fazer perder essa ocasião. Se não fosse a vingança um direito meu, por certo ele não apareceria de novo em meu caminho.

— Esmeralda! O destino não quer a vingança! Liberte-se dele agora! É isso que a vida pede. Repudie-o. Devolva-lhe com a mesma moeda o desprezo, o esquecimento, a troca. Ele escolheu. Casou-se com uma mulher de sua classe. Por que não faz o mesmo?

— Sou diferente. Não quero mais homem em minha vida, a não ser quando sinta vontade de ter um. Mas ele vai me pagar pelas humilhações, pelos sofrimentos, pela ingratidão!

Os olhos da cigana brilhavam apaixonados.

— Ainda o ama, essa é a verdade. Por isso o quer de volta. Está enfraquecida pelo amor e ele de novo vai lhe fazer sofrer para depois voltar a sua família, que é o que ele quer de verdade. Não se esqueça de que ele escolheu a outra e que com ela tem dois filhos.

Ela sacudiu os ombros.

— Isso não me importa. Se me importasse, eu também teria esse direito antes dela. Mas meu acerto é com ele. Eu e ele. Só. Não o amo, eu o odeio! Não o quero para mim, mas quero destruí-lo.

— Pensa matá-lo? Não tinja suas mãos de sangue. Atrairia a má sorte e a legião dos espíritos maus. Não sabe que eles nos espreitam para nos ajudar a cair?

— Não tenho medo deles. Meu direito de vingança é sagrado. Devia me ajudar. Por que está contra mim?

Miro olhou-a sério e disse com tristeza:

— Esmeralda, sabe que a amo muito. Desejo seu bem. Pressinto que essa vingança vai fazer você se perder. Esse pressentimento me acompanha desde que conheceu Carlos. Disse-lhe isso várias vezes. Sabes que meus pressentimentos são reais. Por que não me atende agora?

— Porque não posso. Há uma força dentro de mim que não se acalma. Não posso ser punida por exercer a justiça!

— O que fez com ele? Soube que Carlos foi retirado daqui antes do amanhecer.

Miro estava preocupado.

— Não fiz nada, ainda. Dei-lhe algo para dormir e mandei levá-lo para bem longe.

— Por quê?

— Porque quis. Estará a meus pés, de joelhos, como eu quiser. E desta vez não será para dar-lhe meu amor! Você verá!

Em vão o cigano tentou demovê-la. Esmeralda não cedeu. Miro sentia aumentar seus receios. Quando Carlos chegou, ele ocultou-se e viu quando ele se afastou irritado.

Não sabia como Esmeralda pretendia vingar-se, mas faria tudo para impedir.

Carlos estava enganado. Não tinha sido Miro quem proibira sua entrada no acampamento. Quando ele se foi, Miro saiu do esconderijo e os homens o informaram que cumpriam ordens de Esmeralda.

Ele não entendeu bem o porquê, mas decidiu agir. Ninguém podia saber. Ficou por ali como de costume, até que julgou oportuno e saiu sorrateiro, em busca de Carlos. Sabia que ele não se conformaria em afastar-se do acampamento, principalmente depois de a cigana tê-lo encorajado.

Ele estava lá, no bosque, à espreita, na esperança de rever Esmeralda. Recebeu Miro com raiva. O cigano não se importou.

— Vim combinar nossa partida — foi logo dizendo. — Vamos embora juntos.

Carlos inquietou-se.

— Muito bem. Iremos amanhã. Antes, porém, quero ver Esmeralda.

Miro olhou-o sério.

— Para quê? Ela não quer vê-lo. Será melhor para você partir agora.

— Diz isso porque quer me afastar dela. Por isso me atacou, tirando-me de seus braços e me atirando ao relento. Por essa razão me impediu de ver Esmeralda, de contar-lhe que não saí livremente de seus braços. Mas você me arrancou de lá à força, para nos separar. Onde está ela? O que fez com ela?

Miro irritou-se. Aproximou-se de Carlos e agarrou-o pelo colarinho, ameaçador.

— É um idiota, que nem merece o que estou fazendo por você. Pouco me importa que se arrebente e que se destrua. Mas não quero que Esmeralda se afunde. Por tudo isso estou aqui. Não percebe que ela não o perdoou e não vai fazê-lo nunca? Não sente que ela deseja tão somente vingar-se de você? Não percebe que, se entregar-se de novo a ela, desta vez ela vai destruí-lo? É tão imbecil que não vê isso?

Os olhos de Miro chispavam magnéticos e Carlos estremeceu. Estaria ele sendo sincero? Por outro lado, Esmeralda, trêmula de amor em seus braços, desmentia essa versão. Se ela quisesse vingar-se, teria mandado matá-lo, tê-lo-ia desprezado, acusado. Mas ela não tinha resistido à paixão e se entregara de novo ao amor.

Miro largou-o respirando fundo. Carlos disse conciliador:

— Sei que se preocupa com ela. Acredito que ela me tenha odiado, eu também acreditava havê-la esquecido. No entanto, bastou nos vermos de novo para que a emoção nos dominasse. Honestamente, Miro, não vim aqui para rever Esmeralda. Sabe que sou sincero. Mas assim que a vi tudo veio à tona. Aconteceu comigo, aconteceu com ela. Ela me ama, mais do que nunca.

— O amor de Esmeralda, agora, serve de alimento a seu ódio. Ela só quer se vingar.

— Por que se inquieta comigo? Que lhe importa que ela se vingue? Por que quer "me salvar"?

A voz de Carlos vibrava desconfiada.

— Claro está que não é por você — respondeu ele, com desprezo. — É muito cego para entender isso. Pressinto que essa vingança vai destruir Esmeralda! É ela quem eu quero salvar!

— Pois diga isso a ela, não a mim!

— Vim para cumprir minha parte. Vou com você. Podemos partir ao amanhecer.

— Iremos, mas antes preciso ver Esmeralda. Ter uma conversa séria com ela. Sem isso, não vou.

— O que pretende dizer a ela? Por acaso que deixará sua mulher, seus filhos, para viver com ela?

Carlos sobressaltou-se.

— Eu não disse isso.

— Acha que ela vai se contentar com menos?

Carlos assustou-se. Não tinha pensado em deixar a família, os negócios, tudo. Miro aproveitou o abalo.

— Se não deseja enganá-la de novo e se não pretende abandonar os seus, não seria mais prudente deixar as coisas como estão e voltar para casa? Estarei ao seu lado, vou ajudá-lo a resolver o caso que o preocupa. Não será o melhor para todos?

Carlos não respondeu. Estava abalado. Não tinha medo de Esmeralda, contudo até que ponto queria envolver-se de novo com ela? Abandonar a família jamais lhe passara pela cabeça.

— Vá para a estalagem, pense no que eu disse. Antes do amanhecer, estarei lá para partirmos.

— Talvez seja melhor assim — considerou ele, embora sentisse dor ao pensar em se separar da cigana.

Miro regressou menos preocupado. Carlos, cabeça escaldante, de volta à hospedaria, reconhecia que Miro tinha razão. Estava dividido. Amava os pais, a esposa, os filhos, seus bens, a vida que levava. Não pretendia deixá-los. Por outro lado, Esmeralda o atraía de forma irresistível. Todo seu ser chamava por ela, por seus braços de fogo. Ele não queria escolher. Desejava colher o fruto de tudo, mas no fundo sabia que fatalmente chegaria a hora em que teria que optar.

Estava quase certo de que Esmeralda não venceria aquela luta. Teria que recusar seu amor de novo, deixá-la, e ela por certo o iria odiar. O melhor seria mesmo partir. Voltar ao lar. Miro tinha razão. Devia fugir. Ele sofreria, ela sofreria, mas depois tudo seria esquecido e voltaria a ser como antes.

Naquela noite, Carlos remexeu-se no leito sem poder dormir. Teve pesadelos nos momentos em que conseguiu conciliar o sono. Levantou-se antes de clarear o dia, sacudiu Inácio e informou:

— Prepare tudo. Vamos embora. Miro vai conosco.

Carlos sentia o coração pesado, mas procurou ocupar-se com os preparativos da viagem. Miro foi pontual. Olhou Carlos, aliviado, vendo-o preparado para partir. Seu coração também estava pesado. Não contara a Esmeralda sobre a partida. Colocara Sergei a par de tudo, e ele tinha concordado com sua atitude.

— Alegra-me que tenha tido tanta sensatez — comentou sério. — Vá em paz e que Deus o guie.

— Obrigado.

Iniciaram a viagem calados. Estavam tristes e preocupados. Cada um imerso em seus problemas íntimos. Assim, calados, cavalgaram durante muito tempo. Só quando pararam para comer, trocaram algumas palavras triviais. Descansaram algum tempo na relva, à beira da estrada, e depois se puseram novamente a caminho. Era quase noite quando chegaram a Valença.

Apesar de tudo, Carlos estava contente. Miro estava com eles! Foi com emoção que reviu os filhos e a esposa, que foi recebê-los contente.

Miro olhou-os silencioso, procurando esconder sua preocupação. Recebido com amabilidade, o cigano manteve-se discreto, esclarecendo a Fernando sua posição.

— Agradeço-lhe muito ter atendido a nosso apelo. Garanto que não vai se arrepender.

Os olhos do cigano brilharam enigmáticos.

— Amanhã cedo veremos se poderei fazer alguma coisa. Não sei se conseguirei.

— É nossa esperança — disse Fernando com ar triste.

O cigano curvou-se com cortesia.

— Veremos. Vou tentar.

No dia imediato, Carlos levantou-se cedo. Estava impaciente. Queria resolver logo aquele delicado assunto. Miro foi colocado a par de tudo quanto tinha acontecido, detalhadamente. Ele ficou sério e com ar preocupado.

— Vai descer com Miguel e resolver tudo — disse Carlos.

Miro olhou para ele e respondeu:

— Não ainda. Preciso de tempo. Quero primeiro examinar a situação. Já lhe disse que não tenho poderes e que é possível que eu não consiga ajudá-los. Não posso ir lá assim. Preciso me preparar. Se eles me agredirem, talvez eu não possa me defender.

O cigano estava pálido.

— Tem medo? — perguntou Carlos, preocupado. Teria viajado inutilmente?

— São espíritos malignos — ajuntou o cigano. — Têm sede de vingança. É preciso que eles me ouçam para que possa explicar-lhes a verdade.

— Por que querem se vingar? Sabe que não tive culpa. Nem eu nem meu pai. Eles é que nos assaltaram para roubar.

— Não é de você que desejam se vingar, mas de Fabrício, a quem acusam de traidor. Senti isso desde que cheguei aqui.

Carlos admirou-se.

— Nesse caso, por que se recusam a sair? Fabrício já morreu há muito tempo.

— O que não quer dizer nada, porque se o corpo morre, o espírito sobrevive.

— Mas a alma que Matilde viu no subterrâneo foi a de tio Fabrício. Não estão eles juntos?

Miro suspirou fundo.

— Estão juntos, mas continuam a disputa, e é por isso que não querem sair. Estão interessados no tesouro e na vingança.

— Não posso crer — disse Carlos. — Como podem estar juntos sem resolverem seus problemas? Que temos nós com isso?

Miro irritou-se.

— Se não crê no que digo, melhor seria me deixar partir.

Fernando objetou:

— Por favor. Não sabemos lidar com esses casos. O que Carlos quis dizer é que não compreendemos o que se passa. Se resolver esse assunto, receberá régia recompensa.

Os olhos do cigano chispavam.

— Desse dinheiro nada quero. Vou ver o que posso fazer e depois vou embora. Só uma coisa exijo em troca: que Carlos nunca mais apareça no acampamento.

Os dois homens olharam-se sem entender. Conheciam a cupidez dos ciganos.

— Por que não quer receber a recompensa? — indagou Fernando.

— Porque, neste caso, não posso. É só o que posso dizer: tiraria minha força. Mas exijo a palavra de Carlos.

Carlos olhou-o com ar preocupado. O pai exigiu:

— Vamos, Carlos, prometa.

— Não entendo o que quer dizer com isso — começou ele.

— Entende sim e dom Fernando também. Prometa e farei tudo que sei para resolver o caso.

— Está bem. Dou minha palavra de que não irei mais ao acampamento.

Miro distendeu a fisionomia.

— É melhor assim. Para o bem de todos. Agora, deixem-me, preciso trabalhar.

Miro fechou-se no aposento que lhe tinha sido destinado e lá permaneceu durante toda a manhã. Carlos não sabia o que dizer. Sabia que Miro conhecia esses assuntos, mas conseguiria resolver aquele drama?

Levaram-lhe alimentos e o cigano continuou encerrado no quarto o resto do dia. A noite começava já a descer quando o cigano finalmente procurou-os no salão. Estava pálido e fundas olheiras tornavam mais sério seu rosto moreno.

— Então? — inquiriu Carlos.

— Foi o que pensei. Estão todos lá. O chefe chama-se Ortega.

Carlos abriu os olhos assustado.

— Como sabe?

— Eu os vi. Ouvi o que conversavam.

— Tentou convencê-los a sair? — indagou Fernando.

— Não me viram. Apenas os observei. Estão ali, ainda querendo pegar o tesouro e dom Fabrício. Estão como loucos. Só pensam nisso. Para eles o tempo não passou. Querem sair para apanhar o que desejam, mas ao mesmo tempo acreditam que dom Fabrício ainda esteja no castelo. Nenhum deles sabe que morreu.

— Santo Deus, será possível? — fez Fernando, assustado.

— Dom Fabrício, por sua vez, também não saiu daquela ala da casa. Está fascinado pelo desejo de ter o tesouro e vigia a porta do subterrâneo. Não quer que ninguém liberte os prisioneiros. Ele os teme. Sabe que agiu mal. Procura pelas joias e ao mesmo tempo sente-se ferido, fraco. Vigia a porta.

— Foi por isso que não pudemos abri-la — disse Carlos, arrepiado. A lembrança da figura do tio e daquela noite sinistra o estarrecia.

— O que vamos fazer? — indagou Fernando. — Ficaremos à mercê desse bando de facínoras?

— Eu preciso de meios para lutar, o que infelizmente não tenho.

— Prometeu nos ajudar — lembrou Carlos —, e se quer que cumpra a palavra que lhe dei, trate de cumprir sua parte.

— Verei o que posso fazer. Preciso de tempo e de ajuda. No acampamento tenho o que preciso. Irei até lá e trarei duas mulheres comigo. Elas conseguem atrair esses espíritos e assim poderemos falar com eles, convencê-los a sair.

— Isso é muito demorado — objetou Carlos. — Quem garante que voltará?

Miro olhou-o com raiva, seus olhos chispavam.

— Não se esqueça de que estou aqui porque quero. Sou homem de palavra. Se lhe digo que vou buscar ajuda é porque preciso dela. Não posso fazer isto sozinho. Se pudesse, já o teria feito. E iria embora de vez. Sei o que estou fazendo. Preciso das duas mulheres para trabalhar.

— Irei com você — propôs Carlos.

— De maneira alguma. Você me deu sua palavra.

331

— De quanto tempo precisa? — inquiriu Fernando.
— Três dias e estarei de volta. Aí resolveremos.
— Está bem. Vamos lhe dar provisões e poderá levar um homem junto, se o quiser.
— Obrigado, dom Fernando. Prefiro ir sozinho. Sei me defender nas estradas. Quero meu cavalo e provisões.

Fernando deu-lhe um pequeno saco contendo algumas moedas de ouro.

— É para as despesas — disse.
— Dentro de três dias estaremos de volta. Partirei amanhã ao nascer do sol.

Apesar de contrariado, Carlos não teve outro remédio senão concordar. Estavam nas mãos do cigano. Não tinha mais dúvida de que ele os tinha visto. De outra forma, como poderia saber o nome de Ortega?

No dia imediato, Fernando, vendo-o partir, ponderou:
— Ficaremos aguardando. Tenho certeza de que voltará. Não deseja sua ida ao acampamento, com certeza por causa daquela cigana!

Carlos irritou-se, mas nada disse. Não queria aborrecer o pai. No entanto, desde aquela noite do reencontro, seu coração recordava Esmeralda! Que mulher! Como pudera tê-la esquecido? Sentia ímpetos de largar tudo e ir ter com ela. Porém, ao mesmo tempo, desejava estar no lar com os seus.

O cigano cumpriu a palavra. Três dias depois, ao entardecer, chegava ao castelo acompanhado de duas mulheres. Carlos reconheceu Mina e Sura. Não se surpreendeu. Conhecia-lhes a fama no acampamento. Eram consultadas por todos, até por Sergei quando tinha que tomar decisões. Sentiu-se mais calmo. Finalmente seu caso seria resolvido.

— O que vai fazer? — indagou Carlos.

Miro informou:
— Vamos descansar e nos preparar. Amanhã veremos.

No dia imediato convocou Fernando e Carlos para uma reunião.

— Vamos ao local — propôs.

Carlos conduziu-os à ala do subterrâneo. Estava pálido. Ligeiro tremor o acometeu ao entrar acompanhado dos três ciganos e do pai.

— São as lembranças — pensou aborrecido. Apesar do mal-estar, estava decidido a ir até o fim.

O cigano passou o olhar pelo salão empoeirado. Pegou um pano, limpou algumas cadeiras e disse:

— Vamos nos sentar.

Vendo Carlos fazer menção de sair, disse-lhe:

— Fique, Fernando também. Precisamos de todos.

Uma vez acomodados, as duas mulheres suspiravam inquietas. Miro pediu:

— Sabem rezar? Chegou a hora. Pensem naquelas almas sofredoras e rezem. Agora não importa o que eles foram ou fizeram. O que importa é ajudá-los a entender o que é preciso. Só podemos conseguir isso perdoando tudo e rezando por eles.

— Eram ladrões e assassinos — retrucou Carlos, admirado.

— São espíritos, almas como nós. Deus sabe dar o castigo ou o prêmio para cada um. Se quer que saiam daqui, que compreendam e que os deixem em paz, é preciso ajudá-los. E não será recriminando nem pedindo contas que vamos conseguir isso.

— É injusto — disse Carlos, que não tinha nenhuma vontade de rezar pela alma do tio que quase o tinha matado.

— Por quê? — tornou Miro, com certa ironia. — Por acaso se julga melhor do que eles?

Carlos ofendeu-se.

— Está me chamando de ladrão e assassino?

— Não disse isso. Mas reconhece que não são apenas os que roubam o ouro ou os que matam o corpo que podemos chamar de ladrões e assassinos. Há os que não fazem nada disso, mas roubam o sossego dos outros, matam-lhes a alegria de viver sem se importarem, destroem as ilusões, ferem sentimentos, traem a confiança e seguem indiferentes aos sofrimentos que causaram. Valem estes mais do que aqueles? Têm moral para condenar e julgar?

Carlos estava pálido. Fernando interveio preocupado:

— Cale-se, Carlos. Miro sabe o que faz. As almas desses infelizes precisam de oração. Vamos esquecer nossos ressentimentos. Não é hora de falarmos neles. Deve fazer o que Miro deseja.

— Muito bem. O êxito de nosso esforço depende do volume de forças boas que conseguirmos dispor. Não se esqueçam de que eles poderão nos atacar para querer se defender.

Carlos, apesar de contrariado, ferido em seu orgulho, resolveu obedecer. Começou a rezar, embora a figura do tio estivesse presente em sua lembrança e o ódio ainda brotasse dentro de si.

Foi de repente que Mina suspirou fundo e seu corpo foi sacudido fortemente enquanto gritava com voz rouca:

— Bandidos! Súcia de bandidos! Acreditaram passar-me para trás? Achavam que eu ia dividir o tesouro? Ele é meu, muito meu. Agora que estão todos fechados lá em baixo, preciso levar tudo, fugir para longe antes que descubram — depois, com voz angustiada: — Eu pus a arca aqui. Onde estará? Aquele infeliz a escondeu? Maldito! Quem me delatou? Quem o avisou? É ele. Ele me espia. Estou perdido. Fui descoberto. Mas eu o matarei. O tesouro é meu. Ele nunca o terá. Ai, ai, ai… — gemeu a cigana. — Acertaram-me, malditos! Mas eu acabo com ele, juro que acabo.

Carlos suava frio, sentia náuseas e fez força para não cair. Estava zonzo. A cena da luta de vida ou morte com o tio repetia-se em sua mente.

— Não vamos fraquejar, continuemos a rezar. Para com isso, Carlos. Não está voltando àquele dia. Tudo já passou. Saia da lembrança e reze!

Carlos fez um esforço sobre-humano para convencer-se de que tudo agora estava diferente. Sentiu-se um pouco melhor.

Mina continuava a lamentar-se no mesmo tom. Miro interveio:

— Dom Fabrício.
— Quem me chama? Quem me descobriu?
— Um amigo.
— Não tenho amigos. Quer me delatar?
— Quero ajudar você — disse o cigano, com voz firme.
— Com que fim? Não vou dividir meu tesouro. Deixe-me em paz.
— Não quero o tesouro — disse Miro com seriedade. — E eu sei onde ele está!
— Sabe? — disse a cigana interessada.
— Sei — respondeu Miro. — Está nas mãos dos verdadeiros donos.
— É impossível! Eu não saí daqui e nunca o vi.
— Está com os donos legítimos, já lhe disse.
— É mentira. O dono sou eu. Eles me roubaram. Leonor foi roubada. Deviam dividir comigo, por direito.

Fernando estava pálido, fez menção de responder, porém Miro fez enérgico gesto para que não o fizesse.

— Dom Fabrício, sabe que não é verdade. Por que insiste nesse tesouro? Não percebe o mal que ele já lhe causou? Sabe que por causa dele deixou de viver na Terra?
— O que diz? Está louco? Apesar dos ferimentos, continuo vivo, posso me defender.
— Seu espírito vive e jamais morrerá. Seu corpo já morreu há muitos anos. Não vê que para falar se serve do corpo de uma mulher?

Silêncio. Miro prosseguiu:

— Arrependa-se dos males que fez no mundo, porque os homens que fechou no subterrâneo querem pegá-lo. Como se livrará deles?
— Eles estão presos e estou sossegado. Não deixo ninguém tirá-los de lá. É lá que devem morrer.

— Eles já morreram. Deles restam apenas os ossos. Estão lá porque, como você, não perceberam seu novo estado. Como não acreditam que alguém possa continuar vivo depois de o corpo morrer, não percebem que podem sair livremente do subterrâneo, onde estão apenas por ignorar a verdade.

— É mentira — disse Fabrício, aterrado. — Eles estão presos e não poderão sair se ninguém lhes abrir a porta. Quer me enganar?

— Não quero enganá-lo, mas preveni-lo. No momento que eles descobrirem que deixaram a carne, hão de querer pegá-lo pela peça que lhes pregou. Então, o que será de você?

— Por que quer me assustar? Não vê que estou fraco e ferido e que eles são muitos e nada poderei fazer? Se saírem, vão me matar certamente. Por acaso é juiz?

— Não. Não sou. Já lhe disse que sou seu amigo e quero zelar por você.

— Quer o tesouro, com certeza.

— Já lhe disse que o tesouro está com o verdadeiro dono.

— Então o que quer? Por que quer me ajudar?

— Porque precisa conhecer a verdade. Já está na hora. Está aí, preso, esperando por alguma coisa que nunca vai acontecer, quando deveria cuidar de sua vida, fazendo alguma coisa que o ajude a melhorar.

— Não saio daqui sem o tesouro.

— O tesouro ficou na Terra e você já morreu. Não pode mais carregá-lo nem usufruir dele.

— É mentira!

— Afirmo que não. Seu corpo morreu. Atenda às ordens de alguém que pode lhe dar ajuda e vá-se daqui.

— Chegou a ajuda — disse Sura. — Ramon veio para retirá-lo.

Miro tornou:

— Acompanhe esse amigo que lhe oferece ajuda.

— Não quero. Preciso ficar de guarda. Não quero que eles escapem. Por certo me encontrarão onde eu for.
— Ramon vai proteger você. Vá com ele.
— Não quero.
— Então veja. Vou chamar Ortega e ele virá aqui. Veja, ele me ouve, está vindo para cá. Veja como ele atravessa as paredes do subterrâneo.
— É um fantasma — gritou Fabrício, aterrado.
— Todos são. Você é também. Pode sair com Ramon e ele vai protegê-lo.

A cigana estremeceu. Tinha o corpo banhado de suor. Respirou fundo e logo em seguida gritou com voz grossa e rouca.

— Traidor vil e ordinário. Eu o vi. Onde se escondeu? Finalmente pus meus olhos em você. Por acaso tem parte com o demônio? Quero fazê-lo em pedacinhos, trapaceiro maldito!
— Calma, Ortega.
— Quem me chama? Quem me conhece?
— Um amigo — tornou Miro, sério.
— Não tenho amigos. Meus homens estão presos naquele buraco, preciso tirá-los de lá. Vamos morrer como cães. Seja quem for, ajude-nos a sair dali. É um lugar horrível!
— Eu sei — disse Miro. — Eu o tirei de lá.
— Você? Por acaso sabe o que aconteceu?
— Sei de tudo.
— Vai nos entregar à justiça e nos enforcarão.
— Não farei tal coisa.
— A troco de que quer nos ajudar?
— Quero apenas libertá-los. Quero que leve seus homens para outro lugar.
— Ajude-me a abrir aquela maldita porta.
— Não é preciso. Ainda não percebeu que não precisa mais dela?
— Como?

— Não precisa mais dela porque seu corpo de carne já morreu, e de seus companheiros também.

— Não acredito. Estamos vivos! Quer me enganar.

— Afirmo que é verdade. Todos morreram naquele subterrâneo há muitos anos.

— Por quem me toma? Por acaso lhe pareço louco?

— Apenas ignora. A vida continua depois da morte física e, se perdoar, poderá sair dali no mesmo instante.

— Perdoar aquele bandido? Nunca. Estamos mortos? Será verdade? Por acaso estaremos no inferno? Existe mesmo? Estaremos condenados para sempre a este sofrimento?

— Não. Deus é bom. Depende de você ficar aí ou procurar sair e lutar para vencer a situação.

— De que forma? Farei qualquer coisa para libertar meus homens.

— Desista do tesouro. Ele é maldito. Já lhe trouxe a má sorte. Por que insiste? Por ele todos morreram. Quer ainda continuar?

— Não. Mas Fabrício vai me pagar o que deve. Não se livrar de mim assim fácil. Irei buscá-lo no fim do mundo se for preciso. Vou pegá-lo.

— A justiça de Deus vai dar a cada um o que merece.

— Não quero nada com Deus. Sou um bandido. Um excomungado. Deus não tem parte comigo.

— Caso se arrependa do mal que fez, ele vai ajudá-lo. Eu lhe garanto. Mas deve ser sincero.

— Não sei, estou zonzo. Quero sair deste maldito lugar com meus homens. Ajude-me e iremos embora.

— Ramon, nosso amigo, vai ajudá-lo. Chame seus homens e pode partir com ele. Obedeça-o. Ele vai guiá-lo.

— Não vão nos prender nem enforcar?

— Só se mata o corpo uma vez. Não sabe que o espírito é eterno? Por que teme?

— Tem muitos que querem me pegar.

— Aqueles que matou. Obedeça a Ramon, que vai ajudá-lo. Vá com eles. Que Deus tenha piedade de sua alma.

Fundo suspiro escapou dos lábios de Mina. Seu corpo arquejou e a cabeça pendeu para a frente. Sua roupa estava empapada de suor.

— Continuem rezando — pediu Miro.

Apesar de assustados, Fernando e Carlos rezavam sem parar. Depois, Sura esclareceu.

— Já foram. Ramon os levou. Agora tudo está em paz.

Miro suspirou fundo, permanecendo em meditação por alguns momentos. Estava pálido e um tanto abatido. Aos poucos foi voltando ao normal. Depois disse:

— Pronto. Está consumado. Agora não haverá mais empecilhos para que as ossadas sejam retiradas. É só chamar os homens, tudo vai dar certo.

— Finalmente — fez Fernando, visivelmente impressionado. — Jamais pensei que isso pudesse acontecer. Custa-me a crer.

— Pois é verdade, dom Fernando. Ninguém morre. Só o corpo tem fim. Tudo continua no outro lado da vida, aonde um dia todos nós chegaremos e acertaremos contas com a justiça de Deus. Não há nada que fique oculto nem sem resposta.

— Para onde eles irão? — indagou Carlos, preocupado. — Não vão querer voltar?

— Ortega e seus homens, não. Estavam loucos para sair. Mas dom Fabrício, não sei. Estava obstinado com o tesouro.

— Como faremos para nos livrarmos dele?

— A oração. Procurem não alimentar ressentimentos nem ódio, apesar do que ele lhes fez. Só assim posso garantir-lhes que ele não voltará.

— Faremos o possível — disse Fernando, impressionado. — Ele falou de Leonor. Pobre irmã! Tão boa, nas mãos desse facínora! Terá morrido, com certeza.

— Ela vive — tornou Mina, com voz firme.

— Como sabe? O que sabe? — indagou Fernando, aflito.

— Eu a vejo — continuou Mina. — Ela está bem, vive com outro homem, de quem tem dois filhos!

— Não pode ser! Ela era casada e virtuosa. Tinha fé e religião. Não ia fazer isso com o marido vivo.

— Mina não mente. Ela é mãe e está viva. Um dia a verá de novo. Ela não volta por temor ao marido. Ignora que morreu.

— Não pode ser — disse Fernando. — Deve haver engano.

— É uma linda mulher, tez alva, lindos cabelos negros, porte de princesa.

— É ela — disse Carlos. — Pai, acredite, Mina sempre sabe o que diz.

— Pode me dizer onde se encontra? Tenho remorsos por não a ter tirado das mãos daquele desalmado.

— Não sei onde está. Só posso dizer o que já disse. Não vejo mais nada.

Apesar de Miro dizer que o caso estava resolvido, Fernando pediu-lhe que ficasse até que eles tirassem os ossos de lá. O cigano concordou e mandaram chamar Miguel, que compareceu com mais dois homens. Sem maiores dificuldades, desceram ao subterrâneo, colocaram as ossadas nos sacos e saíram carregando o doloroso fardo. Todos na casa estavam admirados.

— Ciganos têm parte com o diabo — disse Encarnação, convicta, para Maria.

— Enterre isso bem longe — ordenou Fernando. — Na volta, receberá o que lhe é devido.

Quando Fernando respeitosamente quis pagar, Miro recusou-se a receber. Só aceitou provisões e o necessário para a viagem. Fernando estava agradecido e admirado:

— Possui alma nobre — disse, estendendo a mão para o cigano. — Jamais poderei lhe pagar pelo favor. De hoje em diante, tem em minha casa um amigo que o receberá agradecido em qualquer circunstância.

— *Gracias*, dom Fernando. Só quero sua palavra de que dom Carlos não mais irá procurar Esmeralda.

O fidalgo olhou-o assustado.

— Por acaso ele pretende ter com ela?

— Não sei. O que sei é que passou a noite com ela na carroça. Temo que volte. Se ele for, pode acontecer uma tragédia.

— No que depender de mim, tem minha palavra.

Mandou chamar Carlos, a quem intimou:

— Dê-lhe sua palavra de que nunca mais procurará pela cigana Esmeralda. É só o que ele exige como pagamento dos grandes serviços que nos prestou.

Carlos estava pálido.

— Já lhe dei minha palavra. Não sou homem de duas caras.

— Quero que me dê sua palavra na frente de dom Fernando.

— É insolente.

— Carlos — atalhou Fernando, irritado. — Vamos, dê-lhe a palavra.

— Seja. Dou minha palavra de que jamais irei à procura de Esmeralda. Se isso o faz feliz, sabe que só o que quero é viver em paz com minha família.

Miro sorriu levemente. Em seus olhos havia um brilho perspicaz.

— Espero que seja assim, para seu próprio bem.

Despediram-se e partiram, e Carlos, vendo-os seguir pela estrada, silenciosos, sentiu um aperto no coração.

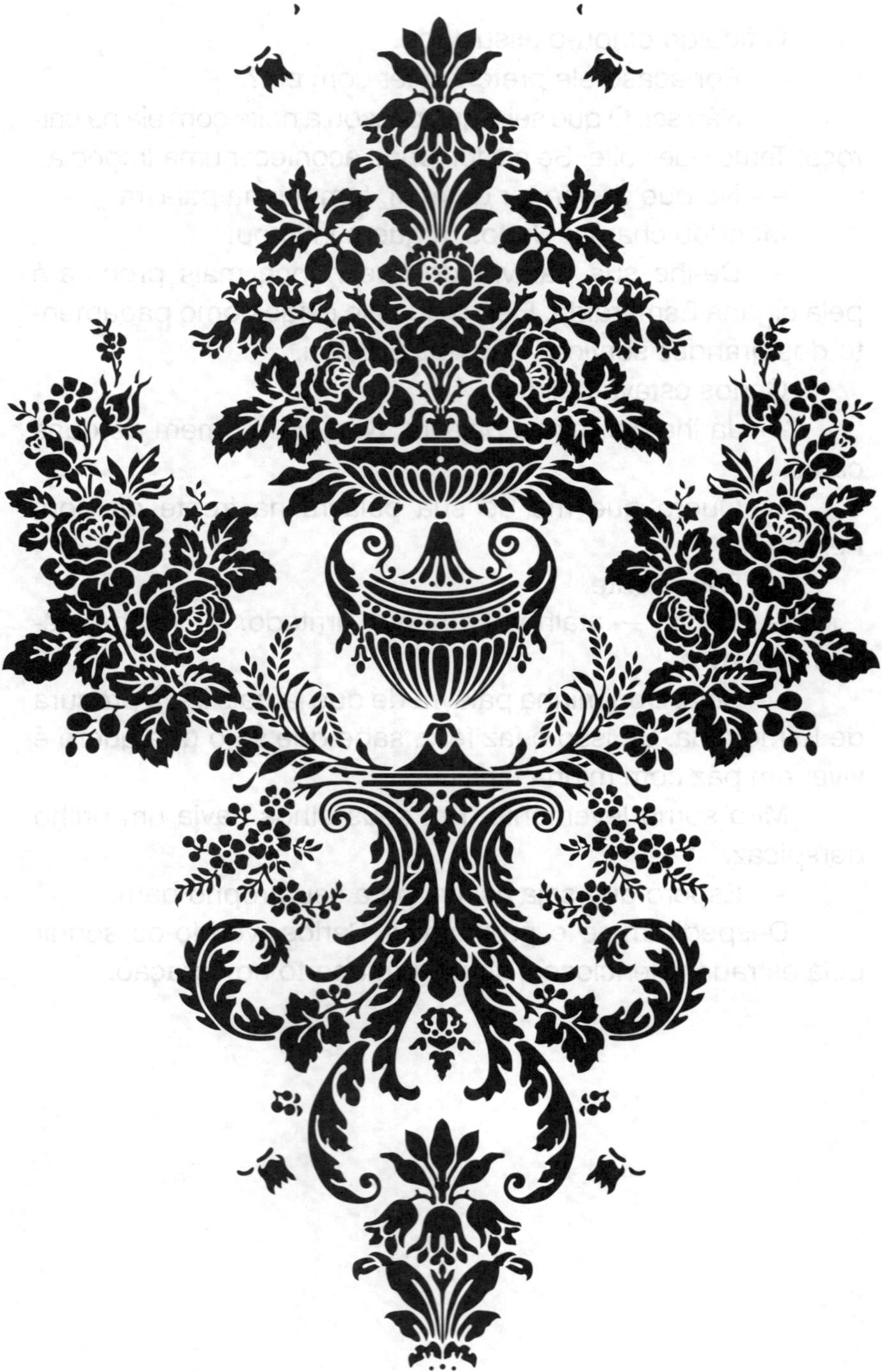

Capítulo 19

Cinco anos decorreram em paz e Carlos, rodeado pelo carinho da família, aos poucos foi esquecendo os desagradáveis acontecimentos.

Contudo, apesar de estar tudo correndo bem, ele por vezes sentia-se inquieto, triste e insatisfeito. Nessas ocasiões, procurava afastar o pessimismo com esforço. O que lhe faltava? Tinha tudo para ser feliz. Maria continuava linda e maravilhosa, inteligente, bondosa, fiel, boa companheira. Os filhos cresciam saudáveis e inteligentes. José contava dezesseis anos e fazia-o recordar-se com frequência de sua juventude. Era galante e, apesar de muito jovem, já muito apreciado pelas mulheres. Possuía voz melodiosa, cantava e compunha com facilidade. Era exímio conversador, culto para sua idade e apreciado nos salões. Não era fútil e desde cedo mostrara aptidão para as letras, ao contrário de Carlos.

Maria ocupara-se com sua formação intelectual e contratara bons mestres. O jovem fidalgo possuía inteligência incomum. Não era pedante e, numa idade em que os fidalgos eram exibicionistas, fanfarrões e fúteis, José mantinha simplicidade, ponderação e discernimento.

Carlos orgulhava-se dele, vendo o quanto o apreciavam. Na corte e nos salões, onde ocasionalmente compareciam, ele era sempre bem recebido pelos nobres e grandes senhores que nunca se ocupavam com a juventude. Às vezes comentavam:

— Seu filho é um encanto. Ele nos faz rejuvenescer com sua alegria, mas nos inspira respeito com sua dignidade. Esperamos ter a honra de vê-lo mais vezes.

Matilde era bem diferente. Nervosa, sensível, exigia da mãe cuidados e atenções especiais. Às vezes sofria pesadelos, acordando durante a noite aos gritos, apavorada. Era inteligente, embora não fosse tão aplicada quanto o irmão, era exímia no bordado, tinha extremo bom gosto para tapeçaria e tocava bem piano. Ao contrário do irmão, era vaidosa e caprichosa. Seu humor era instável. Ora tinha explosões de alegria, quando seu riso cristalino ecoava pelas vetustas paredes do castelo e ela pilheriava com tudo e com todos, ora caía em depressão, permanecendo assim por algum tempo.

Encarnação, quando a via desse jeito, comentava:

— Maria, mande benzer a Matilde, a ver se lhe tira esse quebranto. Não pode ser outra coisa.

— Não se apure — respondia a nora —, isso logo passa.

E passava mesmo. Era sonâmbula e sua ama, dedicada e fiel, cuidadosamente a acompanhava, velando por sua segurança até vê-la de volta ao leito.

Fernando, apesar de os achaques do coração exigirem certos cuidados, passava bem e o doutor estava satisfeito com seu estado. As finanças estavam boas. Tudo estava calmo. Por que Carlos sentia insatisfação? Momentos havia em que recordava Esmeralda. Desejava-a. Sentia o gosto de seus beijos e a maciez de seu abraço.

O reencontro, aquela noite na carroça, tudo voltava à sua mente e nesses momentos Carlos inquietava-se sem saber como afastar esse desejo, essa ânsia, essa necessidade de rever a cigana.

Apesar disso, ele sabia que tinha sido melhor assim. Amava a família, o lar, tudo, jamais os trocaria pelo amor da cigana. Porém ela era o proibido, o inatingível, a fantasia, o exótico, a liberdade, a mulher que todos queriam e que ele podia ter só para si. A mulher que Álvaro queria. Por certo, ele estaria com ela, tinha-a nos braços, aquele imbecil, que era incapaz de dar a Esmeralda o que ela precisava como mulher.

A esse pensamento, empalidecia e, sentindo-se impotente para impedi-los de relacionarem-se, engolia sua raiva contra o primo de sua mulher, contentando-se em odiá-lo.

Maria, por vezes, vendo-o nervoso e inquieto, ar preocupado, delicadamente procurava atrair-lhe a atenção para coisas amenas e agradáveis e algumas vezes conseguia modificar-lhe o humor, atenuando-lhe o pessimismo, desviando-lhe os pensamentos.

Carlos respeitava-a e amava-a muito. Por essa razão, quando chegou um portador de Madri, solicitando a presença dela com urgência ao lado de Hernandez, que estava doente e chamava pela filha e pelos netos, Carlos entristeceu-se.

Naquele momento, não podia acompanhá-la a Madri. Estavam em plena colheita, que exigia sua presença constante. Graças a essa participação é que suas terras estavam produtivas e os negócios iam tão bem. Fernando não dispunha de saúde para percorrer as terras todos os dias. Carlos não podia evitar a ida de Maria e dos filhos em atendimento ao pedido de Hernandez. Tentou confortar Maria, assustada com o chamado, e resolveu:

— Vá com as crianças e leve alguns servos. Fique lá o quanto achar necessário. Mande-me notícias da saúde de seu pai. Se não voltar em quinze dias, irei me juntar a você. Poderei deixar os negócios sem prejuízo. No momento, sabe que nos prejudicaria a colheita. Depois, creio que não será nada grave. Seu pai sempre gozou de boa saúde. Em todo caso, confio em você. Se achar necessário, se o caso for grave, o que não desejo, mande-me dizer, que largarei tudo e irei até você.

Maria levantou-se na ponta dos pés e beijou-o levemente na face.

— Não se preocupe. Iremos muito bem. Se precisar, mando chamá-lo. Pode ficar tranquilo.

Foi com lágrimas nos olhos que Carlos despediu-se de Maria no amanhecer do dia seguinte. Beijou os filhos e fez muitas recomendações aos dois cavaleiros que acompanhavam as duas carruagens, uma com Maria e os filhos e a outra com a camareira de Maria, a ama de Matilde e a bagagem. Acenou o lenço até eles desaparecerem. Sentiu um vazio ao entrar no castelo. A vida seria insuportável sem eles, pensou comovido.

Apesar de preocupado, só três dias depois foi que Carlos recebeu um portador de Madri com uma carta de Maria, dizendo-lhe que a viagem decorrera bem e que, apesar de doente, Hernandez não aparentava estar tão grave quanto ela temera.

Carlos sentiu-se aliviado. Afinal, tudo ia bem e ele, logo que pudesse, iria ao encontro deles. Dedicou-se ao trabalho com afinco para poder partir o quanto antes.

Os dias que se seguiram foram de trabalho intenso para Carlos. Porém as coisas não correram tão rápidas quanto ele pretendia. As chuvas que se anteciparam e alguns homens que adoeceram fizeram-no demorar mais do que esperava. Só depois de decorrido mais de um mês, conseguiu liberar-se e partir para Madri. Inácio o acompanhou. Para ele era questão de honra ir com seu senhor.

Foi com alegria e muitas saudades que Carlos chegou ao castelo de Hernandez. Estava anoitecendo e foi recebido festivamente por Maria e pelos filhos, que falavam sem parar, entusiasmados com a cidade grande.

Beijou-os com carinho e depois sua atenção foi despertada por uma linda jovem, que os olhava com grandes olhos verdes que fizeram o coração de Carlos bater descompassado.

Fixou-a assustado enquanto Matilde, tomando-o pela mão, dizia contente:

— Papai, esta é Isadora. É minha amiga. Não é linda?

Realmente era. Porém Carlos sentiu-se indisposto. A menina era o retrato vivo de Esmeralda. Apesar de muito jovem ainda, tinha o mesmo porte esbelto, elegante, os mesmos olhos brilhantes e expressivos, os lindos cabelos que, apesar de trançados caprichosamente, eram opulentos e brilhantes.

Carlos sentiu um frio de gelo invadir-lhe o coração. Tentou reagir. Afinal essa moça nada tinha a ver com a cigana. Era absurdo. Ele estaria tão obcecado por Esmeralda a ponto de vê-la por toda parte? Fixou a jovem que o olhava com olhar brilhante e lúcido e disse:

— Como está?

Depois, dirigindo-se a Matilde, perguntou:

— Quem disse que ela é?

— É Isadora, papai, minha amiga. É prima da mamãe.

— Muito bem — tornou Carlos, aliviado.

Isadora sorriu e Carlos, apesar do esforço que fazia para escapar à surpresa, estremeceu. O mesmo sorriso. Estaria o destino, sempre tão caprichoso, brincando com ele?

Entraram. Maria, ocupada em dirigir as servas para alojar dignamente o marido, preparava-lhe um banho e arrumava-lhe a bagagem.

Carlos, porém, estava muito preocupado. A semelhança daquela menina com a cigana era impressionante. Tentou sossegar suas preocupações, pensando ter exagerado. Enquanto refazia-se com um banho, libertando-se da poeira do caminho, Carlos, longe da moça, atribuiu sua preocupação à febre de saudade que o consumia. Estava pensando tanto na cigana que até via seu rosto nas outras pessoas.

Procurou afastar essas impressões e depois do banho conversou animadamente com a esposa, dando-lhe notícias sobre os negócios da família. Informou-se sobre a saúde de Hernandez, que realmente deixava a desejar.

Os achaques do coração não cediam e o velho fidalgo ora parecia melhor, ora piorava, requisitando atenções constantes. Carlos entristeceu-se.

— Contava regressarmos juntos.

— Já? — tornou Maria, apreensiva.

— Não. Disponho de tempo. Um mês ainda podemos ficar. Papai está bem e por certo cuidará de tudo. Nesta época há pouco por fazer.

Maria abraçou-o. Havia lágrimas em seus olhos:

— Sabe que, se for preciso, eu o acompanharei, porém meu pai está mal e irei muito apreensiva. Depois, deixar mamãe nesta hora não me parece justo.

— Claro. Não se preocupe. Sabe quanto estimo dom Hernandez. Acredito que um mês deve bastar para ele se recuperar. Depois, veremos. É que sinto muito sua falta. Não gostaria de regressar sozinho.

Carlos foi ver o sogro, com quem conversou longamente. Pareceu-lhe bem. Carlos estava calmo e tinha-se esquecido da menina.

Ele e Maria estavam no salão, conversando, quando os jovens vieram para despedir-se. Era hora de dormir. Carlos remexeu-se na cadeira. Não podia negar que a semelhança com Esmeralda era espantosa. O mesmo sorriso, o mesmo porte, a cor de cabelos, tudo. Era incrível. Assim que eles se foram, não se conteve.

— Quem é esta menina? Não a conheço.

— Nem pode — Maria sorriu. — É linda, não é mesmo? Matilde a adora. Ela muito nos tem ajudado. Tem muito boa educação. Fazem os estudos, depois entretêm-se com jogos e música. É encantadora.

— Pelo visto já a conquistou. É bonita mesmo. Quem é?

Maria sorriu com certa malícia.

— É filha adotiva de Álvaro. Sabe que ele nunca se casou. Deixaram-lhe esta criança à porta e ele a recolheu, dando-a a Miguel e Consuelo para criar. Tomou-se de amores pela menina e agora trata-a como filha. Educou-a como uma nobre, dá-lhe tudo. Há alguns anos a trouxe a esta casa e minha mãe, sempre muito só, também se apaixonou por ela. De vez em quando, manda irem buscá-la para ficar aqui.

Carlos estava pálido. Uma suspeita violenta invadia-lhe o coração. Maria, sem perceber, disse maliciosa:

— Mamãe acha que a história não está bem contada. Por certo Isadora é filha bastarda de Álvaro. Algum pecado da juventude.

— Se assim é, ele não tem o direito de deixar essa bastarda no meio de nossos filhos.

Maria olhou-o surpresa. Carlos não era preconceituoso. Pelo contrário. Sempre mostrara-se liberal.

— Isadora é encantadora e não lhe cabe culpa pelo desacerto dos pais.

Carlos procurou controlar-se. Um ciúme desesperado brotava em seu coração. Isadora era filha de Esmeralda! Com certeza. De Esmeralda e daquele imbecil! Tinha-o amado por certo. Sabia que a cigana detestava a ideia de ter filhos. Álvaro conseguira o que ela jamais lhe dera. Uma filha! Apesar de ter certeza das relações íntimas entre Esmeralda e Álvaro, Carlos consolava-se com a ideia de que a cigana não o amava. Ele, Carlos, fora o grande amor de sua vida. Agora, tudo ficava diferente. Havia uma filha, resultado do amor deles, da ligação deles.

— Não sabia que isso o abalaria tanto — tornou Maria admirada. — Isadora é uma jovem adorável. Depois de conhecê-la, vai amá-la como todos nós.

— Nunca — disse Carlos, irritado.

Vendo a surpresa da esposa, procurou dissimular:

— Álvaro não devia tê-la trazido aqui. Não quero vê-la. Gostaria de poder voltar para casa.

Maria admirou-se ainda mais.

— Impossível! Acaba de me dizer que temos ainda um mês. A presença dessa menina não lhe pode ser tão desagradável. Nunca o vi cometer injustiças desse porte.

— Sabe que não gosto de Álvaro. Ele pretendia desposá-la.

— Ele nem sequer está aqui. Não entendo essa sua atitude.

Carlos achou melhor não insistir. Afinal, o tempo passaria depressa. Logo eles voltariam para casa e tudo seria esquecido.

Entretanto, por mais que fizesse, a figura da menina e o rosto de Esmeralda não lhe saíam da cabeça. Afinal, a menina não tinha culpa de nada. Ele faria tudo para não se aproximar dela.

Nos dias que se seguiram, Carlos procurou ocupar-se com outras atividades e ficar longe dos filhos sempre que Isadora estivesse presente. A menina, compreendendo que ele a evitava, tornara-se tímida em sua presença, retraindo-se. Maria não se conformava. A alegria de Isadora era reconfortante. Sua beleza, agradável. Por que Carlos tinha-lhe tanta aversão? A pobre menina ficava acanhada e tímida quando ele estava perto.

Certa tarde, Maria e Carlos tinham saído para cuidar dos negócios do sogro. Matilde encostou-se ao piano.

— Toque — pediu José, que adorava música.

Matilde começou a tocar flamenco. Eles tocavam esse tipo de música quando estavam sós. Isadora começou a dançar entre risos e alegria. Lábios entreabertos, esqueceu-se de tudo, dançando, e os outros dois olhavam-na fascinados.

Matilde, sem parar de tocar, estava empolgada pela beleza da cena. A jovem rodopiava como se fosse uma pluma, batendo os pés num ritmo contagiante, postura ereta, cabeça para trás. Quando acabou, arrancou aplausos entusiastas dos dois amigos.

Carlos e Maria surpreenderam a cena ao meio. A um canto, Carlos pálido, sofrido, respiração suspensa, ficou parado como se estivesse tendo uma alucinação.

Corada pela emoção, Maria beijou Isadora com carinho.

— É uma artista.

A menina, vendo Carlos, enrubesceu e saiu correndo da sala. José aproximou-se do pai.

— Não é linda? Nem parece deste mundo.

Carlos olhou o filho e a expressão que viu em seu rosto o fez pensar que José já despertava para o sexo oposto. Em seus olhos havia mais do que simples admiração.

Carlos sentiu uma dor aguda no peito, sentia raiva de Álvaro, de Esmeralda, dele mesmo e um misto de receio e ciúme do próprio filho. Irritado, não respondeu, dizendo para Matilde:

— Desde quando se permite tocar aqui este tipo de música? Não sabe que é para os plebeus?

A menina olhou-o, admirada.

— Não sabia que não gostava de flamenco.

— Odeio — tornou ele, irritado. — Eu a proíbo de tocar isso de novo.

A menina não se deu por achada.

— Só se for agora. Sei que, quando o senhor era jovem, não perdia as festas da plebe.

Carlos ficou apoplético. Maria interveio, conciliadora.

— Matilde, não deve faltar ao respeito com seu pai. Hoje ficará em seu quarto na hora do jantar.

A menina levantou a cabeça e, amuada, saiu da sala, não dando a Carlos tempo de dizer nada.

José interveio conciliador.

— Pai, não houve nada de mal. Matilde é uma criança.

— O erro é permitir aqui essa jovem que ninguém sabe de onde veio.

— É injusto para com Isadora, está nervoso — tornou Maria, com calma.

José olhou-o bem nos olhos enquanto dizia:

— Isadora não fez por mal. Dança divinamente. Jamais vi beleza igual.

— Ousa exigir contas de meus atos? — inquiriu Carlos, nervoso.

— Não, meu pai. Não tenho esse direito. No entanto, não fizemos nada de mal. Isadora é bondosa e não merece essa antipatia gratuita que lhe tem.

Apanhado de surpresa, Carlos não soube o que responder. Disse depois de alguns segundos:

— Parece interessado mais do que deveria nessa jovem. Se não se modificar, mando-o para casa o quanto antes.

Maria tentou apaziguar.

— Vamos, Carlos, você está nervoso. Acalme-se, pode lhe fazer mal. Vamos ver papai.

Carlos acompanhou a esposa, porém estava arrasado. Ao entrar na sala, vendo Isadora dançando, julgara ver Esmeralda e, fascinado, sentira renascer no coração o louco amor daqueles tempos. Mas ela era apenas a filha da cigana com Álvaro, o odiado rival. Vendo a admiração nos olhos do filho, percebia que ele estava já fascinado por aquela beleza exuberante. Sentia um misto de ódio, rancor, mágoa e amor que o deixava muito infeliz. Tinha ciúme de Isadora, tinha ciúme do filho, embora soubesse que ela não era Esmeralda.

Queria ir-se embora, voltar para casa. Às vezes sentia grande tentação de rever a cigana. Em lutar para reconquistar seu amor. Perseguia-o a lembrança da noite que tinham passado juntos, queimando-o como fogo.

Jogou a cabeça para trás como a expulsar os pensamentos tumultuados que lhe invadiam o coração. Olhou para Maria e tornou com voz angustiada:

— Gostaria de ir para casa. Não me sinto bem fora dela.

Maria abraçou-o com carinho.

— Este clima triste que anda aqui com a doença de meu pai não nos é agradável. No entanto, minha mãe está velha e angustiada, meu pai passa mal... Como abandoná-los agora, se dispomos de tempo para poder ficar aqui? Como ir embora, deixando-os com seus sofrimentos quando mais precisam de nós? Acha justo isso? Se precisar ir, irei de coração partido e por certo o remorso vai me acompanhar toda a vida.

Carlos olhou o rosto expressivo da esposa. Estava triste e preocupada. Sentiu-se egoísta e fraco. Maria sempre fora esposa dedicada e querida. Tinha razão no que pedia. Ele era o culpado e tinha que lutar, vencer aquela sua obstinação pela cigana. Tentou sorrir.

— Tem razão. Dom Hernandez sempre foi nosso amigo, além de ser seu pai. Socorreu meu pai muitas vezes e nos deu apoio. Ficaremos.

Maria levantou-se na ponta dos pés e beijou a face do marido.

— Obrigada por me compreender. É um ótimo esposo.

Carlos suspirou. Se ela soubesse! Contudo, ele haveria de lutar. Venceria. Conseguiria esquecer Esmeralda.

A partir daquele dia procurou conter sua emoção e controlar-se mais, diante dos filhos. O ambiente tornou-se mais ameno e tudo parecia em paz, quando o imprevisto aconteceu dois dias mais tarde: Álvaro chegou. Vinha visitar o tio e ver Isadora.

Os tios receberam-no com carinho e, apesar da frieza de Carlos e da sobriedade de Maria, Álvaro parecia muito à vontade. Bem-humorado, passava horas com os jovens, passeando abraçado com Isadora, demonstrando seu afeto pela menina.

A presença de Álvaro era intolerável para Carlos, principalmente vendo-o com Isadora. Um ciúme mortal o invadia e ele desejava mais do que nunca exigir-lhe contas e à cigana por aquela traição.

Foi por acaso que ouviu Álvaro comentando a chegada dos ciganos àquela cidade. Carlos estremeceu! Esmeralda estava lá e por certo os dois se encontrariam. Álvaro estava ali por causa de Esmeralda!

Essa ideia tornou-se insuportável para Carlos, que teve ímpetos de matar Álvaro. Ao mesmo tempo, procurava conter-se, ponderando que ele não tinha direitos sobre a cigana. Ela era livre, uma vez que ele se tinha casado com Maria. Mas a paixão, o ciúme, o ódio agitavam-se e Carlos quase não conseguia controlar-se.

Dois dias após a chegada de Álvaro, Carlos, vendo-o a sós no jardim, aproximou-se.

— Precisamos conversar.

— Estou aqui, fale.

— É sobre Isadora. Não acho justo trazer aqui sua filha bastarda com aquela cigana.

Álvaro olhou-o admirado. Um brilho de malícia fulgiu-lhe rápido nos olhos.

— Isadora não é minha filha — disse, com voz calma. — Recolhi-a pequena. É adotiva.

Carlos sacudiu a cabeça irritado:

— A quem pensa enganar? Ela é tão parecida com Esmeralda que nunca poderá encobrir isso.

— Acha? — inquiriu ele, com satisfação. Finalmente estava começando a vingar-se do odiado rival.

— Claro. Essa menina é filha de Esmeralda. Tenho certeza. Não devia trazê-la a esta casa.

— Diz isso agora. Mas bem que gostaria de ter Esmeralda! Casou-se com Maria por conveniência, confesse!

Carlos estava furioso.

— Não meta Maria nesta história. Ela é boa demais para figurar nesta sujeira.

— Por que reclama? Minha tia ama Isadora. Faço-lhe a vontade.

— Por que veio para cá agora, enquanto estamos aqui?

— Isso não me preocupa. Nada lhe fiz, ao contrário: quem me traiu foi você. Sabia o quanto eu amava Maria, tinha me prometido ajuda e depois se casou com ela, me traiu. O ofendido aqui sou eu. Entretanto, isso passou.

— Agora eu sei por que procurou Esmeralda! Foi para se vingar de mim. Você me odeia!

— Não deve dizer isso — retrucou Álvaro calmo, saboreando cada palavra. — Não sabe como aconteceu. Eu estava desesperado, ela traída como eu, então nos consolamos e foi só isso.

— Mente — disse Carlos, com uma raiva que o ciúme cegava. — Esmeralda não é mulher que console ninguém. Ela é fascinante, vive cheia de homens que a querem, não precisaria de você para nada.

— Digamos que ela me ama, meu caro — disse Álvaro, com satisfação. — Ela é livre e eu também. Nós nos amamos muito. Ela é uma mulher muito atraente, em todos os sentidos.

Carlos perdeu o controle e avançou em Álvaro, disposto a agredi-lo. Mas, nesse momento, apareceu Isadora, interpondo-se entre eles e, em lágrimas, pedindo:

— Dom Carlos, não brigue com meu tio. Se não gosta de mim, brigue comigo, mas deixe-o em paz.

Carlos empalideceu. Parecia-lhe ver Esmeralda entre eles. Levantou o braço e, olhando aquele rostinho angustiado, deixou-o cair ao longo do corpo.

— Só os covardes escondem-se atrás das saias de uma mulher — murmurou ele, com raiva.

Álvaro, porém, exultante, procurando encobrir sua alegria, retrucou calmo:

— Sinto que esteja tão nervoso a ponto de não respeitar a doença de dom Hernandez. Um dia ajustaremos contas, não hoje, ainda é cedo.

Havia tanto ódio na voz de Álvaro que Carlos estremeceu. Álvaro abraçou Isadora tentando acalmá-la e entrou na casa.

Carlos andou um pouco pelos jardins procurando acalmar-se. A presença de Álvaro irritava-o. Ele negara ser o pai de Isadora. Mentiroso! Como podia ser tão vil?

Esmeralda estava na cidade. Não acreditava que ela amasse Álvaro, aquele patife insignificante. Havia de fazê-la confessar seus verdadeiros sentimentos. Seu orgulho estava ferido — pensava. Álvaro ainda receberia o troco.

Esmeralda só lhe tinha dado confiança porque queria vingar-se, nada mais. Havia de provar-lhe isso. O fato de terem uma filha não era importante.

Porém, durante o resto do dia, vendo Álvaro abraçado a Isadora, tentava dissimular o rancor. Em seu desvario, chegava a pensar que era Esmeralda quem estava ali. Imaginava cenas de amor entre eles e aquilo era-lhe insuportável.

A noite chegou e ele não conseguia dormir. Agitado, saiu para andar um pouco. Esmeralda estava ali, tão perto, no acampamento. Precisava vê-la. Apanhou um cavalo e saiu às escondidas, julgando não ser visto. Álvaro, porém, que o espreitava, sorriu com satisfação.

— Agora vai começar a pagar! — pensou ele, com alegria.

Álvaro não percebeu que um vulto escuro aproximou-se, envolvendo-o, colando-se a seu corpo. Sentiu apenas seu rancor aumentar.

Capítulo 20

Carlos chegou ao acampamento com o coração aos saltos. Esperava que não o deixassem ver Esmeralda, porém tudo estava calmo e às escuras. Ansioso, procurou a tão conhecida carroça da cigana. Tudo escuro. Aproximou-se. Bateu de leve na porta, chamando-a baixinho:

— Esmeralda! Esmeralda! — repetiu.

A porta abriu-se e a cigana estava diante dele. Vendo-a, linda e sozinha, abraçou-a emocionado, beijando-lhe os lábios com ardor. Estava ardente e desesperado. Toda a repressão daqueles tempos de ausência vinha à tona. A cigana retribuiu o beijo e Carlos, feliz, entrou e fechou a porta atrás de si.

Afundou nas almofadas de Esmeralda e em seus braços quentes esqueceu do mundo. Exigiu que ela lhe dissesse que o amava mais do que tudo no mundo, jurou amor eterno e, no fim de tudo, adormeceu em seus braços vencido e feliz.

Era dia claro quando acordou. Vendo-se na carroça de Esmeralda, lembrou-se do que aconteceu. Sentiu arrepios de prazer pelo corpo. Que mulher! Ao mesmo tempo, temia que o estivessem procurando.

Levantou-se de um salto e abriu a porta da carroça. Esmeralda, vendo-o, trouxe-lhe café e pão, que ele tomou com prazer. Sentou-se ao lado dele na carroça e olhou-o mansamente.

— O que aconteceu não podia ter acontecido — disse com calma.

— Por que não? Não é a mim que ama? Quero que diga isso àquele idiota do Álvaro.

— Não direi coisa alguma — tornou ela. — Pensando bem, arrependo-me do que houve ontem.

Carlos irritou-se.

— Por acaso gosta daquele patife?

— Dom Álvaro não é um patife. É um cavalheiro.

— Você o defende? — disse irritado. — Eu a proíbo de vê-lo.

Esmeralda riu com ironia.

— Você não manda em Esmeralda. Sou livre. Faço o que quero. Se quiser ver Álvaro, eu o vejo.

— Não fará isso — disse Carlos, irritado.

— Por que não? Por acaso não vai ficar com sua mulher?

Carlos enrubesceu.

— Deixe Maria fora disso.

— Não deixo. Se volta para ela, volto para Álvaro.

— Isso é uma ameaça?

— Não. Digo-lhe o que farei. Afinal ele é um fidalgo. Um homem bonito e que me agrada.

— Não acredito — tornou Carlos com raiva.

— Pouco me importa. Se você for, fico com ele.

— Deve gostar dele. Deu-lhe uma filha. Confesse que Isadora é sua filha com ele!

A cigana olhou-o, procurando esconder o brilho de satisfação de seus olhos.

— Deixe Isadora fora disso — replicou, irônica.

— Confesse que é sua filha, confesse.

— Se isso o satisfaz, confesso. Isadora é minha filha, mas nem sequer a conheço, nunca mais a vi depois que nasceu!

— Traidora! — tornou Carlos com raiva. — Como teve essa filha com Álvaro? Depois que nos separamos, você se consolou bem depressa.

— Estava casado. Trocou-me por outra. O que eu poderia fazer senão esquecer?

— E Isadora?

— Por que se preocupa com ela? Aconteceu. Eu não queria que nascesse, porém Álvaro prontificou-se a criá-la.

— O patife!

— Foi um cavalheiro. Não fugiu como um covarde. Levou a criança e a criou. Vive como uma nobre. Foi educada e tudo. Acha que ele é mau? O que você faria caso fosse o pai? Levaria ela para sua casa?

Carlos desconversou.

— Eu não sou...

— Claro que não iria querê-la. Tem filhos com sua mulher.

— Tenho — disse Carlos, contrafeito. — Como iria explicar a presença da criança? Álvaro é solteiro.

— Já vê que tenho motivos para preferir ele a você.

Carlos apanhou Esmeralda pelos pulsos e apertou com raiva.

— Não é a ele que ama. É a mim. Esta noite senti que ainda me ama.

— Largue-me. Quando o vi de repente, senti saudades, mas entre nós nada mudou. Está casado e tem família. Não sei o que faz aqui. Melhor ir, porque a esta altura estarão procurando você.

Carlos puxou-a para junto de si.

— Não quero deixá-la.

— Se ficar, será para sempre.

— Não posso.

— Então, vá embora e não me procure mais. Eu não sirvo para dividir meu amor com outra mulher. Sou absoluta. Vá e não volte mais.

— Esmeralda — disse baixinho. — Fique comigo. Não posso ficar aqui, mas virei vê-la todas as noites.

— Não vou recebê-lo — disse ela, tentando soltar-se de seus braços.

Carlos segurou-a com força.

— Esta noite voltarei e conversaremos. Prometa que vai me esperar.

— Vamos ver. Se Álvaro não vier...

Carlos empalideceu.

— Não fale nesse patife. Se o encontrar aqui, mato-o como um a cão.

Esmeralda deu de ombros.

— Se fica com sua mulher, fico com ele.

— Está se vingando de mim.

— Tenho minhas necessidades e meus direitos. Faço o que quero, sabe disso.

— Esmeralda, eu te amo. Sempre a amei. Hoje à noite voltarei e falaremos sobre tudo isso. Espere por mim. Eu lhe peço.

— Vamos ver...

Carlos beijou-a com ardor até sentir que a cigana se entregava a seu amor.

Deixou o acampamento meia hora mais tarde. Não estava habituado a passar a noite fora. Por certo Maria estaria a sua procura.

Era ainda muito cedo e, para sua felicidade, conseguiu entrar no castelo sem que ninguém o visse. Maria ainda dormia. Hernandez não estava bem e ela ficara com os pais até tarde. Carlos dirigiu-se a seus aposentos, onde Inácio o aguardava, assustado.

— Meu senhor, poderia ter me chamado. Andar à noite por essas estradas, sozinho!

— Ninguém me procurou?

— Só a senhora Maria, mas eu disse que meu senhor dormia profundamente.

Carlos sorriu feliz.

— Vou desfazer a cama e descansar mais um pouco. Que noite!

Inácio olhou-o desconfiado. Mas Carlos estava feliz, tinha a certeza de que Esmeralda nunca tinha deixado de amá-lo.

A partir daquela noite, começou para Carlos uma vida dupla. Durante o dia, ficava no castelo em seu papel de pai de família. À noite, porém, corria às escondidas para os braços da cigana, que sempre queria escapar-lhe e afirmava estar desculpando-se com Álvaro por não vê-lo naquelas noites.

A ideia de estar enganando o primo de sua mulher deixava-o feliz. Afinal, Álvaro tinha o que merecia. Carlos estava cada vez mais apaixonado pela cigana. Não conseguia pensar noutra coisa. Durante o dia, quando Álvaro saía, ficava desesperado ao pensar que ele estivesse com Esmeralda. Um ciúme doentio dominava-o e Carlos a cada dia mais odiava Álvaro.

Maria percebeu a mudança no comportamento do marido. Mulher inteligente, tentou interessá-lo por outras coisas, procurando atraí-lo mais para os filhos e o lar. Era inútil, porém. Isadora estava sempre com os meninos e Carlos não lhe suportava a presença.

Maria achava essa antipatia de Carlos uma implicância injustificada, uma vez que Isadora era um encanto. José e Matilde a adoravam e tinham se tornando inseparáveis.

Por outro lado, o estado de saúde de Hernandez estava se agravando e ele precisava de mais atenções e cuidados. Sua mãe estava inconsolável. Maria desdobrava-se e percebia o afastamento de Carlos, mas não podia deixar de atender ao pai enfermo.

Ele faleceu em uma tarde de sábado e todo o castelo cobriu-se de negro. Carlos, fazendo as honras da casa, providenciou a câmara ardente, os ritos religiosos e procurou confortar a sogra e a esposa chorosas.

Seu pensamento, porém, estava com Esmeralda. Não pôde ir vê-la durante três dias e, agoniado, seguia Álvaro com os olhos e suas ausências eram como tortura para ele.

Fernando chegara com a esposa para o sepultamento e deu-lhe notícias de que tudo corria bem em Valença. Carlos finalmente encontrou meios de sair à noite e ir em busca de Esmeralda. Inácio ficava para impedir que alguém entrasse em seu quarto, dizendo que o amo dormia.

Encontrou Esmeralda zangada. Por mais que lhe explicasse, ela parecia não entender. Achava que Carlos a estava colocando em segundo plano.

— Amanhã, volta para seu castelo e eu estarei só. Vou reatar com Álvaro. Ele me ama e me dá todo seu tempo. Não se casou como você. Não me traiu.

Carlos procurava acalmá-la. Esmeralda tinha se transformado para ele num vício que ele não podia deixar. Sua paixão, seu ciúme o cegavam e ele faria qualquer coisa para obter o amor da cigana.

— Fique comigo e eu acredito — pediu ela.

Carlos tentou reagir, porém na noite seguinte soube que o acampamento ia embora. Ao chegar, percebeu logo e ficou desesperado. Queria Esmeralda. Não podia perdê-la. Foi a custo que pretextou uma viagem e no dia seguinte seguiu com Inácio para o acampamento. O velho pajem tentou aconselhá-lo, porém ele sequer ouviu. Estava determinado.

Naquela mesma noite, quando os ciganos partiram, Carlos seguiu junto. Miro tentou convencê-lo a voltar para casa, afirmando que Álvaro e Esmeralda eram só bons amigos, mas Carlos não acreditou.

Durante o dia viajavam e à noite Carlos mergulhava nos braços quentes de Esmeralda, esquecendo-se de tudo. Por vezes uma ponta de remorso o acometia, lembrando-se da família, porém consolava-se dizendo que era apenas uma viagem e que um dia ainda voltaria para casa.

Fernando, preocupado, regressou com a esposa a seu castelo e Maria ficou mais com a mãe, à espera do regresso de Carlos, que tardava. Ela não queria voltar sem ele.

Álvaro não se afastava, cercava-a de gentilezas e ela, agradecida, não percebia que ele ia aos poucos se aproximando mais.

Maria apreciava Álvaro. Era seu primo e juntos tinham boas recordações da infância e da juventude. Estava longe de supor que ele ainda a amava. Apreciava-lhe a dedicação exatamente na hora em que o marido se tinha ausentado a pretexto de negociar terras.

Álvaro, sutilmente, fazia-a sentir o quanto esse pretexto era pueril. Maria, embora desconfiasse da traição do esposo, permanecia digna, sem demonstrar seus receios. Surpreendera uma conversa dos sogros na qual Fernando comentava ter sabido que a cigana Esmeralda estava em Madri.

Maria não ignorava o antigo amor do marido. Temia que eles tivessem voltado a ver-se. Era mulher paciente. Se aquilo fosse verdade, a aventura passaria e o marido arrependido voltaria ao lar. Ela faria como se nada tivesse acontecido. Sabia esperar e confiava em Deus.

Álvaro, porém, sentiu que era a tão esperada hora para agir. Afinal, Esmeralda estava fazendo a parte dela com sucesso e ele deveria fazer a dele.

Certa tarde, estava com Maria na sala e de repente demonstrou preocupação e tristeza. Ela, delicada, percebeu e indagou:

— Álvaro, algo o preocupa. O que é?

— Maria, sabe o quanto a amo. Calei até agora porque não sabia o perigo. Hoje, porém, presenciei uma cena que me fez mudar de ideia.

— O que foi? — indagou ela, preocupada.

— Trata-se de José e Isadora. Eles têm uma intimidade que me fez pensar em algo mais sério.

— Tenho notado que José mostra-se muito afetuoso com Isadora. Mais do que o comum. Confesso que gosto dela e um romance entre eles me faria muito feliz.

Álvaro olhou-a atormentado.

— Isso não será possível jamais. Tenho que ir embora daqui com Isadora o quanto antes. Temo que seja tarde. Hoje os vi beijando-se no jardim.

Maria olhou-o admirada.

— É natural. São jovens. José é um cavalheiro. Se houve algo, por certo vai se casar com ela.

Álvaro levantou-se irritado:

— Isso é impossível!

— Por acaso não aprecia José?

Maria estava sentida. Seu filho era um ótimo rapaz.

— Não é isso, Maria. Deus sabe que eu seria muito feliz se eles pudessem casar-se.

— Então? Não o compreendo.

Álvaro fingiu hesitação. No fim, tornou:

— É um segredo que deveria morrer comigo, mas preciso contar-lhe a verdade.

— O que é? — tornou Maria, empalidecendo.

Estava de luto, muito abatida, e Álvaro abraçou-a, dizendo.

— Melhor eu partir. José nunca mais deverá ver Isadora.

— Por quê? Agora exijo que diga. Que segredo terrível é esse?

— Preciso lhe contar. Peço que me perdoe. Jamais pensei que isso pudesse acontecer. Senão, não teria deixado Isadora ficar aqui.

— Fale, por favor.

— Sente-se e ouça. Sabe do romance de Carlos com Esmeralda. Quando vocês se casaram, ela estava grávida. Isadora é filha deles.

Maria abriu a boca e não encontrou palavras para expressar sua surpresa. Álvaro prosseguiu:

— Ele a abandonou. Apaixonou-se por você e a deixou. Esmeralda, porém, queria matar-se. Eu, condoído, prestei-lhe socorro e adotei-lhe a filha. A pobre menina não tinha nenhuma culpa da loucura paterna.

Maria, abatida, não tinha palavras para expressar sua tristeza. Álvaro continuou:

— Esmeralda amava Carlos e foi difícil contê-la, queria ir, no dia do casamento, impedir a cerimônia. Mas eu a contive, inclusive enganei-a e depois de tudo consumado ela se conformou. Criei Isadora como filha, como sabe, e Carlos jamais soube que é seu pai. Não queria perturbar sua felicidade e seu lar. Agora pressinto o perigo. Eles são irmãos, jamais poderão se amar!

— Santo Deus! — articulou por fim Maria. — Carlos implica com Isadora, jamais a suportou.

— Carlos desconfia que ela seja filha de Esmeralda, elas são muito parecidas. Desconfiou desde o primeiro dia. Porém eu disse-lhe que ela era minha filha com a cigana. Temia que ele voltasse a ter com ela. Uma filha poderia aproximá-los. Sabe que só desejo sua felicidade. Eu amo você. Eu a tenho amado minha vida inteira. Se Carlos não aparecesse, você teria se casado comigo. Já que não foi possível, tenho velado por sua felicidade e dedicado minha vida a zelar por seus interesses.

— Quanta nobreza de alma! Como é bom! Mesmo me amando, sendo preterido, criou a filha de seu rival com tanto amor! Realmente, eu lhe quero muito bem. Infelizmente não o amo senão como a um irmão. Sou muito grata por ter confiado em mim. Sei que a cigana estava em Madri. Carlos está com ela?

Álvaro baixou os olhos para esconder sua alegria. Disse com voz insegura.

— Esteve, mas já partiu.
— Carlos esteve com ela?
— Não sei...
— Sei que não vai me contar. Sua nobreza de alma não permitiria. Mas algo me diz que essa viagem é suspeita. Carlos foi-se com Esmeralda. Ele nunca deixou de amá-la. Quando o conheci, falava-me dela no começo. Deve ser belíssima!

— Esmeralda é única! Perdoe-me. Não deveria lhe dizer isso. Ela é uma devoradora de homens. Fascina-os com sua dança, sua beleza, seu temperamento ardente.

Maria baixou a cabeça com tristeza.

— Vou-me embora, Álvaro. Amanhã mesmo. Meu lugar é em Valença, em minha casa, com meus filhos. Agradeço por ter me dito a verdade.

Álvaro não esperava essa reação.

— Não deve ir. Sua mãe precisa de seus cuidados. Não pode ficar só. Eu me vou com Isadora.

— Não podemos permitir essa convivência nem mais um dia. Como dizer-lhes a verdade?

— Foi o que pensei. Iremos embora.

— Não. Fique com sua mãe. Quem sabe ela nos acompanha em uma temporada em Valença? Vou voltar para casa.

Apesar de decepcionado, Álvaro não podia demonstrar. Disse apenas:

— Lembre-se de mim, que a amo e sempre a amarei. Se quiser ficar, vou-me com Isadora e deixo-a em casa. Depois, voltarei e ficarei ao seu lado para ajudá-la até o regresso de Carlos.

— O regresso de Carlos! Ele é quem deveria estar aqui agora — fez Maria com amargura. — Sabe Deus quando voltará!

— Fique, Maria, eu lhe imploro. Sua mãe precisa de você.

— Não. Parto o mais breve possível. Se Carlos voltar, estarei em nossa casa, onde é meu lugar.

Maria falou com a mãe, chamou os filhos e no dia seguinte prepararam tudo para o regresso. Dona Engrácia resolveu ficar. Pediu a Isadora que lhe fizesse companhia. José não queria ir, porém a mãe foi intransigente. Como voltariam sem um homem que as escoltasse? Depois, Carlos estava ausente e eles precisavam dele. O sogro não estava bem e eles tinham que voltar. Essa era a desculpa que Maria pretextou para o regresso. José precisava ajudar o avô. O jovem, apesar de contrariado, acabou concordando. Maria fingiu não perceber os olhos vermelhos de chorar de Isadora e o desgosto de Matilde por sair do castelo.

Maria lamentava a leviandade de Carlos, que lhe tinha criado tão grave problema. Tinha que ser drástica. Cortar o mal pela raiz.

Assim, dois dias depois, abatidos e amargurados, reiniciavam a viagem de volta ao lar.

Carlos, entretanto, continuava no acampamento. Por vezes a lembrança dos filhos, dos pais e da esposa o preocupava, porém Esmeralda convidava-o a não pensar e oferecia-lhe canecas de vinho. Assim, Carlos bebia para esquecer os remorsos e mergulhava nos braços da cigana.

Miro tentava impedi-lo de continuar ali. Procurava alertá-lo para o perigo que corria deixando a família e descendo aos poucos os degraus da degradação moral.

Carlos, porém, estava cego. Não aceitava os conselhos do cigano, acreditando-o preconceituoso e querendo separá-lo de Esmeralda.

A cigana estava feliz. Estava conseguindo vingar-se. Separara Carlos da família e pretendia arrasá-lo completamente. De nada lhe valeram os conselhos de Miro, nem as ponderações de Sergei. Estava determinada.

Carlos estava a cada dia mais e mais fascinado por ela, que ora o amava delirantemente, ora o traía com outros homens, levando-o ao desespero e ao sempre renovado desejo de conquistá-la.

Ela escorraçara-o várias vezes, mas, quanto mais o fazia, mais ele se apegava, cego, dominado, consumido de paixão.

Durante dois anos seguiu a cigana e foi o suficiente para transformar-se em um homem arruinado moral e fisicamente. Estava arrasado. As crises de remorso estavam cada vez mais fortes e ele afundava cada vez mais na bebida.

Certa noite, acordou entontecido. Estava deitado no chão duro sobre a relva, perto do acampamento. Tinha bebido muito e não se lembrava bem do que tinha acontecido. Foi até a cisterna e jogou água fria na cabeça, sacudindo-a como para espantar os maus pensamentos. Olhou-se quase um maltrapilho. O que estava fazendo de sua vida? Há quanto tempo estava naquele inferno?

Inácio aproximou-se humilde.

— Meu senhor está melhor?

— Inácio. Não devia me seguir. Sou um homem acabado.

— Não, meu senhor. Vamos embora daqui. Vamos voltar para casa! Seu pai pode estar precisando de nós.

— Meu pai! Como voltar depois do que fiz?

— Não importa, meu senhor. Eles vão perdoá-lo. Ficar aqui não está sendo bom. Vamos voltar!

— Não tenho coragem. Arranje-me vinho. Preciso melhorar a cabeça.

Inácio estava triste:

— Senhor, vamos repousar um pouco, vou pôr compressas na sua testa. Vai passar.

— Arranje-me vinho!

— Logo mais, senhor. Deixe-me tratá-lo. Vamos deitar aqui.

Inácio levou Carlos até um lugar sossegado, deitando-o na relva. Carlos sentiu náuseas, a cabeça rodando, impossibilitando-o de levantar-se. Inácio voltou com uma vasilha de água e alguns panos.

Pacientemente fez compressas na testa de Carlos, molhando o pano, apertando-o bem e estendendo-o na fronte. Carlos foi se acalmando. Adormeceu. Dormiu várias horas. Quando acordou, estava melhor.

A lua estava alta e ele percebeu que era tarde da noite. Inácio, ao lado, dormia, calmo. Pensou em Esmeralda. A cigana por certo estaria dormindo. Foi procurá-la. Ao aproximar-se viu que ela, acompanhada de um homem, entrou na carroça. Ficou tenso. Era com certeza um de seus amantes. Procurou uma arma e não encontrou.

Cauteloso, foi sem fazer ruído e aproximou-se, colando o ouvido na lona, no lugar onde ela se deitava. Ouviu vozes alteradas. Esmeralda dizia com raiva:

— Não vai se meter em meu caminho. Hei de levar minha vingança até o fim. Ele vai comer o pão que o diabo amassou. Quero destruí-lo. Ele vai pagar-me por tudo.

Surpreendido, Carlos reconheceu a voz de Miro conciliadora.

— Esmeralda, para seu orgulho já basta o que fez dele. Está um pobre-diabo. Nem sabe bem o que faz. Chega. Vai atrair desgraça sobre sua cabeça. Tem misturado poções a sua bebida. Sura disse-me que procurou a velha bruxa e que ela lhe deu suas drogas. Isso pode lhe custar caro. Ninguém desafia as potências celestes impunemente. Está abusando dos poderes, Esmeralda. Deus pode puni-la!

— Não creio. Suas rezas não foram suficientes para me dar o que eu queria. Fui a elas e consegui. Carlos é meu! Faço dele o que quero.

— Nem sequer sabe que é o pai de sua filha! Devia lhe contar a verdade.

— Para quê? Para descobrir que eu e Álvaro nunca fomos amantes? Não. Enquanto eu o destruo aqui, Álvaro rouba-lhe o amor da mulher. Estou vingada! Nós conseguimos. Eu e Álvaro, finalmente, vingamo-nos!

Esmeralda ria e Carlos sentia náuseas. As pernas estavam trêmulas. Se tivesse forças, teria entrado e matado aquela mulher. Quis andar, não conseguiu, sua cabeça rodou e ele caiu no chão.

Miro tentou convencer Esmeralda a parar com a vingança, mas foi inútil.

Aborrecido, saiu da carroça e deparou-se com o corpo de Carlos caído no chão. Preocupado, carregou-o até sua carroça, estendendo-o sobre as almofadas que lhe serviam de cama.

Carlos tinha febre. Remexia-se inquieto. Miro, sério, tomou-lhe da mão e fechou os olhos em oração. Aos poucos, Carlos aquietou-se e dormiu cerca de meia hora. Acordou assustado e, vendo o rosto de Miro a seu lado, imediatamente recordou-se de tudo. Quis levantar-se, não conseguiu.

— Beba isto — fez Miro com voz autoritária.

Carlos bebeu obediente. Acabava de compreender que, ali no acampamento, Miro era o único em quem ele podia confiar. Dentro de alguns minutos sentiu-se melhor.

A lembrança do que tinha ouvido queimava-lhe a cabeça. Precisava saber. Ansioso, disse:

— Miro, ouvi sua conversa com Esmeralda. Sei de tudo! Se tivesse uma arma, juro que a mataria.

— Calma — disse Miro, conciliador. — Se erguer o braço contra Esmeralda, não sai daqui vivo.

Carlos irritou-se.

— Estou num covil de serpentes.

— Acalme-se e ouça. Veio para cá por suas próprias pernas. Esmeralda não foi buscá-lo em casa. É tão culpado quanto ela. Tinha deveres e deixou filhos, esposa, tudo, para se degradar desta forma. Não pode culpá-la. É tão culpado quanto ela.

— Não preciso que me acuse. Sei o quanto estou errado. Mas agora é tarde!

— Estás vivo. E se tem dignidade, volta para sua casa, que precisa de você. Enquanto fica aqui, os seus ficam sem sua cooperação.

Carlos enrubesceu. Álvaro queria Maria! Como ele tinha sido cego! Como pudera ser tão ingênuo?

— Conte-me tudo, Miro. Sem omitir nada, peço-lhe. Preciso saber a verdade.

— Se prometer que irá embora e que voltará para sua família, deixando Esmeralda em paz...

— Prometo. Nunca mais voltarei. Eu juro!

— Muito bem. Vou lhe contar tudo.

Miro colocou-o a par de tudo que tinha acontecido desde que saíram do castelo, ele e a cigana. Carlos estava lívido. Isadora era mesmo sua filha. Por que não tinha pensado nisso antes? Por quê?

— Agora, já está melhor, e antes que o dia amanheça, vai-se daqui. Dou-lhe dois cavalos, provisões. Não estamos muito distantes de Valença. Ao chegar, solte os cavalos e eles voltarão aqui.

— Obrigado, Miro. É meu amigo. Mais uma vez me ajudou.

— Não quero seus agradecimentos. Não faço isso por você, mas por Esmeralda e por sua família, que não merece sofrer. Vou orar e não sentirá mais essa loucura que o tem atraído ao acampamento.

— Acredita que ela tenha me enfeitiçado?

— Não pense nisso, em nada vai lhe ajudar. Mas respeite as coisas que desconhece. E não lhe faria nada mal rezar pedindo a proteção de Deus em seu favor. Vai precisar dela.

Carlos olhou aquele homem forte cujo caráter estava aprendendo a respeitar. Levantou-se. Estava um pouco tonto, mas melhor.

— O ar da manhã te fará bem. Sente-se aqui que vou arranjar tudo.

O cigano saiu, chamou Inácio. O dia começava já a amanhecer quando tudo ficou pronto. Carlos trocara de roupas e tinha se alimentado um pouco. Estava trêmulo e fraco, porém melhor. O cigano tinha cuidado de tudo. Carlos estendeu-lhe a mão, decidido.

— Deus vai recompensá-lo pelo bem que me fez. Devo-lhe mais do que a vida. Sou seu amigo. Se algum dia precisar, eu o servirei com prazer.

Miro apertou-lhe a mão.

— Só lhe peço que deixe Esmeralda para sempre. Esqueça que ela existe. É só o que quero. Adeus. Vá em paz.

Carlos respirou fundo. O ar da manhã fez-lhe bem. Inácio auxiliou-o a subir no cavalo e, dentro em pouco, afastavam-se do acampamento.

Capítulo 21

Maria encontrou os sogros preocupados e tristes. A morte de Antônio, a ausência de Carlos, tudo contribuía para que o clima no castelo fosse de tristeza e preocupação.

José, apesar de obediente, estava triste e calado e até Matilde mostrava-se mais arredia, sem sua costumeira animação.

No dia seguinte à chegada, observando a tristeza de José, a mãe chamou-o e procurou conversar com ele. Foi direto ao assunto.

— José, vejo-o triste e pensativo. Não está contente por ter regressado?

O rapaz balançou a cabeça concordando.

— Por quê?

— Doeu-me deixar vovó sozinha depois de tudo.

— Ela não está sozinha. Tem Álvaro, que lhe faz companhia, tem Isadora. Convidei-a, insisti para que viesse conosco. Recusou-se. Estávamos fora de casa durante muito tempo. Meu pai já morreu e, infelizmente, nada mais podemos fazer por ele senão orar, mas dom Fernando está doente e vivo, precisa de nós até que seu pai volte.

— Quem deveria estar aqui era ele! — disse o moço, com tristeza. — Como pôde viajar numa hora destas? Uma viagem tão longa! Acredita que ele volte? Não terá nos abandonado para sempre?

Maria estremeceu, porém disse com voz firme:
— Aqui é seu lar e sua família. Nós o amamos, ele voltará.
— Tenho pensado muito sobre isso! Pode ter-lhe acontecido alguma coisa. Um assalto, quem sabe.
— Deus é grande. Há de protegê-lo. Enquanto ele não volta, precisamos fazer tudo para substituí-lo. Seu avô está muito cansado e sua avó não tem condições. Nós dois é que precisamos cuidar de tudo.
— Mamãe, por que não insiste com vovó para que venha viver aqui? Poderia trazer Isadora e todos seríamos muito felizes.
— Isso não é possível! Tenho percebido que sente falta de Isadora. Quero crer que não passe de um interesse passageiro.
José comoveu-se.
— Não, mamãe. Eu amo Isadora! Um dia ainda me casarei com ela.
— Não diga isso! Pelo amor de Deus! Prometa-me que não mais a verá!
— Por quê? Por acaso não a aprecia?
— Muito. Mas sua união com ela é impossível! Afaste-se dela, eu lhe imploro.
Maria estava tão assustada que José preocupou-se.
— Calma. Pensei que apreciasse Isadora. Por que essa ideia a contraria tanto?
Maria titubeou.
— Bem, seu pai não a aprecia e não sabe de quem ela é filha…
José olhou-a emocionado.
— Mãe! Nunca a acreditei preconceituosa. Papai tem sido muito injusto com Isadora, sabe disso! Você sempre tentou desfazer esse mal-estar. Ela nada fez para merecer essa atitude. Mas se fosse ele talvez eu pudesse acreditar, porém você, sempre tão ponderada! O fato de Isadora não conhecer seus pais não importa. É a ela que eu amo, e é uma moça digna.

— Isadora é uma boa moça e eu a aprecio. Mas, pelo amor de Deus, peço-lhe, esqueça-a! O casamento entre vocês dois é impossível!

José olhou-a e havia lágrimas em seus olhos.

— Pede-me o impossível.

De cabeça baixa, levantou-se e saiu. Maria ficou arrasada. Não queria dizer ao filho a verdade. Carlos era seu pai, contar-lhe seus erros passados seria destruir a imagem de homem generoso e bom que ela gostaria que o filho tivesse dele. Confiava em Deus e orava muito, na esperança de que José esquecesse. Um namoro naquela idade podia ser passageiro. Confiava que logo José passasse a interessar-se por outra moça e esquecesse Isadora.

Nos dias que se seguiram procurou tornar o ambiente do lar menos triste e seu coração estava desolado. Sentia que aquele ambiente sombrio era prejudicial para os jovens.

Os dias foram passando e Carlos não voltava. O ambiente do castelo, apesar do esforço de Maria, continuava triste.

Fernando, a cada dia, tornava-se mais abatido, falando em Carlos com preocupação e ansiedade. Um dia, José não mais suportou e dirigiu-se à mãe:

— Mamãe, quero partir à procura de meu pai. Temo que lhe tenha acontecido algo de mal. Essa viagem já durou muito mais do que deveria. Vou partir à sua procura. Levo meu valete comigo e, juntos, haveremos de descobrir seu paradeiro se ainda estiver vivo.

— Não diga isso, meu filho.

— Às vezes tenho pensado que ele morreu! Só a morte poderia explicar essa ausência tão longa, sem nenhuma notícia!

Maria não encontrou palavras para impedir o filho. E se fosse verdade? E se Carlos tivesse morrido? Teria mesmo estado no meio dos ciganos? Aquela situação também a sufocava, por isso acabou concordando.

— Pode ir. Com uma condição: a de não me deixar também sem notícias. Não suportaria.

— Está bem, mamãe. Irei. Levarei Mário comigo.

— Pode levar mais gente, se quiser.

— Basta Mário. Tem sido bom e leal. Partiremos amanhã cedo. Garanto que voltarei com notícias.

— Que elas sejam boas! — ajuntou Maria, esperançosa.

Maria não teve coragem de contar ao filho suas suspeitas. Temia que ele se metesse entre os ciganos e algo de mal lhe acontecesse. Deixou-o partir com a informação de que Carlos saíra de Madri rumo a Vigo para tratar de negócios.

Nos dias que se seguiram, Maria sentiu-se angustiada. Fernando não passava bem e guardava o leito em penosa situação física. Foi, pois, com alegria e gratidão que ela recebeu a visita de Álvaro. Assim que chegou, resolveu ficar no castelo. Recusava-se a sair, deixando Fernando gravemente enfermo e as mulheres sozinhas.

Maria acolhia essa atitude, agradecida e confortada. Ele era seu primo e sempre se tinha mostrado amigo. Álvaro desdobrava-se cuidando de tudo, e Maria, reconhecida, sentia-se mais protegida naquela situação triste.

O estado de Fernando piorava a cada dia e Álvaro foi incansável, dedicando-se ao extremo.

Numa noite de inverno ele faleceu, agoniado, chamando pelo filho ausente. Maria ficou inconsolável. O sogro sempre tinha sido seu apoio e estimava-o como a um pai. Álvaro desdobrou-se. Cuidou de tudo, amparou Encarnação em desespero. Providenciou o cerimonial e o sepultamento. Maria estava arrasada. Fazia já dois meses que o filho partira e nada de notícias. Arrependia-se de ter consentido naquela viagem.

Álvaro procurava tranquilizá-la. Tudo ficaria bem e José por certo logo voltaria. Maria sentia-se só e triste. As saudades do filho e de Carlos uniam-se a um ressentimento contra o marido. Por que Carlos a abandonara? Sempre tinha sido boa esposa, sincera e fiel.

 Álvaro cobria-a de gentilezas e carinho e Maria, agradecida, não percebia suas verdadeiras intenções. Disse-lhe um dia:

 — Álvaro, como é bondoso! Está aqui há tanto tempo, deixou tudo para nos ajudar. E pensar que Carlos é quem deveria estar aqui...

 Álvaro olhou-a com um brilho emotivo no olhar.

 — Depois de tanto tempo, ainda o espera!

 — É meu marido. Não sei onde está, o que lhe aconteceu.

 — É bom esquecer Carlos. Ele não merece seu amor!

 — Por que diz isso? Por acaso sabe onde ele está?

 Álvaro fingiu dissimular. Maria insistiu:

 — Se sabe alguma coisa e é meu amigo, conte-me. Preciso saber. Essa incerteza está me matando!

 — Bem, se quer mesmo, é melhor que eu conte. Investiguei e descobri. Carlos vive com Esmeralda no meio dos ciganos. Por isso vim para cá. Sei que ele não pensa em voltar.

 Maria sentiu-se desfalecer. Agoniada, perguntou:

 — Tem certeza?

 — Infelizmente. Estive lá e os vi. Carlos deixou-se enfeitiçar pela cigana. Vive bebendo e só tem olhos para ela. Sequer me viu. Pretendia falar-lhe, obrigá-lo a voltar, porém vi que era impossível. Sinto lhe dizer, mas tudo que temíamos aconteceu. Ele não mais voltará. Não devia ter deixado José partir. Pode descobrir a verdade.

 Maria, pálida, sentia-se morrer. Então era mesmo verdade! Carlos os trocara pelo amor da cigana! Não ia voltar. Sua vida estava estragada.

 — Não fique assim, Maria. Perdoe-me. Eu a amo muito. Dói-me vê-la esperando por aquele patife com amor, ele não merece. Eu estou aqui. Eu a amo! Estou disposto a fazer qualquer sacrifício por você e por seus filhos.

 Álvaro abraçou-a, alisando-lhe os cabelos com comoção. Maria tinha os olhos cheios de lágrimas. Olhou-o com uma expressão tão dorida que ele não teve coragem de beijá-la, embora seu coração batesse forte e seu desejo o fizesse estremecer.

— Álvaro. Eu o quero como a um irmão. É só o que posso lhe oferecer. Sou grata porque me ama e está aqui, enquanto Carlos dá asas à sua loucura. Mas eu sempre serei assim. Jamais amarei outro homem!

— Maria, eu sempre a amei! Nunca deixei de amá-la. Nada peço, só que me deixe ajudá-la nos momentos difíceis por que passa. Perdoe-me se não pude me conter. Não posso vê-la sofrer! Quisera lhe dar meu amor, cobri-la de beijos, compensar de alguma forma o mal que Carlos lhe fez. Porém, não me aceita, não quer meu amor!

Álvaro sofria. Todo seu sentimento represado durante tantos anos vinha à tona e ele estremecia de emoção.

Maria soltou-se de seus braços com delicadeza:

— Álvaro, nada é possível entre nós. Esqueça-me. É melhor para você. Eu estou morta. Amo Carlos. Não pretendo sair de minha posição de esposa e mãe, embora ele esteja fracassando. O erro dele jamais justificaria o meu. É melhor que parta imediatamente. Jamais o amarei como deseja. Sinto muito. É bom e merece ser amado. Eu, porém, não posso.

— Maria. Deixe-me ficar a seu lado! Desculpe-me esse momento de fraqueza. Ele não mais se repetirá. Não me peça para partir e deixá-la sozinha numa situação dessas. Permita-me pelo menos aguardar a volta de José. Prometo que não mais falarei nesse assunto.

— Está bem. Pode ficar. Realmente preciso de ajuda. Mas lhe digo que jamais espere de mim nada além de amizade.

Álvaro tomou-lhe a mão e beijou-a, respeitoso.

— Prometo. Desculpe este momento de fraqueza. Não vai se repetir.

Maria nada disse, retirando a mão com delicadeza. Apesar de tudo, na situação de abandono e de incerteza em que se encontrava, o amor desinteressado de Álvaro era-lhe grato ao coração. Saber-se amada naquele momento dava-lhe ânimo, apesar de tudo.

E Álvaro foi ficando. Habilidoso, cuidando dos negócios, das terras de Encarnação, que o estimava muito, e até de Matilde, a quem procurava agradar cobrindo de gentilezas e agrados.

Assim, ele era solicitado para tudo. Encarnação chamava-o para conversar e ele a ouvia pacientemente. Matilde o acolhia com alegria na sala de música, onde ele cantava lindas canções em voga. Maria recorria a seus préstimos para resolver os problemas dos negócios da família.

Álvaro esperava. Apesar das palavras de Maria, ele confiava que o tempo haveria de apagar todas as recordações e, finalmente, ela cederia a seus anseios.

Uma tarde em que os dois conversavam no salão, Álvaro concitava Maria mais uma vez a esquecer o marido ausente. Ela, apesar de triste, não permitia que Álvaro criticasse a atitude de Carlos. Ele não se conformava.

O ambiente acolhedor do entardecer, tudo induzia a confidências. Matilde estudava na sala de música e Encarnação recolhera-se a seus aposentos. Estavam sós.

Álvaro sentou-se ao lado da prima no sofá.

— Está triste, Maria. Não posso vê-la assim.

— Meu filho tarda e não manda notícias.

— Pensa em Carlos. Por que não procura esquecer? Por quê? Não vê que ele não merece?

— Mudemos de assunto. Esse me desagrada profundamente.

— Está bem. Está linda e, se sorrisse, ficaria ainda melhor.

Ela o olhou, comovida.

— Quer me alegrar. Não se dê esse trabalho. Hoje me sinto particularmente triste. A lembrança de meu pai, de dom Fernando, as saudades...

— Realmente eles fazem falta. Dom Antônio também era para mim um pai. Sabe que desde a morte de meus pais o considerei assim. A única mágoa que tenho é a de que não me quis por genro. Maria! Esqueça Carlos, eu lhe peço! Ele não a merece! Pense. Enquanto chora aqui e luta para cuidar de tudo sozinha, ele sequer pensou em ninguém, enfeitiçado por aquela mulher!

Maria fez um gesto como a impedi-lo de falar, mas ele tomou-lhe a mão e beijou-a com amor. Lágrimas brilharam nos olhos dela.

— Eu a amo e estou disposto a ser teu escravo o resto da vida. Ainda que não me queira, largarei tudo e ficarei a seus pés para sempre! É meu sonho maior!

Maria, que tanto tinha lutado para refrear as emoções, sentiu que não mais conseguiria detê-las. Seus soluços brotaram angustiados e Álvaro percebeu o quanto ela estava sofrida e cansada.

Era seu momento. Abraçou-a com delicadeza enquanto dizia:

— Chore, Maria. Desabafe. Meu coração a compreende e pulsa por você.

Ela descansou a cabeça em seu peito e chorou durante alguns minutos. Quando se acalmou, ele alisou-lhe os cabelos com carinho. Ela sentia-se bem ali. Apoiada e querida. Deixou-se ficar.

A tarde caiu e a noite começava. Na penumbra da sala Álvaro ainda a conservava nos braços. Foi quando o inesperado aconteceu. Um vulto entrou e, num gesto rápido, acendeu um castiçal.

Maria deu um grito de susto:
— Carlos!
— Sim. Sou eu! O que significa isto?

Arrancado de seu devaneio e enraivecido, Álvaro gritou irritado:

— De onde saiu para nos pedir contas?

— Seu patife! E você, Maria, nos braços dele! Fora, cão traidor! Fora!

Maria, pálida, aos poucos foi conseguindo dominar o espanto e respondeu com energia:

— Cale-se, Carlos. Com que direito me ofende? Álvaro tem sido nosso único amigo enquanto você nos abandonou.

— Para viver com Esmeralda no meio dos ciganos — ajuntou Álvaro, com raiva. Parecia-lhe impossível que Carlos tivesse voltado. — Por acaso ela o escorraçou?

Carlos, apesar de encontrar-se magro e enfraquecido, pulou sobre Álvaro, agarrando-o pelo pescoço.

— Bandido! Traidor! Quer me separar de Maria, sempre a quis. Você e aquela cigana maldita se uniram contra mim. Mas acabou, entende? Vá embora daqui já ou eu acabo com você!

Carlos estava furioso. Álvaro não se conteve. Toda raiva retida durante tantos anos explodiu e eles rolaram pelo chão golpeando-se. Inácio tentava inutilmente separá-los. Matilde apareceu assustada e Maria gritava nervosa.

Apesar da raiva, Carlos estava mais fraco e Álvaro golpeou-o com força deixando-o estendido no solo. Matilde, assustada, debruçou-se sobre ele chorando, e Maria segurou Álvaro pálido e trêmulo.

— Calma, peço-lhe. Deixe-o. Está louco.

— Maria, não posso tolerar essa ofensa a seu pudor. Logo ele! Depois do que fez!

— Álvaro, peço-lhe que compreenda. Ele nos viu abraçados e não compreendeu! Peço que nos deixe, por favor. Ele voltou e eu sou sua mulher.

— Está me expulsando? Depois de tudo?

— Não é isso — declarou ela, aflita. — Eu o quero muito bem. Agradeço-lhe por tudo quanto nos tem feito. Mas Carlos está nervoso. Eu gostaria de conversar com ele sem que estivesse aqui. Conheço-o. Se ele o vir de novo, vai querer brigar outra vez. Deixe-me a sós e eu explicarei tudo a ele. Depois dessa conversa, por certo também vai agradecer você. Todos lhe devemos muito. Esta situação entre os dois não pode persistir. O que lhe peço é só que seja cavalheiro e se afaste por agora.

Álvaro trincou os dentes com ódio. Carlos tinha aparecido no momento que ele já contava vitória. Novamente ele lhe roubara o amor de Maria! Haveria de vingar-se e, desta vez, para sempre!

Apesar da vontade que sentia de acabar com Carlos ali mesmo, não queria que Maria, Matilde e até Encarnação ficassem contra ele. Ao contrário. Preferia ser a vítima. Baixou a cabeça procurando ocultar o rancor e respondeu:

— Está bem. Uma ordem sua, eu obedeço. Parto. Se precisar de mim, é só me chamar e virei correndo.

Encarnação abraçou-o com tristeza:

— Perdoe Carlos. Ele está louco! Deus lhe pague por tudo quanto nos fez.

Álvaro beijou-lhe a mão e foi arrumar seus pertences. Inácio pegou Carlos nos braços e levou-o até seus aposentos. Ele estava atordoado e murmurava frases desconexas.

Maria sossegou Matilde, dizendo-lhe que o pai estava apenas tonto e tudo passaria. Afrouxou-lhe as vestes e colocou compressas em sua testa. Carlos gemia desalentado.

Imensa mágoa o invadia. Beijou Matilde e sossegou-a, dizendo estar melhor. Quis ficar a sós com Maria. Ainda meio atordoado, lamentou-se:

— Acabei de perder minha última esperança! Jamais pensei que pudesses ceder àquele patife.

Maria repeliu-o com energia.

— Com que direito me exige contas, você que nos abandonou ao chamado daquela cigana, e sequer pôde dizer adeus ao próprio pai?

Carlos estremeceu:

— Meu pai?

— Morreu há dois meses. Chamando por você em desespero. Álvaro foi quem lhe fechou os olhos e cuidou de tudo. Tem uma dívida de gratidão para com ele!

— Nunca! Aquele patife. A vida inteira procurou me roubar seu amor. Tudo fez para isso. Parece que conseguiu — tornou ele, amargurado.

— Você me ofende, pensando isso. Jamais o traí. Eu chorava e Álvaro me consolava como primo. Nunca houve nada mais entre nós.

— Quisera crer!

— Pois eu não vou querer lhe provar nada. Minha dignidade é suficiente. Infelizmente, não pode dizer o mesmo.

— Eu errei, eu sei. Maria, eu estava louco! Vim suplicar seu perdão. Queria começar nova vida, desta vez para sempre, com você e com os nossos. Aquele patife merece uma lição.

— Álvaro nada fez de mal. Tem sido dedicado amigo. Está sendo injusto com ele.

— Ainda o defende? Por acaso o ama?

— Sou mulher de amar uma vez só. Você me ofende com essa suspeita. Não permitirei que divida sua culpa comigo. Eu fiquei em meu lugar. O erro foi seu.

— A cena que vi não me sai do pensamento.

— O que viu? Eu reclinada no peito de Álvaro? Esquece que sofri muito por seu abandono no momento mesmo em que perdia meu pai? Depois, perdi dom Fernando e José saiu à sua procura. Só Álvaro ficou, só ele me confortou sem pedir nada em troca.

— Ele a ama. Queria conquistá-la.

— Eu sei. Mas sempre me respeitou. Sou-lhe grata por tudo que fez.

Carlos estava abalado. Tinha chegado arrasado e enfraquecido e encontrara sua casa em desoladora situação. Álvaro era o culpado!

A ausência do pai, a tristeza de não poder vê-lo nunca mais, com seu ar bondoso e sério, cortava-lhe o coração de remorsos.

Fechou os olhos, angustiado. O que tinha feito de sua vida? Por que se deixara envolver por aquela mulher fútil e perigosa?

— Estou tão cansado — murmurou ele, abatido. — Afinal, eu me sinto culpado. Meu pobre pai! Jamais pensei encontrar essa triste notícia.

Lágrimas saíam de seus olhos doloridos e Maria, comovida, deixou que ele desabafasse. Sabia que esse era um remorso que ele carregaria para o resto da vida. Apesar de tudo, ela estava mais animada. Carlos estava de volta. Arrasado, desconfiado, arrependido, magro, sofrido. Voltara para ela e desta vez parecia ter aprendido a dura lição.

※

Álvaro estava furioso. O odiado rival mais uma vez se colocara em seu caminho. Se pudesse, o matá-lo-ia como a um cão.

De que inferno ele tinha saído? Ele com Maria trêmula em seus braços. O que teria acontecido? Esmeralda teria fracassado? Garantira que Carlos estava acabado. Ele tinha-o visto decaído e miserável. Como tinha conseguido livrar-se?

Agora estava disposto a resolver a situação de uma vez por todas. Teria que afastar Carlos definitivamente. Se ele morresse, com o tempo Maria haveria de ceder. Porém, ela jamais deveria suspeitar dele. Desta vez se livraria de Carlos para sempre.

Arrumou seus pertences e, no amanhecer do dia seguinte, deixou o castelo. Despediu-se de Encarnação, que o abençoou agradecida. Deixou palavras de saudade e despedida para Maria e Matilde. Encarnação ficou comovida pensando na bondade daquele injustiçado moço.

Ele, porém, não se dirigiu a seu castelo. Foi direto ver Esmeralda. Sabia onde os ciganos estavam e não lhe foi difícil chegar.

A cigana recebeu-o mal-humorada. A partida inesperada de Carlos a irritara e fizera brigar com Miro, que a tinha criticado duramente. A cigana não aceitava perdoar Carlos, nem se considerava satisfeita com o que lhe havia feito.

No fundo, seu orgulho rebelava-se, vendo-o voltar para a outra mulher, apesar de todo seu fascínio. Inteirada da volta de Carlos para a família, fitou Álvaro com raiva.

— Se dependesse de mim, aquele covarde estaria acabado para sempre.

— Se quisesse podia acabar com ele! Uma bebida especial, quem sabe.

Esmeralda estremeceu.

— Quero ele vivo. Vivo, mas acabado.

— Pois eu o quero morto. Só assim ele sairá de meu caminho.

— A morte é pouco para ele. Se o apanho de novo, jamais sairá daqui.

— Enquanto está aqui, ele levou a melhor. Ele a abandonou e está de novo com a mulher. No fim, ela te venceu.

Esmeralda trincou os dentes com raiva.

— Está para nascer a mulher que me vai vencer! Ainda verá que um dia eu me vingo.

— Não acredito! Ele agora não vai procurá-la mais.

— Veremos!

— Que seja breve, porque estou cansado de esperar.

— Desta vez o vencerei para sempre.

Álvaro saiu do acampamento ruminando seu ódio. Miro tentou mudar-lhe o rumo dos pensamentos, dissuadi-lo. Mas ele não aceitou. Não gostava do cigano. Se não fosse por ele, Carlos não se teria safado. Viajou para Madri, para o castelo de Hernandez. Pretendia conquistar a simpatia da tia, contando-lhe as coisas a seu modo. Foi com surpresa que encontrou José.

Engrácia contou-lhe que o rapaz procurava pelo pai, mas que passava a maior parte do tempo no castelo. Chorou quando o mensageiro deu-lhe a notícia da morte do avô, porém dizia estar na pista do pai e não queria ainda voltar. Sabia que Álvaro estava lá com as mulheres.

Foi perplexo que Álvaro ouviu da tia, comovida, a notícia do namoro de José com Isadora. Levantou-se irritado enquanto dizia:

— Esse namoro é impossível!

— Por quê? Eu acariciava a esperança de vê-los casados! Isadora é encantadora e a amamos muito.

— Não se trata disso. Tia, nunca falei sobre Isadora, mas agora é preciso que saiba de tudo. José precisa partir o quanto antes!

— Me assusta. Por quê?

— Isadora não é minha filha como pensa, ela é filha de Carlos com Esmeralda!

— Não! Deus meu!

Engrácia deixou-se cair na poltrona, levando a mão ao peito, assustada.

— Compreende por que é impossível?

— Eu não sabia. Cheguei a vê-los com simpatia. Deus meu! Que sacrilégio!

Álvaro contou a seu modo a história do nascimento da menina. A tia ouvia-o comovida.

— Álvaro, como é nobre! Eu não sabia! Fomos injustos com você.

— Eu queria ter me casado com Maria. Sempre a amei. Já que esse amor é impossível, velo por sua felicidade. É o que posso fazer.

Engrácia abraçou-o, comovida.

— Álvaro, que alma nobre! Precisamos fazer alguma coisa antes que seja tarde.

— Vou chamar José e mandá-lo de volta para casa. Agora que Carlos está lá, ele terá que ir. Depois, levarei Isadora para sempre, ele não mais a verá. Tudo estará resolvido. Com o tempo, tudo vai se acomodar.

Foi com alegria que José recebeu a notícia do regresso do pai. Álvaro foi taxativo.

— Ele o chama de volta. Precisa de você. Está doente e fraco. Pede que parta o quanto antes.

Pelo rosto moreno de José passou uma onda de tristeza.

— Não queria partir agora.

— É preciso. Depois que falar a seu pai, poderá voltar a Madri. Agora, urge partir o quanto antes.

— Antes de partir, gostaria de lhe falar sobre Isadora.

Álvaro fez um gesto largo.

— Agora não. Vá para casa, sua mãe está aflita por você. Depois volte e conversaremos sobre isso.

Ele relutou.

— Gostaria que fosse agora.

— Agora estou cansado. Depois, sua ausência não será longa. Vá, atenda ao dever e na volta falaremos.

— Está bem. Seja como quiser. Amanhã mesmo partirei e por certo voltarei breve.

— Isso, José. Assim é melhor.

Foi entre as lágrimas de Isadora e a comoção de Engrácia que José partiu no dia seguinte, prometendo voltar o quanto antes.

Álvaro, porém, sabia que Carlos o impediria de voltar. Ele não queria arriscar-se a esperar. Descansaria um dia ou dois, depois voltaria para seu castelo levando Isadora, pretendendo não mais deixá-la voltar.

José chegou ao castelo dos pais emocionado. A morte do avô, a quem muito queria, feria-o fundo. Mas o amor de Isadora representava para ele a alegria maior. Queria contar aos pais a novidade e esperava que eles o apoiassem no casamento.

Abraçou o pai comovido, vendo-lhe o aspecto triste e envelhecido. Precisavam dele e tudo faria para assisti-los naquela hora. Encontrou a mãe preocupada, mas com mais esperança. Carlos estava de volta! Depois de tantos meses de luta e dor, as coisas por certo iriam melhorar. Precisava integrar-se nos negócios da família, ajudando o pai a reassumir o comando de tudo.

Carlos apreciava o filho, admirava-lhe o caráter reto e a seriedade. Por tudo isso, quando se viu a sós com ele no dia de sua chegada, procurou ser sincero.

— José, muitas coisas me aconteceram depois que saí de Madri. Quero confessar-te que errei e estou arrependido.

— Não precisa me dar contas de seus atos. Não pergunto nada.

— Eu sei, meu filho. Mas quero lhe explicar. Errei. Cedi à tentação. Abandonei o lar no momento em que mais precisavam de mim. Quero que saiba o quanto estou arrependido. Eu juro que, daqui em diante, tudo farei para me redimir. Dedicarei o resto de meus dias à felicidade de sua mãe, a quem muito quero, e à família.

José, comovido, abraçou o pai.

— Eu sei, meu pai. Fico contente que tudo possa ser assim. Nosso lar em harmonia e paz. Bendigo a hora de sua volta!

— Eu também! Agradeço a Deus ter me permitido perceber o erro e voltar atrás.

Vendo a sinceridade do pai, José não se conteve:

— Em meio a essa felicidade, quero lhe falar dos anseios de meu coração. Amo Isadora e quero sua permissão para me casar com ela.

Carlos empalideceu. As palavras do filho tinham o efeito de uma bofetada. Sem se conter, gritou:

— Está louco! Esse casamento é impossível!

— Por quê? — indagou José, surpreso. — Isadora é uma moça digna e nobre. Tem todas as virtudes para uma boa esposa.

— Só lhe digo que não é possível. Desiste dessa ideia o quanto antes. É uma loucura!

— Dê-me uma razão justa para isso — tornou José com dignidade.

— Ninguém sabe sua origem — disse Carlos, sem coragem para contar-lhe a verdade.

— Isso não é motivo. Estou decidido. Por mais respeito que sua opinião me mereça. Não posso aceitar. Isadora é minha vida. Sinto, mas não pretendo aceitar sua recusa. Sabe que não tenho preconceito de casta. Isadora foi educada em nosso meio. É até muito instruída para uma mulher. Gostaria que a conhecesse melhor, e assim poderia esquecer a antipatia e a má vontade que sempre manifestou para com ela, que sempre o tratou com educação.

— Não preciso que me dites normas. Apesar de tudo, preciso de tempo para pensar.

Carlos não sabia o que dizer. Não tinha coragem para contar a verdade. Preferia pensar com mais calma sobre o assunto. Brigar com José só pioraria as coisas.

— Muito bem — disse o moço com seriedade. — Não quero esperar muito. Prometi a Isadora breve regresso.

Carlos sentiu forte abalo no coração.

— Filho, peço-lhe que fique um pouco para me ajudar com os negócios. Nossa casa vai mal. Por minha culpa, eu sei. Contudo, estou fraco, doente, preciso de sua ajuda até melhorar um pouco mais.

José olhou o rosto magro de Carlos, seu ar abatido, seus cabelos meio grisalhos. Comoveu-se. Ele não pretendia brigar com a família. Ao contrário. Era seu desejo conviver em paz. Queria que eles aceitassem Isadora. Sabia que ela, por sua beleza e dignidade, conquistaria o coração deles. Seu pai estava abatido; a mãe, cansada.

— Está bem, papai. Minha vontade é ir para o lado dela o quanto antes, porém, concordo em esperar.

— Obrigado, meu filho. Que Deus o bendiga.

No coração de Carlos, porém, funda mágoa aumentava seu remorso. Seria a Providência Divina quem o estava castigando dessa forma? Jamais poderia permitir esse casamento.

Entretanto, como relatar a verdade a eles? Como? Eles por certo o odiariam para sempre.

Carlos estava arrependido. Entretanto, como refazer o que destruíra? Como atuar, sem destruir o amor do filho e da filha, que por certo lhe cobrariam seus direitos?

Quando José saiu, Carlos deixou-se cair numa poltrona e enterrou a cabeça entre as mãos. Sem poder dominar a emoção, começou a soluçar.

Não viu a um canto da sala a figura sinistra de seu tio Fabrício, que sorria satisfeito e pensava:

— Tirou-me a vida. Agora já começa a pagar.

Capítulo 22

Álvaro procurou por Isadora, dizendo-lhe com voz firme:

— Arrume seus pertences que voltaremos para casa.

Isadora surpreendeu-se:

— Pensei que fôssemos esperar pela volta de José.

— Precisamos conversar sobre isso. Quero que saiba. Seu casamento com José é impossível. Precisa esquecer esse namoro.

Isadora empalideceu. Com voz trêmula tornou:

— Dom Álvaro teve para comigo muita bondade, recolhendo-me e educando-me. Serei eternamente grata. Mas amo José. É um homem digno. Pensei que não se oporia a nosso casamento.

— Não sou eu quem se opõe, mas dom Carlos. Garantiu-me que jamais consentirá. Falou em expulsar o filho e deserdá-lo se ele insistir em desposá-la. Se o ama, não deve querer prejudicá-lo. Sabe que dom Carlos não a aprecia. Assim sendo, também não posso dar meu consentimento. Eduquei-a como uma nobre. Estou ofendido com a recusa.

Isadora tremia, e seus olhos chispavam de revolta. Álvaro por um instante pensou ter Esmeralda a sua frente.

— Não é justo, padrinho. Nada fiz para que dom Carlos não me aceite.

Álvaro mostrou-se solidário.

— Sei disso. Dom Carlos sempre foi muito orgulhoso de sua casa. Jamais aceitará uma filha de pais desconhecidos para a sua família.

Isadora baixou a cabeça com infinita tristeza. Álvaro continuou:

— Arrume suas coisas e vamos embora.

Angustiada, a menina começou a chorar sentidamente. Álvaro irritou-se. Estava dando demasiada atenção àquela bastarda, cujo pai odiava.

— Por que chora? Por acaso quer me desobedecer? Rebela-se contra mim, a quem tudo deve?

Ela olhou-o admirada. Ele sempre a tratara com frieza, porém com dignidade. Era enérgico, mas, apesar disso, ela era-lhe grata por tudo quanto tinha feito por ela. Confiava que ele a estimasse, embora jamais tivesse grandes gestos de carinho para com ela:

— Não, senhor.

— Então se apresse que hoje mesmo sairemos daqui.

— Sim, senhor.

A menina saiu do salão e foi para o quarto, onde soluçou sentidamente. Engrácia, olhos marejados, foi encontrá-la em desespero.

— Eu não quero ir. Ajude-me, dona Engrácia.

Ela tomou as mãos geladas da menina com o coração partido.

— Quisera poder ajudá-la. Mas nada posso fazer. Ninguém pode. Seu casamento com José é impossível.

— Até a senhora que tanto nos compreendeu está contra nosso amor?

— Sinto, minha filha, mas só o que posso dizer é que obedeça a dom Álvaro, que sabe bem o que faz e deve ser como um pai para você.

A menina soluçou ainda mais. Engrácia abraçou-a penalizada.

— Calma. Isso passa. O amor contrariado dói, mas o tempo cura a ferida, verá. Um dia aparecerá outro em sua vida que vai fazê-la feliz!

— Mas não compreende? Eu preciso me casar com o José.

— Você precisa? Por acaso...

Ela baixou a cabeça envergonhada.

— Íamos nos casar. Nosso amor foi mais forte. Entreguei-me a ele!

— Infeliz! Que sacrilégio! Deus vai castigá-la!

— Por quê? O amor por acaso é proibido por Deus?

— O amor entre você e ele sempre será proibido.

— Por quê?

— Por que cometeu essa loucura? E agora, o que será de você? Álvaro vai expulsá-la!

— Foi sem sentir, dona Engrácia. Aconteceu. Amamo-nos para sempre. Ajude-me a fugir e irei procurar José. Ele não vai me abandonar.

Engrácia suspirou fundo.

— Precisa saber a verdade. Não posso lhe ocultar nada. Você é filha de dom Carlos e da cigana Esmeralda. É irmã de José. Por isso sua união com ele é impossível.

Isadora olhou-a assustada. Olhos muito abertos, teria caído se Engrácia não a tivesse segurado. Em seu rosto havia tanta dor que a velha senhora sentiu piedade. Mas não podia permitir aquele sacrilégio.

Deu água para Isadora que, muda, deixara-se cair em uma cadeira. Sem dizer palavra, permaneceu assim alguns minutos. Depois, levantou-se e, decidida, arrumou todos os seus pertences.

Não protestou, não chorou, não se revoltou. Sentia o coração como gelo dentro do peito e sua cabeça estava atordoada, sem poder raciocinar.

Quando a viu mais calma, Engrácia saiu e chamou o sobrinho em particular, contou-lhe toda a verdade.

— Desculpe-me se me adiantei contando a verdade. Foi a única maneira que encontrei de detê-la. A infeliz pensava fugir e procurar José. Isso seria pior. O sacrilégio já aconteceu. Deus vai castigá-la. Sinto-me também culpada por ter permitido esse namoro. Eu não sabia, senão não teria acontecido.

Álvaro sossegou a tia.

— Fez bem. Ela, sabendo a verdade, não mais consentirá em vê-lo. Mas essa intimidade deles pode ter consequências.

— Deus meu, que sacrilégio!

— Não se preocupe. Se houver um fruto espúrio desse pecado, saberei impedi-lo de vir ao mundo. Deus por certo compreenderá.

— Sim, meu caro Álvaro. É uma situação delicada.

Álvaro mostrou-se triste. Diante da tia convinha-lhe o papel de homem bondoso. Mas estava radiante. A vida tinha por si mesmo preparado a vingança que ele desejava. Agora por certo poderia vibrar em Carlos o golpe final. Não deixou a tia perceber e disse:

— Vou partir o quanto antes. Diante do que aconteceu, não posso mais ter Isadora comigo. Vou interná-la em um convento distante, onde fará penitências para que Deus perdoe seu pecado. É o melhor a fazer.

— Sim, Álvaro. Louvo sua bondade. Arrependo-me de não ter permitido seu casamento com Maria. Hoje ela não estaria nessa triste situação. É dedicado e sincero. Seu amor por ela é verdadeiro. Jamais procurou outra mulher, apesar de preterido. Fizemos grande injustiça contigo. Estou arrependida.

Álvaro sorriu satisfeito. Se tirasse Carlos do caminho, seu casamento com Maria seria questão só de tempo. Para isso, precisava livrar-se de Isadora, o que era fácil, e de Carlos, o que haveria de conseguir.

Engrácia, comovida, abraçou Isadora na despedida. A menina em lágrimas abraçava-a, dizendo:

— Adeus, senhora. Aqui passei os momentos mais felizes de minha vida. Jamais esquecerei.

Ela, apesar de emocionada, tornou:

— Isadora, sabe que cometeu diante de Deus um pecado mortal. Deve pagar. Pense na salvação de sua alma e obedeça aos sábios desígnios de dom Álvaro.

— O que deverei fazer? — indagou ela, trêmula.

— Ele vai interná-la em um convento, quer que tome o hábito. Assim, servindo a Deus, apagará a mancha de seu pecado.

Isadora estremeceu. Ela, que amava a liberdade, a alegria, a música, a dança, ser enclausurada num convento? Sua dor era tanta e tal sua desilusão que não tinha forças de lutar.

Engrácia continuou:

— Faça isso, minha filha, e tudo vai se resolver. Obedece a seu padrinho, que só pensa em seu bem.

— Farei o que puder. Não sou ingrata.

Engrácia abraçou-a e quando, momentos depois, foi despedir-se de Álvaro, tornou confiante:

— Pode ir em paz. Esse doloroso caso está encerrado. Isadora sabe que errou e aceitará suas determinações.

Álvaro beijou a tia, agradecido. Foi em silêncio que ele e Isadora viajaram de volta para casa. Álvaro tecia seus planos e tramava a destruição de Carlos. Era-lhe fácil agora que a vida encarregara-se de conduzir a tragédia.

Ele não pensava em internar Isadora em um convento. Mentira para a tia, a quem a religião impressionava. O que ele queria era livrar-se de Isadora e usá-la como motivo de sua vingança. Para isso pretendia que ela fugisse. Conhecia-lhe o temperamento, contava com isso. Então, propositadamente, na volta, passou pelo acampamento cigano e, vendo que Isadora espichava a cabeça curiosa, disse:

— Tia Engrácia contou-lhe a verdade, por que seu casamento com José é impossível?

— Sim — disse a menina com voz triste.

— Eu quis poupá-la. É filha de Esmeralda, a cigana, e de dom Carlos. É nesse acampamento que ela vive.

Mil perguntas ardiam no cérebro da menina, mas uma tristeza imensa invadia seu coração. Que lhe importava a vida? Queria morrer, nada mais.

— Vejo que nada pergunta sobre sua mãe. Ela é uma linda mulher.

A menina nada disse. Parecia-lhe estar vivendo um pesadelo. Estava abatida e triste.

No dia seguinte, já na casa de Álvaro, este a chamou:

— Há de convir que, depois do que fez, não pode mais se casar ou ficar aqui. Eu contava lhe arranjar um marido rico, de boa família. Agora isso é impossível. Só há um caminho: o convento. Hoje mesmo irei às Carmelitas cuidar de seu ingresso na ordem. Preciso me informar do dote. Sabe que nada possui, mas estou disposto a pagar seu dote no convento. Sei que com isto me desobrigo de seu futuro.

Quando Álvaro saiu, Isadora ficou desesperada. Temia o claustro, detestava a vida monástica. De repente, todo seu temperamento ardente rebelou-se. Não queria ir para o convento. Não iria. Seu padrinho estaria fora toda a tarde, e ela pretendia fugir. Desaparecer sem que ninguém a descobrisse.

Mas para onde iria? Lembrou-se dos ciganos. Temia-os por certo. Na cidade, contavam-se muitas histórias sobre eles. Lá morava sua mãe. Que espécie de mulher seria? Teria coragem de expulsá-la de seu lado?

Trêmula, Isadora decidiu-se. Arrumou alguns pertences em uma trouxa, apanhou suas parcas economias e escreveu um bilhete para Álvaro, onde agradecia tudo quanto fizera por ela, pedia perdão por não poder aguentar a vida monástica e dizia que nunca mais o incomodaria.

Foi com lágrimas nos olhos que Isadora saiu daquela casa onde vivera toda a sua vida. Sequer percebeu que ninguém lhe interceptou a passagem, não havia nenhuma vigilância como de hábito.

Uma vez fora, Isadora conseguiu o aluguel de um cavalo que montou e dirigiu-se ao acampamento.

Chegou ao acampamento ao cair da tarde e seu coração batia forte. Como seria recebida? Nunca tinha visto um acampamento cigano de perto.

Um grupo de ciganos ria e conversava ao redor de um tripé onde havia uma fogueira com água fervente. Alguns bebiam seu chá costumeiro e Isadora aproximou-se temerosa.

Vendo-a, todos a fixaram assustados. Havia um misto de surpresa e de admiração em cada olhar. Uma mulher falou primeiro:

— Quem é e o que quer?

— Sou Isadora. Procuro por Esmeralda!

Eles se entreolharam silenciosos, depois a mulher tornou:

— O que quer de Esmeralda?

— Preciso falar com ela. É urgente. Estou desesperada!

Mina, decidida, tomou-lhe da mão e disse.

— Venha comigo. Levo-a até ela. De onde saiu? Como veio?

— Aluguei um cavalo que já se foi de volta ao dono. Estou fugindo. Preciso de ajuda.

— Por que Esmeralda?

— Porque acho que ela vai me ajudar.

Mina sacudiu a cabeça.

— Não sei, não. Aconselho você a procurar Sergei, nosso chefe. É ele quem decide nossos destinos. Meu nome é Mina.

— Obrigada, Mina. Deus a abençoe.

A cigana sorriu. Isadora conquistara-lhe o coração. Sua semelhança com Esmeralda e ainda mais com Tânia, mãe de Esmeralda, deixara-a estarrecida. Por alguns momentos, julgou ter Tânia diante de si. O que diria Sergei? Como Esmeralda receberia a filha? Embora nunca ninguém comentasse, todos sabiam da existência de Isadora. Sabiam também que Esmeralda jamais se interessara pela filha. Mina tornou:

— Esmeralda não a espera. Não sei como vai recebê-la.

— Ela não me conhece — disse a menina, temerosa —, mas é minha última esperança. Meu padrinho quer me encerrar nas Carmelitas para sempre. Sei que morrerei. Não suportarei.

— Com certeza — fez a cigana, horrorizada.

— Quero viver livre. Posso trabalhar, faço qualquer coisa, mas não poderei viver no convento.

— Nem vai precisar. Procure Sergei. Vai ajudá-la. Tem em mim uma amiga. Sei que nosso sangue corre em suas veias. Conte comigo.

Isadora, coração aos saltos, num ímpeto beijou a face da cigana, que se sentiu vibrar de emoção.

— É aqui — disse, diante da carroça de Esmeralda. — Ela está aí, é só chamar.

Isadora, coração aos saltos, bateu palmas e, dentro de segundos, Esmeralda apareceu, fixando admirada o rosto da menina.

— Esmeralda — disse ela, com voz emocionada —, preciso de sua ajuda.

A cigana olhou-a firme, procurando entender o que estava acontecendo. Nunca mais tinha visto a filha desde que Álvaro a levara recém-nascida. Não a conhecia, porém, vendo aquela jovem tão parecida com ela, estremeceu.

— O que quer? — indagou, sem saber o que dizer.

— Falar com você em particular.

Esmeralda saltou da carroça e olhou para a menina. Era linda. Vestia-se como uma nobre, mas seu rosto era igual ao de Tânia, sua mãe.

— É Isadora — disse ela, séria.

— Sou — respondeu a menina.

— O que quer?

— Conversar. Preciso de sua ajuda.

Vários ciganos, atraídos pela presença de Isadora, tinham se aproximado e Esmeralda convidou:

— Venha comigo.

Isadora acompanhou-a para um lugar discreto. A frieza da cigana assustava-a, porém estava disposta a ir até o fim. Sentadas na relva macia, Esmeralda ordenou:

— Fale. O que deseja? Por que me procura depois de tantos anos?

— Sei de tudo. Sou muito infeliz.

Isadora contou a Esmeralda seu drama. A cigana estava cega de indignação. O filho de Carlos tinha cometido aquele sacrilégio. O incesto nos meios ciganos era punido com a morte. Isadora arrematou:

— Pensei em você. Não me quis. Não sei a razão. Mas agora quero ficar aqui. Serei cigana, trabalharei, farei o que puder, mas se me encerrarem no convento, morrerei. Sei que eles torturam as monjas, tenho medo. Sinto que aqui é meu povo, meu lugar.

Esmeralda olhou-a e um brilho orgulhoso apareceu em seus olhos. Isadora era bem sua filha. Conjecturou:

— Até quando os fidalgos vão tripudiar sobre os ciganos? Até quando vão nos destruir? Onde está Deus, que não pune os responsáveis? Carlos deve pagar por isso e seu filho também.

Isadora estremeceu:

— José não tem culpa. Não sabia. Ele quer casar comigo. Não sabe que somos irmãos. Por favor, deixe-o em paz.

— Você o ama!

— Sim. Muito. O que posso fazer? Só quero ficar aqui, trabalhar, viver.

— Não sei — fez Esmeralda, pensativa —, não quero nada que me atrapalhe a vida. Sou livre e não vou tomar conta de você. Pode ir para onde quiser. Sequer permito que viva em minha carroça. Mas, se quiser ficar aqui e Sergei consentir, não impedirei. Terá que se arranjar por si mesma. Esmeralda não tem nenhum compromisso.

Isadora sentiu um aperto no coração. Sua mãe a rejeitava com veemência. Entretanto, gostara do acampamento. O acolhimento de Mina fizera-lhe bem. Gostaria de ficar.

— Posso procurar por Sergei?

— Se quiser... Não posso negar que nosso sangue corre em suas veias. Se ele consentir, poderá ficar.

— Obrigada — fez Isadora, apanhando a mão de Esmeralda e beijando-a com gratidão.

Apanhada de surpresa, a cigana não disse nada. Seus olhos brilharam um pouco mais ao ver Isadora, decidida, ir à procura de Sergei.

Mina levou-a até o chefe cigano que, ao vê-la, empalideceu terrivelmente. Por um instante, pareceu-lhe ver Tânia de volta. Controlou a emoção e ouviu Isadora, pensativo.

— Senhor, peço-lhe para ficar aqui. Quero ser cigana de corpo e alma. Deixei a casa de meu padrinho e quero viver em liberdade. Trabalharei, farei o que quiser, mas, pelo amor de Deus, deixe-me ficar.

Isadora ajoelhou-se em frente ao cigano, que, apanhado de surpresa, não sabia o que dizer.

— Isadora — disse por fim —, foi educada de forma diferente. Você se assemelha a uma aristocrata. Acha que aprenderá e viverá bem aqui?

— Acho. Estou entre meu povo e terei calor e amor. Fui recebida aqui como minha família. Parecia que todos me conheciam. Esmeralda não me quer, mas não me repudiou. Aqui é meu lugar. Aprenderei a ser cigana e quero viver aqui.

— Seja. Será uma das nossas. Ficará na carroça com Mina por agora, já que ela a recebeu. Quero que saibas que faço isso em nome de sua avó, Tânia, a quem todos amamos muito. Você se parece muito com ela.

Isadora, com lágrimas nos olhos, tomou uma das mãos de Sergei e a beijou com gratidão. O cigano sorriu e havia uma lágrima em seus olhos quando a viu afastar-se em companhia de Mina.

Capítulo 23

Sentado em uma poltrona, Carlos, olhos fechados, estava pensativo. A um canto, Maria comprazia-se no bordado, enquanto José se ocupava em limpar suas armas de caça.

Sua fisionomia era triste e distante. Carlos pensava. Recordava o passado. Não se arrependia de ter desposado Maria, porém arrependia-se de ter seguido a cigana, de tê-la amado.

Vendo a tristeza e a ansiedade de José, sentia-se punido por essa fraqueza. A custo mantinha-o ainda no castelo, arrumando pretextos para impedi-lo de sair à procura de Isadora. Como contar-lhe a verdade? Doía-lhe ser o causador daquela fatalidade, embora involuntário. O que diria José se soubesse de tudo? Por certo o odiaria.

Por outro lado, como impedir que o filho corresse atrás de Isadora?

A tarde declinava quando, interrompendo o silêncio, o servo anunciou a presença de Álvaro.

Carlos empalideceu. A audácia daquele fidalgo não tinha limites.

— Não vamos recebê-lo — disse Carlos com raiva.

Maria considerou:

— Não podemos fazer essa ofensa. Afinal, mesmo que não o aprecie, lhe devemos muitos favores. Além disso, é meu primo.

— Ele disse que é urgente — esclareceu o servo.

— Que entre — resmungou Carlos, contrariado.

Álvaro entrou na sala, sério, curvando ligeiramente a cabeça para os homens com frieza e beijando a mão da prima.

— Ainda bem que os encontro reunidos — disse, com voz que denotava certa raiva.

— Assim me assusta! — exclamou Maria. — O que aconteceu?

— Uma desgraça! — tornou Álvaro com voz dura. — Os dois responsáveis estão aqui, juntos.

José, pálido, não se conteve:

— Aconteceu alguma coisa a Isadora?

Álvaro olhou-o com emoção.

— Devia saber o que fez e a que venho — retrucou Álvaro.

— Dom Álvaro, amo Isadora e pretendo me casar com ela. Tenho a honra de pedir sua mão.

Álvaro deu um passo à frente, olhos fuzilando.

— Tarde demais para qualquer solução. Isadora desapareceu. Não sei onde se encontra.

José, pálido, de pé, tremia assustado.

— Vou procurá-la imediatamente. O que houve entre nós foi por amor. Eu a quero como esposa, repito. Assim que a encontrar, vou me casar com ela.

— Não irá — disse Carlos, com voz que o temor e a surpresa abafavam.

— Sinto, meu pai, mas não poderá me deter. O dever me chama e o amor é mais forte do que tudo.

Maria, tomada de pânico, pálida, não sabia o que dizer. Álvaro parecia arrasado. Com a cabeça entre as mãos dizia:

— Criei essa menina com desvelos de pai. Era a luz de minha vida de solidão. Se tudo suportei calado, a traição e a solidão, agora não suporto mais, exijo uma reparação. Tenho esse direito.

— Estou disposto a reparar nosso erro. Encontrarei Isadora e seremos felizes.

— Impossível — gritou Carlos, angustiado. — Não poderá nunca desposá-la.

— Por quê?

— Porque ela é sua irmã. Eu juro que não sabia que Esmeralda tinha tido essa filha. Só há bem pouco tempo eu soube. Por isso não queria que fosse ao encontro dela.

José, olhos assustados, olhava-os perplexo, sem saber o que dizer. Maria abraçou-o dizendo com voz dorida:

— Calma, meu filho. Coragem.

José, sempre calmo e seguro de si, não conseguiu se controlar e gritou enraivecido:

— Minha irmã!? Como pôde acontecer? Por que ninguém nos contou a verdade?

— Eu não sabia — disse Carlos, sentindo uma dor funda penetrar-lhe o coração.

— Ela sempre foi o retrato da mãe — tornou Álvaro com frieza. — Qualquer um que conhecesse Esmeralda perceberia a semelhança.

Carlos olhou-o num misto de rancor e dor.

— Julguei que a filha fosse sua. Também teve ligação com ela. Se a criou como filha, ela só podia ser sua. Sempre pensei assim.

— Diz isso agora para se desculpar. Sabe que quando abandonou Esmeralda grávida eu a amparei e, como ela não queria a filha, eu me propus a criá-la. Foi um dever de humanidade. Jamais tive qualquer ligação amorosa com aquela cigana.

José sentara-se na poltrona, rosto entre as mãos. Lágrimas corriam-lhe pelas faces. Maria em pé, a seu lado, colocara o braço sobre seu ombro procurando confortá-lo.

Carlos olhou Álvaro com raiva. Não acreditava que ele tivesse feito aquilo por desespero. Ao contrário, colocando-se como vítima, pretendia que ele, Carlos, aparecesse como vilão.

— Já que conseguiu o que queria, agora saia daqui — gritou Carlos com raiva.

Álvaro empalideceu.

— Está me expulsando? Pois eu vim pedir contas a você e a seu filho. Exijo uma reparação. Tenho esse direito. A honra de Isadora precisa ser vingada! Tudo quanto me fez deixei para trás, mas isso foi demais. A vida de Isadora foi destruída. Quem poderá devolver-lhe a paz e a honra? Pobre menina, que a essas horas pode até estar morta!

José levantou-se de um pulo.

— Se não posso me casar com ela, posso protegê-la e defendê-la. Vou procurá-la.

Os três olharam-no admirados. José estava pálido, porém em seu rosto havia determinação.

— Dê-me uma semana para encontrá-la e trazê-la de volta. Depois estarei a suas ordens para a reparação. Poderá escolher as armas, como quiser.

Os olhos de Álvaro brilharam.

— Já procurei inutilmente. Mas aguardarei uma semana. Depois disso voltaremos a falar. A honra de Isadora exige uma resposta — e, dirigindo-se a Maria, disse com voz sentida: — Sinto muito, Maria. Mas a dor de um pai é muito grande.

Maria olhou-o sem saber o que dizer. Estava entre os dois responsáveis pelo sofrimento de Isadora. Quando Álvaro saiu, Carlos considerou:

— Você fica com sua mãe. Eu irei à procura de Isadora, afinal sou o pai dela.

— Tarde demais para reconhecer isso, meu pai. Eu irei. Fique com mamãe. Pode ter certeza de que saberei encontrá-la.

— O que vai fazer?

— Devolvê-la ao padrinho, se ele aceitá-la. Ou então, quem sabe, se ele não quiser, levá-la à vovó Engrácia. Ela a ama e por certo não se recusará a recebê-la. Deus há de me ajudar. Não posso deixá-la jogada no mundo.

— Aonde terá ido? — indagou Carlos com sincera preocupação.

— Pobre menina — disse Maria.

— Partirei ao amanhecer. Vou encontrá-la.

Carlos sentia um peso imenso invadir-lhe o coração. O que tinha feito de sua vida? Por mais que quisesse apagar o passado, ele surgia a cobrar-lhe contas, punindo-o por sua leviandade.

Cabisbaixo, deixou-se cair numa cadeira e cobriu o rosto com as mãos. Não tinha coragem de olhar para os filhos depois disso. Tudo quanto lhe restava na vida era o amor da família. Agora, achava que eles iriam odiá-lo. Sentia-se culpado.

José, pálido, abraçou a mãe, cujo rosto não escondia a preocupação.

— Vou arrumar minhas coisas. Parto ao amanhecer. Hei de encontrar Isadora.

Maria apertou-o nos braços.

— Sinto muito, meu filho. O destino urdiu sua trama. Sei o quanto sofre, mas agora o que importa é amparar a pobre menina, vítima inocente de tudo isso.

— Hei de conseguir — disse o moço com voz firme.

Álvaro saiu do castelo vibrando de alegria. Seu odiado rival pagara caro por sua traição. Dessa vez, era preciso afastá-lo de seu caminho para sempre, sem despertar suspeitas.

Tinha um plano. Precisava ver Esmeralda. Tomou o cavalo e dirigiu-se ao acampamento. Sabia que estavam perto de Valença, preparando-se para as festas da cidade. Estava escurecendo quando chegou ao acampamento.

Foi direto à carroça de Esmeralda, que se surpreendeu com sua presença.

— Se veio buscar Isadora, ela não está comigo — foi dizendo a cigana, impaciente.

— Você a enxotou?

— Não tenho nada com ela. Não a quero comigo. Mas Sergei a deixou ficar. Mina a acolheu. Você a levou e prometeu cuidar dela. Não aceito que a devolva. Não quero problemas em minha vida.

Álvaro deu de ombros.

— Cumpri o prometido e a eduquei como uma nobre. Ela quis me deixar, não posso obrigá-la. Prefere ficar aqui, não vou impedir. Afinal, ela também é cigana. O que me traz aqui é outro assunto.

Álvaro relatou a Esmeralda a cena de momentos antes. Ela sorriu satisfeita.

— O patife está recebendo o que merece.

— Agora — continuou Álvaro — chegou o momento de acabarmos com ele. Preciso de sua ajuda. Terá esse prazer.

Os olhos da cigana brilharam.

— O que pensa fazer?

Álvaro baixou a voz:

— Atraí-lo para as festas em Valença. Isadora deve dançar. Ele por certo vai procurar por você. Precisa acreditar que a menina está ao seu lado. Depois, você bem sabe como tratá-lo, e o resto é por minha conta. Numa festa dessas, é muito fácil "desaparecer" com uma pessoa sem que ninguém perceba. Dessa vez Carlos sairá de nosso caminho para sempre!

— Não há necessidade de matá-lo — disse Esmeralda.

— Ele já está destruído. Sofrerá o desprezo dos filhos e da mulher. Estou vingada!

Álvaro segurou o braço de Esmeralda com força.

— Não os viu juntos! Abraçados, felizes. Maria não o culpa. Ela o defende. Nem José o culpou! Logo eles esquecerão e estarão felizes! Nós é que ficamos sozinhos e tristes! Eu ainda quero Maria! Preciso tirar Carlos de meu caminho! Ela me estava aceitando quando ele voltou. Enquanto ele viver não poderei ser feliz! Você ainda o defende! Ainda o ama com certeza.

Esmeralda trincou os dentes com raiva.

— Eu o odeio! Se quero poupá-lo, é porque acho que ele deve sofrer mais.

— Depois, além de tudo, tenho as joias de família, que são muito valiosas. Se me ajudar, farei você presente delas e poderá viver bem o resto de seus dias. Será rica!

Os olhos da cigana brilharam de cobiça.
— Seja! — disse decidida. — Vou provar-lhe que há muito não amo aquele patife.

Álvaro sorriu satisfeito. Tinha todo um plano em mente e desta vez não ia falhar.

Saiu do acampamento satisfeito, antegozando sua vitória. Não viu que um vulto escuro e sinistro, olhos afogueados, peito perfurado por uma ferida, seguia-o satisfeito.

Já fazia uma semana que Isadora estava no acampamento e procurava adaptar-se corajosamente à nova vida. Envergara a roupa das mulheres do bando, deixando de lado seu vestido cheio de rendas e babados pelas saias coloridas e amplas, a blusa simples, a sandália de couro de cabra. Soltara os lindos cabelos e enfeitara-se de colares e pulseiras que sua juventude inspirava.

Sua beleza, sua postura, seu sorriso franco e agradável, sua semelhança com Tânia, sua avó, que era recordada com amor pelos mais velhos, granjearam-lhe a admiração e o respeito do bando.

Era com dobrada emoção que Sergei a olhava circulando pelo acampamento, procurando ajudar nas tarefas mais rudes.

Ela estava disposta a esquecer sua vida passada. Seu amor impossível, seu erro, do qual não se sentia culpada. Fora a fatalidade. Era jovem, queria ser feliz. Ter vida nova. Escolhera seu povo, sua gente. Jamais fora aceita no meio da nobreza. Mesmo aqueles que a recebiam sempre declinavam sua condição de órfã, criada por caridade, sem nome de família ou bens de riqueza.

Ali, não. Poderia ser amada como era. Tinha valor como pessoa. Falavam de sua avó com carinho e saudade. Sua mãe não a queria, mas, com o tempo, quem sabe, talvez elas pudessem conhecer-se melhor e estabelecer amizade. Essa era a melhor solução. Depois, ela sentia-se bem entre os ciganos, livre e sem repreensões. Podia dançar! Essa era sua paixão. Sempre fora proibida. Álvaro não suportava que ela dançasse. Ali, não. Aplaudiam-na com júbilo. Faziam-na repetir várias vezes e, entusiasmados, queriam que ela dançasse com eles nas festas.

Entre os mais entusiastas, estava Rino, filho de Sergei. Alto, moreno, forte, era tão bom na guitarra, que tocava com maestria, quanto na dança! Era disputado pelas mulheres, fascinadas por seus olhos verdes e magnéticos, por seu sorriso de dentes maravilhosamente brancos e bonitos. Ele não as levava a sério, interessando-se mais pelo bem-estar do bando, o qual deveria comandar depois que o pai morresse, se fosse aceito por eles.

O mesmo respeito que devotavam a Sergei transferiam para Rino, príncipe da raça, de pulso firme, mas coração justo e aberto.

Foi com entusiasmo que resolveu treinar Isadora para as festas e começaram os ensaios.

Isadora, apesar da dor que lhe ia à alma, das saudades de José, sentia-se bem com esse carinho que jamais tivera e essa admiração.

Várias vezes percebeu Esmeralda olhando-a dançar, fisionomia dura, sem dizer palavra. O que se passaria à alma dessa mulher orgulhosa?

Apesar de tudo, Isadora a admirava, vendo-a tão bela e tão amada pelos seus. Ainda não compreendia bem a alma cigana, mas podia perceber que havia muito amor entre as pessoas, pais e filhos, e que a situação de Esmeralda não era ali um costume.

A cada novo dia Isadora sentia-se mais adaptada e tinha esperança de poder esquecer e ser feliz.

Chegaram a Valença e Isadora pensou em José. Saberia a verdade? Esperava também que ele esquecesse e fosse feliz. Ele era bom e nobre. Deus o ajudaria.

O dia da festa amanheceu claro e bonito. Era primavera. Esmeralda levantou-se cedo e saiu. Caminhou rapidamente até a cidade e dirigiu-se ao mercado, onde havia desde comida, bebidas, enfeites, roupas, esporas, até animais dos mais variados.

Sem perturbar-se com os gracejos dos mais impetuosos, olhava por todos os lados à procura de alguém. Ela sabia que Inácio ia todos os sábados àquele mercado, prover as necessidades do castelo. Dois servos sempre o acompanhavam. Finalmente sorriu. Viu-o a um canto negociando algumas aves.

Aproximou-se como ao acaso. Inácio, vendo-a, assustou-se. Temia aquela mulher. Resolveu ir-se embora, mas ela olhou-o firme.

— Não esperava encontrá-lo tão cedo.

— É... mas já estou indo embora — disse ele admirado, porque Esmeralda nunca lhe dera muita atenção, a não ser para reclamar de seu amo.

— Vejo que comprou aqui nesta tenda. O preço é bom? Estou às compras.

— É — disse Inácio, ansioso para se retirar. — Nunca a vi fazendo compras — disse ele, ainda admirado.

— É. Agora venho. O que não fará uma mãe pela filha? Agora que estamos juntas, quero recuperar o tempo perdido.

Inácio não escondeu a curiosidade.

— Dona Isadora também veio?

Esmeralda suspirou:

— A quem podia ela recorrer senão a mim? Depois do que lhe aconteceu, a pobrezinha me procurou e agora está entre os nossos. Hum! Esta perdiz é magra e ossuda. Não vou comprar. Vou procurar outra. Não diga a ninguém que me viu. Adeus.

A cigana desapareceu, e Inácio, alvoroçado, ultimou as compras e voltou ao castelo o mais rápido que pôde.

A tristeza era grande depois que José tinha partido à procura de Isadora. Apesar de tudo, Maria não culpava Carlos e isso o fazia sentir-se mais culpado. Andava triste e pensativo.

Maria, embora guardasse tristeza e decepção, procurava confortá-lo, dizendo-lhe que ninguém teria podido prever a difícil situação em que se encontravam.

Inácio chegou ao castelo eufórico. Procurou Carlos, foi encontrá-lo pensativo e só.

— Dom Carlos, trago novidades.

Carlos ergueu a cabeça, interessado:

— Encontrei a cigana Esmeralda no mercado às compras. Ela me disse que a menina Isadora está com ela.

Carlos deu um salto.

— No acampamento?

— Sim. A menina a procurou desesperada e ela a acolheu.

— Por que não pensei nisso antes? Claro! Isadora sabe de tudo, foi à procura da mãe! Vou procurá-la.

— Não deve fazer isso, dom Carlos. É perigoso. A cigana pediu que não lhe dissesse nada. Não acho prudente ir lá!

— Nunca tive medo.

— Por que não vai à noite, na festa? Poderá vê-la e falar-lhe sem que ninguém atrapalhe.

— É, é melhor. Irei à noite.

O coração de Carlos batia descompassado no peito quando chegou à praça em meio aos festejos e à alegria das pessoas. Queria falar com a filha, pedir-lhe perdão, dar-lhe um dote que a preservasse das agruras da vida. Ela não tinha sido educada como cigana. Por certo haveria de odiar aquela vida. Estava ali por necessidade. Se tivesse para onde ir, retirar-se-ia imediatamente. Não acreditava no tardio amor de Esmeralda pela filha. Não a podia ter em sua casa, mas esperava acomodá-la com Engrácia, conforme sugerira José.

Lá, seria conduzida a um bom casamento que um dote sempre consegue estimular, e tudo estaria resolvido.

Olhando a beleza da noite, o bulício das ruas e da música, Carlos não pôde deixar de recordar-se da noite em que, pela primeira vez, encontrara Esmeralda. Que emoção! Quantos sofrimentos esse amor lhe trouxera! Não podia evitar a avalanche de lembranças a envolver-lhe o coração e a saudade imensa daqueles idos de 1812.

Em meio à multidão, estava mais no passado do que no presente quando os ciganos começaram sua alegre representação.

Carlos, entre as lembranças do passado e as necessidades do presente, viu as ciganas dançando e havia uma, de beleza invulgar, leve como uma pluma, que dançava com elegância e apuro, esquentando no sapateado, arrancando olés e aplausos entusiasmados, e Carlos susteve a respiração: era Isadora!

Sentiu ciúme. Vontade de arrancá-la dali, onde achava que ela se estava expondo. Iria falar-lhe.

Ela voltou à cena inúmeras vezes, saindo por trás da cortina da barraca à guisa de palco, e Carlos decidiu-se a procurá-la.

Em um local discreto, entre os populares, Álvaro observava satisfeito. Finalmente destruiria o odiado rival. Finalmente. Tinha tudo preparado para isso. Olhava Isadora dançando e reconhecia-lhe a beleza e a elegância. Não tinha remorsos, dera-lhe sustento e educação. Ela agora que cuidasse de si mesma.

— "Buena dicha", senhor?

Álvaro olhou a cigana e estremeceu:

— Eu me lembro de você. Fez uma previsão que jamais se cumpriu. Aqui mesmo. O que tem para hoje?

A cigana tomou-lhe a mão e, olhando-o séria, tornou:

— Digo-lhe a mesma coisa. Cuidado com sua escolha. Há dois caminhos: um de paz e tranquilidade, outro de sangue e de morte. Tudo por causa de uma mulher.

Álvaro tentou sorrir, mas estava apreensivo.

— Deve desistir enquanto é tempo. Antes que seja tarde.

A cigana olhou-o nos olhos e Álvaro pôde ver uma lágrima enquanto ela dizia:

— Peço-lhe pelo amor de seu Deus que se retire agora para seu castelo e não volte nunca mais. É a única forma de evitar a grande desgraça.

— Ora, suas desgraças! Não creio nelas. Deixe-me em paz.

A cigana saiu triste e Álvaro, irritado, pensou:

— Não vou desistir agora por causa dessa besteira!

Viu quando Isadora terminou e Carlos saiu a sua procura. Era o momento. Fez o sinal combinado e, quando Carlos foi por trás da tenda em busca de Isadora, dois homens fortes seguraram-no pelo braço, colocando a ponta de um punhal em suas costas.

— Quieto, senão o mato como a um coelho.

— O que quer? Não trago ouro nem prata.

— Ande calado. Ao menor gesto, eu o mato.

Carlos caminhou para a frente até um bosque, onde o empurraram para dentro de tosca casa de madeira. Fizeram-no sentar-se em uma cadeira e amarraram-lhe as mãos e os pés com uma corda.

Carlos percebeu que estava à mercê daqueles homens. Uma suspeita leve começou a depontar e, aos poucos, foi tomando seu corpo. Pensou em Álvaro. Teria ele intenções de vingar-se?

A resposta veio logo depois, quando Álvaro entrou na cabana. Seu rosto contraído retratava o que lhe ia à alma. Finalmente o odiado rival estava em suas mãos!

Podia tê-lo mandado matar simplesmente, mas queria antes saborear sua vingança até o fim. Aproximou-se de Carlos com arrogância.

— Chegou a hora do juízo — disse com raiva. — Pagará por tudo quanto me fez.

Carlos olhou-o sério.

— Sua raiva o afogará — disse, tentando aparentar calma.

Sentia-se em perigo e desejava ganhar tempo.

— Hoje sairá definitivamente de meu caminho. Maria será livre. Você a roubou, mas ela ainda será minha!

Carlos enrubesceu de raiva.

— Maria é minha esposa. Não tem o direito de desejá-la.

Álvaro riu nervosamente.

— Tenho mais direito ao amor de Maria do que você. Se não a tivesse envolvido, ela teria se casado comigo. Sabia que eu a amava! Mesmo assim a conquistou.

— Ela nunca o amou! — disse Carlos, tentando entretê-lo e pensando em como poderia escapar daquela situação.

Nesse instante a porta abriu-se e Esmeralda entrou. Carlos olhou-a admirado. Álvaro voltou-se para ela.

— Não precisava ter vindo. Eu resolvo a situação em definitivo.

— Também quero vê-lo pagar pelo que fez.

Carlos estremeceu.

— Se formos às contas com justiça, é tão culpada quanto eu. Tenho vergonha de meus atos passados. Mas é tarde agora para arrependimentos. Não sabia que tinha uma filha. Por que não me contou?

Esmeralda, parada frente a ele, olhava-o com olhos faiscantes.

— Nunca. Se me amasse, teria ficado comigo para sempre. Uma filha que eu não queria não teria modificado seu coração.

— Esmeralda — disse Carlos, com voz comovida —, gostaria de falar a sós com você.

— Para quê? — indagou a cigana.

— Há muitas coisas a dizer. Nossa filha precisa de amparo. Estou disposto a cuidar de seu futuro. Ampará-la.

— Ela agora é dos nossos e não precisa de você — respondeu a cigana com altivez.

— O tempo urge. Despeça-se dele — disse Álvaro com decisão.

Esmeralda fixou os olhos de Carlos e disse, firme:
— Adeus, Carlos. Desta vez é para sempre. Estou vingada!
Álvaro acompanhou a cigana enquanto Carlos chamava-a de volta com insistência.
Do lado de fora, a cigana indagou:
— O que vai fazer?
— Dar cabo dele o mais rápido possível.
— Melhor seria que o levasses para longe daqui. Essa morte pode causar problemas aos nossos. Não quero encrencas com os esbirros do rei.
— Sei fazer as coisas. Deixe comigo.
— Está em perigo. Vim para avisá-lo.
— Por quê?
— Inácio. Ele procura pelo amo e o viu entrar atrás da tenda dos ciganos. Disse-me que estava preocupado porque você estava aqui. Se contar isso a Maria, ela nunca vai aceitá-lo. Se ela desconfiar de você, terá perdido a parada.
Álvaro ficou alguns instantes pensativo.
— Tem razão. Vou ficar na festa a noite toda. E, enquanto isto, mando meus homens realizarem sua tarefa bem longe daqui.
Álvaro chamou os homens, dando-lhes algumas ordens em voz baixa, e depois voltou com Esmeralda para a festa.
Inácio, contudo, estava muito preocupado. Seu amo tinha desaparecido. Procurou por Isadora, confiando-lhe seus receios.
— Não sabe, mas a história vem de longe. Dom Carlos veio aqui para falar com você. Ao entrar atrás da tenda, desapareceu. Dom Álvaro estava aí e eu temo que ele tenha armado alguma trama para meu amo.
— Para quê? Ele pouco se importa comigo. Esteve no acampamento e sequer quis me ver. Não me quer de volta.
— O que ele quer é vingar-se de dom Carlos por ter se casado com dona Maria, a quem ele queria e quer. Tenho medo dele. Sei o quanto odeia meu amo.

— Tem certeza de que ele não voltou para o castelo?
— Tenho. Ele veio para conversar com a senhorita. Não iria antes disso. Ficou preocupado quando lhe contei que estava morando com Esmeralda.

Isadora olhou-o admirada.

— Como soube?
— Encontrei Esmeralda às compras no mercado. Ela me contou tudo. Eu contei a dom Carlos.

Isadora sobressaltou-se. Por que Esmeralda teria mentido? Assustada, a moça começou a desconfiar de que havia mesmo uma trama no ar.

— Tem certeza de que ele desapareceu mesmo, quando entrou atrás de nossa tenda?
— Tenho. Eu o vi entrar e vim atrás, mas, quando cheguei, ele tinha desaparecido.
— O que podemos fazer?
— Miro. Ele pode nos ajudar.
— Tem razão. Vamos!

Miro encontrava-se do outro lado da tenda e, vendo-os aproximarem-se, perguntou sério:

— O que foi?

Inácio contou-lhe o que tinha acontecido e Miro ouviu preocupado.

— Carlos não devia ter vindo. Olhe, lá está dom Álvaro.

De fato, Álvaro entretinha-se em um grupo com uma caneca de vinho na mão. Esmeralda dançava na rua e o público aplaudia em delírio.

— Verei o que posso fazer — disse Miro, procurando esconder a preocupação.

Quando Esmeralda terminou sua dança e voltou para a tenda, Isadora esperava-a.

— Precisamos conversar — disse a moça com firmeza.
— O que quer?
— Quero pedir sua ajuda. Meu pai desapareceu. Deve saber o que lhe aconteceu.

— Não sei nada. São histórias.

Isadora segurou a cigana pelo braço.

— Sei que dom Álvaro odeia meu pai e quer se vingar. Não manche suas mãos com essa nódoa.

Um lampejo de emoção passou pelos olhos da cigana.

— Por que o defende? Ele jamais a amou ou a acolheu. Preferiu outra mulher e nos deixou.

— Cada um tem o direito de escolher seu caminho. Ele sequer sabia que era meu pai. Vim lhe pedir que o perdoe. Não compreende por que ele a deixou?

Esmeralda olhou-a, admirada.

— O que sabe dessas coisas?

— Sei o suficiente. Sei que o amou. Sei que ele amou você. Mas ele não conseguiu viver como cigano. Era um fidalgo e não pôde compreender nossa vida. Se você fosse da nobreza ou ele cigano, jamais teriam se separado.

Esmeralda deu de ombros.

— Por que me diz essas coisas? Agora é tarde. Ele vai pagar por seus erros!

Isadora sentiu a emoção crescer dentro de si.

— Como pode falar assim? Como pode chegar a tal ponto? A vingança é um ato de orgulho e de revolta. Peço pelo amor de Deus que nos ajude a encontrá-lo.

— Preferia que ele ficasse preso pelo resto da vida.

Isadora estremeceu sob forte emoção. Seus olhos estavam cheios de lágrimas quando disse:

— Jamais lhe pedi nada. O amor que não me deu, o amparo de que eu precisava, sequer lhe pedi pão. Reconheço que tem o direito de escolher se me quer amar ou não, se quer ser minha mãe ou não. Não a culpo por minha orfandade, pela tristeza e por minha solidão. Jamais serei um peso para você. Ainda assim, lhe tenho orgulho, eu a amo porque é minha mãe e me deu a vida. Não será feliz carregando o remorso na consciência. Perdoe meu pai, ajude-me a encontrá-lo e eu juro que jamais a incomodarei pedindo qualquer coisa para mim. Se sabe onde ele está, por favor me diga. Quero ajudá-lo.

Esmeralda olhava-a, olhos brilhantes, e, aproximando-se da filha, passou a mão cheia de anéis sobre os cabelos de Isadora.

— É linda. Eu também tenho orgulho de você. Se pode me amar apesar de tudo que eu lhe fiz, talvez eu possa também esquecer.

Isadora tomou a mão da cigana e beijou-a com carinho.

— Ajude-me e Deus vai abençoá-la.

— Deixe comigo. Pode ficar tranquila que nada de mal acontecerá a ele.

— Quero ajudar.

— Não quero que se envolva. Vou salvar Carlos.

Isadora saiu dali e Miro a esperava. A menina contou tudo. O cigano a acalmou.

— Hoje conseguiu com Esmeralda mais do que eu consegui durante tantos anos. Fez bem. Agora deixe o caso comigo. Esmeralda disse, Esmeralda faz. Pode confiar. Vá, esqueça o que passou. Assim que tiver novidades, virei lhe contar.

A festa continuava animada e o povo bebia e brincava pelas ruas apinhadas. Passava da meia-noite quando Esmeralda saiu disfarçadamente, caminhou até a cabana onde Carlos estava preso. Os homens tinham-no feito levantar-se e desataram suas pernas.

— Agora, vamos dar um passeio — disse um deles. — Prepare-se para andar em silêncio. Se abrir a boca, morre.

Carlos sentiu o coração bater forte. Estava perdido. A porta se abriu e apareceu Esmeralda. Os homens olharam-na admirados. A cigana parecia alegre e, rindo, aproximou-se deles.

— Estou festejando — disse. — Trouxe um gole. O vinho esquenta e alegra. Hoje estou muito feliz. Vim beber a essa despedida.

Os homens olharam-na divertidos. A beleza da cigana os estimulava. Ela tirou uma garrafa da saia e procurou algumas canecas que havia sobre a mesa tosca. Encheu-as e deu aos dois homens, tomando uma para si.

— Bebamos à morte do traidor!

Os dois homens ingeriram o vinho satisfeitos e sequer perceberam que a cigana simulava beber.

Apesar da aparente animosidade da cigana, Carlos sentiu uma louca esperança invadir-lhe o coração. Em poucos minutos os dois homens dormiam estirados no solo. Esmeralda, atirando longe a caneca de vinho, disse a Carlos:

— Vou libertar você. Mas nunca mais quero vê-lo.

— Esmeralda! Você ainda me quer! Não foi capaz de me matar.

— É mentira — disse a cigana com raiva. — Foi Isadora quem pediu por você. Não o amo mais.

— Eu sempre guardarei por você o maior carinho. Jamais a esqueci. Nossos caminhos são diferentes. Não posso ficar ao seu lado. Tenho deveres de família. Gostaria que não me odiasse, que me compreendesse.

Esmeralda apanhou uma faca e começou a cortar as cordas que prendiam os braços de Carlos. De repente, a porta abriu-se e um grito de ódio ecoou no ar.

— Maldita cigana! O que fez? Se pensa que poderá deixá-lo escapar, está enganada! Desta vez ele está perdido. Não voltará para casa.

Álvaro puxou um punhal e ordenou a Esmeralda:

— Saia da frente, afaste-se que eu mesmo vou fazer o serviço. Desta vez ele não escapará!

— Não saio. Deixe-o em paz. Não quero manchar minhas mãos de sangue.

— Afaste-se, senão pagará também.

— Deixe-o, Esmeralda, saia — disse Carlos, apavorado, tentando libertar-se das cordas que ainda o prendiam.

Esmeralda cobriu o corpo de Carlos com seu próprio enquanto dizia:

— Saia daqui, Álvaro. Maria saberá de tudo e vai odiá-lo.

— Nada mais importa agora. Vou matá-lo, custe o que custar.

Esmeralda empunhou a faca ordenando:

— Saia daqui.

— Não poderá me impedir.

Determinado, ele avançou em Esmeralda pretendendo tirá-la da frente, mas a cigana, decidida, tentou alcançá-lo com a faca. Álvaro avançou e Esmeralda engalfinhou-se com ele rolando pelo chão enquanto Carlos, trêmulo, lutava para soltar-se.

Álvaro espumava furioso e, num assomo de raiva, enfiou o punhal nas costas da cigana, que estremeceu enquanto o sangue jorrava. Foi nessa hora que um vulto enorme caiu sobre Álvaro e ele sentiu a lâmina fria perpassar-lhe o corpo. Percebeu que estava no fim. Viu, por último, o rosto contraído de Miro bem perto do seu.

Carlos, pálido, esforçava-se para não perder os sentidos diante da cena dolorosa. Miro correu para Esmeralda, que gemia estendida no chão. Inácio correu para libertar o amo.

Carlos atirou-se sobre a cigana.

— Esmeralda! Eu a amo! Jamais esquecerei o que fez por mim!

Ela abriu os olhos, fixou-os no rosto de Carlos e seus lábios abriram-se num meio sorriso.

— Eu também o amo — disse com voz sumida. — Sempre o amei. Jamais pensei em outro homem.

As lágrimas de Carlos caíram sobre as mãos da cigana que ele detinha entre as suas.

— Não chore — pediu ela.

— Vai ficar boa. Verá! Vou cuidar de você.

— Cuide de Isadora. Faça-a feliz. É uma boa filha. Diga-lhe que eu a amo muito.

Uma tosse seca impediu a cigana de falar e Miro interveio:

— Vou cuidar de você.

Esmeralda desfalecera. Miro prensou o ferimento, fez uma maca com o lençol da cama. Foi carregando a cigana ferida que eles voltaram ao acampamento.

A notícia correu célere e, dentro em pouco, os ciganos retiraram-se apressadamente da festa. Assustados, regressaram, ansiosos por notícias.

Contudo, aquela noite de festas foi de tristeza e dor no acampamento. Em sua carroça, deitada sobre almofadas, Esmeralda, pálida e sem forças, agonizava.

Isadora, com o rosto cheio de lágrimas, ajoelhada a seu lado, segurava-lhe as mãos geladas, procurando em vão aquecê-las.

Carlos, pálido e sofrido, ajoelhado também à cabeceira, alisava-lhe a fronte e os cabelos com amor.

Miro, a um canto, rezava em silêncio, rosto contraído em rictos de dor.

A certa altura, Esmeralda abriu os olhos e, vendo-os, a seu lado ensaiou um sorriso.

— Mãe, você vai ficar boa. Cuidarei de você. Jamais a deixarei, se me quiser.

— Filha — disse a cigana com voz fraca —, lutei muito contra esse amor. Eu tinha medo. Não queria amá-la. Foi mais forte do que eu! Eu a quero muito. Não vou mais lutar. Só que agora é tarde.

— Não vai morrer — disse Carlos com voz dorida. — Você é a própria vida. Ainda levará a alegria e a beleza para todos. Esmeralda! Perdoe-me! Nunca desejei que sofresse! Eu ainda te amo. Nunca nenhuma mulher ocupou seu lugar em meu coração. Sempre a amarei.

Uma lágrima brilhou no olhar de Esmeralda.

— Acredito. Jamais consegui esquecer você. Ainda quando o odiava, eu sentia ciúme e desejava seu amor!

— Devo-lhe a vida. Farei o que quiser. Sinto-me culpado pela tragédia...

— Não tem culpa. Meu orgulho foi o culpado... aceitei a proposta de Álvaro... Filha, apesar de tudo, agradeço-lhe não ter cometido esse crime... Deus a abençoe... estou tão cansada...

— Durma, Esmeralda — disse Miro com voz dorida. — Velaremos por seu sono.

A cigana esboçou um sorriso e seus olhos fecharam-se para sempre. Estava morta.

Carlos debruçou-se sobre a cigana, soluçando. Isadora abraçou-o comovida e ambos ficaram ali, sentindo aquela dor, mas ao mesmo tempo compreendendo, no fundo do coração, que fortes laços de amizade e de afeto os uniam para sempre.

Entretanto, um vulto escuro e dementado, com o peito sangrando e ar enraivecido acercou-se da carroça de Esmeralda. Era Fabrício. Estava furioso! A vingança tão bem urdida tinha falhado. Carlos sempre levava a melhor. Por quê?

Ele lhe tinha tirado a vida e precisava pagar! Precisava destruí-lo. Iria atacá-lo de vez. Preparou-se para entrar na cabana. Contudo, sentiu que braços fortes o detinham. Olhou assustado. Os ciganos não o podiam ver, a não ser uma delas, que sempre o exortava a ir embora.

— Não pode me impedir — disse ele com raiva.

— Vamos conversar primeiro — respondeu-lhe um dos homens.

Fabrício olhou-o preocupado.

— Quem é? E o que quer?

— Somos da vigilância. Seu tempo acabou. Não pode mais perseguir dom Carlos.

— O que dizem? Não sabem que ele é um assassino? Não percebem que tenho direito à justiça?

— Se quer justiça, pode estar seguro de que ela já está sendo feita.

— Não é verdade! Ele me tirou a vida e ainda agora acaba de escapar à morte! Eu o esperava para nosso ajuste de contas!

Os dois espíritos que o continham olhavam-no com firmeza. O que conversava com Fabrício continuou:

— Gostaria de lhe dizer que dom Ortega e seus homens há muito tempo o procuram e também desejam um ajuste. Estás preparado?

Fabrício aterrorizou-se.

— Não quero vê-los! Por favor, ajudem-me!

— Podemos ajudá-lo desde que deixe de lado a vingança e se coloque sob nossa proteção. Mas é preciso, antes, pedir a ajuda de Deus e reconhecer o quanto tem errado. É preciso deixar em paz Leonor e Gervásio.

Fabrício irritou-se.

— Aquela traidora! Gostaria de matá-la com minhas mãos, bem como aquele bandido disfarçado de padre! Ah! Se eu pudesse!

— Deixe-os em paz. Eles agora são uma família. Gervásio ama os dois filhos e Leonor. Desertou da Igreja. Assumiu o lar. Embora estejam lutando com muitos problemas, estão aprendendo as lições da vida. Não foi justo nem bom para ela, que foi afastada de você porque não merecia o que lhe fazia. Por ora, procure esquecer o ódio e recomeçar a vida de outra forma para que não lhe aconteça coisa pior!

— Não posso! O destino foi contra mim. Destruiu tudo quanto eu quis. Como esquecer?

— E você, quantos enganos cometeu contra os outros? Acreditava que eles nunca se voltassem contra você? Estava enganado, porque as leis de Deus darão sempre a cada um o que é merecido, de acordo com suas obras.

Fabrício, subitamente, sentiu-se fraco e abatido.

— Estou cansado! Esta ferida não sara! O sangue escorre sem parar. Sinto-me morrer de novo.

— Vamos orar — propôs o outro vigilante espiritual, e Fabrício, já na semiconsciência, concordou dizendo:

— Que Deus me perdoe por meus pecados e me ajude!

Cambaleou e ia cair, mas imediatamente surgiram duas enfermeiras que, estendendo uma maca, colocaram-no delicadamente deitado sobre ela e, a um sinal dos dois vigilantes, levantaram-na. Dentro em pouco desapareciam do local.

Os dois vigilantes voltaram a postar-se na porta da carroça.

Entretanto, no acampamento havia pranto e lamentações. Esmeralda tinha morrido!

Com amor e carinho, prepararam o cerimonial e, apesar da madrugada, eles procuraram flores para envolver-lhe o corpo, enquanto os homens armavam a câmara ardente no meio do acampamento.

Quando o dia amanheceu, Esmeralda, vestida com seu mais belo vestido, coberta de joias e seus lindos cabelos soltos, estava no caixão simples, porém forrado e coberto de flores do campo.

Era primavera e ela estava linda, parecendo apenas dormir. Carlos não arredara pé e Inácio tinha ido ao castelo levar notícias.

Isadora, debruçada sobre o corpo de Esmeralda, fixava seu rosto com ternura, procurando guardar-lhe a beleza, e ainda tinha viva a lembrança do brilho daqueles olhos ao confessar que a amava. Ela sentia vibrar seu coração amoroso, na tristeza de uma separação justamente na hora em que esse afeto se tinha manifestado.

Apesar disso, sentia-se confortada. Conquistara o amor de Esmeralda! Guardaria para sempre essa terna recordação!

Sergei, triste e pensativo, deu início ao cerimonial fúnebre enquanto as mulheres choravam com os olhos, cantavam tristes lamentos que prosseguiram até o amanhecer e o sol apareceu para banhar a paisagem de luz.

Os cânticos prosseguiram durante todo o dia e, ao entardecer, um a um, beijaram o rosto da cigana e procederam ao sepultamento.

Sergei conversou com Esmeralda, pedindo-lhe que sua alma seguisse em paz porque sua morte fora vingada.

Escolheram um local belíssimo e cheio de flores, onde cavaram a sepultura. Depois de tudo terminado, marcaram o local com um sinal para mais tarde colocarem uma lembrança que ficaria para sempre.

Foi com tristeza que Carlos abraçou Isadora.

— Filha, venha comigo. Eu sou seu pai e vou protegê-la. Perdoe José. Ele não sabia de nada.

A jovem olhou para o pai com olhos brilhantes.

— Obrigada. Nada tenho a perdoar. Nem a você nem a José. Foi a fatalidade. Esquece que eu sou também cigana. Gosto desta vida. Aqui encontrei proteção e amizade. Gosto de dançar. Serei feliz. Segue sua vida em paz. Diga a José que o amo muito, mas agora como a um irmão. Que ele não se atormente com o que aconteceu. Desejo-lhe toda a felicidade deste mundo. Ele há de encontrar uma boa mulher que o fará feliz. Eu também encontrarei alguém. Quero esquecer, peço encarecidamente que me compreenda.

— É verdade? — tornou Carlos, com doçura. — É o que quer mesmo?

— Sim.

— Lembre-se sempre, filha, que eu a quero muito e, se algum dia precisar de mim, é só me chamar e virei imediatamente.

— Agradeço de coração — Isadora olhou-o com doçura e, aproximando-se, beijou-o levemente na face. — Quando sentir saudades dela, venha ter comigo e me contar sobre ela. Juntos nos confortaremos.

Carlos abraçou-a com carinho e, beijando-lhe a face, disse baixinho:

— Deus a bendiga, minha filha, e a faça muito feliz. Virei vê-la de vez em quando.

Carlos afastou-se e procurou por Miro, que, abatido e triste, estava sentado diante da carroça de Esmeralda.

— Miro — disse Carlos com voz triste —, perdoe-me. Não queria prejudicar Esmeralda. Foi a fatalidade. Não me odeie pelo que aconteceu. Se eu soubesse, não teria vindo para cá.

Miro olhou-o sério, respondendo com voz triste:

— Foi a fatalidade. Reconheço que não tem culpa. Foi atraído em vil armadilha. Aquele cachorro é que deveria ter sido escorraçado daqui.

— Não me guarde rancor. Eu amo Esmeralda. Jamais a esquecerei. E como você também a ama, peço-lhe que dê um pouco desse amor a Isadora, que não quer seguir comigo. Ela considera-se cigana e prefere estar aqui. Quero pedir que a proteja. É leal e amigo, e sou-lhe extremamente grato pelo muito que já me ajudou.

Miro levantou-se e, olhando Carlos nos olhos, respondeu:

— Sou um homem sem família. Esmeralda era como minha filha. Isadora será como minha neta. Pode ir em paz.

— Obrigado, Miro. E, se algum dia precisar de mim, me chame e virei para servi-lo. Tem em mim um amigo.

O cigano apertou a mão de Carlos, dizendo:

— Adeus. A vida continua e nós precisamos viver. Siga em paz.

Carlos procurou Sergei, com quem se entendeu sobre Isadora e agradeceu por acolhê-la. Quando a noite caiu, Carlos e Inácio saíram do acampamento, tomando o caminho de volta ao castelo.

Carlos sentia que uma página de sua vida tinha sido virada e, daquele momento em diante, pensava em esquecer a tragédia e recomeçar.

Capítulo 24

A madrugada ainda estava começando quando Tânia, preocupada e em prece, acompanhada por dois amigos e uma enfermeira, chegou à cabana onde Carlos ainda estava preso.

Há dias fora informada de que Esmeralda encontrava-se em luta íntima, onde o orgulho a atiçava à vingança e o amor ferido a cegava a ponto de conduzi-la ao crime.

Tentara evitar a tragédia. Ajudara Isadora a pedir à mãe que evitasse o crime. Exultou quando sentiu que o amor pela filha tinha dobrado o orgulho feroz da cigana, possibilitando-lhe não cair no abismo do erro.

Mas Álvaro não pôde ser convencido. Atraído por seu ódio contra Carlos, o espírito de Fabrício, perturbado e enlouquecido, a ele se juntou. Percebendo que a cigana trabalhava para libertar Carlos, correu para Álvaro e, abraçando-o, induziu-o a certificar-se de que seus homens cumpriam o prometido, levando-o à cabana onde a tragédia se desencadeou.

Tânia, vendo Esmeralda estendida no chão, procurou abraçá-la com amor. Ela era sua filha e amava-a muito. Orou a Deus pedindo alívio para seu sofrimento com humilde confiança. Acompanhou Esmeralda, amparando-a quando ela foi levada para sua carroça. Percebendo o ódio de Fabrício, que ainda queria investir contra Carlos, colocou seus dois amigos de vigília para que o impedissem de continuar em seus negros propósitos.

Permaneceu ao lado do corpo da cigana, abraçando o espírito dela, que, adormecido, aos poucos se desligava dos laços materiais.

Quando o corpo baixou à sepultura, o espírito de Esmeralda continuava ainda ali, adormecido, e só quando a noite desceu foi que Tânia pôde, juntamente com os amigos, colocar Esmeralda espírito, ainda adormecida, em uma maca e transportá-la delicadamente.

Somente alguns dias mais tarde ela despertou. Ainda sonolenta e admirada, olhou para o pequeno quarto onde se encontrava, sem compreender o que se passava.

— Está melhor? — indagou Tânia, que se encontrava ao lado do leito.

— Estou bem — balbuciou ela. — O que aconteceu?

— Já passou. Tudo está em paz.

Esmeralda sentou-se no leito assustada:

— Deus meu! Que pesadelo! Sonhei que estava ferida... Que morria...

— Tudo passou — disse Tânia com voz calma.

— Espere... Carlos estava preso... Álvaro ia matá-lo. Eu lutava, não queria, mas ao mesmo tempo estava com raiva. Isadora veio, pediu. Vou impedir. Eu preciso impedir esse crime. Vou até lá. Preciso ir.

— Esmeralda, isso já aconteceu, já passou.

Ela, porém, sequer parecia ouvir. Continuou rememorando seu drama.

— Álvaro, não vai matá-lo. Não saio daqui. Vá embora! — gritava ela, olhos contraídos e rosto convulsionado. — Eu mato você. Eu o defenderei! — gritou, ao mesmo tempo que, com um grito de dor, estirou-se no leito levando a mão ao peito.

— Esmeralda — disse Tânia com suavidade —, não se detenhas nessa triste lembrança. Pense no amor de Carlos, de Isadora. Eles a querem muito. Eles a amam.

O rosto de Esmeralda aos poucos foi serenando.

— Eu sei — disse com voz fraca —, eu também os quero. Por que não posso estar com eles, agora que nos compreendemos? Quero ver Isadora, viver com ela, saber de seus gostos, trabalhar para ela. Quero ser sua mãe de verdade!

— Acalme-se, Esmeralda. Confie em Deus, que nos ampara e vê.

— Quem é você que me fala com carinho, e por que continuo viva apesar de tudo?

— Olhe-me bem e terá a resposta.

— Tânia?! Tânia?! É você! Está viva! Sei que morreu quando eu era menina.

— Sou eu, filha. A morte é ilusão. Somos eternos. O corpo morre, mas nós saímos dele e continuamos vivendo. Este é o outro mundo, mas é a verdadeira vida.

— A morada dos deuses!

— Não ainda, a morada dos homens. Aqui continuamos a aprender a amar e a evoluir.

— Eu estou morta! — disse Esmeralda, assustada.

— Não. Seu corpo morreu, mas você está viva!

Esmeralda, emocionada, chorou durante algum tempo. Depois disse:

— Por que tem que ser assim? Por que agora que conheci Isadora, que a quero, não posso estar com ela? Que castigo é esse, tão duro para meus erros? Foi por eu tê-la renegado?

Tânia acariciou delicadamente os cabelos da filha.

— Não, filha. Deus não castiga ninguém. Permite que cada um colha de acordo com a semeadura. Se as coisas aconteceram assim, pode ter certeza de que foi por motivo justo e bom. Um dia, quando estiver fortalecida e Deus permitir, haveremos de saber as causas de tantos sofrimentos. Por agora, confie e cuide de se restabelecer definitivamente. A vida é bela e cheia de alegria. Juntas, haveremos de aprender a vivê-la melhor.

— E Isadora? O que será dela?

— Está bem amparada. Carlos queria levá-la para o castelo, porém ela preferiu ficar no acampamento. Todos a amam. Miro cuidará dela como cuidou de você. Sergei a estima, e tudo estará bem.

— E Carlos... Voltou para a família — disse Esmeralda com voz triste.

— Não julgue o que não pode compreender. O amor precisa ser veículo de libertação, não de apego. Quem ama verdadeiramente aprende a respeitar a liberdade de escolha do ser amado. Depois, há sérios compromissos que ele faz muito bem em aceitar. Pense agora em você, em sua nova vida. Começará a rever velhos amigos e, por certo, deles se recordará aos poucos. Está viva! Isso não a faz feliz? Olha que dia lindo, cheio de sol, e lá fora flores perfumadas enfeitam nossos jardins. Esmeralda, você venceu largo passo em sua batalha redentora. Seu amor de mãe a fortaleceu. Fique alegre e tudo agora será melhor!

Esmeralda sorriu e um sentimento de paz a acometeu. Calmamente adormeceu. E Tânia beijou-lhe delicadamente a testa, com um sorriso de felicidade a entreabrir-lhe os lábios e uma prece agradecida no coração.

Carlos chegou ao castelo, abatido, cansado. Maria abraçou-o calada. Encarnação beijou-lhe as faces carinhosamente.

— Estou bem, mamãe — disse ele, calmo. — Tudo está em paz.

— Vou rezar pela alma da cigana. Ela salvou-lhe a vida — disse Encarnação, emocionada.

— Sim, mãe. Faça isso. Ela morreu para me salvar.

Comovida, a velha senhora beijou as faces do filho e recolheu-se para rezar. Maria carinhosamente acomodou Carlos em uma poltrona.

— Vou trazer algo para você comer. A vida continua e precisa de alimentos. É muito precioso para nós. Não quero que adoeça.

Carlos concordou para não contrariá-la, mas não estava com fome. Apesar disso, foi com prazer que bebeu o caldo e comeu carne e pão. Sentiu-se melhor depois disso. Realmente, a vida devia continuar. Sua família precisava dele. Sinceramente, desejava ser um bom pai.

Já acomodado no leito para dormir, olhando o rosto bonito da esposa, ele considerou:

— Maria, eu errei muito. Fui leviano, egoísta. Tem sido boa esposa e eu desejo que me perdoe. Eu a quero muito bem.

— Compreendo que uma mulher como Esmeralda possa tê-lo atraído. Sei que a amou muito. Não tem culpa disso.

— Quero que acredite. Sou sincero. Amei e amo Esmeralda, mas não nego que também a amo muito. Não sei explicar, mas sei que esses sentimentos não são iguais, embora sejam muito profundos. Pode me perdoar?

— Eu o amo. Sei que me ama. Não culpo ninguém. Esmeralda salvou sua vida e eu sempre a abençoarei por isso.

— É nobre e eu lhe agradeço. Daqui para a frente, jamais vou decepcioná-la.

Maria deitou-se no leito ao lado do marido e, abraçados, permaneceram em silêncio. Um sentimento de paz e aconchego os envolveu. A tempestade tinha passado. Por certo, agora, tudo seria melhor.

No dia seguinte, Carlos mandou um emissário a Madri em busca de José, pedindo-lhe o regresso imediato. O moço empenhava-se na busca de Isadora e regressou em seguida. Conhecendo os detalhes dos últimos acontecimentos, por sua vez, conformou-se em não rever a irmã.

Se ela estava bem, ele não queria interferir. Procuraria viver bem sua vida, ajudando o pai nos encargos da família e, por certo, algum dia encontraria alguém que o ajudasse a esquecer.

Epílogo

Esmeralda recuperou-se rapidamente. Sempre tão orgulhosa e independente, sentia-se agora sensível e emotiva.

— É natural — explicou Tânia, com bondade. — Ainda não se acostumou ao novo estado e ao nosso plano de vida. Mas está bem e sua ferida cicatrizou completamente.

— É — disse Esmeralda —, só sinto dor quando me recordo de Álvaro. Ele pagará caro pelo que fez!

Tânia olhou-a séria, enquanto dizia com energia:

— Não se recorde dele com rancor. Perdoe e ore por ele. É imprescindível ao seu equilíbrio.

— Não é justo. Não fosse por ele, eu ainda estaria com Isadora.

— Não seja ingrata. Não fosse por ele, talvez nem tivesse permitido que Isadora nascesse. Foi ele quem a acolheu e sustentou, dando-lhe educação e proteção. Até ontem estava aliada a ele e agora, que se sente feliz por não ter praticado o crime, pensa como ele deverá estar sofrendo por ter sucumbido à tentação e desencadeado a tragédia. Não se comove com o sofrimento dele?

Esmeralda baixou a cabeça, confusa. O que Tânia dizia penetrava-lhe o coração. Era verdade! Ela usara Álvaro para vingar-se de Carlos, sem sequer pensar na criança, vítima inocente naquele drama. Era tão culpada quanto ele. Se ela tivesse cedido e participado do crime, onde estaria?

— Se tivesse fracassado, nessa hora — disse Tânia, respondendo a seus pensamentos íntimos — eu não teria podido socorrê-la e levaria muitos anos de sofrimento e lutas para conquistar o lugar onde estamos agora. Por tudo isso, se quiser viver bem, ore para que Álvaro compreenda seus enganos e se arrependa, para que possamos auxiliá-lo na regeneração.

— Gostaria de saber que laços nos unem. Suspeito de que estamos todos ligados pela força do destino.

— É verdade. Nossas vidas passadas cruzam-se e, juntos, aprenderemos a ciência da vida.

— Por que amo Carlos? Jamais amei homem algum. Ele foi diferente. Assim que o vi, eu me senti presa.

— Esse amor vem de longe. Posso lhe contar alguns fatos do passado. Muito tempo atrás, Carlos era rico fidalgo na França. Eu, cigana bonita e cortejada. Atraída por sua figura jovem e bela, tivemos uma aventura, pela qual eu sofri muito, adoeci e acabei morrendo. Os meus acreditaram tratar-se de grande amor, eu também pensava assim, até que descobri que o que eu sentia era revolta por não ser amada, orgulho ferido, só isso. Ajudada por amigos espirituais, aprendi muitas coisas, mas os meus, acreditando que ele fosse culpado por minha morte, vingaram-se dele, perseguindo-o duramente. Você era do bando e, se esforçar-se um pouco, vai recordar o quanto era orgulhosa e volúvel. Não via obstáculos a seus caprichos e se apaixonou também por ele, com grande paixão. Você o seduziu com seus encantos e durante alguns anos ele a seguiu por toda parte, fascinado. Não aceitou a maternidade e com horror impediu seu filho de nascer. Não queria deformar o corpo. O fidalgo era casado e, para segui-la, abandonou a esposa e seus quatro filhos. Mas começou a beber, pressionado pelos remorsos. Não tinha forças para reagir e aos poucos foi se tornando um viciado. Tinha ciúme de você e as brigas entre os dois eram constantes. Havia no bando uma jovem cigana que, por sua beleza e arte, aos poucos ganhava fama. Você, percebendo que começava a envelhecer, a odiava. O fidalgo, a fim de irritar você, pôs-se a cortejá-la. Apesar da meia-idade, ele era um belo homem, e, uma noite, você o surpreendeu beijando sua rival.

Esmeralda, que acompanhava a narrativa com interesse, rosto perdido no tempo, abriu os olhos e gritou assustada:

— Eu sei! Agora me recordo! Saquei o punhal para matá-lo, mas ela se pôs na frente e eu, cega de rancor, cravei-lhe a arma no peito, ferindo-a mortalmente. Que horror! Eu me recordo de tudo! Estou arrependida. Eu não queria matá-la!

Em soluços, Esmeralda atirou-se nos braços de Tânia, que, acariciando-lhe os cabelos, tornou:

— Sei disso, Esmeralda. Foi há muitos anos. Tudo passou.

Quando ela se acalmou, perguntou:

— Recordo-me que minha vida com ele tornou-se impossível. Fui julgada pelo bando. Foi terrível. Nunca mais pude dançar! Separaram-nos, ele desapareceu, nunca mais o vi.

— O fidalgo, sem coragem de voltar ao lar abandonado, acabou seus dias na poeira da estrada, precocemente. Sua esposa sofreu muito, mas conduziu o lar com nobreza e seus filhos, apesar de tudo, não se transviaram, tendo levado vida útil e proveitosa. Ela foi assediada por um rico nobre que a todo custo queria ter com ela uma aventura. Foi pressionada de todas as formas, até financeiramente. Mas conservou sempre a dignidade.

— Ela é Maria, a esposa de Carlos?

— É. Ele é Álvaro, que ainda a persegue.

— Agora entendo muitas coisas...

— Sim. Carlos sofreu muito, arrependeu-se e você também. E, antes da nova vida, sob a proteção de amigos dedicados, reunimo-nos para decidir sobre nosso futuro. Carlos decidiu casar com Maria para dar-lhe tudo quanto lhe negara. Precisava disso para apagar o remorso. Dos quatro filhos, dois tinham compreendido e perdoado, mas dois ainda estavam magoados e sofridos com sua atitude. Renasceriam de novo com eles, para que, com amor e dedicação, pudessem perdoá-lo.

Tânia fez ligeira pausa e continuou:

— Eu também, acusada de suicídio por ter-me deixado sucumbir por uma paixão e por não poder suportar o orgulho ferido, aceitei voltar para nova existência, a fim de cooperar com a solução dos problemas que a todos nós afligem. Eu tinha sofrido, aprendido e, mesmo sabendo que a vida não seria longa, aceitei, submissa. Você seria minha filha, para que eu esquecesse o ciúme de antes e pudesse, também por sua vez, dar a vida à jovem cigana que assassinara. Ela não a odiava. Espírito mais lúcido, compreendeu sua loucura e perdoou. Foi-lhe dito que poderia ser feliz desta vez e que tudo daria certo.

— Agora sei que a quero bem.

— Por tudo isso não fracassou, apesar de tudo. É só o que posso lhe contar por agora. No entanto, sei por nossos maiores que os laços que unem a todos nós vêm de muitas vidas. Sei que Miro está ligado a você e a Isadora por laços de muito amor, sei que Sergei me tem amado e esperado, assim com eu o tenho deixado por ilusões e enganos. Só agora — disse Tânia, emocionada — é que tenho a certeza de que o amo. Um dia ainda estaremos juntos para sempre!

— E eu? E Carlos? E nosso amor? Estaremos sempre separados e Maria estará sempre entre nós?

— Isso eu não sei. Se seu amor é sincero e o dele também, cumpridos os compromissos que ambos criaram com outras pessoas, poderão finalmente ficar para sempre juntos. Isso quando não houver mais ciúme ou ódio, desconfiança ou paixão. Só amor.

Esmeralda sorriu, esperançosa.

— Um dia seremos felizes, juntos para sempre.

— Enquanto isso, deve trabalhar para merecer.

— Como?

— Ajudando Maria, Álvaro, Isadora e a todos da melhor maneira. Nenhum ressentimento ou mágoa.

Esmeralda suspirou fundo.
— Vou me esforçar!
Tânia abraçou-a, comovida.

~~~~~~~~

Era noite de primavera e o acampamento cigano estava em festa. As carroças dispostas em círculo, enfeitadas de fitas coloridas e as fogueiras acesas, a carne assando apetitosa, o vinho saindo da pipa, borbulhando.
O cheiro das castanhas assadas misturava-se ao cheiro do assado, despertando o apetite de todos que, em roupas de gala, animados, iam e vinham apressando os preparativos para a grande festa.
Sergei, em traje de chefe ricamente bordado, tinha a seu lado o filho, também vestido com brilho.
No centro da clareira, todo o bando reuniu-se em torno deles, a carroça de Esmeralda abriu-se e Isadora saiu suavemente. Estava linda. Sua túnica bordada reluzia e sua saia rodada estava recoberta de pequenas pedras e bordados.
Solenes, esperavam, e a jovem aproximou-se do grupo. Sergei, tomando a mão do filho, juntou-a à mão de Isadora e teve início a cerimônia.
Ao fazer o casamento deles, Sergei estava emocionado e feliz. Gostava de Isadora, sabia que os dois seriam muito felizes. A jovem, com mão trêmula, sentiu a pressão firme da mão de Rino e estremeceu. Estava feliz. Amava e era amada. Parecia-lhe ter sempre vivido entre os ciganos. Ela os amava e os compreendia. Ia ser feliz!
Após a cerimônia, onde os sangues se misturaram solenemente, começou a festa. Sergei dançou com a noiva como era o costume, para depois entregá-la ao filho, e o baile começou.
Miro, a um canto, olhava pensativo e Sergei aproximou-se, dizendo com voz emocionada:
— Pensa em Esmeralda!

— Sim — disse Miro, sério.

— Eu também. Olho Isadora e recordo Tânia. As duas se parecem muito.

— Sim — tornou Miro, pensativo.

— Que saudade... — suspirou Sergei.

— Nunca a esqueceu!

— É verdade.

— Um dia nos encontraremos no outro mundo.

— Eu sei que ela me espera. Um dia, estaremos juntos!

Miro, de repente, viu de relance dois vultos de mulher e o rosto de Esmeralda, calmo e alegre. Quis fixar melhor, mas a visão desapareceu. Emocionado, tornou para Sergei:

— Elas estão tão perto, mas nós não as podemos ver! Não sente?

— Sim — respondeu Sergei, pensativo. — Eu sinto.

Os dois ficaram ali, silenciosos, embora a alegria da festa prosseguisse animada.

Elas estavam ali, sim. Esmeralda e Tânia. Tinham conseguido permissão para assistirem ao casamento que, para elas, coroava de sucesso algumas existências na Terra.

Abraçadas, olhando a beleza da noite, a alegria do acampamento, sentiam funda emoção.

— Está na hora. Precisamos ir — disse Tânia.

Aproximaram-se de Miro e Sergei e os abraçaram com carinho. Depois, olhando o rosto feliz de Isadora e os olhos brilhantes de Rino, afastaram-se felizes.

— Agora — disse Tânia —, por algum tempo, tudo estará em paz.

E, abraçadas, as duas figuras ganharam força e, aos poucos, desapareceram no espaço infinito.

Fim

CONHEÇA OS GRANDES SUCESSOS DE
GASPARETTO
E MUDE SUA MANEIRA DE PENSAR!

Afirme e faça acontecer
Amplitude - volume único
Atitude
Conserto para uma alma só
Cure sua mente agora!
Faça da certo
Gasparetto responde!

O corpo – Seu bicho inteligente
Para viver sem sofrer
Prosperidade profissional
Revelação da Luz e das Sombras
Se ligue em você
Segredos da prosperidade

Coleção Metafísica da saúde

Volume 1 – Sistemas respiratório e digestivo
Volume 2 – Sistemas circulatório, urinário e reprodutor
Volume 3 – Sistemas endócrino e muscular
Volume 4 – Sistema nervoso
Volume 5 – Sistemas ósseo e articular

Coleção Calunga

Calunga – Um dedinho de prosa
Calunga – Tudo pelo melhor
Calunga – Fique com a luz...
Calunga – Verdades do espírito
Calunga – O melhor da vida
Calunga revela as leis da vida
Calunga fazendo acontecer

Livros infantis

A vaidade da Lolita
Se ligue em você 1
Se ligue em você 2
Se ligue em você 3

GRANDES SUCESSOS DE
ZIBIA GASPARETTO

Com 21 milhões de títulos vendidos, a autora tem contribuído para o fortalecimento da literatura espiritualista no mercado editorial e para a popularização da espiritualidade. Conheça os sucessos da escritora.

Romances
pelo espírito Lucius

- A força da vida
- A verdade de cada um
- A vida sabe o que faz
- Ela confiou na vida
- Entre o amor e a guerra
- Esmeralda
- Espinhos do tempo
- Laços eternos
- Nada é por acaso
- Ninguém é de ninguém
- O advogado de Deus
- O amanhã a Deus pertence
- O amor venceu
- O encontro inesperado
- O fio do destino
- O poder da escolha
- O matuto
- O morro das ilusões
- Onde está Teresa?
- Pelas portas do coração
- Quando a vida escolhe
- Quando chega a hora
- Quando é preciso voltar
- Se abrindo pra vida
- Sem medo de viver
- Só o amor consegue
- Somos todos inocentes
- Tudo tem seu preço
- Tudo valeu a pena
- Um amor de verdade
- Vencendo o passado

Crônicas

A hora é agora!
Bate-papo com o Além
Contos do dia a dia
Conversando Contigo!
Pare de sofrer
Pedaços do cotidiano
O mundo em que eu vivo
Voltas que a vida dá
Você sempre ganha!

Coletânea

Eu comigo!
Recados de Zibia Gasparetto
Reflexões diárias

Desenvolvimento pessoal

Em busca de respostas
Grandes frases
O poder da vida
Vá em frente!

Fatos e estudos

Eles continuam entre nós vol. 1
Eles continuam entre nós vol. 2

ZIBIA GASPARETTO

A força da vida

Romance ditado pelo espírito Lucius

ROMANCE INÉDITO

A força da vida

As sábias leis da vida sempre nos colocam diante da verdade, forçando-nos a enxergar nossas fraquezas, para que, assim, aprendamos a trabalhar em favor do nosso progresso.

Assim aconteceu com Marlene, uma linda jovem da alta sociedade carioca, que, acostumada a ter todos os seus caprichos atendidos, se deixou levar pela vaidade, atraindo para si situações mal resolvidas do passado e causando dor e arrependimento em todos que a cercavam.

Sempre utilizando o livre-arbítrio, a moça enfrentou os desafios que se interpuseram em seu caminho e aprendeu que cada escolha envolve uma consequência.

Auxiliada pela espiritualidade, Marlene terá de buscar as verdadeiras aspirações do seu espírito para encontrar em si a força da vida.

Este e outros sucessos, você encontra nas livrarias e em nossa loja:

www.vidaeconsciencia.com.br/lojavirtual

A hora é agora!

Desperte para os bons pensamentos e viva em paz

ZIBIA GASPARETTO

A hora é *agora!*

Viver é uma dádiva maravilhosa. Se você não está feliz, e as coisas não têm dado certo, é hora de mudar e usar seu poder de escolha para construir uma vida melhor.

É simples. Basta você se apoiar e aceitar a vida da forma que é, sabendo que precisa aprender como as coisas são, para poder escolher o que funciona melhor.

Nunca se ponha pra baixo. Os erros são lições naturais do desenvolvimento do Ser e ensinam mais do que tudo. Respeite seus sentimentos e trate-se com amor. Você merece.

Comece já! Chega de sofrer. A HORA É AGORA!

Este e outros sucessos, você encontra nas livrarias e em nossa loja:

www.vidaeconsciencia.com.br/lojavirtual

ZIBIA GASPARETTO

Eu comigo!

*"Toda forma de arte
é expressão da alma."*

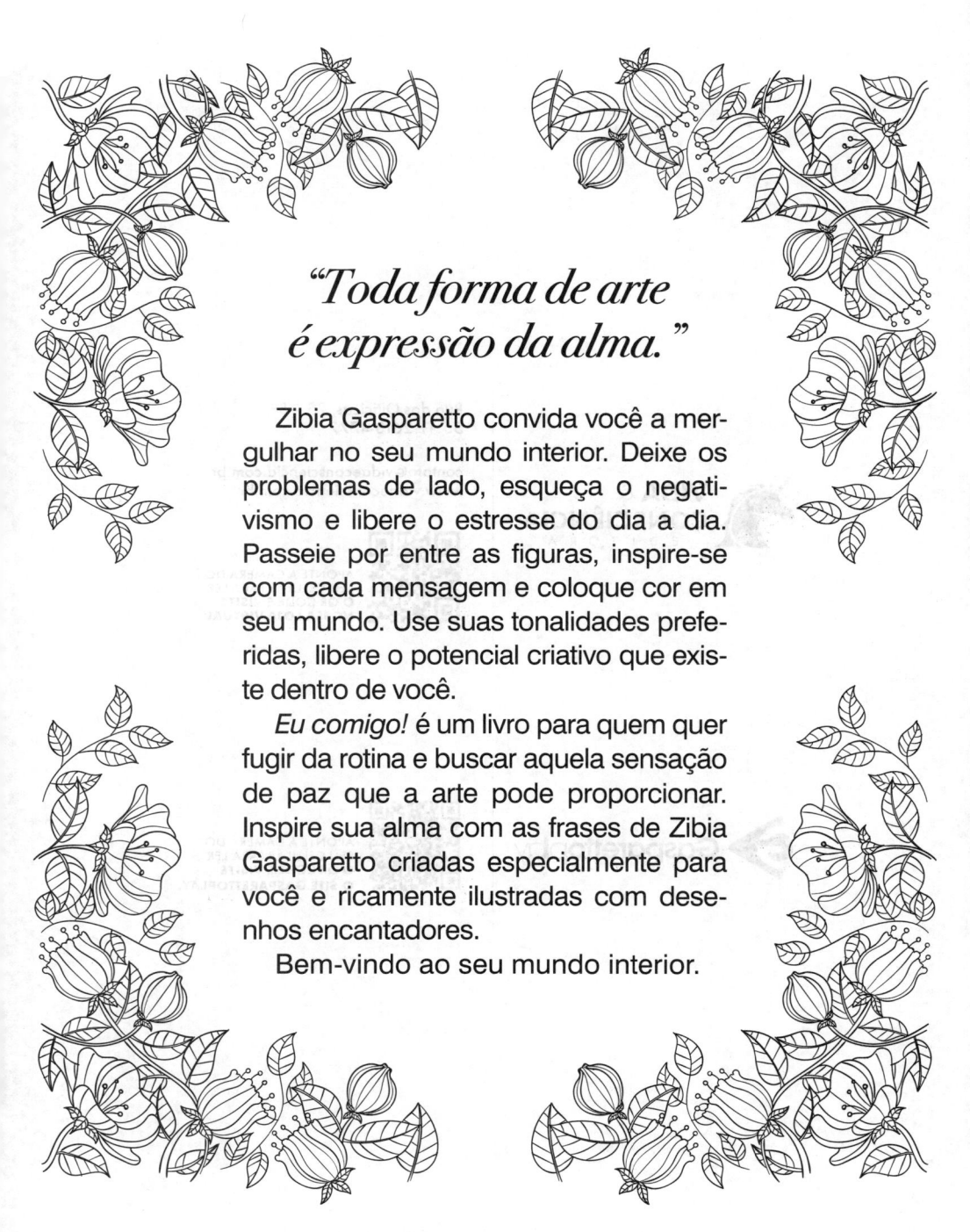

Zibia Gasparetto convida você a mergulhar no seu mundo interior. Deixe os problemas de lado, esqueça o negativismo e libere o estresse do dia a dia. Passeie por entre as figuras, inspire-se com cada mensagem e coloque cor em seu mundo. Use suas tonalidades preferidas, libere o potencial criativo que existe dentro de você.

Eu comigo! é um livro para quem quer fugir da rotina e buscar aquela sensação de paz que a arte pode proporcionar. Inspire sua alma com as frases de Zibia Gasparetto criadas especialmente para você e ricamente ilustradas com desenhos encantadores.

Bem-vindo ao seu mundo interior.

www.vidaeconsciencia.com.br

VIDA & CONSCIÊNCIA
EDITORA

Rua das Oiticicas, 75 — SP
55 11 2613-4777
contato@vidaeconsciencia.com.br
www.vidaeconsciencia.com.br

APONTE A CÂMERA DO SEU CELULAR PARA LER O QR CODE **E VISITE NOSSA LOJA VIRTUAL.**

Gasparettoplay

APONTE A CÂMERA DO SEU CELULAR PARA LER O QR CODE **E VISITE O SITE GASPARETTOPLAY.**